ACCESO GRATIS a la Lectura en la Nube

Para visualizar el libro electrónico en la nube de lectura envíe junto a su nombre y apellidos una fotografía del código de barras situado en la contraportada del libro y otra del ticket de compra a la dirección:

ebooktirant@tirant.com

En un máximo de 72 horas laborables le enviaremos el código de acceso con sus instrucciones.

PRÁCTICAS DESLEALES EN ENTORNOS DIGITALES

PRÁCTICAS DESLEALES EN ENTORNOS DIGITALES

ANTONIO CASADO NAVARRO

Con prólogo del Prof. Dr. Luis María Miranda Serrano

tirant lo blanch
Valencia, 2025

En caso de erratas y actualizaciones, la Editorial Tirant lo Blanch publicará la pertinente corrección en la página web www.tirant.com.

La presente obra ha sido sometida a la revisión de pares ciegos según el protocolo de publicación de la editorial a efectos de ofrecer el rigor y calidad correspondiente tanto en su contenido como en su forma, aplicándose los criterios específicos aprobados por la Comisión Nacional E 016 (BOE num. 286, de 26 de noviembre de 2016).

Este trabajo se inserta dentro de los siguientes Proyectos de Investigación: 1°) Proyecto UCOLIDERA (del Plan Propio de Investigación de la Universidad de Córdoba para 2023) "La protección del consumidor ante los retos de la digitalización: aspectos contractuales y concurrenciales", del que es Investigador Principal el Prof. Dr. CASADO NAVARRO; 2°) Proyecto nacional "Reformas legislativas recientes y pendientes en materia de contratación y competencia empresarial: entre la digitalización y la sostenibilidad" (referencia: PID-2023-149038OB-100) del que son Investigadores Principales los Profs. Drs. MIRANDA SERRANO y PAGADOR LÓPEZ; y 3°) Proyecto de Investigación UCOLIDERA (del Plan Propio de Investigación de la Universidad de Córdoba para 2024) "Normas, códigos informáticos y ODS: contratación y competencia empresarial ante los desafíos de la digitalización y la sostenibilidad", del que es Investigador Principal el Prof. Dr. GONZÁLEZ JIMÉNEZ.

EDITA: TIRANT LO BLANCH
C/ Artes Gráficas, 14 - 46010 - Valencia
TELFS.: 96/361 00 48 - 50
FAX: 96/369 41 51
Email: tlb@tirant.com
www.tirant.com
Librería virtual: www.tirant.es
DEPÓSITO LEGAL: V-2781-2025
ISBN: 979-13-7010-734-5
MAQUETA: Disset Ediciones

A Carolina

Índice

CAPÍTULO III

Obligaciones de transparencia en el mercado digital

CAPÍTULO IV

La explotación de una situación de dependencia económica en la economía de plataformas

Abreviaturas

apdo.	apartado
ACM	Autoriteit Consument & Markt (Autoridad de Consumidores y Mercados de los Países Bajos)
AGCM	Autorità Garante de la Concorrenza e del Mercato
AP	Audiencia Provincial
BOE	Boletín Oficial del Estado
CC	Código Civil
CCom	Código de Comercio
DCDSFC	Directiva (UE) 2023/2673 del Parlamento Europeo y del Consejo, de 22 de noviembre de 2023, por la que se modifica la Directiva 2011/83/UE en lo relativo a los contratos de servicios financieros celebrados a distancia y se deroga la Directiva 2002/65/CE
DCE	Directiva 2000/31/CE del Parlamento Europeo y del Consejo, de 8 de junio de 2000, relativa a determinados aspectos jurídicos de los servicios de la sociedad de la información, en particular el comercio electrónico en el mercado interior
DDC	Directiva 2011/83/UE del Parlamento Europeo y del Consejo, de 25 de octubre de 2011, sobre los derechos de los consumidores, por la que se modifican la Directiva 93/13/CEE del Consejo y la Directiva 1999/44/CE del Parlamento Europeo y del Consejo y se derogan la Directiva 85/577/CEE del Consejo y la Directiva 97/7/CE del Parlamento Europeo y del Consejo

DMMNPC	Directiva (UE) 2019/2161 del Parlamento Europeo y del Consejo, de 27 de noviembre de 2019, por la que se modifica la Directiva 93/13/CEE del Consejo y las Directivas 98/6/CE, 2005/29/CE y 2011/83/UE del Parlamento Europeo y del Consejo, en lo que atañe a la mejora de la aplicación y la modernización de las normas de protección de los consumidores de la Unión
DOCE	Diario Oficial de las Comunidades Europeas
DOUE	Diario Oficial de la Unión Europea
DPCD	Directiva 2005/29/CE del Parlamento Europeo y del Consejo, de 11 de mayo de 2005, relativa a las prácticas comerciales desleales de las empresas en sus relaciones con los consumidores en el mercado interior, que modifica la Directiva 84/450/CEE del Consejo, las Directivas 97/7/CE, 98/27/CE y 2002/65/CE del Parlamento Europeo y del Consejo y el Reglamento (CE) no 2006/2004 del Parlamento Europeo y del Consejo
DSCA	Directiva 2010/13/UE del Parlamento Europeo y del Consejo, de 10 de marzo de 2010, sobre la coordinación de determinadas disposiciones legales, reglamentarias y administrativas de los Estados miembros relativas a la prestación de servicios de comunicación audiovisual, con las modificaciones introducidas por la Directiva (UE) 2018/1808, de 14 de noviembre de 2018
FTC	Federal Trade Commission
LCD	Ley 3/1991, de 10 de enero, de competencia desleal

LCDSFC Ley 22/2007, de 11 de julio, sobre comercialización a distancia de servicios financieros destinados a los consumidores

LGCA Ley 13/2022, de 7 de julio, General de Comunicación Audiovisual

LGP Ley 34/1988, de 11 de noviembre, general de publicidad

LOCM Ley 7/1996, de 15 de enero, de ordenación del comercio minorista

LSSICE Ley 34/2002, de 11 de julio, de servicios de la sociedad de la información y de comercio electrónico

RGPD Reglamento (UE) 2016/679 del Parlamento Europeo y del Consejo, de 27 de abril de 2016, relativo a la protección de las personas físicas en lo que respecta al tratamiento de datos personales y a la libre circulación de estos datos y por el que se deroga la Directiva 95/46/CE

RP2B Reglamento (UE) 2019/1150 del Parlamento Europeo y del Consejo, de 20 de junio de 2019, sobre el fomento de la equidad y la transparencia para los usuarios profesionales de servicios de intermediación en línea

SAP Sentencia de la Audiencia Provincial

STGUE Sentencia del Tribunal General de la Unión Europea

STJUE Sentencia del Tribunal de Justicia de la Unión Europea

STS Sentencia del Tribunal Supremo

TFUE Tratado de Funcionamiento de la Unión Europea

TGUE Tribunal General de la Unión Europea

TJUE Tribunal de Justicia de la Unión Europea

TRLGDCU	Real Decreto Legislativo 1/2007, de 16 de noviembre, por el que se aprueba el texto refundido de la Ley General para la Defensa de los Consumidores y Usuarios y otras leyes complementarias
TS	Tribunal Supremo
UE	Unión Europea

Prólogo

El creciente e imparable proceso de digitalización de la sociedad y la economía ha tenido un relevante impacto en las relaciones entre empresarios y consumidores, dando lugar a nuevas oportunidades y desafíos para unos y otros. Es cierto, por un lado, que ha supuesto un mayor empoderamiento de los consumidores que, gracias a Internet, tienen acceso a una ingente cantidad de información sobre los bienes y servicios que desean contratar, lo que les permite comparar precios y consultar las opiniones de otros consumidores y usuarios antes de adoptar decisiones de mercado. Pero no es menos verdad, al mismo tiempo, que este nuevo escenario digital es terreno especialmente abonado para que los operadores económicos pongan en práctica nuevas técnicas de comercialización idóneas para alterar el comportamiento de los consumidores y menoscabar la posición competitiva de sus competidores.

Como ejemplos de prácticas o conductas de mercado que pueden resultar dañinas para los consumidores, los competidores y el interés público anudado al correcto funcionamiento del orden concurrencial, cabe mencionar el empleo de patrones oscuros en las interfaces en línea, la manipulación de las reseñas y valoraciones online de consumidores y usuarios, la fijación de precios personalizados mediante una toma de decisiones automatizada, los déficits informativos en la comercialización a través de plataformas y mercados en línea, la difusión de publicidad personalizada, la falta de identificación de la publicidad realizada por medio de *influencers* o el posicionamiento preferente no identificado de contenidos promocionados cuando se realizan búsquedas en línea.

Lógicamente, para tratar de impedir que estas conductas de mercado terminen falseando la competencia y lesionando los intereses tanto de los consumidores como de los competidores, es necesario recurrir al sector del ordenamiento mercantil que impone a los agentes económicos el deber de actuar en el mercado (relaciones de competencia) de conformidad con las exigencias dimanantes de la buena fe en sentido objetivo, esto es, el conocido como Derecho de la competencia desleal o de la deslealtad concurrencial que, junto con el Derecho de defensa de la competencia o *antitrust*, conforman los dos sectores en que se divide el Derecho de la competencia en sentido amplio.

Ahora bien, si el aserto precedente parece estar fuera de duda, no puede decirse lo mismo de la perspectiva que haya de adoptarse para tratar de impedir estas conductas de mercado. Sintéticamente, cabe hablar de dos modos distintos de actuación. Por un lado, es posible valerse de los materiales normativos ya existentes en materia de competencia desleal para aplicarlos a esos nuevos comportamientos surgidos en entornos digitales, lo que no parece encontrar serios impedimentos, dada la amplitud con la que están redactadas algunas cláusulas especiales de deslealtad o la existencia de una cláusula general cuya función radica precisamente en adaptar la disciplina de la competencia desleal a conductas de mercado inexistentes en el momento en que se promulga la norma pero que inevitablemente surgirán en un momento posterior. Por otro lado, cabe entender que estas conductas de mercando requieren la promulgación de ciertos instrumentos legislativos, al no ser suficientes los ya existentes, lo que se materializa en la promulgación de nuevas normas de diversa envergadura, según los casos.

No hay duda de que, hasta la fecha, el legislador europeo y, tras él, el nacional han combinado los dos enfoques sumariamente expuestos. Por ello, algunas de estas nuevas prácticas del entorno digital cuentan con una regulación *ad hoc*, mientras que otras, por el contrario, no han tenido (al menos, de momento) respuesta legislativa alguna. En todo caso, es una realidad incontestable que las nuevas disposiciones surgidas para hacer frente a los efectos negativos dimanantes de estas conductas propias del ámbito digital están acentuando la tendencia disgregadora en la que vive inmerso el Derecho español de la deslealtad concurrencial, principalmente a partir de 2009.

Efectivamente, desde ese momento, no es difícil constatar cómo se han ido dando pasos al frente que han supuesto un fortalecimiento de dicha tendencia. Primero, a través de la Ley 7/2010, de 31 de marzo, General de la Comunicación Audiovisual, que prohibió y condicionó algunas formas de publicidad (como, *ad ex.*, el emplazamiento de producto). Después, mediante la Ley 12/2013, de 2 de agosto, de medidas para mejorar el funcionamiento de la cadena alimentaria, que reguló ciertos actos de competencia desleal (como, *ad ex.*, la gestión de marcas). Posteriormente, a través del Real Decreto-Ley 24/2021, que no insertó en el articulado de la LCD la totalidad de la normativa sobre conductas desleales proveniente de Bruselas, sino que recurrió también para ello al Texto Refundido de la Ley General de Defensa de los Consumidores y Usuarios.

En este contexto sumariamente descrito se inserta esta amplia monografía del profesor Antonio Casado Navarro que tengo el honor y placer de prologar. Para corroborar la amplitud de su contenido, basta leer su índice y reparar en los múltiples asuntos que aborda a lo largo de los ocho capítulos en los que se divide. En ellos, se analizan las siguientes materias, todas de gran interés y actualidad: el marco normativo de la deslealtad concurrencial, con especial atención a las intervenciones legislativas atinentes a los comportamientos desleales en mercados digitales (*capítulo primero*); la licitud del uso de patrones oscuros en interfaces en línea (*capítulo segundo*); las obligaciones de transparencia en entornos digitales (*capítulo tercero*); las posibles situaciones de explotación de dependencia económica que pueden tener lugar en las economías de plataformas (*capítulo cuarto*); la deslealtad de determinadas prácticas relativas a la publicación de reseñas en línea (*capítulo quinto*); los retos principales que afectan a la publicidad en línea, en especial la publicidad personalizada y a través de influencers (*capítulo sexto*); la problemática derivada de la clasificación de los resultados de búsqueda en línea; y, finalmente, la fijación de precios personalizados en la contratación en línea (*capítulo octavo*).

Estamos, además, ante una monografía oportunísima. Por un lado, porque es indiscutible que el estudio de las prácticas desleales en entornos digitales se presenta como una cuestión de especial trascendencia en el tráfico mercantil contemporáneo. Por otro, porque pese a ser cierto que un sector de la doctrina mercantilista viene prestando atención a esta materia en los últimos años, no es menos verdad que se requieren estudios como este, que analicen estas prácticas de forma unitaria. Por ello no albergo ninguna duda de que, a la hora de decidirse a escribir esta monografía, el profesor Casado Navarro ha encontrado una importante razón de oportunidad.

Aunque corresponde a cada lector interesado en estos temas realizar una valoración de los asuntos analizados en la monografía, no me resisto a expresar aquí mi opinión al respecto. Considero que, en general, el estudio que lleva a cabo el profesor Casado merece los calificativos de serio y riguroso, dadas las fuentes que utiliza, el hábil modo en que las maneja y las conclusiones a las que llega. En realidad, este dato en absoluto me sorprende. Pese a su juventud, Antonio Casado Navarro (actualmente Profesor Permanente Laboral en la Universidad de Córdoba, pero acreditado por la ANECA a Profesor Titular de Universidad) cuenta con una dilatada trayectoria investigadora integrada por trabajos que constituyen en toda regla aportaciones relevantes al avance del conocimiento en las distintas materias que analiza. Entre ellas, destacan dos monografías de autoría individual, una sobre *el nombre comercial* (fruto de su primera tesis doctoral defendida en la Universidad de Córdoba con mención internacional y premio extraordinario de doctorado) y otra sobre *las consecuencias negociales de las prácticas desleales contra los consumidores* (resultado de su segunda tesis doctoral defendida en la Universidad de Bolonia, también con mención internacional, y por la que obtuvo el premio de investigación "Leonor López de Córdoba y Carrillo – Averroes" de la Universidad cordobesa).

Ahora, en esta tercera monografía de autoría individual, se enfrenta a una materia novedosa a la vez que compleja. Pero lo hace con la solvencia que resulta de un largo y duro proceso de preparación, como investigador y docente, al que se ha sometido desde que se integró (como Becario de investigación FPU del Ministerio) en el área de Derecho mercantil de la Universidad de Córdoba hace ya algunos años. Desde ese momento, he sido testigo de excepción de sus logros que celebro más que si fueran propios. Esta monografía es el último de ellos. Pero solo de momento. Estoy seguro de que vendrán muchos más que acrecentarán su ya nutrido currículum investigador. Porque conozco a su autor y sé de su perseverancia y espíritu de sacrificio, pues me consta que Antonio Casado ha hecho propias aseveraciones que ponen en el esfuerzo el verdadero eje y motor de la vida profesional. Como, por ejemplo, aquella que nos recuerda que "el único lugar donde el éxito viene antes del trabajo es en el diccionario".

Para finalizar, no puedo cerrar estas breves líneas sin expresar un sincero agradecimiento a la señera editorial "Tirant lo Blanch", que tanto contribuye al avance del conocimiento en el ámbito del Derecho, por abrir un hueco en su fondo editorial a esta monografía. Gracias de corazón por hacer posible que en el campo de las ciencias jurídicas el libro siga teniendo la relevancia que siempre tuvo y que nunca debería perder.

LUIS MARÍA MIRANDA SERRANO
Catedrático de Derecho Mercantil
Universidad de Córdoba
Córdoba, 23 de enero de 2025
día de San Raimundo de Peñafort,
Patrón de los juristas

Introducción

1. PLANTEAMIENTO

La doctrina mercantilista, de forma prácticamente unánime, ha venido afirmando el carácter esencialmente histórico del Derecho mercantil o su condición de categoría histórica[1]. Con ello quiere ponerse de manifiesto que el Derecho mercantil no surge por generación espontánea o por capricho del legislador. Antes bien, es fruto de un proceso histórico que se prolonga en el tiempo y que se concreta en cada momento como consecuencia de un conjunto de circunstancias contingentes y precisas que confluyen en él. Se trata, por tanto, de un sector normativo que evoluciona a medida que sus características y contenido se van adaptando a las exigencias que derivan de la transformación de las circunstancias de la realidad que regula.

El Derecho mercantil es un Derecho vivo. En el bien entendido de que el Derecho mercantil no es algo que es, sino que está continuamente siendo[2]. Es un Derecho que trata de adaptarse a las demandas de la economía y la sociedad, y que somete sus normas a constantes esfuerzos de adaptación a las nuevas realidades y de

---

1 Entre otros, GARRIGUES, J., *Tratado de Derecho mercantil*, t. I, vol. 1, Madrid, Revista de Derecho Mercantil, 1947, pp. 31 y ss.; LANGLE, E., *Manual de Derecho mercantil*, t. I, Barcelona, Bosch, 1950, pp. 54 y ss.; BROSETA PONT, M., *La empresa, la unificación del Derecho de obligaciones y el Derecho mercantil*, Madrid, Tecnos, 1965, p. 17; MENÉNDEZ, A., "El Derecho mercantil en el siglo XXI", *La Ley*, núm. 4, 1990, p. 1197; y SÁNCHEZ CALERO, F., "Reflexión general sobre el proceso descodificador y perspectivas del Derecho mercantil al finalizar el siglo XX", en SÁNCHEZ CALERO, F., (Coord.), *Perspectivas actuales del Derecho mercantil*, Pamplona, Aranzadi, 1995, p. 16.

2 GIRÓN TENA., J., *Tendencias actuales y reforma del Derecho mercantil (estudios)*, Madrid, Civitas, 1986, p. 19.

reordenación de sus reglas y principios. De modo que es la realidad que trata de regular esta disciplina lo que está continuamente siendo y esa mutación de la realidad es lo que provoca los cambios en el propio concepto y contenido del Derecho mercantil[3].

Entre las materias propias del Derecho mercantil hay pocas disciplinas tan sensibles al paso del tiempo y a la consiguiente modificación de las relaciones económicas como la llamada a gobernar el complejo fenómeno de la competencia desleal[4].

El origen histórico de la disciplina de la deslealtad concurrencial se sitúa en el mismo momento fundacional del liberalismo económico, como consecuencia de la abolición de los gremios y de la proclamación de la libertad de industria y comercio. Y, como no puede ser de otra forma, su posterior desarrollo ha estado estrechamente vinculado a los distintos cambios socioeconómicos que se han ido sucediendo a lo largo del tiempo[5].

Así, en una primera etapa, que ha dado en denominarse *paleoliberal*, el régimen de la competencia desleal quedaba circunscrito a la tutela de la propiedad industrial. En ese momento histórico, caracterizado por una rígida afirmación de los postulados liberales, la actuación legislativa conducente a reprimir la deslealtad, en

---

3 RUBIO, J., *Introducción al Derecho mercantil*, Barcelona, Nauta, 1969, pp. 7 y ss.

4 PAZ-ARES, C., "El ilícito concurrencial: de la dogmática monopolista a la política antitrust (Un ensayo sobre el Derecho alemán de la competencia desleal)", *Revista de Derecho Mercantil*, núm. 159, 1981, p. 8.

5 Sobre el proceso evolutivo del Derecho represor de la competencia desleal, vid. MENÉNDEZ, A., *La competencia desleal*, 1ª ed., Madrid, Civitas, 1988, *passim*; PAZ-ARES, C., "El ilícito...", *op. cit.*, pp. 7 y ss.; GHIDINI, G., *Aspectos actuales del Derecho Industrial, Propiedad Intelectual y competencia*, traducción a cargo de MARTÍ MOYA, V., Granada, Comares, 2002, pp. 103 y ss.; y MIRANDA SERRANO, L. M. y PANIAGUA ZURERA, M., "La protección de los consumidores y usuarios en la fase previa a la contratación: la tutela de la libertad negocial", en MIRANDA SERRANO, L. M. y PAGADOR LÓPEZ, J. (Coords.), *Derecho (privado) de los consumidores*, Madrid, Marcial Pons, 2012, p. 65.

tanto que restrictiva de la libertad de industria y comercio, sólo podía encontrar justificación en una expresa prohibición legal en defensa de derechos de propiedad (marcas, nombres comerciales, etc.).

La consolidación del sistema económico liberal vino de la mano del logro de un apreciable grado de desarrollo industrial con la aparición del maquinismo, las nuevas invenciones tecnológicas y las operaciones de concentración empresarial. Bajo esas coordenadas, la lucha competitiva se volvió especialmente agresiva y los operadores económicos pusieron en práctica nuevas técnicas de captación de la clientela particularmente deshonestas. Se abría así paso el conocido como modelo *corporativo* o *profesional* de la disciplina de la competencia desleal. Este modelo tenía por finalidad proteger a los empresarios frente a las actuaciones poco escrupulosas de otros empresarios competidores. Para ello, el criterio de enjuiciamiento de la deslealtad se situaría en las normas de corrección o buenos usos mercantiles o, si se prefiere, en los usos honestos en materia industrial y comercial. Consecuentemente, la sanción de la deslealtad ya no sólo dependería de la vulneración de derechos de propiedad industrial, sino también de la conculcación de aquellos intereses que el propio círculo de empresarios considerara dignos de protección por su conformidad con los usos honestos o las buenas costumbres comerciales o industriales.

Posteriormente, las crisis económicas de 1914 y de 1929 y, fundamentalmente, el estallido de la segunda guerra mundial, dieron lugar a la aparición de nuevas corrientes políticas y económicas superadoras del capitalismo liberal. Esta sucesión de hechos hizo sentir la necesidad de que el Estado interviniera en la economía en un doble plano. Por un lado, tutelando los intereses de los consumidores en tanto que parte débil de las relaciones de mercado. Y, por otro lado, ordenando y reprimiendo los comportamientos empresariales que restringieran o falsearan la competencia (Derecho *antitrust*). Es en esa coyuntura histórica cuando se solicita la derogación del anterior Derecho represor de la competencia desleal, de signo corporativo o profesional, y la promulgación de un nuevo Derecho de corte *social* o *institucional* en el que fueran considerados los intereses de todos los sujetos que participan en el mercado (competidores y consumidores), así como el interés general en el mantenimiento de una competencia efectiva que permita el ejercicio del derecho a la libertad de empresa. Surge de este modo una nueva disciplina de la competencia desleal, cuya finalidad estriba en la protección de la institución de la competencia en interés de todos los sujetos que participan en el mercado. En este contexto, el régimen represor de la competencia desleal deja de concebirse como un sistema de solución de conflictos entre competidores, para configurarse como un sistema general de ordenación y control de los comportamientos con finalidad competitiva que tiene como bien jurídico protegido la institución misma de la competencia económica.

Puede advertirse fácilmente que este continuo movimiento de un Derecho mercantil siempre *in fieri* intensifica su ritmo al son de las mutaciones de la realidad económica y social, "en ese intento de armonizar Derecho y vida, de insuflar vida en el Derecho, para que este no quede fosilizado, petrificado, inerte y, en consecuencia, inservible como instrumento de Justicia"[6]. En esta permanente dinámica hay, sin embargo, fases históricas en las que el cambio se acelera y se hace más profundo.

Actualmente, nos encontramos en una de esas épocas de cambio acelerado y profundo. Y es que la economía mundial se está convirtiendo rápidamente en digital. En los últimos años, la difusión masiva de internet y la constante innovación tecnológica ha generado un impacto directo en la economía mundial, que se ha visto obligada a recorrer un proceso de transformación y adaptación, tanto económica como jurídica, en lo que se refiere a las formas tradicionales de promocionar y ofrecer bienes y servicios. No en vano, las nuevas tecnologías de la información y la comuni-

---

6 OLIVENCIA, M., "Prólogo" a FONT GALÁN, J. I., *Constitución Económica y Derecho de la Competencia,* Madrid, Tecnos, 1987, p. 15.

cación han dejado de ser un sector específico para convertirse en la base de los sistemas económicos modernos[7].

En el ámbito empresarial, la digitalización ha comportado la incorporación y uso de tecnologías digitales en los procesos, operaciones y estrategias de las empresas para mejorar su eficiencia, productividad y competitividad. Este fenómeno ha impactado de lleno en prácticamente todos los sectores de actividad, transformando significativamente la forma en que las empresas operan en el mercado y se relacionan con sus clientes y proveedores.

El fenómeno de la digitalización ha supuesto una auténtica revolución para los usuarios de internet y, particularmente, para los empresarios que ofrecen sus productos y servicios en el entorno digital. Estos han aumentado exponencialmente su presencia en la red, valiéndose de los distintos medios técnicos que internet pone a su disposición para promocionar, ofrecer y comercializar sus productos y servicios.

Desde el punto de vista del Derecho de la competencia desleal, la digitalización es un fenómeno que plantea importantes y diversos desafíos. Y es que las nuevas posibilidades que ofrece el entorno digital se han convertido en el caldo de cultivo idóneo para la aparición de nuevas prácticas promocionales y comerciales poco escrupulosas con los intereses de otros competidos y, sobre todo, de los consumidores.

En este sentido, ha podido constatarse la aparición de nuevos actores en el tráfico mercantil y la creación de nuevos mercados que han traído consigo la implementación de distintos entornos digitales en los que se ofrecen productos y servicios de todo tipo. Esto ha desembocado en la aparición de nuevas técnicas de comer-

---

7 Comunicación de la Comisión al Parlamento Europeo, al Consejo, al Comité Económico y Social Europeo y al Comité de las Regiones, *Una Estrategia para el Mercado Único Digital de Europa*, Bruselas, 6 de mayo de 2015 [COM(2015) 192 final], p. 1, disponible en https://eur-lex.europa.eu/legal-content/ES/TXT/?uri=celex:52015DC0192 (consultado el 4 de junio de 2024).

cialización y marketing que, encontrando en el entorno digital su hábitat natural, son especialmente aptas para alterar el comportamiento económico de los consumidores y usuarios, menoscabar la posición competitiva de los competidores y, en definitiva, perturbar el correcto funcionamiento del sistema competitivo.

Tal es el caso del uso de patrones oscuros en las interfaces en línea, los déficits informativos en la comercialización por medio de plataformas y mercados en línea, la manipulación de las reseñas en línea de consumidores y usuarios, la difusión de publicidad personalizada, la falta de identificación de la publicidad realizada por medio de *influencers*, el posicionamiento preferente no identificado de contenidos promocionados en los resultados de las búsquedas en línea, o la fijación de precios personalizados sobre la base de los datos de los consumidores obtenidos en línea.

Como es natural, la aparición y expansión de estas nuevas técnicas de comercialización y marketing demanda una respuesta por parte del ordenamiento jurídico. Pero lo cierto es que, a la hora de abordar el tratamiento jurídico de los fenómenos económicos producidos por las nuevas tecnologías digitales, pueden adoptarse distintos enfoques.

Por un lado, puede partirse de un enfoque de *coherencia sistemática* (*coherentism*). Este enfoque se basa en la extensión de las normas y principios existentes al nuevo contexto tecnológico reduciendo las novedades legislativas a lo esencial. Se centra, por tanto, en la utilización e interpretación del Derecho vigente para dar respuesta a los nuevos retos planteados por la digitalización, eliminando incoherencias y colmando lagunas. Dentro de este enfoque, podrían distinguirse, a su vez, dos tipos de actuaciones: una actuación de coherencia estricta, consistente en trasladar las soluciones empleadas en el mundo *offline* a las cuestiones del mundo *online*; y una actuación adaptativa, orientada a la modernización de las disciplinas existentes introduciendo en ellas normas que respondan a las nuevas cuestiones tecnológicas[8].

Por otro lado, es posible adoptar un enfoque caracterizado por el *instrumentalismo normativo* (*regulatory instrumentalism*). En él se parte de los problemas específicos planteados por la revolución tecnológica para intervenir con instrumentos normativos *ad hoc*. Su objetivo principal es lograr objetivos políticos específicos y, por lo tanto, se preocupa menos por preservar la coherencia de los ámbitos jurídicos existentes. Este enfoque puede implicar el desarrollo de nuevos instrumentos normativos o la transferencia de principios o normas de otros ámbitos del Derecho a un nuevo entorno[9].

En el ámbito que aquí nos ocupa, el legislador ha adoptado, en mayor o menor medida, todos estos enfoques y actuaciones. Mientras que algunas prácticas derivadas del fenómeno de la digitalización han quedado sin respuesta legislativa y deben ser abordadas mediante la adaptación e interpretación de las normas existentes; otras han sido objeto de una regulación específica mediante la introducción de normas con un impacto dispar. Algunas cuestiones han sido abordadas a través de simples reformas legislativas de adaptación y modernización de normas preexistentes. Otras, en cambio, han desencadenado una respuesta más intensa por parte del legislador (en este caso, comunitario). Esta ha consistido en la promulgación de distintos textos normativos dictados *ad hoc* para regular ciertos fenómenos económicos derivados de la digitalización que han alterado en diversa medida la coherencia sistemática de la regulación vigente.

---

8 Integramos aquí dos de los enfoques regulatorios propuestos por IAMICELLI [Cfr. "Online Platforms and the Digital Turn in EU Contract Law: Unfair Practices, Transparency and the (pierced) Veil of Digital Immunity", *European Review of Contract Law*, vol. 15, núm. 4, 2019, pp. 398 y 399].

9 TWIGG-FLESNER, C., "The EU's Proposals for Regulating B2B Relationships on online platforms – Transparency, Fairness and Beyond", *Journal of European Consumer and Market Law*, vol. 7, 2018, pp. 223 y 224.

2. PROPÓSITO Y PLAN

Como se infiere de su título, esta obra tiene por objeto principal el estudio de las distintas prácticas comerciales o actos de competencia que tienen lugar en entornos digitales. Y, en consecuencia, el análisis de las distintas respuestas (coherentista, adaptativa e instrumentalista) que el ordenamiento jurídico ha ofrecido a las nuevas técnicas de comercialización y marketing derivadas del fenómeno de la digitalización.

Así, el propósito esencial de este trabajo es el de examinar la licitud, desde la perspectiva del Derecho represor de la competencia desleal, de las nuevas prácticas comerciales y actos de competencia que encuentran su medio natural en entornos digitales. Y, a tal efecto, se acometerá el estudio y análisis de las principales novedades y problemas de interpretación y aplicación práctica derivados de las normas reguladoras de la lealtad concurrencial destinadas a afrontar los retos de la digitalización.

Este trabajo parte de la conocida admonición de la atenta observación de la realidad que el maestro Cesare Vivante lanzó a los estudiosos del Derecho mercantil hace ya algunas décadas. Según ella, como es bien sabido, en el planteamiento de la tarea investigadora hay que ir desde la realidad viva al Derecho vivo. Esto es, hay que observar lo que está sucediendo en la sociedad y a la sociedad, en los y a los mercados, y de este modo obtener los elementos de juicio necesarios para entender la ley y proponer sus oportunas reformas o acomodos a las realidades reguladas, sin perder de vista, lógicamente, los objetivos de Justicia.

Pero, paralelamente, no se pierde de vista que una de las principales tareas de la doctrina jurídica consiste en "descubrir las conexiones de sentido en que las normas jurídicas y regulaciones particulares se encuentran entre sí y con los principios directivos del orden jurídico, y exponerlas de un modo ordenado que posibilite la visión de conjunto, es decir, en la forma de un sistema"[10]. En consecuencia, la preocupación por ofrecer soluciones a problemas concretos no nos desvía de la conveniencia de hacer construcciones generales que ayuden a entender el Derecho como un todo o, mejor, como un conjunto de sistemas o subsistemas.

Como es natural, la investigación respeta las pautas metodológicas y los paradigmas generalmente aceptados en el ámbito de la Ciencia del Derecho. De ahí que su ejecución se haya sustentado en el manejo de las fuentes de producción científica y en el tratamiento jurisprudencial de las distintas materias analizadas, así como en el conocimiento riguroso de la legislación vigente y de las soluciones adoptadas por parte de la Unión Europea.

Tomando como referencia estas coordenadas metodológicas, la obra se estructura en siete capítulos en los que se abordan las principales prácticas comerciales y actos de competencia que tienen lugar en entornos digitales.

El *capítulo I* se ocupa de la caracterización, delimitación y sistematización del marco normativo de la disciplina de la deslealtad concurrencial. En él se exponen sucintamente los caracteres básicos del Derecho represor de la competencia desleal y se delimita su marco normativo, prestando especial atención a las últimas iniciativas legislativas comunitarias centradas en la regulación del mercado único digital (Reglamento de Servicios Digitales, Reglamento de Mercados Digitales y Reglamento P2B); y, en particular, a los mecanismos de lucha contra la deslealtad concurrencial contenidos en ellas.

El *capítulo II* ofrece un análisis de la licitud del uso de patrones oscuros en las interfaces en línea. Este análisis comienza con la delimitación del fenómeno de los patrones oscuros, profundizando en su conceptualización, clasificación, efectos económicos e implantación en el mercado. Posteriormente, se diserta sobre la

---

10 LARENZ, K., *Metodología de la Ciencia del Derecho*, Barcelona, Ariel, 1994, p. 437.

problemática que plantean desde la perspectiva de la disciplina de la deslealtad concurrencial y sobre la regulación específica que se ha dado a este tipo de prácticas en los últimos desarrollos normativos.

El *capítulo III* versa sobre las obligaciones de transparencia en el mercado digital. En este capítulo se examinan, por un lado, las obligaciones generales de trasparencia a cargo de las plataformas en línea que derivan tanto de la Ley de Competencia Desleal, como de los nuevos instrumentos comunitarios de regulación de los servicios de intermediarios en línea. Y, por otro lado, se acomete el estudio de las obligaciones de transparencia a cargo de los mercados en línea, deteniéndonos en la determinación del papel (proveedor o intermediario) que adopta el mercado en línea en sus relaciones con los consumidores y usuarios; y en la identificación de la condición (empresarial o no) del tercero proveedor con el que contrata el consumidor a través del mercado en línea.

En el *capítulo IV* se acomete un estudio sobre la explotación de las eventuales situaciones de dependencia económica que pueden darse en la denominada economía de plataformas. A tal efecto, se analiza el ilícito de deslealtad prohibitivo de la explotación de una situación de dependencia económica tipificado en la Ley de Competencia Desleal, poniendo especial énfasis en las particularidades que presenta este fenómeno en los mercados digitales. Y, a continuación, se presentan los principales grupos de casos en los que puede manifestarse la explotación de estas situaciones de dependencia económica en la economía de plataformas, lo que exige atender a ciertas normas contenidas en la regulación sectorial de las plataformas digitales.

El *capítulo V* se dedica al análisis de la deslealtad de determinadas prácticas comerciales relacionadas con la publicación de reseñas en línea. Tras la caracterización y clasificación del fenómeno objeto de estudio, se analizan los distintos requisitos de información sobre el tratamiento de las reseñas y los tipos de deslealtad *per se* relativos a la publicación de reseñas en línea contenidos en la Ley de Competencia Desleal.

En el *capítulo VI* se aborda el estudio de los principales desafíos a los que se enfrenta la publicidad en línea. En concreto, se centra en los problemas ocasionados por la falta de transparencia en la cadena de suministro de la publicidad digital, en las cuestiones relacionadas con la privacidad y la recopilación de datos en la generación de publicidad personalizada y, fundamentalmente, en las dificultades que plantea el denominado marketing de *influencers*.

El *capítulo VII* trata la problemática ocasionada por la clasificación de los resultados de búsqueda en línea. En él se analiza la deslealtad de las distintas prácticas relacionadas con la clasificación de los resultados de búsqueda en línea a la luz de los distintos tipos recogidos en la Ley de Competencia Desleal y se aborda el tratamiento que este fenómeno recibe en el Reglamento P2B y en el Reglamento de Mercados Digitales.

El *capítulo VIII* se centra en el fenómeno de la fijación de precios personalizados. Este capítulo parte de unas consideraciones preliminares en las que se describe la práctica comercial objeto de estudio, para posteriormente analizar los tipos prohibitivos de los actos de competencia desleal susceptibles de aplicación y las normas de consumo reguladoras de la información precontractual relativas a la fijación de precios personalizados.

3. JUSTIFICACIÓN

La digitalización se ha consolidado como una de las grandes megatendencias regulatorias en el ámbito de la Unión Europea. Y, como tal, está guiando y modelando las políticas de la Unión Europea. Este fenómeno ha desencadenado una profunda transformación en la forma en que se abordan y regulan los problemas derivados de la implementación de las nuevas tecnologías digitales. El sector de la competencia desleal no ha sido ajeno a esta transformación. De modo que son varios los motivos que justifican esta investigación.

En primer lugar, la propia novedad de la materia objeto de estudio. La economía digital ha alterado de manera significativa la dinámica del mercado y la forma en la que se llevan a cabo las transacciones económicas. En este contexto, han surgido nuevas modalidades de prácticas desleales que requieren de un adecuado tratamiento jurídico, ya sea a través de la adaptación del Derecho vigente a las nuevas realidades o de la interpretación y aplicación de los nuevos desarrollos normativos dictados a tal efecto. Además, la gran mayoría de las normas relativas a la digitalización de la disciplina de la deslealtad concurrencial cuentan con una vigencia considerablemente breve, lo que permite hablar de la conveniencia (si no necesidad) de analizar minuciosamente la *lege lata* con el propósito de valorar su idoneidad en términos tanto de técnica jurídica como de justicia y de formular las oportunas propuestas de interpretación de las cuestiones oscuras o problemáticas que plantea.

En segundo lugar, la aparición de nuevos operadores económicos y la alteración de la estructura tradicional de la operativa comercial. La digitalización ha traído consigo la aparición de nuevos operadores económicos, la creación de mercados hasta ahora desconocidos y la instauración de entornos digitales inéditos. En este contexto, la denominada economía de plataformas ha reconfigurado las dinámicas tradicionales de producción, distribución y consumo de bienes y servicios. Y, con ello, la propia estructura de la operativa comercial. Las plataformas en línea ocupan una posición clave en la economía digital, no sólo como intermediarios, sino también como oferentes de productos y servicios. Esta nueva realidad, no sólo aparece como un escenario idóneo para la proliferación de prácticas desleales, sino que también provoca un enturbiamiento de las reglas clásicas de atribución de responsabilidad.

En tercer lugar, la multiplicación de las iniciativas regulatorias que afectan a la competencia desleal en entornos digitales. Esto exige al interprete un notable esfuerzo, que no debe limitarse a conectar las nuevas disposiciones emanadas de la Unión Europea a la normativa nacional, sino también a garantizar la coherencia interna de esas normas. Y es que las distintas medidas que regulan el mercado digital corren el riesgo de no estar perfectamente coordinadas entre sí, incluso ante los sistemas nacionales. Se hace necesario, por tanto, profundizar en este estudio con el propósito de garantizar tanto la coexistencia pacífica del Derecho derivado nacional con el Derecho común, como la coherencia sistemática de las normas comunitarias.

En cuarto lugar, el acelerado ritmo de cambio y la creciente complejidad tecnológica que da soporte a la economía digital. Estas circunstancias se convierten en un importante obstáculo para la adaptación normativa. De modo que un análisis detenido y sosegado del marco normativo vigente puede servir para desarrollar recomendaciones que permitan dar solución a los ulteriores retos derivados del fenómeno de la digitalización y contribuir al desarrollo de nuevas medidas legislativas en esta materia.

Estos motivos servirían por sí mismos para justificar la investigación sobre una materia tan novedosa como cambiante. Pero, además, una mirada a la realidad socioeconómica pone de manifiesto la existencia de un conjunto de circunstancias de naturaleza práctica que ahondan en la necesidad de acometer un estudio como el que aquí se efectúa. Nos referimos, en particular, a la amplia difusión de este tipo de prácticas en el mercado, al elevado poder de mercado que acumulan muchos de los actores que ponen en práctica este tipo de actuaciones, al amplio grado de exposición al que están sometidos los consumidores y usuarios, a las diversas situaciones de especial vulnerabilidad en que pueden encontrarse muchos de los consumidores y usuarios que son destinatarios de este tipo de prácticas, y al decisivo papel que la adecuada protección de los consumidores y usuarios desempeña como soporte de los intercambios comerciales en una economía cada vez más global y digital.

CAPÍTULO I

Marco normativo

1. LA DISCIPLINA DE LA DESLEALTAD CONCURRENCIAL: CARACTERES BÁSICOS

En su modelo social o institucional, la disciplina de la deslealtad concurrencial se configura como un sector normativo encaminado a la ordenación general de la conducta de todos los operadores que actúan en el mercado, que tiene por bien jurídico protegido la competencia económica como principio político-institucional y que integra en su defensa los intereses de todos los individuos y grupos cuya actividad y necesidades económicas y sociales dependen del eficiente funcionamiento del mercado, incluido por lo tanto el interés público[11].

Bajo la configuración propia del modelo social, el objeto de protección de la disciplina se asienta sobre la propia institución de la competencia como principio de vertebración constitucional de la vida económica. Su finalidad, por tanto, estriba en la salvaguarda de los intereses conexos al orden público económico[12]. Ello, lógicamente, va a exigir que la competencia se desarrolle por medios correctos y adecuados. De modo que a través de esta disci-

---

11 MASSAGUER FUENTES, J., *Comentario a la Ley de Competencia Desleal*, Madrid, Civitas, 1999, p. 45. En un sentido similar, PALAU RAMÍREZ, F., "Actos concretos de competencia desleal (I): por contrariar las exigencias de la buena fe; por explotación de la reputación ajena; por inducción a la infracción contractual; por violación de normas (arts. 4, 12, 14 y 15 LCD)", en BENEYTO, K. (Dir.), *Actos de competencia desleal y su tratamiento procesal*, Valencia, Tirant lo blanch, 2020, p. 19.

12 ECHEBARRÍA SÁENZ, J. A., "Competencia desleal (cuestiones generales)", en VELASCO SAN PEDRO, L. A. (Coord.), *Diccionario de Derecho de la Competencia*, Madrid, Iustel, 2006, p. 213.

plina se introduce en nuestro ordenamiento un principio de corrección en el tráfico económico que se erige en límite al derecho a la libre iniciativa económica reconocido constitucionalmente[13].

De acuerdo con esta concepción, la disciplina de la deslealtad concurrencial se orienta a la tutela de una pluralidad de intereses. Y ello por cuanto que esa exigencia de corrección en el tráfico conduce a la preservación del interés de los competidores, hace posible la libre adopción de decisiones por los consumidores y, sobre todo, alcanza tales resultados al salvaguardar el correcto funcionamiento del orden concurrencial[14]. Efectivamente, el Derecho represor de la competencia desleal se encamina a la tutela de un triple interés: el interés privado de los empresarios, el interés colectivo de los consumidores y el propio interés público en el mantenimiento de un orden concurrencial debidamente saneado.

Básicamente, la disciplina de la deslealtad concurrencial busca que la competencia en el mercado funcione de manera adecuada en beneficio de todos los que participan en él. La protección contra la competencia desleal pasa así a configurarse como una *tutela institucional y funcional*, toda vez que se orienta a la salvaguarda de los presupuestos de la competencia económica (inexistencia de barreras de entrada al mercado, atomismo empresarial, competencia por eficiencia, libre formación de las decisiones económicas, transparencia en el mercado, etc.)[15]. El fundamento del ilíci-

---

13 SÁNCHEZ CALERO, F., *Instituciones de Derecho Mercantil*, t. I, 19ª ed., Madrid, Editoriales de Derecho Reunidas, 1996, pp. 141 y 142; y BROSETA PONT, M. y MARTÍNEZ SANZ, F., *Manual de Derecho Mercantil*, vol. I, 15ª ed., Madrid, Tecnos, 2008, p. 193.

14 GARCÍA-CRUCES, J. A., “Finalidad y ámbito de aplicación de la Ley de competencia desleal. La cláusula general de deslealtad competitiva”, en GARCÍA-CRUCES, J. A. (Dir.), *Tratado de derecho de la competencia y de la publicidad*, t. II, Valencia, Tirant lo Blanch, 2014, p. 1096.

15 MASSAGUER FUENTES, J., *Comentario…*, cit., p. 107; y VICENT CHULIÁ, F., *Introducción al Derecho Mercantil*, vol. I, 24ª ed., Valencia, Tirant lo Blanch, 2022, p. 2057.

to de deslealtad se asienta, en consecuencia, en la perturbación o falseamiento del orden concurrencial.

Esta tutela institucional y funcional determina que el Derecho represor de la competencia desleal deje de concebirse como un sistema de solución de conflictos entre competidores, para configurarse como un *sistema general de ordenación y control de los comportamientos con finalidad competitiva* a fin de cumplir la función de defensa de los intereses de quienes en él participan y de la propia institución de la competencia[16]. Esto es, como un sistema conformado por normas jurídicas de organización que constituyen el marco en el que debe desenvolverse la actividad económica[17].

Bajo estas coordenadas, la construcción del ilícito de deslealtad se inspira en el *abuso del derecho a la libre iniciativa económica*[18]. La deslealtad no deriva de la producción de un determinado resultado lesivo en un derecho ajeno, sino de la disconformidad de la conducta con la escala de intereses que han cristalizado en el orden económico constitucional. La antijuridicidad del ilícito de deslealtad se basa, por tanto, en el desvalor de la conducta[19].

Todo ello conduce a que el ilícito de deslealtad se configure como un ilícito *pluriofensivo*, de *naturaleza extracontractual*, de *carácter objetivo* y de *peligro*, que se construye en torno a la conculcación de normas objetivas de conducta, impuestas por igual a todos los

---

16 Y en este sentido es entendido de forma generalizada por la jurisprudencia. *Vid.*, entre otras, SSTS (Sala Primera) 1228/2007, de 23 de noviembre (TOL1.227.437); 256/2010, de 1 de junio (TOL1.886.702); 720/2010, de 22 de noviembre (TOL2.005.877); y 47/2013, de 19 de febrero (TOL3.800.177).

17 PAZ-ARES, C., "El ilícito..., *op. cit.*, p. 132.

18 FONT GALÁN, J. I., *Constitución Económica..., op. cit.*, pp. 212 y ss.

19 PAZ-ARES, C., "El ilícito concurrencial...", cit., pp. 136 y ss.; y ZUBIRI DE SALINAS, M., "Las prácticas agresivas", en GARCÍA-CRUCES, J. A. (Dir.), *Tratado de Derecho de la competencia y de la publicidad*, Valencia, Tirant lo Blanch, 2014, p. 1429.

operadores económicos que actúan en el mercado y que marcan los lindes institucionales a su libre actuación[20].

La disciplina de la deslealtad concurrencial pasa así a construirse sobre la fijación de *normas objetivas de conducta* que emanan directamente del principio de competencia económica y cuya infracción desencadena la reacción del ordenamiento[21]. En efecto, las normas de competencia desleal se formulan típicamente como normas de conducta caracterizadas por su carácter prohibitivo (proscriptivas), que se orientan a la preservación tanto de la competencia como proceso de formación de las relaciones económicas, como de la estructura competitiva del mercado[22].

Concebido el ilícito de deslealtad como un abuso del derecho a la libertad de iniciativa económica, el juicio de deslealtad ha de realizarse en el marco del sistema económico delimitado constitucionalmente, prestando especial atención a las directrices po-

---

20 MASSAGUER FUENTES, J., *Comentario a la…, op. cit.*, p. 149 y ss.; MAMBRILLA RIBERA, V., "Prácticas comerciales y competencia desleal: estudio del Derecho comunitario, europeo y español. La incorporación de la Directiva 2005/29/CE a nuestro Derecho interno (incidencia en los presupuestos generales y en la cláusula general prohibitiva del ilícito desleal) (primera parte)", *Revista de Derecho de la Competencia y la Distribución*, núm. 4, 2008, p. 19/41 (hemos consultado la versión en línea disponible en la base de datos laleydigital); SALLELES CLIMENT, J. R., "La incidencia de la deslealtad de los actos de engaño, las omisiones engañosas y las prácticas agresivas sobre la formación de la voluntad negocial", en CARRASCO PERERA, A. (Dir.), *Tratado de la compraventa. Homenaje a Rodrigo Bercovitz*, t. I, Cizur Menor, Aranzadi, 2013, p. 408; y GARCÍA-CRUCES, J. A., "Finalidad y ámbito…", cit., pp. 1172 y ss.

21 PAZ-ARES, C., "El ilícito concurrencial…", *op. cit.*, p. 83 y ss.; MENÉNDEZ, A., *La competencia…, op. cit.*, p. 107; MASSAGUER FUENTES, J., *Comentario a la…, op. cit.*, p. 147; y ROBLES MARTÍN-LABORDA, A., "El modelo de conducta en la nueva cláusula general de la Ley de Competencia Desleal. Una crítica breve", *Derecho de los Negocios*, núm. 240, 20100 (hemos consultado la versión en línea disponible en la base de datos laleydigital).

22 MASSAGUER FUENTES, J., "Treinta años de Ley de Competencia Desleal", *Actualidad Jurídica Uría Menéndez*, núm. 55, 2021, p. 68.

lítico-económicas y político-sociales que de él emanan[23]. Así, los criterios de enjuiciamiento de la deslealtad van a asentarse sobre a la inadecuación de la conducta a los principios del ordenamiento económico (libertad de empresa, derecho a la propiedad privada, libre competencia, protección del consumidor, etc.).

Estos criterios han cristalizado en la cláusula general sobre la que se sustenta la disciplina y que sirve de base a la construcción de los distintos ilícitos de deslealtad. Esta norma de carácter general adopta como parámetro delimitador de la lealtad el principio de la *buena fe objetiva*, entendido en el sentido de respetuoso con (y no abusivo de) la libertad de empresa. Y es que el contenido de esta cláusula general ha de conectarse sistemática y funcionalmente con las exigencias de conducta que exige el correcto funcionamiento del sistema competitivo constitucionalmente establecido. Así, el criterio de enjuiciamiento de la deslealtad va a sustentarse en el concepto de competencia económica sobre el que pivota el sistema de economía de mercado, que no es otro que el de *competencia por eficiencia o basada en las prestaciones*[24]. La deslealtad dependerá de su contrariedad respecto de la libertad de iniciativa económica basada en el éxito de las propias prestaciones empresariales. Esta exigencia se traduce en que el éxito en el mercado de los distintos operadores económicos debe buscarse a través de la más adecuada configuración objetiva y de la combi-

---

23 MENÉNDEZ, A., *La competencia desleal*, cit., pp. 115 y 116.

24 FONT GALÁN, J. I., "Competencia desleal y prácticas prohibidas en el marco de la Ley de prácticas restrictivas de la competencia", *Revista de Derecho Mercantil*, núm. 146, 1977, pp. 550 y ss.; COSTAS COMESAÑA, J., "El concepto de acto de competencia desleal", *Actas de Derecho Industrial*, t. 19, 1998, (hemos consultado la versión en línea disponible en el portal jurídico V-Lex); GHIDINI, G., *Aspectos actuales…*, *op. cit.*, p. 155; MARTÍNEZ SANZ, F., "Artículo 5. Cláusula general", en MARTÍNEZ SANZ, F. (Dir.), *Comentario práctico a la Ley de Competencia Desleal*, Madrid, 2009, p. 62; y EMPARANZA SOBEJANO, A., "Competencia desleal y protección de los consumidores", en MIRANDA SERRANO, L. M. y COSTAS COMESAÑA, J. (Dir.), *Derecho de la competencia. Desafíos y cuestiones de actualidad*, Madrid, Marcial Pons, 2018, p. 100.

nación de precio, calidad y demás condiciones de contratación y prestación, sin que se produzca una abierta confrontación con las prestaciones del resto de operadores económicos, se alteren los mecanismos y condiciones que garantizan una correcta lucha concurrencial, ni se trastorne la libertad de decisión de la clientela[25].

Es decir, en el enjuiciamiento de la deslealtad, las exigencias éticas de carácter general han de entenderse subordinadas a los dictados del principio de competencia económica. Ello implica que no pueda reprimirse con el mero apoyo de límites éticos una conducta concurrencialmente eficiente, que promueva las prestaciones de quien la ejecuta o de un tercero por sus méritos, sin provocar una alteración en la estructura competitiva o en el normal funcionamiento del mercado[26].

Así pues, el buen funcionamiento del mercado y el principio de la competencia por eficiencia han de prevalecer en el enjuiciamiento de la deslealtad. Este fundamento, unido al carácter funcional e institucional de la disciplina y al bien jurídico por ésta protegido, van a imponer, a su vez, un enjuiciamiento de la deslealtad fundando en un análisis fáctico que tome en consideración las circunstancias concurrentes en el mercado y el tipo medio de destinatario de la práctica, con la consiguiente desvinculación de las circunstancias particulares de cada uno de los potenciales afectados[27]. De ahí que el juicio de deslealtad se caracterice por una

---

25 MASSAGUER FUENTES, J., *Comentario a la..., op. cit.*, p. 154.

26 SSTS (Sala Primera) 1169/2006, de 24 de noviembre (TOL1.023.000); 311/2007, de 23 de marzo (TOL1.060.332); y 1167/2008, de 15 de diciembre (TOL1.413.626).

27 MIRANDA SERRANO, L. M., "Retos y tendencias en materia de disposiciones generales sobre obligaciones y contratos mercantiles. Aportaciones del Derecho mercantil a una regulación unitaria de la teoría general del Derecho de obligaciones y contratos (I)", en MIRANDA SERRANO, L. M. y PAGADOR LÓPEZ, J. (Dirs.), *Retos y tendencias del Derecho de la contratación mercantil*, Madrid, Marcial Pons, 2017, p. 83.

relativa *objetivación de los elementos subjetivos del destinatario* o, si se prefiere, por la *estandarización del afectado*[28].

2. EL MARCO NORMATIVO DE LA DISCIPLINA DE LA DESLEALTAD CONCURRENCIAL

En nuestro ordenamiento, el sistema jurídico de represión de la competencia desleal está compuesto por una pluralidad de disposiciones legales dictadas en desarrollo de los postulados constitucionales y en cumplimiento de los compromisos asumidos en virtud de la pertenencia de España a la Unión Europea.

La Ley 3/1991, de 10 de enero, de Competencia Desleal (en adelante, LCD) constituye la norma básica ordenadora de la disciplina de la deslealtad concurrencial. La LCD recoge la primera regulación sistemática y completa de esta materia en nuestro ordenamiento. Según su Preámbulo, esta Ley se caracteriza por ser una Ley general, moderna e institucional.

La LCD se configura como la norma general de la disciplina. En ese sentido, amplía su ámbito de aplicación a todas las actividades concurrencialmente relevantes, incluidas las de los empresarios, profesionales y cualesquiera otros operadores económicos con independencia de su naturaleza jurídica y del sector de la economía en el que se realice la práctica[29].

Se trata, además, de una Ley neutra desde el punto de vista tecnológico, toda vez que se aplica independientemente del canal, medio o dispositivo utilizado para llevar a cabo la práctica comercial y del medio físico o digital en el que actúe el operador económico. Alcanza, por tanto, a los prestadores de servicios in-

---

28 MARIMÓN DURÁ, R., “Información engañosa o deficiente en el mercado bancario y protección del cliente a través de la Ley de Competencia Desleal”, en PACIELLO, A. y GUIZZI, G. (Eds.), *Crisi dell'Impresa e Ruolo dell'informazione,* Torino, Giuffrè, 2016, p. 324.

29 MASSAGUER FUENTES, J., “Treinta años de…”, *op. cit.*, p. 88.

termediarios en línea, incluidas las redes sociales, a las plataformas en línea, los *marketplaces*, las tiendas de aplicaciones, los motores de búsqueda, las herramientas de comparación en línea y, en definitiva, a todos los operadores económicos que actúan en el sector digital. Consecuentemente, esta Ley resulta de aplicación a las nuevas técnicas de comercialización y prácticas desarrolladas por los distintos operadores económicos que participan en el entorno digital.

Es una Ley moderna, pues recoge los últimos desarrollos en la materia, tomando como referencia las legislaciones comparadas más avanzadas. Además, es una Ley cuya configuración le permite adaptarse a las nuevas necesidades del tráfico económico sin precisar de modificaciones. Aunque lo cierto es que en los últimos tiempos el legislador ha preferido desconocer esta característica y acometer reformas para incorporar cuestiones que ya estaban incluidas en su ámbito de aplicación.

Y es una Ley institucional, toda vez regula la institución de la competencia en su carácter funcional como competencia por eficiencia o basada en las propias prestaciones, haciendo abstracción de los sujetos destinatarios de sus normas[30]. Este principio de competencia por eficiencia es el que sirve de parámetro de enjuiciamiento de la deslealtad sobre la base de la cláusula general prohibitiva de la deslealtad (art. 4) y el que inspira la construcción de los distintos ilícitos de competencia desleal recogidos en la Ley (arts. 5 y ss.).

Así pues, esta Ley instaura en nuestro ordenamiento el modelo social o institucional de la disciplina, convirtiendo nuestro Derecho represor de la competencia desleal en un sistema de ordenación y control de los comportamientos de mercado que "tiene por objeto la protección de la competencia en interés de todos los que participan en el mercado" (art. 1 LCD). De esta forma, la LCD se hace portadora de un triple interés: el interés particular de los competidores, el interés colectivo de los consumidores y el

---

30 VICENT CHULIÁ, F., *Introducción al Derecho…*, *op. cit.*, p. 2057.

interés general en el mantenimiento de un orden concurrencial saneado[31].

En cuanto a su estructura, la LCD recoge, en primer lugar, un conjunto de disposiciones generales relativas a su finalidad y ámbito de aplicación (arts. 1, 2 y 3). Acto seguido establece una prohibición de carácter general para cualquier acto o conducta de deslealtad competitiva que pueda existir en el mercado (art. 4) y enuncia los actos concretos de competencia desleal, tanto con carácter general (arts. 5 a 8) como dirigidos a los consumidores y usuarios (Capítulo III). Seguidamente, establece la disciplina de los aspectos procesales de la deslealtad concurrencial: acciones, legitimación, prescripción y diligencias preliminares. Y finaliza con un Capítulo V dedicado a los códigos de conducta.

En las disposiciones generales del Capítulo I se encuentra definido el ámbito de aplicación de la Ley con la ayuda de un doble criterio: objetivo y subjetivo.

En relación con el ámbito objetivo, la LCD establece una doble condición para poder hablar de acto de competencia (art. 2.1): que el acto se lleve a cabo "en el mercado"; y que se realice "con fines concurrenciales". Los comportamientos sometidos a la LCD quedan así caracterizados desde una perspectiva objetiva en torno al espacio institucional en que tienen lugar y a su finalidad. La exigencia de que el acto se realice en el mercado significa que éste debe tener transcendencia externa. Esto es, que se manifieste al público, con independencia de que se dirija a un sujeto particular

---

31 Sobre la finalidad de la Ley, entre otros, MARTÍNEZ SANZ, F., "Artículo 1. Finalidad", en MARTÍNEZ SANZ, F. (Dir.), *Comentario práctico a la Ley de Competencia Desleal*, Madrid, 2009, p. 19 y ss.; BERCOVITZ RODRÍGUEZ-CANO, A., "Artículo 1. Finalidad", en BERCOVITZ RODRÍGUEZ-CANO, A. (Dir.), *Comentarios a la Ley de competencia desleal*, Cizur Menor, Aranzadi, 2011, p. 73 y ss.; y LOBATO GARCÍA-MIJÁN, M., "Artículo 1 LCD. Finalidad", en LEMA DEVESA, C. (Dir.), *Prácticas comerciales desleales de las empresas en sus relaciones con los competidores y consumidores: régimen legal tras la reforma introducida por la Ley 29-2009*, L'Hospitalet de Llobregat, Bosch, 2012, p. 41 y ss.

o al público en general[32]. La finalidad competitiva, por su parte, implica la idoneidad objetiva del acto para proyectar sus efectos de promoción de las prestaciones propias o ajenas en un mercado con el objeto de conservar o captar nuevos clientes[33]. De esta forma, tiene finalidad concurrencial todo acto o actuación que, en sí mismo considerado o en atención a las circunstancias del caso, está orientado a influir en la estructura del mercado o posición competitiva de los operadores de mercado y/o para condicionar la formación y el desenvolvimiento de las relaciones económicas en el mercado[34].

En consecuencia, para que pueda aplicarse la LCD, la actuación empresarial debe traducirse en un acto típicamente competitivo que se realice en el mercado y que pueda afectar a su funcionamiento. De modo que no se considerarán actos de competencia desleal y, por tanto, no podrá aplicarse la LCD, cuando nos encontremos ante actos aislados desarrollados con una finalidad distinta de la concurrencial (por ejemplo, una actuación meramente informativa realizada en el ejercicio de la libertad de expresión o de prensa). Lo fundamental será que el acto no cuente con una justificación razonable que atestigüe una finalidad distinta de la

---

32 BERCOVITZ RODRÍGUEZ-CANO, A., "Artículo 2…", cit., p. 80 y 81; y SÁNCHEZ-CALERO GUILARTE, J., "La ampliación del concepto de competencia desleal", en GÓMEZ SEGADE, J. A. y GARCÍA VIDAL, A. (Dirs.), *El Derecho mercantil en el umbral del siglo XXI, Libro homenaje a Fernández-Nóvoa,* Madrid, Marcial Pons, 2010, p. 394.

33 COSTAS COMESAÑA, J., "El concepto…", cit., p. 6/15.

34 MASSAGUER FUENTES, J., *Comentario…*, cit., p. 122; y CAMPUZANO, A. B., "Capítulo 6. La competencia desleal", en CAMPUZANO, A. B.; PALOMAR OLMEDA, A. y CALDERÓN, C., *Derecho de la competencia,* Valencia, Tirant Lo Blanch, 2019 (hemos consultado la versión en línea disponible en el portal jurídico Tirant Prime). En este sentido se manifiesta el Tribunal Supremo en su Sentencia 170/2014, de 8 de abril (TOL4.280.441), en la que afirma que "(e)n este sentido, es suficiente que el acto o el comportamiento sea idóneo para influir en la estructura del mercado, perjudique la posición concurrencial de una de las partes, beneficiando objetivamente, al menos de forma potencial, la posición de otros operadores económicos que concurren en el mercado".

concurrencial[35]. Ahora bien, cuando sea una empresa la que realiza un comportamiento dirigido al mercado (con transcendencia externa), ya sea de forma habitual o esporádica, se presume que este acto se lleva a cabo con una finalidad concurrencial.

Esta delimitación objetiva se complementa con la previsión del art. 2.3 LCD, que establece que la Ley será de aplicación a cualesquiera actos de competencia desleal, realizados antes, durante o después de una operación comercial o contrato, con independencia de que éste llegue a celebrarse o no. De esta forma, las previsiones de la LCD se extienden a los tratos preliminares (fundamentalmente a la información precontractual), así como a aquellos actos relacionados con la propia celebración y configuración del contrato[36] o realizados con posterioridad a dicha ce-

---

[35] EMPARANZA SOBEJANO, A., "Artículo 2. Ámbito objetivo", en MARTÍNEZ SANZ, F. (Dir.), *Comentario práctico a la Ley de Competencia Desleal*, Madrid, 2009, p. 34 y ss.; y SUÑOL LUCEA, A., "Los elementos estructurales que definen la conducta sometida a la Ley de Competencia Desleal", en *Revista de Derecho Mercantil*, núm. 284, 2012 (hemos consultado la versión en línea disponible en la base de datos Aranzadi Instituciones).

[36] En esta dirección, se entiende que el contrato (*rectius*, el régimen jurídico que deriva del contrato) encajaría dentro del concepto de acto de competencia. Así lo entiende un importante sector de la doctrina, *ad. ex.* MIRANDA SERRANO, L. M. y PAGADOR LÓPEZ, J., "La necesidad de establecer conexiones normativas entre el Derecho de la competencia desleal y el Derecho de contratos", *Diario La Ley*, núm. 8464, 2015, p. 8; MARIMÓN DURÁ, R., "Prácticas comerciales desleales con los consumidores", en GARCÍA-CRUCES, J. A. (Dir.), *Tratado de derecho de la competencia y de la publicidad*, Valencia, Tirant lo Blanch, 2014, p. 1671; GONZÁLEZ PONS, E., *Prácticas agresivas y tutela del consumidor*, Madrid, AEBOE, 2019, p. 163; y SERRANO CAÑAS, J. M., "La protección de los consumidores en el Derecho privado: Balance de lo conseguido y nuevos desafíos", en HERNÁNDEZ PLASENCIA, J. U. (Dir.), *La intervención penal en la protección de los intereses económicos de los consumidores*, Madrid, Marcial Pons, 2020, p. 183. En la doctrina comparada, ORLANDO, S., "The Use of Unfair Contractual Terms as an Unfair Commercial Practice", *European Review of Contract Law*, vol. 7, Iss. 1, 2011, pp. 27 y ss.; MARINO, G., "Scorrettezza della pratica ed abusività della clauso-

lebración (como, por ejemplo, aquellas conductas empresariales engañosas o agresivas que se dirigen a los consumidores que ya contrataron con el fin de evitar que ejerciten los derechos concedidos por las normas de consumo).

En cuanto al ámbito subjetivo, la LCD se aplicará "a los empresarios, profesionales y a cualesquiera otras personas físicas o jurídicas que participen en el mercado" (art. 3.1)[37]. Esto significa que quedan sometidos a esta normativa los denominados operadores económicos, concepto más amplio que el de empresario y que comprende a todas aquellas personas que intervienen en el mercado con posibilidad de incidir sobre el mismo (por ejemplo, los profesionales liberales, los entes públicos, los sindicatos, etc.)[38].

En consecuencia, puede mantenerse que los particulares no están sometidos a la LCD cuando su actuación no esté encaminada a influir en la dinámica del mercado. De esta forma, los actos

---

la nella disciplina del contratto del consumatore", *Contratto e Impresa/Europa,* núm. 1, 2014, p. 174; DUROVIC, M., "The Subtle Europeanization of Contract Law: The Case of Directive 2005/29/EC on Unfair Commercial Practices", *European Review of Private Law,* núm. 5, 2015, p. 731; y MATERA, D. M., "Prácticas comerciales desleales, acciones individuales y armonización plena", *Cuadernos Europeos de Deusto,* núm. 61, 2019, p. 118. Igualmente, esta posición mantenida por el TJUE en sus Sentencias de 15 de marzo de 2012, en el asunto C-453/10, *Pereničová y Perenič* (TOL9.916.408); y de 2 de febrero de 2023, en el asunto C-208/21, *Towarzystwo Ubezpieczeń Ż* (TOL9.379.044).

37 Sobre el ámbito de aplicación subjetivo de la LCD, *vid.*, entre otros, MARCO COS, J. M., "Artículo 3. Ámbito subjetivo", en MARTÍNEZ SANZ, F. (Dir.), *Comentario práctico a la Ley de Competencia Desleal,* Madrid, 2009, pp. 39 y ss.; BERCOVITZ RODRÍGUEZ-CANO, A., "Artículo 3. Ámbito subjetivo", en BERCOVITZ RODRÍGUEZ-CANO, A. (Dir.), *Comentarios a la Ley de competencia desleal,* Cizur Menor, Aranzadi, 2011, pp. 85 y ss.; y LOBATO GARCÍA-MIJÁN, M., "Artículo 3 LCD. Ámbito subjetivo", en LEMA DEVESA, C. (Dir.), *Prácticas comerciales desleales de las empresas en sus relaciones con los competidores y consumidores: régimen legal tras la reforma introducida por la Ley 29-2009,* L'Hospitalet de Llobregat, Bosch, 2012, pp. 54 y ss.

38 STS (Sala Primera) 720/2010, de 22 de noviembre (TOL2.005.877).

realizados en el mercado por un particular (por ejemplo, quien vende de forma ocasional en una plataforma en línea o publica la reseña de una empresa) no quedarían incluidos en el ámbito de la LCD. Ahora bien, esta exclusión no encontraría su fundamento tanto en la delimitación del ámbito subjetivo de la LCD, como en la configuración de su ámbito de aplicación objetivo. Y es que, en estos casos, el particular no estaría realizando un acto con finalidad concurrencial en el ejercicio de su derecho a la libertad de empresa, sino que estaría actuando en el marco de otros derechos constitucionalmente reconocidos (libre desarrollo de la personalidad, libertad de expresión, etc.).

Asimismo, la LCD descarta la necesidad, ya superada, de que entre el competidor agente (autor de la práctica desleal) y el competidor perjudicado exista, como requisito subjetivo de aplicación, una previa relación de competencia (art. 3.2). Así, para que una conducta sea calificada como desleal no es necesario que el perjudicado sea un competidor directo o indirecto del autor del acto desleal, sino que podrá serlo tanto un consumidor como otro empresario que no compita con el autor de la conducta.

La LCD sufrió una profunda reforma como consecuencia de la promulgación de la Ley 29/2009, de 30 de diciembre, por la que se modifica el régimen legal de la competencia desleal y de la publicidad para la mejora de la protección de los consumidores y usuarios, que tenía como objeto la incorporación a nuestro Derecho interno de dos Directivas Europeas: la Directiva 2005/29/CE del Parlamento Europeo y del Consejo, de 11 de mayo de 2005, relativa a las prácticas comerciales desleales de las empresas en sus relaciones con los consumidores en el mercado interior (en adelante, DPCD); y la Directiva 2006/114/CE del Parlamento Europeo y del Consejo, de 12 de diciembre de 2006, sobre publicidad engañosa y publicidad comparativa (DPEPC)[39]. Esta Ley modificó

---

[39] Ahora bien, el Derecho español de la competencia desleal ya protegía los intereses económicos de los consumidores desde la entrada en vigor de la LCD y, por tanto, antes de la incorporación de la DPCD. Esta es

no sólo la LCD, sino también la Ley General de Publicidad (en lo sucesivo, LGP), la Ley de Ordenación del Comercio Minorista (LOCM) y el Texto Refundido de la Ley General para la Defensa de los Consumidores y Usuarios (TRLGDCU).

La Ley 29/2009 reformó el ámbito de aplicación objetivo y subjetivo de la LCD y la cláusula general prohibitiva de la deslealtad con la finalidad de dar entrada a los postulados de la DPCD. Además, alteró la regulación de los actos de engaño, que se contemplan ahora en los arts. 5 (actos de engaño) y 7 (omisiones engañosas), y dio una nueva redacción al art. 8, que actualmente regula las prácticas agresivas en la forma prevista en el texto comunitario. Por último, la mencionada Ley modificó el Capítulo III al que dio un nuevo título: "prácticas comerciales con los consumidores o usuarios".

Este Capítulo se inicia con el art. 19, en el que se recogen las disposiciones de la LCD conforme a las cuales puede determinarse la lealtad o la deslealtad de aquellas prácticas que perjudican los intereses económicos de los consumidores y usuarios. A continuación, se regulan las "prácticas engañosas por confusión para los consumidores" (art. 20). Y, finalmente, se incorpora la lista de prácticas desleales prevista en el Anexo I de la DPCD (arts. 21 a 31).

Según el art. 19.1 LCD, "únicamente tendrán la consideración de prácticas comerciales desleales con los consumidores y usuarios, las previstas en este capítulo y en los artículos 4, 5, 7 y 8 de esta ley". Con esta declaración se introduce una división de la LCD en dos grandes bloques: actos desleales en general y prácticas comerciales desleales con los consumidores. Ello ha conducido a

---

una cuestión sobre la que no existe controversia en nuestra comunidad jurídica. A tal efecto, pueden consultarse, por ejemplo, las consideraciones que realiza MIRANDA SERRANO, L. M., "La protección del consumidor en la etapa anterior a la celebración del contrato: aspectos concurrenciales y negociales", *Estudios sobre Consumo,* núm. 77, 2006, pp. 71 y ss.

una fragmentación subjetiva de la LCD y la consiguiente implantación de una compleja estructura aplicativa de sus preceptos[40].

Conforme a esta estructura, la aplicación de LCD a un caso específico requiere, con carácter preliminar, determinar si la conducta analizada se ha llevado a cabo entre empresarios y consumidores (relaciones de consumo: B2C), o solo entre empresarios (relaciones empresariales o profesionales: B2B).

En las relaciones de consumo, para enjuiciar el carácter desleal de la conducta debemos analizar, en primer lugar, si se ajusta a alguno de los supuestos específicos de prácticas engañosas o agresivas que se describen en los artículos 21 a 31 LCD.

En caso de que no sea así, se deberá determinar si, pese a todo, la conducta examinada puede considerarse como un acto de engaño, omisión engañosa, práctica agresiva o práctica engañosa por confusión, de acuerdo con las definiciones generales de este tipo de prácticas establecidas en los artículos 5, 7, 8 y 20 LCD.

Si la respuesta también fuese negativa, se deberá pasar a una última fase de análisis para determinar si la conducta en cuestión puede ser considerada como desleal sobre la base de la cláusula general prohibitiva de la deslealtad en su vertiente consumerista establecida en el segundo inciso del artículo 4.1 LCD. Pero sólo en el caso de que se tratara de una conducta distinta a las reguladas en los artículos 5, 7, 8 y 20 LCD y no en el caso de que, constituyendo un supuesto subsumible en alguno de estos preceptos,

---

[40] Esta fragmentación subjetiva de la disciplina de la deslealtad concurrencial ha sido objeto de diversas críticas por parte de nuestra doctrina. En esta dirección, entre otros, MASSAGUER FUENTES, J., *El nuevo Derecho contra la competencia desleal. La Directiva 2005/29/CE sobre las prácticas comerciales desleales,* Madrid, Thomson Civitas, 2006, pp. 38 y ss.; TATO PLAZA, A., FERNÁNDEZ CARBALLO-CALERO, P. y HERRERA PETRUS, C., *La reforma de la Ley de Competencia Desleal,* 1ª ed., Madrid, La Ley, 2010, pp. 51 y ss.; y EMPARANZA SOBEJANO, A., "Régimen jurídico de las prácticas comerciales con los consumidores y usuarios", *Revista de la Competencia y la Distribución,* núm. 7, 2010, pp. 71 y ss.

la conducta en cuestión no reuniera los requisitos que en ellos se recogen para determinar su deslealtad.

Y ello por cuanto que la cláusula general prohibitiva de la deslealtad se configura como una norma de cierre del sistema[41]. De modo que "no puede servir para sancionar como desleales conductas que debieran ser confrontadas con alguno de los tipos específicos contenidos en otros preceptos de la propia Ley, pero no con aquel modelo de conducta, si es que ello significa propiciar una afirmación de antijuricidad degradada, mediante la calificación de deslealtad aplicada a acciones u omisiones que no reúnen todos los requisitos que integran el supuesto tipificado para impedirlas"[42]. Tal sería el caso de las prácticas que suponen la infracción de normas –puesto que el art. 15 LCD no se encuentra entre los mencionados en el art. 19 LCD–; de las prácticas que abusan de la buena fe, credulidad o inexperiencia de los destinarios; de las prácticas contrarias al decoro o buen gusto que limitan la libertad de decisión de los consumidores; de las prácticas que –sin ser prácticas comerciales agresivas– ponen al consumidor en el compromiso de contratar el producto promocionado; o algunos casos de subordinación de prestaciones que –sin ser prácticas engañosas– impiden a los consumidores formarse un juicio ade-

41 La función de norma de cierre del sistema de la cláusula general prohibitiva de la deslealtad es una cuestión indubitada en nuestra doctrina. *Vid.*, por ejemplo, TATO PLAZA, A., FERNÁNDEZ CARBALLO-CALERO, P. y HERRERA PETRUS, C., *La reforma de…*, *op. cit.*, pp. 70 y ss.; GÓMEZ SEGADE, J. A., "La nueva cláusula general en la LCD", en GÓMEZ SEGADE, J. A. y GARCÍA VIDAL, A. (Dirs.), *El Derecho mercantil en el umbral del siglo XXI, Libro homenaje a Fernández-Nóvoa,* Madrid, Marcial Pons, 2010, p. 337; ROBLES MARTÍN-LABORDA, A., "El modelo de…", *op. cit.,* p. 3/17; y EMPARANZA SOBEJANO, A., "Competencia desleal y…", *op. cit.*, p. 97.

42 SSTS (Sala Primera) 635/2009, de 8 de octubre (TOL1.639.045); 720/2010, de 22 de noviembre (TOL2.005.877); 513/2010, de 23 julio (TOL1.918.666); 48/2012, de 21 de febrero (TOL2.481.147); y 306/2017, de 17 de mayo (TOL6.113.556).

cuado acerca de la conveniencia de la oferta o compararla con otras, como aquellas que se valen de la presión psicológica[43].

Si tampoco pudiera calificarse como desleal a la luz de esta cláusula general, la conducta no constituiría una práctica desleal con los consumidores. Ahora bien, esa conducta aún podría ser considerada como un acto de competencia desleal de carácter general. Para ello, se deberá verificar si la conducta se ajusta a alguno de los actos de competencia desleal de carácter general expresamente tipificados en el Capítulo II de la LCD (arts. 5 a 18)[44].

En lo que atañe a las relaciones entre empresarios, la estructura aplicativa de la LCD se simplifica. En primer lugar, habrá que comprobar si el acto o conducta puede subsumirse en alguno de los tipos de deslealtad previstos en los artículos 5 a 18 LCD y analizar su licitud a la luz de los requisitos establecidos en ellos. En segundo lugar, y como ya se ha destacado, sólo en el caso de que la conducta no encajara en ninguno de esos tipos podrá recurrirse al enjuiciamiento de la deslealtad sobre la base de la cláusula general prohibitiva de la deslealtad.

Más recientemente, la LCD ha sufrido una nueva modificación, aunque de menor calado, operada por el Real Decreto-ley 24/2021[45]. Entre los objetivos de este Real Decreto se encuen-

---

43 En este sentido, MASSAGUER FUENTES, J., *El nuevo…, op. cit.*, pp. 96 y ss.; y MARTÍNEZ SANZ, F. y PUETZ, A., "Ámbito de aplicación y cláusulas general de competencia desleal", *Revista de Derecho de la Competencia y la Distribución*, núm. 7, 2010 (hemos manejado la versión en línea disponible en la base de datos laleydigital).

44 TATO PLAZA, A., "La reforma del Derecho español contra la competencia desleal: rasgos generales", *Actas de Derecho Industrial*, t. 30, 2009-2010, p. 470.

45 Real Decreto 24/2021, de 2 de noviembre, de transposición de directivas de la Unión Europea en las materias de bonos garantizados, distribución transfronteriza de organismos de inversión colectiva, datos abiertos y reutilización de la información del sector público, ejercicio de derechos de autor y derechos afines aplicables a determinadas transmisiones en línea y a las retransmisiones de programas de radio y

tra el de incorporar a nuestro ordenamiento la Directiva (UE) 2019/2161 del Parlamento Europeo y del Consejo, de 27 de noviembre de 2019, por la que se modifica la Directiva 93/13/CEE del Consejo y las Directivas 98/6/CE, 2005/29/CE y 2011/83/UE del Parlamento Europeo y del Consejo, en lo que atañe a la mejora de la aplicación y la modernización de las normas de protección de los consumidores de la Unión. Esta Directiva, orientada a garantizar un alto nivel de protección de los consumidores, introduce una serie de modificaciones en la LCD[46]. Entre ellas destaca, a los efectos que aquí interesan, la tipificación de nuevos supuestos de prácticas comerciales desleales con los consumidores desarrolladas en el entorno digital, que serán objeto de estudio a lo largo de esta obra.

Junto a la LCD, coexisten en nuestro ordenamiento un conjunto de normas recogidas en otros textos normativos que regulan cuestiones integradas sistemática y sustantivamente en el marco de la disciplina de la deslealtad concurrencial, que ponen de manifiesto una invencible pulsión disgregadora en el tratamiento legal de la disciplina[47].

---

televisión, exenciones temporales a determinadas importaciones y suministros, de personas consumidoras y para la promoción de vehículos de transporte por carretera limpios y energéticamente eficientes, *BOE*, núm. 263, de 3 de noviembre de 2021. Este Real Decreto ha sido objeto de severas críticas relacionadas tanto en la forma de incorporar los mandatos comunitarios como en el vehículo utilizado para ello [*Vid.*, IBÁÑEZ GARCÍA, I., "La transposición de Directivas europeas mediante Decreto-Ley (Severo rapapolvo del Consejo de Estado)", *Diario La Ley*, núm. 9977, 2021 (hemos consultado la versión en línea disponible en la base de datos laleydigital); y TAPIA HERMIDA, A. J., "El Real Decreto-ley 24/2021 (1): Aspectos generales", en *El Blog de Alberto J. Tapia Hermida*, 10 de noviembre de 2021, disponible en *ajtapia.com* (consultado el 27 de diciembre de 2021)].

46 Sobre la caracterización general de la Directiva (UE) 2019/2161, *vid.*, CASADO NAVARRO, A., *Consecuencias negociales de las prácticas desleales contra los consumidores. Relación entre el Derecho contractual de consumo y el Derecho de la competencia desleal*, Madrid, Marcial Pons, 2022, pp. 165 y ss.

47 MASSAGUER FUENTES, J., "Treinta años de…", *op. cit.*, p. 88.

Dentro de este conjunto normativo, encontramos normas dedicadas a la regulación de la actividad publicitaria (Ley 34/1988, de 11 de noviembre, General de Publicidad; Ley 28/2005, de 26 de diciembre, de medidas sanitarias frente al tabaquismo y reguladora de la venta, el suministro, el consumo y la publicidad de los productos del tabaco; Ley 13/2011, de 27 de mayo, de regulación del juego; Real Decreto 401/1979, de 13 de febrero, por el que se regulan las denominaciones y la publicidad de los Centros docentes no estatales; Real Decreto 1416/1994, de 25 de junio, por el que se regula la publicidad de los medicamentos de uso humano; Real Decreto 1907/1996, de 2 de agosto, sobre publicidad y promoción comercial de productos, actividades o servicios con pretendida finalidad sanitaria; Orden EHA/1717/2010, de 11 de junio, de regulación y control de la publicidad de servicios y productos de inversión; y Orden EHA/1718/2010, de 11 de junio, de regulación y control de la publicidad de los servicios y productos bancarios), al régimen del comercio minorista (Ley 7/1996, de 15 de enero, de Ordenación del Comercio Minorista), a la protección de los consumidores y usuarios (Real Decreto Legislativo 1/2007, de 16 de noviembre, por el que se aprueba el texto refundido de la Ley General para la Defensa de los Consumidores y Usuarios y otras leyes complementarias; Ley 4/2012, de 6 de julio, de contratos de aprovechamiento por turno de bienes de uso turístico, de adquisición de productos vacacionales de larga duración, de reventa y de intercambio y normas tributarias; Ley 2/2009, de 31 de marzo, por la que se regula la contratación con los consumidores de préstamos o créditos hipotecarios y de servicios de intermediación para la celebración de contratos de préstamo o crédito; Ley 16/2011, de 24 de junio, de contratos de crédito al consumo; y Orden EHA/2899/2011, de 28 de octubre, de transparencia y protección del cliente de servicios bancarios) y a la disciplina de distintas actividades económicas y sectores de actividad (Ley 13/2022, de 7 de julio, General de Comunicación Audiovisual; Ley 34/2002, de 11 de julio, de Servicios de la Sociedad de la Información y de Comercio Electrónico; y Ley 12/2013, de 2 de agosto, de medidas para mejorar el funcionamiento de la cadena alimentaria).

Asimismo, la Ley 15/2007, de 3 de julio, de Defensa de la Competencia también regula alguna cuestión relativa a la competencia desleal. Nos referimos, en particular, a su art. 3, donde se tipifica el falseamiento de la libre competencia por actos desleales. Se trata de una norma que, pese a formar parte del Derecho de defensa de la competencia por tipificar un singular ilícito *antitrust*, resulta de especial relevancia en esta sede, ya que dicho ilícito *antitrust* se construye tipológicamente sobre la base de un ilícito de deslealtad[48].

Todo este entramado normativo se completa, además, con distintas normas autonómicas dedicadas a la regulación, en sus respectivos territorios, del régimen de protección de los consumidores y usuarios, del comercio minorista y de la actividad pu-

---

48 Sobre este precepto *vid*, entre otros, ROBLES MARTÍN-LABORDA, A., *Libre competencia y competencia desleal*, Madrid, La Ley, 2001; DÍEZ ESTELLA, F., "Las complicadas relaciones entre la Ley de Defensa de la Competencia y la Ley de Competencia Desleal", *Gaceta Jurídica de la Unión Europea*, núm. 213, 2001, pp. 11 y ss.; FONT GALÁN, J. I. y MIRANDA SERRANO, L. M., *Competencia desleal y antitrust. Sistema de ilícitos*, Madrid, Marcial Pons, 2005; COSTAS COMESAÑA, J., "Prohibición de falseamiento de la competencia por actos de competencia desleal", en BELLO MARTÍN-CRESPO, M. P. y HERNÁNDEZ RODRÍGUEZ, F. (Coords.), *Derecho de la Libre Competencia Comunitario y Español*, Cizur Menor, Aranzadi, 2009, pp. 213 y ss.; MASSAGUER FUENTES, J., "Artículo 3. Falseamiento de la competencia por actos desleales", en MASSAGUER FUENTES, J., FOLGUERA, J., SALA ARQUER, J. M. y GUTIÉRREZ, A. (Dirs.), *Comentario a la Ley de defensa de la competencia*, 4ª ed., Cizur Menor, Aranzadi, 2012, pp. 267 y ss.; ALONSO SOTO, R., "El falseamiento de la libre competencia por actos desleales", en DÍEZ-PICAZO, L. (Coord.), *Estudios Jurídicos en Homenaje al Profesor José María Miquel*, Vol. 1, Cizur Menor, Aranzadi, 2014, pp. 269 y ss.; y CASADO NAVARRO, A., "El controvertido asunto de la función normativa del falseamiento de la competencia por actos desleales (Art. 3 LDC)", *Revista de Derecho de la Competencia y la Distribución*, núm. 22, 2018.

blicitaria, donde se recogen distintas disposiciones en las que se sancionan conductas coincidentes con las previstas en la LCD.

3. LA DIGITALIZACIÓN COMO ARIETE DE LA ACTUALIZACIÓN Y ARMONIZACIÓN DE LA DISCIPLINA DE LA DESLEALTAD CONCURRENCIAL A NIVEL COMUNITARIO

El Derecho contra la competencia desleal no ha sido ajeno a la intervención del legislador comunitario. La disparidad de las legislaciones nacionales en la materia, junto con el consiguiente riesgo de obstaculización a la libre circulación de mercancías, provocaron que se fueran sucediendo los intentos de armonización en este sector[49]. De hecho, la armonización de las normas sobre competencia desleal aparece como una vieja aspiración de la Comisión Europea que se remonta a la década de los sesenta del pasado siglo[50].

Pese a ello, nos encontramos ante una disciplina que ha sido objeto de una armonización parcial recogida en un legislación dispersa y fragmentaria. No existe un bloque normativo exhaustivo de Derecho europeo de la competencia desleal al estilo de lo que sucede con el Derecho de defensa de la competencia.

Las razones de esta armonización parcial se encuentran, fundamentalmente, en la disparidad de tradiciones jurídicas existentes en la materia, acrecentadas por el ingreso de Reino Unido en la Comunidad Económica Europea. De hecho, se apunta a la opo-

---

49 TATO PLAZA, A., FERNÁNDEZ CARBALLO-CALERO, P. y HERRERA PETRUS, C., *La reforma de…*, *op. cit.*, p. 29.

50 Sobre los primeros trabajos de armonización de la disciplina, *vid.* TATO PLAZA, A., *La publicidad comparativa*, Madrid, Marcial Pons, 1996, pp. 249 y ss.

sición de Reino Unido como uno de los principales obstáculos a la armonización normativa de la disciplina[51].

Es por ello que dicha armonización sólo fue posible una vez que la concepción global de la disciplina fue abandonada en favor de una armonización sectorial y progresiva, que se inició en el ámbito de la publicidad[52]. Esta nueva concepción del proceso dio lugar a la promulgación de varias Directivas.

Algunas de ellas son de alcance general y se ocupan de la regulación de algunos aspectos del fenómeno publicitario. En este ámbito destaca la Directiva 84/450/CEE del Consejo, de 10 de septiembre de 1984, relativa a la aproximación de las disposiciones legales, reglamentarias y administrativas de los Estados Miembros en materia de publicidad engañosa. Esta Directiva fue modificada por la Directiva 97/55/CE del Parlamento Europeo y del Consejo, de 6 de octubre de 1997, por la que se modifica la Directiva 84/450/CEE sobre publicidad engañosa, a fin de incluir en la misma la publicidad comparativa. La Directiva 84/450/CEE, finalmente, fue derogada por la Directiva 2006/114/CE del Parlamento Europeo y del Consejo, de 12 de diciembre de 2006, sobre publicidad engañosa y publicidad comparativa.

Otras, en cambio, tienen carácter sectorial y circunscriben su regulación a algunas cuestiones de la publicidad emitida a través de distintos canales o relativa a determinados productos. Así, podemos destacar la Directiva 89/552/CEE del Consejo, de 3 de octubre de 1989, sobre la coordinación de determinadas disposiciones legales, reglamentarias y administrativas de los Estados Miembros relativas al ejercicio de actividades de radiodifusión

---

[51] ECHEBARRÍA SÁENZ, J. A., "Competencia desleal (Derecho europeo)", en VELASCO SAN PEDRO, L. A. (Coord.), *Diccionario de Derecho de la Competencia*, Madrid, Iustel, 2006, p. 220; y DOMÍNGUEZ PÉREZ, E., "Competencia desleal", en BERCOVITZ RODRÍGUEZ-CANO, A. (Dir.), *Derecho de la Competencia y Propiedad Industrial en la Unión Europea*, Cizur Menor, Thomson-Aranzadi, 2007, p. 178.

[52] ROBLES MARTÍN-LABORDA, A., "El modelo de...", *op. cit.*

televisiva, modificada por la Directiva 97/36/CE del Parlamento Europeo y del Consejo, de 30 de junio de 1997, por la que se modifica la Directiva 89/552/CEE del Consejo sobre la coordinación de determinadas disposiciones legales, reglamentarias y administrativas de los Estados miembros relativas al ejercicio de actividades de radiodifusión televisiva; la Directiva 92/28/CEE del Consejo, de 31 de marzo, relativa a la publicidad de medicamentos para uso humano; la Directiva 98/43/CE del Parlamento Europeo y del Consejo, de 6 de julio, relativa a la aproximación de las disposiciones legales, reglamentarias y administrativas de los Estados miembros en materia de publicidad y de patrocinio de los productos del tabaco; o la Directiva 2000/31/CE del Parlamento Europeo y del Consejo, de 8 de junio de 2000, relativa a determinados aspectos jurídicos de los servicios de la sociedad de la información, en particular el comercio electrónico en el mercado interior (Directiva sobre el comercio electrónico).

Este proceso armonizador experimentó un nuevo impulso de la mano de la irrupción del movimiento consumerista. Ahora bien, pese a que se trata de normas dictadas en el marco de la tutela comunitaria de los consumidores, laten en ellas los planteamientos básicos de los que parte la disciplina de la deslealtad concurrencial: la protección de la competencia como institución y la de todos los que participan en el mercado. Es en este contexto donde se enmarca la Directiva 2005/29/CE del Parlamento Europeo y del Consejo, de 11 de mayo de 2005, relativa a las prácticas comerciales desleales de las empresas en sus relaciones con los consumidores en el mercado interior, que modifica la Directiva 84/450/CEE del Consejo, las Directivas 97/7/CE, 98/27/CE y 2002/65/CE del Parlamento Europeo y del Consejo y el Reglamento (CE) n° 2006/2004 del Parlamento Europeo y del Consejo; la Directiva 2008/48/CE del Parlamento Europeo y del Consejo, de 23 de abril de 2008 , relativa a los contratos de crédito al consumo y por la que se deroga la Directiva 87/102/CEE del Consejo; y la Directiva 2010/13/UE del Parlamento Europeo y del Consejo, de 10 de marzo de 2010, sobre la coordinación de determinadas disposiciones legales, reglamentarias y administrativas de los Estados miembros relativas a la prestación de servicios de comunicación audiovisual (Directiva de servicios de comunicación audiovisual).

Los últimos pasos en el proceso de armonización de la disciplina de la deslealtad concurrencial se han producido en el marco de las dos megatendencias regulatorias que actualmente imperan en el Mercado Único Europeo: la sostenibilidad y la digitalización.

Por un lado, dentro de las normas comunitarias derivadas de los objetivos de sostenibilidad que contienen normas de competencia desleal, encontramos la Directiva (UE) 2019/633 del Parlamento Europeo y del Consejo, de 17 de abril de 2019, relativa a las prácticas comerciales desleales en las relaciones entre empresas en la cadena de suministro agrícola y alimentario; y la Directiva (UE) 2024/825 del Parlamento Europeo y del Consejo, de 28 de febrero de 2024, por la que se modifican las Directivas 2005/29/CE y 2011/83/UE en lo que respecta al empoderamiento de los consumidores para la transición ecológica mediante una mejor protección contra las prácticas desleales y mediante una mejor información. Igualmente, resulta necesario destacar la Propuesta de Directiva del Parlamento Europeo y del Consejo relativa a la justificación y comunicación de alegaciones medioambientales explícitas (Directiva sobre alegaciones ecológicas).

Por otro lado, la mayoría de las normas de competencia desleal dictadas en los últimos tiempos en el ámbito comunitario responden a la necesidad de adaptar la regulación del mercado a los retos derivados de la digitalización. En este sentido, son varios los textos normativos que incorporan normas destinadas, de un lado, a regular distintos aspectos publicitarios y técnicas de comercialización propias del entorno digital y, de otro, a adaptar las normas de competencia desleal a las nuevas realidades derivadas del proceso de digitalización y a combatir las nuevas prácticas desleales que van apareciendo en el tráfico en línea.

Entre las primeras destacan la Directiva (UE) 2018/1808 del Parlamento Europeo y del Consejo, de 14 de noviembre de 2018, por la que se modifica la Directiva 2010/13/UE sobre la coordinación de determinadas disposiciones legales, reglamentarias y administrativas de los Estados miembros relativas a la prestación de servicios de comunicación audiovisual (Directiva de servicios de comunicación audiovisual), habida cuenta de la evolución de las realidades del mercado; la Directiva (UE) 2023/2225 del Parlamento Europeo y del Consejo, de 18 de octubre de 2023, relativa a los contratos de crédito al consumo y por la que se deroga la Directiva 2008/48/CE; la Directiva (UE) 2023/2673, de 22 de noviembre de 2023, por la que se modifica la Directiva 2011/83/UE en lo relativo a los contratos de servicios financieros celebrados a distancia y se deroga la Directiva 2002/65/CE; y el Reglamento (UE) 2023/1114 del Parlamento Europeo y del Consejo, de 31 de mayo de 2023, relativo a los mercados de criptoactivos y por el que se modifican los Reglamentos (UE) nº 1093/2010 y (UE) nº 1095/2010 y las Directivas 2013/36/UE y (UE) 2019/1937.

Dentro del segundo grupo encontramos la Directiva (UE) 2019/2161 del Parlamento Europeo y del Consejo, de 27 de noviembre de 2019, por la que se modifica la Directiva 93/13/CEE del Consejo y las Directivas 98/6/CE, 2005/29/CE y 2011/83/UE del Parlamento Europeo y del Consejo, en lo que atañe a la mejora de la aplicación y la modernización de las normas de protección de los consumidores de la Unión; el Reglamento (UE) 2019/1150 del Parlamento Europeo y del Consejo, de 20 de junio de 2019, sobre el fomento de la equidad y la transparencia para los usuarios profesionales de servicios de intermediación en línea; el Reglamento (UE) 2022/1925 del Parlamento Europeo y del Consejo, de 14 de septiembre de 2022, sobre mercados disputables y equitativos en el sector digital y por el que se modifican las Directivas (UE) 2019/1937 y (UE) 2020/1828 (Reglamento de Mercados Digitales); y el Reglamento (UE) 2022/2065 del Parlamento Europeo y del Consejo, de 19 de octubre de 2022, relativo a un mercado único de servicios digitales y por el que se modifica la Directiva 2000/31/CE (Reglamento de Servicios Digitales).

Ciertamente, los retos derivados de la sostenibilidad y, sobre todo, de la digitalización han supuesto un importante impulso en el proceso de armonización de la disciplina comunitaria de la deslealtad concurrencial. Pero no es menos cierto que este impulso no se está traduciendo en una aproximación general al régimen jurídico de la competencia desleal. Ello es consecuencia del limitado ámbito de aplicación de las mencionadas iniciativas legislativas. Y es que todas y cada una de ellas restringen su aplicación en función de quien sea el sujeto destinatario de la norma, del sector de actividad en el que se realiza la práctica, del canal de comercialización utilizado o del tipo contractual empleado. De ahí que el proceso de armonización de la disciplina mantenga su carácter fragmentario y sectorial.

Además, no puede perderse de vista la fuerte tendencia disgregadora que se aprecia en este ámbito. Son muchas las normas de competencia desleal que se han dictado en el seno de la Unión Europea, pero no existe un texto comunitario general de ordenación de la materia. Estas normas, empero, se dictan para regular aspectos especiales o prácticas específicas propias de sectores, actividades, productos o relaciones particulares. Ello ha dado lugar a un conjunto normativo disgregado y desconectado, en el que son frecuentes los solapamientos normativos y cuya aplicación se confía a autoridades diferentes, con el consiguiente riesgo de discordancias y contradicciones.

No obstante lo anterior, se aprecian importantes avances en la materia. Ello es consecuencia de los instrumentos normativos utilizados en esta sede. Sobre todo, Directivas de máximos. Aunque lo cierto es que últimamente se está recurriendo cada vez más al Reglamento. Y ello conduce a que la armonización en la materia, pese a no ser completa, sea algo más sólida, cosechando así un cierto avance en la paulatina construcción de un mercado único sin fronteras interiores.

4. LA DESLEALTAD EN EL REGLAMENTO EUROPEO DE SERVICIOS DIGITALES

4.1. Cuestiones generales

El Reglamento de Servicios Digitales se ocupa de la regulación de los servicios de intermediación en línea con el fin de garantizar el correcto funcionamiento del mercado interior. Constituye un intento de armonizar plenamente las normas que se aplican a los servicios de intermediación en línea, con el fin de avanzar en la protección de los derechos fundamentales en la UE y de garantizar el establecimiento de un entorno en línea seguro, predecible y fiable[53].

En este sentido, según sus considerandos, los objetivos del RSD son, por un lado, la salvaguarda y mejora del funcionamiento del mercado interior, a fin de que las empresas tengan acceso a nuevos mercados y puedan aprovechar las ventajas del mercado interior, y los consumidores y demás destinatarios puedan disfrutar de una mayor oferta (considerandos 2 y 4). Y, por otro lado, la creación de un entorno en línea seguro en el que se protejan los derechos fundamentales tales como la libertad de expresión e información, la libertad de empresa, el derecho a la no discriminación y la garantía de un elevado nivel de protección de los consumidores (considerando 3)[54].

---

53 DAVOLA, A., "The Digital Services Act, Published: A Good Start And – Yet – Just A Start", en *Kluwer competition Law Blog*, 19 de octubre de 2022, disponible en https://competitionlawblog.kluwercompetitionlaw.com/2022/10/19/the-digital-services-act-published-a-good-start-and-yet-just-a-start/ (consultado el 25 de abril de 2024).

54 BUSCH, C. y MAK, V., "Putting the Digital Services Act into Context: Bridging the Gap between EU Consumer Law and Platform Regulation", *European Legal Studies Institute Osnabrück Research Paper Series*, Núm. 21-03, 2021, p. 2, disponible en https://ssrn.com/abstract=3933675 (consultado el 27 de febrero de 2024).

Para hacer frente a estos objetivos, el RSD aborda la regulación de tres tipos de medidas: el régimen de responsabilidad de los prestadores de servicios de intermediación en línea, la incorporación de un conjunto de normas de diligencia debida que se aplican a los distintos tipos de intermediarios en línea en función de su tamaño y de la naturaleza del servicio que prestan, y un marco de aplicación y ejecución a un doble nivel nacional y europeo[55].

De conformidad con su art. 2, el RSD se aplica a los servicios intermediarios ofrecidos a destinatarios que tengan su establecimiento o estén situados en la UE, con independencia de donde tengan su establecimiento los prestadores de esos servicios intermediarios. La definición de servicio intermediario se recoge en el art. 3 RSD a través de una doble delimitación en sentido subjetivo y objetivo. Subjetivamente, servicios intermediarios son servicios de la sociedad de la información en el sentido del art. 1.1.b) de la Directiva (UE) 2015/1535. Esto es, todo servicio prestado normalmente a cambio de una remuneración, a distancia, por vía electrónica y a petición individual de un destinatario de servicios[56]. En sentido objetivo, la categoría de servicio intermediario engloba

---

55 Un análisis de estas medidas puede encontrarse, entre otros, en WILMAN, F., "The Digital Services Act (DSA)-An Overview", *SSRN*, 16 de diciembre de 2022, disponible en https://ssrn.com/abstract=4304586 (consultado el 6 de febrero de 2024); DE MIGUEL ASENSIO, P. A., "Obligaciones y responsabilidad de los intermediarios: El Reglamento (UE) de Servicios Digitales", *La Ley Unión Europea*, núm. 109, 2022, pp. 1 y ss.; ROCHE LAGUNA, I., "Reglamento de Servicios Digitales: Las nuevas reglas del juego en Internet", en RUIZ PERIS, J.I., GONZÁLEZ CASTILLA, F. y ESTEVAN DE QUESADA, C. (Dirs.), *Mercados digitales y competencia*, Valencia, Tirant lo Blanch, 2023, pp. 34 y ss.; y ROMERO ESPINOSA, M. A., "La novedosa concepción del derecho de la competencia por la unión europea (II): El Reglamento de Servicios Digitales", *Diario La Ley*, núm. 10380, 2023.

56 Más ampliamente, PEGUERA POCH, M., *Servicios de la sociedad de la información y comercio electrónico*, Barcelona, FUOC, 2019, pp. 7 y ss.

a los prestadores de servicios de mera transmisión, de memoria cache y de alojamiento de datos[57].

4.2. Obligaciones de diligencia debida impuestas a los prestadores de servicios intermediarios

El RSD establece un conjunto de obligaciones armonizadas de diligencia debida para los prestadores de servicios intermediarios. Por diligencia debida se entiende el proceso por el cual estos prestadores de servicios intermediarios adoptan medidas necesarias y eficaces para identificar, prevenir, mitigar, rendir cuentas y responder por los impactos negativos, reales o potenciales, de sus propias actividades o de las de su cadena de valor[58]. De esta forma, se impone la obligación de que los servicios intermediarios actúen de manera diligente en el desempeño de su actividad de intermediación, con independencia de la responsabilidad en que puedan incurrir por la información o el contenido publicado o difundido por sus usuarios.

Este régimen de obligaciones de diligencia debida se estructura de forma estratificada en función del tipo, tamaño y naturaleza del servicio intermediario. Así, estas obligaciones se reparten en cinco niveles que se aplican de forma acumulativa, en la medida

---

57 Sobre esta cuestión, MADRID PARRA, A., "Aproximación inicial a los Reglamentos Europeos sobre servicios y mercados digitales", *La Ley Unión Europea*, núm. 110, 2023, p. 3 (hemos consultado la versión en línea disponible en el portal electrónico laleydigital); y TAPIA HERMIDA, A. J., "Digitalización mercantil europea: las leyes europeas de mercados y servicios digitales", *La Ley Mercantil*, núm. 100, 2023, pp. 14 y ss. (hemos consultado la versión en línea disponible en el portal electrónico laleydigital).

58 CRUZ ÁNGELES, J., "Las obligaciones jurídico-comunitarias de las grandes plataformas proveedoras de servicios digitales en la era del metaverso", *Cuadernos de Derecho Transnacional*, vol. 14, núm. 2, 2022, p. 303.

en que las obligaciones del nivel superior se acumulan a las del nivel inferior[59].

En el primer nivel, encontramos las obligaciones básicas aplicables a todo *servicio intermediario* (arts. 11 a 15). Estas obligaciones básicas consisten en la indicación de un punto único de contacto para facilitar la comunicación directa con las autoridades de control y con los destinatarios del servicio; en la designación de un representante legal si no tuvieran su establecimiento en la Unión Europea; la inclusión en sus condiciones generales de información sobre las restricciones que impongan en relación con el uso de su servicio; y la publicación de un informe anual sobre la moderación de contenidos.

En el segundo nivel, aparecen las obligaciones aplicables a los *servicios de alojamiento de datos* (arts. 16 a 18). Además de las obligaciones anteriores, los prestadores de servicios de alojamiento de datos deben implementar mecanismos de notificación de contenidos ilícitos, proporcionar una declaración de motivos a los afectados por la retirada de contenido o la suspensión o cancelación del servicio, e informar a las autoridades competentes cuando tengan sospechas relativas a la comisión de delitos graves.

El tercer nivel se refiere a las obligaciones adicionales aplicables a las *plataformas en línea* que no sean microempresas o pequeñas empresas (arts. 20 a 28). Entre sus obligaciones se encuentran: el establecimiento de un sistema interno eficaz de gestión de

---

59 Con mayor detalle, DE MIGUEL ASENSIO, P. A., "Obligaciones y responsabilidad de los intermediarios: El Reglamento (UE) de Servicios Digitales", *La Ley Unión Europea*, núm. 109, 2022, pp. 17 y ss.; TURILLAZZI, A., CASOLARI, F., TADDEO, M. y FLORIDI, L., "The Digital Services Act: An Analysis of Its Ethical, Legal, and Social Implications", *SSRN*, 12 de enero de 2022, disponible en https://papers.ssrn.com/sol3/papers.cfm?abstract_id=4007389 (consultado el 8 de febrero de 2024); y FRANCH FLUXÁ, J., "El Reglamento de Servicios Digitales y el mercado digital turístico", en RUIZ PERIS, J.I., GONZÁLEZ CASTILLA, F. y ESTEVAN DE QUESADA, C. (Dirs.), *Mercados digitales y competencia*, Valencia, Tirant lo Blanch, 2023, pp. 101 y ss.

reclamaciones; la sumisión, en su caso, a un sistema extrajudicial de resolución de conflictos para dirimir esas reclamaciones; la priorización de las notificaciones enviadas por alertadores fiables; el establecimiento de medidas de protección frente a los usos indebidos; la publicación de informes sobre el número de litigios sometidos a órganos extrajudiciales, el número de suspensiones impuestas y sobre el promedio mensual de destinatarios activos del servicio; el diseño de sus interfaces de manera que no distorsione u obstaculice la capacidad de decisión de sus destinatarios; la fijación de mecanismos de transparencia relativos a la publicidad; la adopción de medidas de transparencia relativas a los sistemas de recomendación; y la fijación de medidas adecuadas y proporcionadas para garantizar la privacidad, seguridad y protección de los menores en línea.

El cuarto nivel se corresponde con las disposiciones aplicables a los *prestadores de plataformas en línea que permitan a los consumidores celebrar contratos a distancia con empresarios*, con exclusión de las microempresas y de las pequeñas empresas (arts. 30 a 32). Estas disposiciones van referidas a la obligación de garantizar la trazabilidad de los empresarios que promocionan su actividad y ofrecen productos o servicios en la plataforma; la obligación de diseñar y organizar su interfaz en línea de manera que los empresarios puedan cumplir con el Derecho de la Unión Europea en materia de información y protección de los consumidores; y la obligación de informar sobre productos o servicios ilícitos ofrecidos a través de la plataforma.

Por último, en el quinto nivel, se disponen las obligaciones impuestas a *las plataformas en línea y los motores de búsqueda en línea de muy gran tamaño* (arts. 33 a 43). Esto es, aquellas plataformas y motores de búsqueda cuyo promedio de usuarios mensuales sea igual o superior a cuarenta y cinco millones. Estas plataformas, junto a las obligaciones anteriores, deben detectar, analizar y evaluar cualquier riesgo sistémico en la Unión que se derive del diseño o del funcionamiento del servicio; aplicar medidas para reducir esos riesgos sistémicos; adoptar medidas de respuesta a las crisis; someterse a auditorías independientes para evaluar el cumplimiento de sus obligaciones de diligencia y de los compromisos asumidos en virtud de códigos de conducta; proporcionar al menos un sistema de recomendación que no esté basado en perfiles; establecer un repositorio público sobre los anuncios en línea que publican; facilitar el acceso a datos al coordinador de servicios digitales o a la Comisión; establecer una función de comprobación del cumplimiento del RSD; publicar informes con información adicional; y pagar una tasa anual de supervisión.

4.3. Conexiones con el Derecho represor de la competencia desleal

Como podemos comprobar, el RSD recoge un amplio catálogo de obligaciones de naturaleza ciertamente dispar, que podrían clasificarse en función de su contenido en obligaciones de moderación de contenidos, de diseño del servicio, de publicidad, de recomendación y de transparencia[60]. Pero, al margen de esta clasificación, lo cierto es que, con la fijación de este conjunto de obligaciones, el legislador de la Unión Europea delimita un régimen de ordenación de la actividad de los prestadores de servicios intermediarios. Y, en este régimen, se incluyen una serie de obligaciones estrechamente relacionadas con la actividad que estos prestadores de servicios intermediarios desarrollan en el mercado y que disciplinan la relación de intermediación que los vincula con sus destinatarios.

Dentro de este régimen de diligencia debida pueden identificarse una serie de obligaciones encaminadas a mejorar el funcionamiento del mercado interior y que, en cierta medida, vienen a delimitar el correcto ejercicio del derecho a la libertad de empresa en el marco de la actividad de intermediación desarrollada en el mercado por los servicios de la sociedad de la información so-

---

60 HUSOVEC, M. y ROCHE LAGUNA, I., "Digital Services Act: A Short Primer", *SSRN*, 18 de julio de 2022, disponible en https://papers.ssrn.com/sol3/papers.cfm?abstract_id=4153796 (consultado el 6 de marzo de 2024).

metidos al RSD. Unas obligaciones que, en mayor o menor grado, van a venir a complementar o delimitar lo que se considera que es un comportamiento leal en el mercado.

Nos referimos, en particular, a la designación de un punto único de contacto para los destinatarios del servicio (art. 12 RSD), íntimamente conectada con la obligación de identificación del empresario en el marco de los actos de engaño regulados en la LCD y en la DPCD; las obligaciones relativas a la información que ha de contenerse en las condiciones generales de los prestadores de servicios destinatarios (art. 14 RSD), que puede enmarcarse en el principio de transparencia impuesto por la LCD (arts. 5 y 7 LCD); la declaración de motivos proporcionada en caso de restricciones del servicio y la información proporcionada en el sistema interno de reclamaciones (arts. 17 y 20 RSD), que están estrechamente relacionadas con la información sobre el tratamiento de las reclamaciones *ex* art. 5.1.c) LCD; la información relativa al sistema extrajudicial de resolución de conflictos (art. 21 RSD) y su vinculación con la información sobre los derechos legales de los consumidores [art. 5.1.h) LCD]; la obligación de evitar el uso de patrones oscuros en el diseño de sus interfaces en línea (arts. 25 RSD), que podrían dar lugar a prácticas engañosas o agresivas en el marco de la LCD; la información relativa al contenido publicitario (art. 26 RSD) y su conexión con la prohibición de la publicidad encubierta; la transparencia en los sistemas de recomendación (arts. 27 y 38), que entra en el ámbito de las obligaciones de información relacionadas con los sistemas de clasificación en línea (20.3 TRLGDCU); y la obligación relativa trazabilidad de los comerciantes (art. 33 RSD), que complementa la información sobre la identidad del empresario y su eventual condición empresarial [arts. 5.1.g) LCD y 20.1 TRLGDCU].

En definitiva, nos encontramos ante una serie de normas que describen las conductas consideradas definiendo sus respectivos tipos de modo tal que integran las circunstancias que, según máximas de experiencia o juicios apriorísticos, determinan comúnmente su incompatibilidad con lo que se estima que es una conducta leal, correcta y adecuada en la prestación de los servicios de intermediación en línea. Así pues, este régimen obligacional contenido en el RSD proporciona un marco de diligencia debida que delimita la corrección en el tráfico que ha de guiar la actuación y el comportamiento en el mercado de los prestadores de servicios intermediarios.

Ahora bien, el RSD no es una norma de competencia *stricto sensu*. Se trata de un instrumento horizontal de regulación económica que es complementario de una serie de textos normativos existentes en la UE que no se verían afectados y con los que sería coherente. Tal sería el caso, por ejemplo, de la Directiva (UE) 2018/1808 de servicios de comunicación audiovisual o de la Directiva (UE) 2019/2161 de mejora de la aplicación y de modernización de las normas de protección de los consumidores[61].

Sin embargo, otros instrumentos legislativos de la UE como la Directiva 93/13/CEE o la DPCD también contienen normas intersectoriales y/o de procedimiento que siguen siendo plenamente aplicables a los servicios de intermediación en línea. De modo que la sistematización de la legislación de la UE se ve seriamente comprometida. Y es que, en rigor, existen conjuntos normativos más amplios, como ocurre en materia de protección de los consumidores o, a nivel interno, de represión de la competencia desleal. De ahí que se haga necesario determinar cómo se articula la relación entre la regulación horizontal que contempla el RSD y las normas de aplicación general, como las de competencia desleal.

A nuestro juicio, las normas de diligencia debida contenidas en el RSD sirven para complementar la regulación sobre competencia desleal y son susceptibles de una aplicación conjunta cuan-

---

61 CAUFFMAN, C. y GOANTA, C., "A New Order: The Digital Services Act and Consumer Protection", *European Jorunal of Risk Regulation*, vol. 12, 2021, p. 761; ROCHE LAGUNA, I., "Reglamento de...", *op. cit.*, p. 36; y MONTERO GARCÍA-NOBLEJAS, P., "El reto regulatorio de una economía basada en plataformas digitales", *La Ley Mercantil*, núm. 99, 2023, p. 23 (hemos consultado la versión en línea disponible en el portal electrónico laleydigital).

do concurran los requisitos contenidos en una y otra norma. Si bien es cierto que algunas de las normas contenidas en el RSD pueden aplicarse a los mismos supuestos de hecho que las previstas en la LCD, no puede desconocerse que los objetivos de una y otra norma, los intereses por ellas tutelados y los mecanismos de aplicación no son coincidentes. De modo que cada norma va a contemplar una faceta de desvalor de la conducta que no es del todo coincidente y que va a dar lugar a sanciones distintas impuestas por órganos de diferente naturaleza, con la consiguiente posibilidad de aplicación conjunta y complementaria. Así pues, el RSD viene a regular aspectos concretos de la relación jurídico-concurrencial que son adicionales, conexos y periféricos a los que están regidos por el Derecho de la competencia desleal. Así lo corrobora, por ejemplo, su art. 25 del RSD al prohibir la configuración de interfaces engañosas en la medida en que no estén ya cubiertas por la normativa represora de la competencia desleal.

Además, las normas del RSD encajan sin problemas en la categoría de "normas concurrenciales" y, en cuanto tales, su incumplimiento conduce a la posible aplicación del art. 15.2 LCD. De modo que un mismo comportamiento puede dar lugar a la sanción derivada del régimen del RSD y a la sanción derivada de la infracción del Derecho de la competencia desleal por infracción de normas concurrenciales *ex* art. 15.2 LCD y por transgresión del ilícito de deslealtad correspondiente (actos de engaño, omisiones engañosas o abuso de situación de dependencia económica, etc.). En este sentido, la acción de indemnización de daños y perjuicios prevista en el art. 32 LCD se presenta como una alternativa para lograr la aplicación privada del RSD, habida cuenta de su silencio sobre este extremo.

Del mismo modo, algunas normas del RSD también pueden servir para concretar los requisitos aplicativos de algunos de los tipos de deslealtad contenidos en la LCD y para clarificar algunos de los conceptos jurídicos indeterminados que recoge, tales como la buena fe objetiva, la diligencia profesional o la información necesaria para adoptar una decisión económica con pleno conocimiento de causa.

5. LA DESLEALTAD EN EL REGLAMENTO EUROPEO DE MERCADOS DIGITALES

5.1. Cuestiones generales

El Reglamento de Mercados Digitales establece un régimen de obligaciones específico a un grupo reducido de grandes prestadores de servicios básicos de plataforma con el fin de combatir los desequilibrios económicos derivados de la posición de guardianes de acceso que ocupan en el mercado y las eventuales prácticas desleales que puedan realizar desde esa posición de fuerza económica[62].

Así pues, el RMD trata de hacer frente a las consecuencias negativas derivadas del auge de los llamados guardianes de acceso en la economía digital[63]. En este sentido, el objetivo del RMD es contribuir al buen funcionamiento del mercado interior estableciendo normas armonizadas que garanticen a todas las empresas, en toda la Unión, la equidad y la disputabilidad de los mercados en el sector digital donde haya guardianes de acceso en beneficio de los usuarios profesionales y los usuarios finales (art. 1).

Las nociones de equidad y disputabilidad se presentan, por tanto, en el centro de esta normativa. Pero lo cierto es que no se definen de forma clara e inequívoca[64]. Según el propio RMD, la disputabilidad debe estar relacionada con la capacidad de las empresas para superar de forma efectiva los obstáculos a la en-

---

62 DE MIGUEL ASENSIO, P. A., "El Reglamento (UE) de Mercados Digitales: Fundamentos, obligaciones de las plataformas y ejecución", *La Ley Unión Europea*, núm. 108, 2022, p. 2.

63 IBÁÑEZ COLOMO, P., "The Draft Digital Markets Act: A Legal and Institutional Analysis", *SSRN*, 22 de febrero de 2021, p. 5, disponible en https://ssrn.com/abstract=3790276 (consultado el 25 de febrero de 2024).

64 MOSKAL, A., "Digital Markets Act (DMA): A consumer protection perspective", *European Papers*, vol. 7, núm. 3, 2022, p. 1116.

trada y la expansión, y para competir con el guardián de acceso sobre la base de la calidad intrínseca de sus productos y servicios (Considerando 32); mientras que la equidad está relacionada con el equilibrio entre los derechos y las obligaciones de los usuarios profesionales a fin de que los guardianes de acceso no obtengan una ventaja desproporcionada (Considerando 33).

En esta dirección, podría decirse que la *disputabilidad* está relacionada con la dimensión estructural de la competencia. Esto es, hace referencia a la estructura y a las características inherentes a los mercados de referencia y su objetivo estriba en garantizar que los mercados permanezcan abiertos a nuevos operadores, a pesar de la presencia de un guardián de acceso[65]. Se trata así de reducir las barreras de entrada al mercado, fijar unas condiciones de mercado que permitan la eventual entrada de competidores en cualquier momento, evitar el atrincheramiento de competidores en sus posiciones de mercado e impedir el traslado de poder de mercado a otros mercados conexos.

Por su parte, la *equidad* parece venir referida a la dimensión dinámica de la competencia conforme a la cual la competencia se concibe como un proceso de actuaciones en el mercado. En esta dirección, la equidad vendría a garantizar mercados abiertos en los que la rivalidad no se decide en función del poder de mercado, sino en función de la *competencia por eficiencia* o *basada en las*

[65] SCHWEITZER, H., "The Art to Make Gatekeeper Positions Contestable and the Challenge to Know What is Fair: A Discussion of the Digital Markets Act Proposal", *SSRN,* 30 de abril de 2021, disponible en https://ssrn.com/abstract=3837341 (consultado el 2 de febrero de 2024); AKMAN, P., "Regulating Competition in Digital Platform Markets: A Critical Assessment of the Framework and Approach of the EU Digital Markets Act", *European Law Review,* vol. 47, núm. 1, 2022, p. 23, disponible en https://ssrn.com/abstract=3978625 (consultado el 7 de febrero de 2024); y MONTERO PASCUAL, J. J., *El Reglamento de los Mercados Digitales. La regulación de las grandes plataformas,* Valencia, Tirant lo Blanch, 2024 (hemos consultado la versión en línea disponible en el portal electrónico Tirant Prime).

prestaciones[66]. En consecuencia, en los mercados en línea la equidad va a exigir una intermediación imparcial que garantice unas condiciones de mercado no impuestas en función del interés del guardián de acceso, sino en igualdad de condiciones, en virtud de los méritos de las ofertas y de acuerdo con las preferencias de los usuarios.

Para hacer frente a estos objetivos, el RMD adopta la estructura propia de la regulación sectorial. Esta regulación impone un conjunto de obligaciones y prohibiciones *ex ante* que se aplican sin necesidad de que exista una infracción o conducta reprochable; instaura una autoridad encargada de supervisar el funcionamiento del mercado (la Comisión Europea); y prevé la imposición de sanciones a quienes incumplan esas obligaciones y prohibiciones[67].

El RMD acota su ámbito de aplicación mediante los siguientes criterios: el establecimiento de una lista cerrada de los servicios incluidos en su ámbito de aplicación objetivo (*servicios básicos de plataforma*); la delimitación de unos criterios cuantitativos y cualitativos para designar subjetivamente a los proveedores de los servicios incluidos en su ámbito de aplicación objetivo que serán destinatarios de sus normas (*guardianes de acceso*); y la posibilidad de que la Comisión Europea pueda actualizar en cualquier momento, a través de investigaciones de mercado, qué servicios se incluyen en su ámbito de aplicación objetivo y qué proveedores reúnen las condiciones para ser sujetos destinatarios del RMD[68].

---

66 PETIT, N., "The Proposed Digital Markets Act (DMA): A Legal and Policy Review", *SSRN,* 11de mayo de 2021, disponible en https://ssrn.com/abstract=3843497 (consultado el 1 de febrero de 2024); y SCHWEITZER, H., "The Art…", *op. cit.*

67 OLMEDO PERALTA, E., "La construcción de un régimen jurídico para el sector digital más allá del Reglamento de Mercados Digitales", en RUIZ PERIS, J.I., GONZÁLEZ CASTILLA, F. y ESTEVAN DE QUESADA, C. (Dirs.), *Mercados digitales y competencia,* Valencia, Tirant lo Blanch, 2023, p. 179.

68 GARCÍA-VARELA IGLESIAS, R., "El proceso de transición hacia la era digital en la UE: el mercado único digital", *Actualidad Civil,* núm. 7-8,

En sentido objetivo, el RMD no se aplica a todos los servicios de la sociedad de la información, ni tampoco a los servicios intermediarios, sino a lo que denomina *servicios básicos de plataforma*. El RMD no define lo que son estos servicios básicos de plataforma. En su lugar, se limita a proporcionar un listado taxativo de servicios de la sociedad de la información que podrá ser ampliado posteriormente por la Comisión. Conforme al art. 2.2 RMD son servicios básicos de plataforma: los servicios de intermediación en línea, los motores de búsqueda, los servicios de redes sociales; los servicios de plataforma de intercambio de vídeos; los servicios de comunicaciones interpersonales independientes de la numeración; los sistemas operativos; los navegadores web; los asistentes virtuales; los servicios de computación en nube; y los servicios de publicidad en línea, incluidos los servicios de intermediación publicitaria, prestados por una empresa que preste cualquiera de los servicios básicos de plataforma enumerados previamente[69].

Subjetivamente, el RMD se aplica a las empresas que sean designadas como *guardianes de acceso* con arreglo a los criterios establecidos en su art. 3. El concepto de guardián de acceso hace referencia a aquellas plataformas con poder de mercado que pueden impactar sobre la competencia practicable y que constituyen un cuello de botella en la economía digital[70]. De esta forma, serán guardianes de acceso los proveedores de servicios básicos de plataforma que cumplan los siguientes requisitos: a) que tengan una gran influencia en el mercado interior (lo que se presume cuando la empresa alcance un volumen de negocio anual en la UE igual o superior a 7.500 millones de euros en cada uno de los tres últimos ejercicios, o cuando su capitalización media de mercado o su valor justo de mercado equivalente ascienda al menos a 75.000

2022, p. 15 (hemos consultado la versión en línea disponible en el portal electrónico laleydigital).

69 Más ampliamente, MONTERO PASCUAL, J. J., *El Reglamento…, op. cit.*

70 ECHEBARRÍA SÁENZ, M., "Restricciones de acceso al mercado y plataformas digitales: el caso Amazon como ejemplo", *Revista de Estudios Europeos*, núm. 78, 2021, p. 167.

millones de euros en el último ejercicio, y preste el mismo servicio básico de plataforma en, al menos, tres Estados miembros de la UE); b) preste un servicio básico de plataforma que actúe como una importante puerta de acceso para que los usuarios empresariales lleguen a los usuarios finales (circunstancia que se presumirá cuando en el último ejercicio haya tenido al menos 45 millones mensuales de usuarios finales activos en la UE y, al menos, 10.000 usuarios profesionales activos anuales establecidos o ubicados en la UE); y c) goce de una posición afianzada y duradera o es previsible que lo haga en un futuro próximo (este criterio se presume si la empresa alcanza los umbrales de usuarios indicados en la letra b en cada uno de los tres últimos ejercicios)[71].

5.2. Obligaciones y prohibiciones impuestas a los guardianes de acceso

El marco de obligaciones y prohibiciones que el RMD impone a los guardianes de acceso se contiene en su Capitulo III, intitulado "prácticas de los guardianes de acceso que limitan la disputabilidad o son desleales". Estas obligaciones, que traen causa de la experiencia previa de los órganos de competencia, son de aplicación automática y el guardián de acceso deberá garantizar que se cumplen de forma plena y efectiva.

Las obligaciones relativas al comportamiento que deben desarrollar en el mercado los guardianes de acceso están contenidas en los arts. 5 y 6 RMD. En estos preceptos se formulan un conjunto de normas prescriptivas y proscriptivas que se aplican con independencia de los efectos reales o potenciales de la conducta. El art. 5 RMD recoge una enumeración de obligaciones que resultan directamente aplicables sin necesidad de mayor especificación. En cambio, las obligaciones previstas en el art. 6 RMD, siendo también directamente aplicables, pueden ser susceptibles

---

71 BARRIO ANDRÉS, M., "El nuevo Reglamento europeo de Mercados Digitales", *Diario La Ley*, núm. 10155, 2022 (hemos consultado la versión en línea disponible en el portal electrónico laleydigital).

de una especificación ulterior por parte de la Comisión Europea en la que se definan las medidas concretas que debe adoptar el guardián de acceso. Asimismo, el art. 7 RMD dispone otra serie de obligaciones en materia de interoperabilidad de los servicios de comunicaciones interpersonales independientes de la numeración.

De acuerdo con el art. 5 RMD, el guardián de acceso debe: abstenerse de cruzar datos personales de los usuarios finales, combinarlos o tratarlos de manera que suponga una autopreferenciación en perjuicio de sus competidores (art. 5.2); no impedir que los usuarios profesionales ofrezcan sus productos o servicios en condiciones diferentes por otros canales distintos a los del guardián de acceso (art. 5.3); permitir a los usuarios profesionales comunicar y promover ofertas y celebrar contratos al margen de los servicios del guardián de acceso en condiciones diferentes (art. 5.4); permitir a los usuarios finales acceder a los contenidos, suscripciones y prestaciones de los usuarios profesionales y hacer uso de ellos aun cuando hubieran adquirido esos elementos sin utilizar los servicios de plataforma del guardián de acceso (art. 5.5); no impedir ni obstaculizar el ejercicio de acciones legales o reclamaciones de usuarios profesionales o finales (art. 5.6); no exigir el uso de servicios de identificación, sistemas de navegación, servicios de pago u otros servicios técnicos propios de la plataforma para operar en ella (art. 5.7); no exigir el registro en cualquier servicio básico de plataforma adicional del guardián de acceso para usar sus servicios (art. 5.8); proporcionar información a los anunciantes sobre el precio y las comisiones pagadas, la remuneración recibida por el editor y la forma en que se calculan los precios, comisiones y remuneraciones (art. 5.9); y proporcionar información a los editores que presten servicios de publicidad en línea sobre las remuneraciones recibidas, el precio pagado por el anunciante y las métricas a partir de las que se calcula el precio y la remuneración (art. 5.10).

Por su parte, entre las obligaciones a cargo de los guardianes de acceso que pueden ser especificadas con mayor detalle, se encuentran las siguientes: no utilizar ningún dato generado o proporcionado por los usuarios profesionales que no sea públicamente accesible en competencia con ellos (art. 6.2); permitir y posibilitar técnicamente que los usuarios finales puedan desinstalar fácilmente cualquier aplicación informática del sistema operativo del guardián de acceso (art. 6.3); permitir y posibilitar técnicamente la instalación y el uso de aplicaciones informáticas o tiendas de aplicaciones de terceros (art. 6.4); no tratar más favorablemente los productos o servicios del guardián de acceso que los de terceros ni en la clasificación ni en las funciones de indexado y rastreo (art. 6.5); no restringir la capacidad de los usuarios finales para cambiar entre diferentes aplicaciones informáticas y servicios accesibles mediante los servicios básicos de plataforma del guardián de acceso, y para suscribirse a ellos (art. 6.6); permitir a los prestadores de servicios y a los suministradores de hardware interoperar gratuitamente con las mismas funciones del hardware y el software accesibles o controlables a través del sistema operativo o del asistente virtual del guardián de acceso (art. 6.7); proporcionar a los anunciantes y editores el acceso a los instrumentos de medición del rendimiento del guardián de acceso y a los datos necesarios para que puedan realizar su propia verificación independiente del inventario de anuncios (art. 6.8); proporcionar a los usuarios finales la portabilidad efectiva de los datos proporcionados por el usuario final o generados por su actividad (art. 6.9); proporcionar a los usuarios profesionales el acceso y el uso de los datos agregados y desagregados, incluidos los datos personales, que se proporcionen o se generen en el contexto de la utilización de los servicios básicos de plataforma (art. 6.10); proporcionar a terceras empresas proveedoras de motores de búsqueda en línea el acceso a datos sobre clasificaciones, consultas, clics y visualizaciones en relación con la búsqueda gratuita y de pago generados por los usuarios finales en sus motores de búsqueda en línea (art. 6.11); aplicar a los usuarios profesionales condiciones generales equitativas, razonables y no discriminatorias de acceso a sus tiendas de aplicaciones informáticas, motores de búsqueda en línea y servicios de redes sociales en línea (art. 6.12); y no establecer condiciones generales desproporcionadas para poner fin a la prestación de un servicio básico de plataforma (art. 6.13).

Junto a estas obligaciones, el RMD también establece una serie de medidas complementarias de carácter heterogéneo a cargo de los guardianes de acceso que tienen como finalidad, no tanto garantizar la disputabilidad y equidad en el entorno digital, sino alcanzar una mayor efectividad normativa. Entre ellas destacan la obligación de notificar cualquier proyecto de concentración económica (art. 14) y la de presentar una descripción auditada independientemente de las técnicas para elaborar perfiles de los consumidores (art. 15)[72].

5.3. Conexiones con el Derecho represor de la competencia desleal

A la vista de lo anterior, puede concluirse que el RMD concentra su atención en prácticas relativas al control del abuso del poder de mercado por medio de conductas discriminatorias autopreferentes, en el reforzamiento del poder de mercado por vías desleales y en los efectos exclusionarios que producen, así como en un conjunto de conductas desleales del guardián de acceso frente a los usuarios profesionales o finales que tienen su origen en la asimetría de información, de conocimientos técnicos o de poder de negociación[73].

---

72 Sobre estas obligaciones, RODRÍGUEZ AYUSO, J. F., "Marco obligacional de los prestadores de servicios básicos de intermediación", *InDret*, núm. 3, 2023, pp. 318 y ss.; y DÍEZ ESTELLA, F., "La DMA: ¿Un nuevo Reglamento para –o contra- los mercados digitales en la UE?", en HERNÁNDEZ SÁINZ, E., MATE SATUÉ, L. C. y ALONSO PÉREZ, M. T. (Coords.), *La responsabilidad civil por servicios de intermediación prestados por plataformas digitales*, Madrid, Colex, 2023, p.75.

73 RUIZ PERIS, J. I., "La nueva digital markets act, una respuesta híbrida de la Unión Europea a los 'gatekeepers' GAFA", *Revista Aranzadi de Derecho y Nuevas Tecnologías*, núm. 57, 2021 (hemos consultado la versión en línea disponible en el portal electrónico ThomsonReuters ProView).

En esta dirección, puede decirse que el RMD instaura una regulación *ex ante* sobre el modo en que han de actuar las plataformas en los mercados digitales con la finalidad de evitar un uso excesivo del poder de mercado[74]. Su naturaleza jurídica es la de una norma regulatoria de carácter sectorial aplicable a los prestadores de servicios básicos de plataforma que sean designados como guardianes de acceso[75]. Aunque lo cierto es que su enfoque no es claramente sectorial. Y ello por cuanto que no se aplica a un sector económico como tal, sino a una combinación de entidades que participan en mercados distintos[76].

Su enfoque regulatorio podría considerarse *sui generis*. Y ello por cuanto que se configura como un instrumento híbrido, regulatorio y de competencia, de carácter *ex ante*, destinado específicamente a las grandes plataformas digitales, con efectos de red significativos, que actúen como guardianes de acceso, para asegurar la contestabilidad en el mercado y la lealtad en su comportamiento[77].

---

74 OLMEDO PERALTA, E., "Las plataformas de economía colaborativa ante la propuesta de Ley de Mercados Digitales: ¿son suficientemente disputables los mercados colaborativos?, en MIRANDA SERRANO, L.M. y PAGADOR LÓPEZ, J. (Dirs.), *Desafíos del regulador mercantil en materia de contratación y competencia*, Madrid, Marcial Pons, 2021, p. 367.

75 VELASCO SAN PEDRO, L., "El papel del Derecho de la competencia en la era digital", *Revista de Estudios Europeos*, núm. 78, 2021, p. 95; IBÁÑEZ COLOMO, P., "The Draft...", *op. cit.*, p.3; y OLMEDO PERALTA, E., "La construcción...", *op. cit.*, p. 156.

76 DE STREEL, A. y LAROUCHE, P., "The European Digital Markets Act: A Revolution GroundIVed on Traditions", *Journal of European Competition Law & Practice*, vol. 12, núm. 7, 2021, p. 544 disponible en https://ssrn.com/abstract=3911361 (consultado el 8 de febrero de 2024); y AKMAN, P., "Regulating Competition...", *op. cit.*, p. 19.

77 RUIZ PERIS, J.I., "Gatekeepers, discriminación autopreferente exclusionaria y reforzamiento de la posición de dominio: La nueva propuesta europea de Digital Market Act", en MARTÍ MIRAVALLS, J. (Dir.), *Competencia en mercados digitales y sectores regulados*, Valencia, Tirant lo Blanch, 2021, p. 45; BUESO GUILLÉN, P. J., "Mecanismos de aplicación del Reglamento de Mercados Digitales, su aplicación privada y

En efecto, el RMD regula un elenco de prácticas consideradas especialmente lesivas sobre las que existe experiencia previa. Con esta regulación se trata de dar respuesta a las insuficiencias aplicativas que el art. 102 TFUE manifiesta en relación con las mencionadas prácticas. No sólo porque el procedimiento de aplicación del art. 102 TFUE no es compatible con las especiales características de celeridad y flexibilidad del sector digital; sino también, porque gran parte de los problemas que suscita la actuación de los guardianes de acceso son consecuencia, no tanto del abuso de una posición de dominio, sino de la especial situación de deslealtad o de dependencia económica que generan en el mercado[78]. Así, el RMD establece obligaciones y prohibiciones que van más allá de los objetivos y del alcance de la prohibición del abuso de posición de dominio. Viene a cubrir ciertas lagunas regulatorias, toda vez que aborda el tratamiento de las prácticas desleales de los guardianes de acceso que no entran en el ámbito de aplicación de las normas de defensa de la competencia o no pueden resolverse eficazmente mediante esas normas debido a la naturaleza sistémica de algunos comportamientos y al carácter *ex post* y caso por caso del Derecho de la competencia[79].

De esta forma, el RMD reconoce su complementariedad con respecto al Derecho de la competencia, porque este sector normativo no permite controlar el fenómeno de la participación de guardianes de acceso en los mercados digitales[80]. En este sentido,

---

responsabilidad civil de los guardines de acceso: una primera aproximación", en HERNÁNDEZ SÁINZ, E., MATE SATUÉ, L. C. y ALONSO PÉREZ, M. T. (Coords.), *La responsabilidad civil por servicios de intermediación prestados por plataformas digitales*, Madrid, Colex, 2023, p. 106; y KOMNINOS, A., "The Digital Markets Act: How Does it Compare with Competition Law?", *SSRN*, 14 de junio de 2022, disponible en https://ssrn.com/abstract=4136146 (consultado el 7 de febrero de 2024).

78 ECHEBARRÍA SÁENZ, M., "Restricciones de…", *op. cit.*, p. 168.

79 TAPIA HERMIDA, A. J., "Digitalización mercantil…", *op. cit.*, p. 4.

80 MONTI, G., "The Digital Markets Act – Institutional Design and Suggestions for Improvement", *TILEC Discussion Paper DP. 2021-04*, 2021, p. 7, disponible en https://ssrn.com/abstract=3797730 (consultado el

su Considerando 11 señala que persigue un objetivo complementario, pero distinto al de proteger la competencia no falseada en un mercado determinado, tal como se define en el Derecho de la competencia. En concreto, esta normativa trata de garantizar que los mercados donde haya guardianes de acceso sean y sigan siendo disputables y equitativos, independientemente de los efectos reales, potenciales o supuestos sobre la competencia en un mercado determinado de la conducta de un determinado guardián de acceso al que se aplique el presente Reglamento. Y, por ello, el RMD debe aplicarse de forma complementaria al Derecho de la competencia.

Ahora bien, el RMD no sólo regula cuestiones propias del Derecho de defensa de la competencia, sino que, a nuestro juicio, también disciplina materias especialmente relacionadas con el Derecho de la competencia desleal. En particular, hace frente a distintos supuestos de abuso de situación de dependencia económica, aborda cuestiones de transparencia informativa tanto en las relaciones interempresariales como en las relaciones con consumidores, afronta problemas relativos a la obstaculización en el entorno digital, concreta algunos supuestos de prácticas agresivas y regula determinadas cuestiones relacionadas con las prácticas discriminatorias.

Además, nos encontramos ante una serie de normas de conducta que delimitan la forma en que deben comportarse y desempeñarse los guardianes de acceso en sus relaciones de mercado, tanto con sus competidores como con su clientela, con el objetivo de garantizar el correcto funcionamiento del mercado interior en interés de todos los que participan en él.

Se instaura así un conjunto de obligaciones y prohibiciones que se formulan típicamente como normas de conducta que se orientan a la preservación tanto de la competencia como proceso de formación de las relaciones económicas, como de la estructura

8 de febrero de 2024); BUESO GUILLÉN, P. J., "Mecanismos de…", *op. cit.*, pp. 101 y ss.; y KOMNINOS, A., "The Digital…", *op. cit.*, p. 7.

competitiva del mercado. Estas normas de conducta se configuran como normas cuyo cumplimiento está completamente desvinculado de la voluntad de los sujetos obligados y de los efectos de la conducta. Su incumplimiento no se basa *per se* en la producción de un resultado lesivo de un derecho ajeno, sino en la disconformidad de la conducta con los intereses tutelados por la norma. De modo que la antijuridicidad del comportamiento regulado se funda en el desvalor de la conducta.

Nos enfrentamos así a un conjunto de obligaciones y prohibiciones que, aun no siendo normas de competencia desleal *stricto sensu*, guardan muchas similitudes con el conjunto de intereses tutelados por este sector normativo y con la configuración típica del ilícito de deslealtad[81].

En consecuencia, podemos afirmar que el RMD no sólo está llamado a complementar la normativa *antitrust*, sino también el Derecho represor de la competencia desleal. Por tanto, sería posible su aplicación conjunta al mismo supuesto de hecho cuando se den los requisitos previstos en una y otra norma. Y ello, aunque el art. 1.6 RMD no se refiera expresamente a este sector normativo. De hecho, muchas de las prácticas reguladas en el RMD (por no decir todas) encajarían sin problema en el ámbito de aplicación de la Ley de Competencia Desleal. Además, algunas de las normas prescriptivas y proscriptivas contenidas en el RMD persiguen unos objetivos que serán parcialmente coincidentes con los perseguidos por la disciplina de la deslealtad competitiva como, por ejemplo, la prohibición del abuso, la garantía de la *par condicio concurrentium*, la transparencia informativa o la competencia basada en las prestaciones. De ahí que su aplicación conjunta no

---

[81] En un sentido similar, CRUZ GONZÁLEZ, M., "La nueva Ley de Mercados Digitales ¿Un instrumento de competencia desleal de dimensión *antitrust*? Posibles implicaciones para el Derecho nacional", en TATO PLAZA, A., COSTAS COMESAÑA, J., FERNÁNDEZ CARBALLO-CALERO, P., TORRES PÉREZ, F. J. y LOUREDO CASADO, S., *Nuevas tendencias en el Derecho de la Competencia y de la Propiedad Industrial IV*, 2024, Valencia, Tirant lo Blanch, pp. 373 y ss.

plantee ningún problema a la luz de la distinta configuración de sus ilícitos, de la diversidad de los intereses tutelados, de las diferentes sanciones que acarrean y de las distintas vías de aplicación.

Por estas mismas razones, las normas del RMD se ajustarían sin problemas a la categoría de "normas concurrenciales". De modo que su incumplimiento podría conducir a la posible aplicación del art. 15.2 LCD.

6. LA DESLEALTAD EN EL REGLAMENTO (UE) 2019/1150

6.1. Cuestiones generales

Como se infiere de su título, el Reglamento (UE) 2019/1150 o Reglamento P2B instituye una regulación *ad hoc* para la protección de los usuarios profesionales que, al ofrecer sus productos y servicios en línea, se ven afectados por la especial posición de poder económico y comercial que ostentan los proveedores de servicios de intermediación en la línea y los motores de búsqueda en línea, de los que dependen para llegar a los consumidores[82].

En efecto, el mencionado Reglamento nace para hacer frente a los problemas derivados de la situación de dependencia en que se encuentran los empresarios y profesionales frente a los proveedores de servicios de intermediación en línea y los motores de búsqueda por lo que respecta a la comercialización y distribución de sus productos y servicios, y a su visibilidad en línea.

---

82 VILLANUEVA LUPIÓN, C., "Condiciones generales de la contratación entre proveedores de servicios de intermediación y usuarios profesionales en las plataformas digitales: Reglamento UE 2019/1150", en CERVILLA GARZÓN, M. D. y BLANDINO GARRIDO, M. A. (Dirs.), *Declaración de voluntad en un entorno virtual*, Cizur Menor, Aranzadi, 2021, p. 476.

Como señala el Considerando 2 del Reglamento, la creciente intermediación de las transacciones a través de servicios en línea hace que los empresarios y profesionales dependan cada vez más de los proveedores de servicios de intermediación para llegar a los consumidores y de los motores de búsqueda para garantizar su presencia en la red. Y, como consecuencia de ello, estos proveedores de servicios de intermediación y motores de búsqueda ostentan un poder negociador muy superior al de los empresarios que actúan a través de ellos. Esta posición les permite actuar unilateralmente de una manera que puede ser injusta y perjudicar de forma directa los intereses legítimos de los usuarios profesionales e indirectamente los de los consumidores. A ello hemos de sumar el hecho de que los usuarios profesionales de estos proveedores de servicios de intermediación no se benefician de la tutela que las normas de la Unión Europea proporcionan a los consumidores[83].

El objetivo del RP2B, por tanto, estriba en garantizar un entorno comercial en línea más equitativo, predecible y fiable para los empresarios y profesionales que recurren a los proveedores de servicios de intermediación en línea y a los motores de búsqueda para ofrecer, promocionar o dar a conocer sus productos y servicios. Para ello, trata de poner coto a los comportamientos de estos intermediarios en línea que se desvían de las buenas prácticas comerciales o sean contrarios a la buena fe y a la lealtad de las relaciones comerciales a fin de que los usuarios profesionales vean satisfechas las exigencias de transparencia, equidad y reclamación

---

[83] JIMÉNEZ HORWITZ, M., “Las responsabilidades de las plataformas en línea en el ámbito del Derecho de los contratos: desde la protección de los consumidores hasta la protección de los profesionales y empresarios”, *CESCO*, enero de 2020, p. 6, disponible en https://centrodeestudiosdeconsumo.com (consultado el 10 de marzo de 2024); y FLAQUER RIUTORT, J., “Cláusulas de paridad tarifaria y criterios de clasificación de búsqueda online en el marco del derecho comunitario vigente y proyectado”, *La Ley Mercantil*, núm. 88, 2022, p. 3 (hemos consultado la versión en línea disponible en el portal electrónico laleydigital).

que precisan para el adecuado desempeño de su actividad en el entorno digital[84].

En definitiva, con esta normativa trata de garantizarse el correcto funcionamiento del mercado interior mediante la imposición a los proveedores de servicios de intermediación y de motores de búsqueda en línea de un conjunto de obligaciones de transparencia y de equidad relativas a las condiciones generales de la contratación y las prácticas comerciales frente a sus usuarios profesionales. Y ello con el fin de combatir el desequilibrio contractual existente en este sector de la economía digital y de garantizar un sistema competitivo basado en la eficiencia o en la bondad de las propias prestaciones y asentado en la *par condicio concurrentium*[85].

Según su art. 1, el RP2B se aplica a los servicios de intermediación en línea y a los motores de búsqueda en línea que se faciliten, respectivamente, a los usuarios profesionales y los usuarios de sitios web corporativos establecidos en la Unión Europea que ofrezcan bienes o servicios a consumidores ubicados en la Unión por medio de estos servicios de intermediación o motores de búsqueda, con independencia de dónde estén establecidos o residan los proveedores de dichos servicios y cualquiera que fuese la ley aplicable.

El propio Reglamento ofrece definiciones de lo que ha de entenderse por servicios de intermediación en línea y por motores de búsqueda en línea. En este sentido, servicio de intermediación en línea será todo aquel servicio de la sociedad de la información que, sobre la base de una relación contractual, permita a los usua-

---

84 MORALES BARCELÓ, J., "Equidad y Transparencia para los Usuarios Profesionales de las Plataformas de Intermediación en Línea; el Reglamento (UE) 2019/1150", *Revista Internacional Consinter de Direito*, vol. 7, núm. 12, 2021, disponible en https://revistaconsinter.com/index.php/ojs/1213 (consultado el 30 de enero de 2024).

85 PORXAS ROIG, N. y SANZ ALCOVERRO, C., "Leal competencia en la nueva economía de plataformas", *Actualidad jurídica Uría Menéndez*, núm. 52, 2019, p. 16.

rios profesionales ofrecer bienes o servicios a los consumidores, con el objetivo de facilitar el inicio de transacciones directas entre dichos usuarios profesionales y consumidores, independientemente de dónde se concluyan en última instancia (art. 2.2)[86]. Esto es, algunos servicios básicos de plataforma como los *marketplaces*, las tiendas de aplicaciones en línea o las redes sociales. Por su parte, los motores de búsqueda en línea se definen como aquellos servicios digitales que permiten a los usuarios introducir consultas para hacer búsquedas de, en principio, todos los sitios web, o de sitios web en un idioma concreto, mediante una consulta en forma de palabra clave, consulta oral, frase u otro tipo de entrada, y que muestra como respuesta los resultados en los que puede encontrarse información relacionada con el contenido solicitado (art. 2.5).

El RP2B no se aplica, en cambio, a los servicios de pagos en línea, ni a las herramientas de publicidad en línea, ni a las plataformas de intercambios publicitarios en línea cuya finalidad no sea la de propiciar el inicio de transacciones directas y que no impliquen una relación contractual con los consumidores (art. 1.3).

Esta regulación se centra, fundamentalmente, en la relación obligacional que surge entre el usuario profesional y el proveedor del servicio de intermediación en línea, sin extender su ámbito de aplicación a los consumidores finales. Sin embargo, el RP2B no regula todos los aspectos de esta relación contractual, sino tan sólo algunas cuestiones relacionadas con la incorporación de las condiciones generales, la transparencia, la equidad y los sistemas internos de reclamación.

---

86 El Reglamento de Mercados Digitales remite a esta definición cuando define los servicios de intermediación en línea sujetos a su regulación (art. 2.5 RMD).

6.2. Obligaciones impuestas a los proveedores de servicios de intermediación y de motores de búsqueda en línea

El Reglamento impone una serie de obligaciones a los proveedores de servicios de intermediación y de motores de búsqueda en línea que pueden enmarcarse en el ámbito del Derecho de contratos y de la competencia desleal[87].

Así, establece un conjunto de reglas sobre la redacción, accesibilidad, contenido y modificación de sus condiciones generales bajo sanción de nulidad (art. 3). Junto a ello, dispone una serie de normas de transparencia relativas a la restricción, suspensión y terminación de la prestación del servicio de intermediación (art. 4); a los principales parámetros que rigen la clasificación de las ofertas o de los resultados de búsqueda (art. 5); a la oferta de bienes o servicios auxiliares a través de los servicios de intermediación en línea por los propios intermediarios o por terceros (art. 6); al posible trato diferenciado que se dé a los productos o servicios ofrecidos por los propios proveedores de servicios de intermediación en línea, motores de búsqueda o terceros a ellos vinculados (art. 7); a la terminación de la relación contractual con el proveedor de servicios de intermediación en línea (art. 8); al acceso a datos (art. 9); a las eventuales cláusulas de paridad (art. 10); y al sistema interno de tramitación de reclamaciones (art. 11).

Se trata, en suma, de un conjunto de normas de transparencia que se dictan para hacer frente a la situación de asimetría informativa que rige en este sector de la economía digital y que están estrechamente vinculadas al principio de transparencia y al deber de proporcionar información necesaria y relevante que presiden la disciplina de la deslealtad concurrencial. Pero estas obligaciones de transparencia también responden al objetivo de equidad que persigue el RP2B, toda vez que se impone a los empresarios la obligación de proporcionar determinada información con el fin

---

87 DE MIGUEL ASENSIO, P. A., "Nuevo Reglamento sobre servicios de intermediación en línea", *La Ley Unión Europea,* núm. 74, 2019, p. 3.

de contrarrestar la situación de desequilibrio negocial y comercial en que se encuentran los usuarios profesionales respecto de los proveedores de los servicios de la sociedad de la información[88].

6.3. Conexiones con el Derecho represor de la competencia desleal

En rigor, el RP2B establece un marco regulatorio general que entraría dentro de una definición amplia de regulación económica[89]. Se trata de un instrumento de Derecho privado relativo a las condiciones generales que articulan la relación contractual entre los empresarios y profesionales y los proveedores de servicios de intermediación en línea donde ofrecen o promocionan sus servicios, pero también produce efectos en el ámbito de la competencia desleal y, en menor medida, de la defensa de la competencia. Y ello por cuanto que introduce un conjunto de obligaciones de conducta para los proveedores de servicios de intermediación en línea a través de las que se imponen unos estándares horizontales de conducta[90].

Como puede comprobarse, con este Reglamento se trata de poner freno a ciertas conductas contrarias a la buena fe, no sólo contractual, sino también concurrencial, estableciendo un control de los comportamientos de mercado con finalidad concurrencial destinados a garantizar el correcto funcionamiento del sistema competitivo en interés de todos los que participan en él. Y es que, como dispone el art. 2.3 LCD y ha reconocido en varias

---

88 Un sector de la doctrina ha destacado que, aunque el nombre de la norma hace referencia a la "equidad", la mayoría de las disposiciones del Reglamento P2B se refieren a la creación de transparencia, toda vez que no prohíbe ninguna práctica ni prescribe ninguna conducta de las plataformas en relación con estas cuestiones (*Cfr.* GRAEF, I., "Differentiated Treatment in Platform-to-Business Relations: EU Competition Law and Economic Dependence", *Yearbook of European Law,* vol. 38, 2019, p. 494).

89 DE STREEL, A. y LAROUCHE, P., "The European...", *op. cit.*, p. 476.

90 RUIZ PERIS, J. I., "Gatekeepers, discriminación...", *op. cit.*, p. 44.

ocasiones el TJUE en las relaciones con consumidores, los clausulados contractuales o, de forma más precisa, las conductas o actos que imponen o regulan, son prácticas comerciales o actos de competencia sometidos al régimen represor de la competencia desleal[91].

Por tanto, el RP2B, pese a que no es una norma de competencia desleal en sentido estricto, podría considerarse una norma de competencia en sentido amplio. Y, como tal, estaría llamada a complementar la disciplina de la deslealtad concurrencial mediante la regulación de aspectos adicionales, adyacentes o accesorios a los regulados por el Derecho de la competencia desleal. En este sentido, el propio RP2B señala que se entenderá sin perjuicio de las normas nacionales que prohíban o sancionen comportamientos unilaterales o prácticas comerciales desleales en la medida en que los aspectos pertinentes no estén cubiertos por lo dispuesto en el presente Reglamento.

Asimismo, las normas del RP2B aparecen como "normas concurrenciales" en el sentido del art. 15.2 LCD. Razón por la cual, su incumplimiento podría lugar al ilícito de violación de normas contenido en el mencionado precepto, lo que se acumularía a las sanciones derivadas de la aplicación del RP2B.

---

91 SSTJUE de 15 de marzo de 2012, en el asunto C-453/10, *Pereničová y Perenič* (TOL9.916.408); y de 2 de febrero de 2023, en el asunto C-208/21, *Towarzystwo Ubezpieczeń Ż* (TOL9.379.044).

CAPÍTULO II

Patrones oscuros en las interfaces en línea

1. PLANTEAMIENTO

Durante décadas, los minoristas tradicionales y los empresarios centrados en la venta a distancia han empleado técnicas de diseño y tácticas psicológicas para lograr que los consumidores adquieran sus productos. Ejemplos típicos de estas conductas han sido –y siguen siendo– la colocación estratégica de productos en los establecimientos, la configuración de las ofertas, el uso de casillas previamente marcadas o las políticas de cancelación confusas. A medida que se ha incrementado el comercio en línea, también lo han hecho este tipo de técnicas de diseño. Y, como es natural, han crecido en escala y sofisticación, creando cada vez mayores desafíos para los consumidores[92].

El diseño es un acto inherentemente persuasivo[93]. En este sentido, el diseñador introduce un cambio intencional en el mundo que directa o indirectamente induce un cambio social o de comportamiento. Sobre esta base se ha construido la denominada tecnología persuasiva. Un campo de estudio que se centra en el diseño de tecnologías orientadas cambiar la actitud o el comportamiento de los usuarios mediante la utilización de distintas estrategias de persuasión como la reducción, la tunelización, la adaptación, la sugerencia, el autocontrol, la vigilancia y el condi-

---

92 FEDERAL TRADE COMMISSION, *STAFF REPORT: Bringing Dark Patterns to Light*, septiembre 2022, disponible en https://www.ftc.gov/reports/bringing-dark-patterns-light (consultado el 1 de diciembre de 2023).

93 REDSTRÖM, J., "Persuasive Design: Fringes and Foundations", en IJSSELSTEIJN, W., KORT, Y., MIDDEN, C., EGGEN, B. y HOVEN, E. (Eds.), *Persuasive Technology*, Eindhoven, Springer, 2006, pp. 112 y ss.

cionamiento[94]. Los estudios sobre tecnología persuasiva han indicado los beneficios potenciales de diseñar para la persuasión[95]. No obstante, aunque la tecnología persuasiva ha sido elogiada por el bien que es capaz de producir en la sociedad y en los individuos –pues es capaz de fomentar un comportamiento socialmente responsable o mejorar los hábitos personales–, el diseño explícito para persuadir no deja de plantear importantes consideraciones e interrogantes[96]. Y es que estas estrategias de diseño persuasivo pueden lograr su propósito mediante la explotación de las vulnerabilidades de los individuos.

Estas consideraciones e interrogantes no hacen sino acrecentarse en un mercado cada vez más digitalizado. La creciente disponibilidad de datos y los avances en el análisis de Big Data y en el campo de la Inteligencia Artificial han permitido a los empresarios que operan en línea perfeccionar una amplia variedad de técnicas que se basan en la posibilidad de rastrear y perfilar los comportamientos de los consumidores. A través de estas técnicas obtienen información sobre los sitios web que visitan, sobre los productos que buscan en línea y sobre la frecuencia y medios con que lo hacen; adquieren conocimientos en relación con indicadores sociodemográficos (como edad, sexo, situación financiera, etc.); y consiguen datos sobre las características personales o psicológicas de los usuarios (intereses personales, preferencias, perfil psicológico, estado de ánimo…). Esto les permite implementar distintas prácticas comerciales basadas en datos para desarrollar

---

94 FOGG, B. J., *Persuasive technology: using computers to change what we think and do,* San Francisco, Morgan Kaufmann Publishers, 2003, p. 32.

95 En esta dirección, *vid.* FOGG, B. J., "A behavior model for persuasive design", *Proceedings of the 4th international Conference on Persuasive Technology,* 2009, pp. 1 y ss.

96 GREENBERG, S., BORING, S., VERMEULEN, J. y DOSTAL, J., "Dark patterns in proxemic interactions: a critical perspective", *Proceedings of the 2014 conference on Designing Interactive System,* 21-25 de junio de 2014, Vancouver, pp. 523 y ss., disponible en https://doi.org/10.1145/2598510.2598541 (consultado del 18 de diciembre de 2023).

solicitudes que llamen la atención de los consumidores e influyan en sus decisiones de una forma cada vez más eficaz.

Este tipo de prácticas han sido calificadas como hiperimpulsos o *hipernudging*[97]. Su operativa es, básicamente, la siguiente: Las plataformas en línea y los empresarios recopilan datos y luego prueban diferentes impulsos o *nudges*. Observan la reacción de los usuarios y usan esa información para alimentar algoritmos de aprendizaje automático que producen *nudges* mejorados y refinados en un ciclo de retroalimentación que mejora sus expectativas, pero que puede ser perjudicial para los consumidores. Estos hiperimpulsos pueden comprometer no sólo la privacidad de los consumidores, sino también su propia autonomía decisional y negocial, toda vez que pueden suponer una poderosa interferencia en sus decisiones de mercado.

En rigor, las prácticas persuasivas y de personalización son anteriores al mercado en línea y todavía se siguen aplicando en el mundo físico. Pero no puede desconocerse que la transformación digital y la economía de los datos han hecho posible la adopción de estas prácticas a un nivel sin precedentes, en lo que podría considerarse una evolución natural de las técnicas de publicidad y marketing[98].

En el mercado digital, la implementación de estas técnicas persuasivas se lleva a cabo, entre otros cauces, a través de la configuración de las interfaces de las distintas plataformas en línea, *marketplaces* y webs empresariales. Al igual que en otras disciplinas, en el diseño de las interfaces en línea se han abordado problemas que se repiten una y otra vez, dando lugar a soluciones similares

---

97 YEUNG, K., "'Hypernudge': Big Data as a mode of regulation by design", *Information, communication & Society*, vol. 20, núm. 1, 2017, pp. 118 y ss.

98 LUPIÁÑEZ-VILLANUEVA, F., BOLUDA, A., BOGLIACINO, F., LIVA, G., LECHARDOY, L. y RODRÍGUEZ DE LAS HERAS BALLELL, T., *Behavioural study on unfair commercial practices in the digital environment: dark patterns and manipulative personalisation*, Brussels, European Commission, 2022, p. 19.

y recurrentes. La idea de un patrón es capturar una instancia de un problema y su correspondiente solución, abstraerla de un caso de uso específico y darle forma de una manera más genérica, de modo que pueda aplicarse y reutilizarse en varios escenarios coincidentes. El éxito de los patrones en la ingeniería de software ha dado lugar a nuevas clases de patrones con una semántica diferente. A saber, los antipatrones y los patrones oscuros.

Los patrones de diseño de software tradicionales son soluciones probadas y comprobadas para problemas comunes de diseño. En cambio, los antipatrones contienen un enfoque de solución que debería evitarse porque se ha demostrado que conduce a un diseño ineficaz o contraproducente. Estos antipatrones conciencian sobre las soluciones deficientes y desaconsejan su uso. Se refieren a soluciones que pueden parecer obvias a primera vista para el desarrollador del sistema, pero que incluyen una serie de implicaciones y consecuencias negativas menos evidentes. Los patrones oscuros, por su parte, se refieren a configuraciones de la interfaz que describen una solución útil y razonable, pero que conduce a los usuarios a realizar acciones no deseadas o contrarias a sus intereses. Muy resumidamente, podría decirse que los antipatrones plasman malas prácticas que tienen una finalidad positiva (su evitación), mientras que los patrones oscuros recogen soluciones de configuración hábiles y funcionales que conducen a un resultado negativo o malicioso (alterar la conducta de los usuarios)[99].

En la actualidad, cada vez son más los empresarios que utilizan patrones oscuros en la configuración de sus interfaces en línea como estrategia para influir en las decisiones económicas de los consumidores. La escala que han alcanzado este tipo de prácticas en el mercado digital y su potencial lesivo para los intereses económicos de los consumidores hacen necesario poner el foco de

---

99 BÖSCH, C., ERB, B., KARGL, F., KOPP, H. y PFATTHEICHER, S., "Tales from the Dark Side: Privacy Dark Strategies and Privacy Dark Patterns", en *Proceedings on Privacy Enhancing Technologies,* vol. 4, 2016, pp. 238 y 239, disponible en https://doi.org/10.1515/popets-2016-0038 (consultado el 21 de diciembre de 2023).

atención en su legalidad desde la óptica del Derecho de la competencia.

Este es el objetivo fundamental del presente capítulo. Para alcanzarlo, nos ocuparemos, en primer lugar, de delimitar el fenómeno de los patrones oscuros, abordando su conceptualización, clasificación, efectos económicos e implantación en el mercado (*infra* 2). Posteriormente, abordaremos el análisis de la problemática que plantean desde la perspectiva de la disciplina de la deslealtad concurrencial, prestando especial atención a las normas tuitivas de los intereses de los consumidores y usuarios (*infra* 3). Y, por último, nos detendremos en la regulación específica que se ha dado a este tipo de prácticas en los últimos desarrollos normativos emanados de la Unión Europea (*infra* 4).

2. PATRONES OSCUROS: CONCEPTO, TAXONOMÍA, EFECTOS ECONÓMICOS E IMPLANTACIÓN EN EL MERCADO

2.1. Concepto

El término *patrón oscuro* se utiliza para definir aquellos casos en los que los diseñadores de interfaces en línea usan su conocimiento sobre el comportamiento humano y los deseos de los usuarios finales para implementar funciones y desarrollos que buscan el interés del titular del sitio web, con un potencial detrimento de los intereses de los usuarios[100].

---

[100] GRAY, C. M., KOU, Y., BATTLES, B., HOGGATT, J. y TOOMBS, A. J., "The dark (patterns) side of UX design", *Proceedings of the 2018 CHI Conference on Human Factors in Computing Systems*, 21-26 de abril de 2018, Montreal, p. 1, disponible en https://doi.org/10.1145/3173574.3174108 (consultado el 13 de diciembre de 2023).

Este término fue acuñado en 2010 por el diseñador de interfaces Harry Brignull, quien recopiló los principales patrones oscuros empleados en las interfaces en línea. En su acepción original, los patrones oscuros se definieron como "trucos utilizados en sitios web y aplicaciones que te hacen hacer cosas que no querías, como comprar o suscribirte a algo"[101].

En la actualidad, *patrón oscuro* es el término genérico que hace referencia a una amplia variedad de prácticas que se encuentran comúnmente en las interfaces de usuario en línea y que llevan a los consumidores a tomar decisiones que pueden no ser las más convenientes para sus intereses. El Comité de Política de Consumidores de la OCDE propone una definición de trabajo de los patrones oscuros para facilitar el debate entre los reguladores y los responsables políticos de las distintas jurisdicciones. A tal fin, indica que los patrones oscuros "son prácticas comerciales que emplean elementos de la arquitectura de elección digital, en particular en interfaces de usuario en línea, que subvierten o perjudican la autonomía, la toma de decisiones o la elección del consumidor. A menudo engañan, coaccionan o manipulan a los consumidores y es probable que causen un perjuicio directo o indirecto al consumidor de diversas maneras, aunque medir dicho perjuicio puede ser difícil o imposible en muchos casos"[102].

Se trata, en suma, de un concepto que se utiliza generalmente para referirse a las prácticas en las interfaces en línea que influyen en el comportamiento de los usuarios, llevándolos a tomar decisiones desinformadas y/o involuntarias, que son potencialmente perjudiciales en relación con la toma de decisiones, emisión de consentimientos y aceptación de condiciones generales predispuestas, para conseguir, mediante ciertas técnicas manipuladoras o fraudulentas, el consentimiento que quiere el predisponente y

---

101 https://darkpatterns.org/ (consultado el 10 de diciembre de 2023).

102 OECD, "Dark Commercial Patterns", *OECD Digital Economy Papers*, núm. 336, 2022, disponible en https://www.oecd-ilibrary.org/ (consultado el 1 de diciembre de 2023).

que el usuario se ve consciente o inconscientemente obligado a aceptar[103].

De esta forma, los patrones oscuros son concebidos como una forma de *interferencia en la toma de decisiones*[104]. De ahí que empleemos más específicamente el término *patrón oscuro* para captar casos recurrentes de prácticas comerciales potencialmente desleales empleadas por los empresarios en la configuración de sus interfaces en línea.

2.2. Taxonomía

Con la cada vez más amplia variedad de tipos de prácticas calificadas como patrones oscuros, gran parte del trabajo académico inicial sobre esta materia se ha centrado en recopilar ejemplos y categorizarlos mediante distintas taxonomías. Así, tras la primera categorización –meramente ejemplificativa– formulada por Brignull[105], han sido varios los intentos de clasificación propuestos por los distintos autores en función de distintas variables.

Algunas tratan de clarificar la comprensión de los patrones oscuros simplificando las categorías de clasificación[106]. Otras se

---

103 En un sentido similar, PLAZA PENADÉS, J., "Transparencia y patrones oscuros en los servicios de intermediación online", en COBAS COBIELLA, M. E. y GUILLÉN CATALÁN, R. (Coords.), *Equidad y transparencia en la prestación de servicios,* Madrid, Dykinson, 2023, p. 134.

104 MACKINNON, E. y KING, J., "Do the DSA and DMA Have What It Takes to Take on Dark Patterns?", en *TechPolicy.Press,* junio 2022, disponible en https://www.techpolicy.press/do-the-dsa-and-dma-have-what-it-takes-to-take-on-dark-patterns/ (consultado el 14 de diciembre de 2023).

105 Disponible en https://darkpatterns.org/ (consultado el 10 de diciembre de 2023).

106 CONTI, G. y SOBIESK, E., "Malicious Interface Design: Exploiting the User", *Proceedings of the 19th International Conference on World Wide Web,* 26-30 de abril de 2010, Raleigh, North Carolina, pp. 272 y ss., disponible en https://www.researchgate.net/ (consultado el 15 de diciembre de 2023); y LUGURI, J., y STRAHILEVITZ, L. J., "Shining a

desarrollan específicamente en una determinada área o actividad como la privacidad[107] o los juegos en línea[108]. También se han propuesto clasificaciones basadas bien en la afectación al proceso de toma de decisiones de los usuarios[109], bien en la finalidad perseguida por el patrón oscuro[110]. Y no faltan las que buscan ser integrales, articulándose sobre distintas variables como la arquitectura de elección afectada por la práctica y el componente del proceso de toma de decisiones del consumidor que resulta influenciado[111].

Sin embargo, es difícil encontrar una taxonomía definitiva y completa de patrones oscuros. Y ello por varias razones. Primero, porque son un fenómeno en constante evolución. Segundo, porque cada taxonomía va a reflejar los concretos objetivos perseguidos por sus autores. Y, tercero, porque estas clasificaciones pueden variar en función de la amplitud del concepto de patrón oscuro utilizado como referencia.

---

light on dark patterns", *13 Journal of Legal Analysis 43,* Working Paper, núm. 719, 2021, disponible en https://academic.oup.com/jla/article/13/1/43/6180579 (consultado el 12 de diciembre de 2023).

107 BÖSCH, C., ERB, B., KARGL, F., KOPP, H. y PFATTHEICHER, S., "Tales from the...", *op. cit.*, p. 248 y ss.

108 ZAGAL, J. P., BJORK, S. y LEWIS, C., "Dark Patterns in the Design of Games", *Foundations of Digital Games Conference (FDG),* 14-17 de mayo de 2013, Chania, Grecia, pp. 3 y ss., disponible en http://www.fdg2013.org/program/papers/paper06_zagal_etal.pdf (consultado el 16 de diciembre de 2023).

109 MATHUR, A., ACAR, G., FRIEDMAN, M., LUCHERINI, E., MAYER, J., CHETTY M. Y NARAYANAN, A., "Dark Patterns at Scale: Findings from a Crawl of 11K Shopping Websites", *Porceedings of the ACM on Human-Computer Interaction 3, CSCW,* art. 81, noviembre de 2019, pp. 12 y ss., disponible en https://arxiv.org/pdf/1907.07032.pdf (consultado el 16 de diciembre de 2023).

110 GRAY, C. M., KOU, Y., BATTLES, B., HOGGATT, J. y TOOMBS, A. J., "The dark (patterns)...", *op. cit.*, pp. 3 y ss.

111 LUPIÁÑEZ-VILLANUEVA, F., BOLUDA, A., BOGLIACINO, F., LIVA, G., LECHARDOY, L. y RODRÍGUEZ DE LAS HERAS BALLELL, T., *Behavioural study on..., op. cit.*, pp. 35 y ss.

A los efectos que aquí interesan, partiremos de una clasificación de patrones oscuros basada en la estructura de la DPCD. No obstante, como veremos más adelante, el hecho de introducir los distintos ejemplos de patrones oscuros en algunas de las categorías previstas en la DPCD no implica que en todo caso el patrón oscuro en cuestión constituya una práctica desleal. Y ello porque, como sabemos, para calificar una práctica como desleal es necesario atender a las distintas circunstancias concurrentes en el supuesto específico.

Conforme a esta clasificación, los patrones oscuros pueden dividirse en dos grupos básicos: manipulación de la información y alteración de la libre elección. Estos grupos se subdividen a su vez en dos categorías cada uno. La manipulación de la información en actos de engaño y en omisiones engañosas. Y la alteración de la libre elección en la imposición no deseada y en la restricción no deseada. A su vez, cada categoría se vuelve a dividir en dos subcategorías. Así, los actos de engaño se dividen en información engañosa y presentación engañosa; las omisiones engañosas en información oculta e información intempestiva; la imposición no deseada en imposición por presión y aceptación forzosa; y la restricción no deseada en restricción de usuarios específicos y restricción de acciones específicas[112].

Dentro de estas subcategorías se enmarcan los distintos tipos de patrones oscuros. En primer lugar, como patrones oscuros basados en información engañosa encontramos el testimonio de origen incierto (declaraciones engañosas o falsas de otros consumidores con respecto a un producto o servicio), los supuestos de escasez (mensajes alertando de existencias muy limitadas de stock en un producto o de una demanda muy alta), los temporizado-

---

112 Esta clasificación parte de la propuesta por LEISER (Cfr. "Illuminating Manipulative Design: From 'Dark Patterns' to Information Asymmetry and the Repression of Free Choice Under the Unfair Commercial Practices Directive", *Loyola Consumer Law* review, vol. 34, 2023, pp. 505 y ss., disponible en https://lawecommons.luc.edu/lclr/vol34/iss3/6 (consultado el 27 de diciembre de 2023).

res falsos de cuenta regresiva (contadores que avisan de que el tiempo que queda para una determinada operación es breve), los mensajes por tiempo limitado (declaraciones que crean presión para comprar inmediatamente mediante la indicación de que la oferta es válida sólo durante un tiempo limitado o que termina pronto, pero sin fecha límite o con una fecha límite falsa que se anula cuando se alcanza) y el spam de amigos (pedir una dirección de correo electrónico o permisos de redes sociales para un fin cuando luego se utilizará para otro o hacer que los usuarios compartan información sobre personas de su red social).

En segundo lugar, dentro de la presentación engañosa se engloban los patrones oscuros consistentes en las preguntas capciosas y en la interferencia visual. Los primeros son aquellos que emplean preguntas u opciones intencionalmente ambiguas (uso de dobles negaciones, presentación de casillas con identificaciones confusas, etc.) que no permiten al consumidor deducir qué acción es la adecuada para manifestar su elección. La interferencia visual se refiere a aquella configuración del diseño de la interfaz que centra la atención del usuario en una cosa con el fin de distraerlo de otra.

En tercer lugar, son supuestos de información oculta la prevención en la comparación de precios y la publicidad disfrazada. La prevención en la comparación consiste en dificultar la comparación de precios por el usuario ya sea a través de una combinación compleja de las características y los precios, u ocultando información esencial. La publicidad disfrazada, por su parte, se basa en la creencia errónea del usuario que piensa estar seleccionando un elemento de la interfaz o un contenido nativo, cuando en realidad se trata de publicidad oculta.

En cuarto lugar, nos encontramos ante casos de información intempestiva cuando se utiliza el patrón de coste oculto. A través de esta práctica se seduce al usuario con un precio bajo anunciado, al que se van sumando comisiones y gastos inesperados a medida en que se invierte tiempo y esfuerzo en la operación.

En quinto lugar, los patrones oscuros de imposición por presión se concretan en la venta presionada ya sea como consecuencia de la aparición constante y reiterada de ventanas emergentes (también denominado *nagging*) o de lo que se conoce como *confirmshaming*. Esto es, aquellos mensajes que tratan de generar un sentimiento de culpa o de vergüenza en el usuario.

En sexto lugar, en el marco de la aceptación forzosa podemos encontrar distintos tipos de patrones oscuros como *Sneak into Basket,* consistente en agregar automáticamente artículos al carrito de compra sin el permiso del consumidor o en engañar al consumidor para que compre artículos no deseados mediante un cuadro previo a la verificación; *Zuckering* de privacidad, a través del cual se obliga al consumidor a aceptar la suscripción no deseada mediante el uso de trucos que lo empujan hacia esa suscripción; cebo y cambio, mediante el que se obliga al usuario a aceptar algo distinto de lo deseado conduciéndolo a ello mediante técnicas de manipulación; y continuidad forzada, que se traduce en la renovación no deseada de suscripciones a un servicio.

En séptimo lugar, son supuestos de restricción de usuarios específicos los denominados patrones de acción forzada. Es el caso de los supuestos en los que se restringe a los usuarios de no pago o no suscritos el acceso a distintas opciones como determinado contenido o la omisión de anuncios.

Y, finalmente, la restricción de acciones específicas es el resultado que persigue el patrón oscuro conocido como *roach motel*. Este patrón consiste, básicamente, en hacer que acciones específicas, como darse de baja, sean más complejas o costosas de lo necesario.

2.3. Efectos económicos

Los patrones oscuros comparten uno o más objetivos finales orientados a un fin último: reportar un beneficio a quien los emplea. Así, los patrones oscuros pueden estar dirigidos a conseguir que los consumidores compren, compren más o sigan comprando un bien o servicio que de otro modo no comprarían o comprarían en menor cantidad; que paguen un precio mayor en una determinada operación o empleen más tiempo del deseado en un servicio; o que faciliten más datos personales de los previstos.

Para ello, los patrones oscuros buscan influir en el comportamiento del consumidor mediante la explotación de procesos heurísticos, sesgos cognitivos y emocionales, motivaciones y miedos para convertirse en formas de manipulación eficaces y fiables[113]. Por ejemplo, los testimonios de origen incierto y el spam de amigos explotan el sesgo de prueba social; el *confirmshaming* explota el sesgo del beneficio y el sentimiento de culpa; la interferencia visual se aprovecha de la falta de atención, el efecto de anclaje y los efectos de encuadre; los temporizadores de cuenta regresivas falsos y los mensajes por tiempo limitado se basan en el descuento hiperbólico y la aversión a la pérdida; y el *roach motel* parte de los sesgos de anclaje y de *status quo*[114].

De esta forma, los patrones oscuros constituyen efectivas técnicas de manipulación de mercado que afectan tanto a los intereses individuales de los consumidores como al interés general en el mantenimiento de una competencia libre, leal y no falseada[115].

Así, desde el punto de vista de los intereses individuales de los consumidores, los patrones oscuros pueden afectar a su autonomía decisional y negocial. Dada su naturaleza manipuladora, la mayoría de los patrones oscuros intentan socavar la libertad de saber y/o de querer del consumidor y, en consecuencia, alterar su comportamiento económico.

---

113 DAY, G. y STEMLER, A., "Are dark patterns anticompetitive?", *Alabama Law Review*, vol. 72, núm. 1, 2020, pp. 1 y ss., disponible en https://www.law.ua.edu/lawreview/ (consultado el 2 de diciembre de 2023).

114 BERBECE, S., "*Let There Be Light!" Dark Patterns Under the Lens of the EU Legal Framework*, KU Leuven, 2019, p. 18, disponible en http://dx.doi.org/10.2139/ssrn.3472316 (consultado el 11 de diciembre de 2023).

115 CALO, R, "Digital market manipulation", *The George Washington Law Review*, vol. 82, 2013, pp. 1025 y ss.

Para que la autonomía sea posible, los usuarios deben disfrutar de medios razonables para seleccionar entre las opciones que les permitan alcanzar sus objetivos[116]. Sin embargo, esta autonomía decisional y negocial del consumidor se ve erosionada cuando la manipulación que conlleva el patrón oscuro invade los procesos internos de pensamiento, reduce el libre albedrío o interfiere en el propio interés del usuario.

Asimismo, el uso de patrones oscuros puede ocasionar otro tipo de perjuicios para los intereses de los consumidores. Y es que este tipo de prácticas pueden causarles un perjuicio económico como consecuencia de la celebración de operaciones que, en condiciones normales, no habrían ejecutado. También posibilitan la invasión de su privacidad, por ejemplo, a través de opciones predeterminadas y consentimiento de *cookies*. E, igualmente, pueden comportar una notable carga cognitiva, dado que muchos de estos patrones oscuros suponen una pérdida de tiempo, energía y atención para los consumidores[117].

Desde la óptica del interés general en el correcto funcionamiento del sistema competitivo, el uso de patrones oscuros puede distorsionar el proceso competitivo en su conjunto en la medida en que impide a los consumidores seleccionar las mejores empresas en función de sus propios méritos[118]. Este tipo de prácticas generan costes de cambio a los consumidores, obstaculizan

---

116 SUSSER, D., ROESSLER, B. y NISSENBAUM, H., "Online Manipulation: Hidden Influences in a Digital World", *Georgetown Law Technology Review*, vol. 4, núm. 1, 2019, pp. 35 y ss.

117 MATHUR, A., KSHIRSAGAR, M. y MAYER, J., "What makes a dark pattern... dark? design attributes, normative considerations, and measurement methods", *Proceedings of the 2021 CHI Conference on Human Factors in Computing System*, 8-13 de mayo de 2021, Yokohama, pp. 13 y ss., disponible en https://arxiv.org/abs/2101.04843 (consultado el 16 de diciembre de 2023).

118 KEMP, K., "Concealed data practices and competition law: why privacy matters", *European Competition Journal*, vol. 16, núms. 2-3, 2020, pp. 656 y ss.

sus elecciones y manipulan sus decisiones, haciendo que adopten decisiones económicas desinformadas o no deseadas. Al mismo tiempo, las empresas que emplean patrones oscuros serán capaces de conseguir mayores beneficios (por ejemplo, a través de precios por goteo), datos personales (mediante incumplimientos de privacidad) o tiempo de atención (merced a prácticas adictivas), obteniendo así una ventaja competitiva injusta frente aquellas empresas que no emplean este tipo de prácticas. Además, algunos patrones oscuros suponen un atentado contra la transparencia en el mercado, en la medida en que ocultan información esencial a los consumidores, les impiden comparar precios o manipulan la información que se les proporciona[119].

2.4. Implantación en el mercado

Los patrones oscuros se pueden encontrar en una amplia variedad de industrias y contextos, incluido el comercio electrónico, las plataformas en línea, los motores de búsqueda, las aplicaciones, los juegos, los *banners* de *cookies*, etc. Si bien es cierto que fueron las grandes plataformas en línea quienes comenzaron a utilizar los patrones oscuros, en la actualidad, la gran mayoría de los empresarios que operan en línea se valen de este tipo de técnicas de diseño, con independencia de su tamaño y de su modelo de negocio.

En los últimos años, han sido varias las investigaciones que se han centrado en la prevalencia de los patrones oscuros en diferentes plataformas en línea, *marketplaces*, aplicaciones, motores de búsqueda y webs de comercio en línea. Estas investigaciones han demostrado que el uso de patrones oscuros es una práctica presente en las interfaces en línea de la práctica totalidad de operadores económicos y que, generalmente, estos patrones oscuros se utilizan de forma combinada para potenciar su eficacia.

---

119 OECD, "Dark Commercial Patterns", *op. cit.*, pp. 26 y ss.

De acuerdo con un estudio de la Comisión Europea, el 97 % de los 75 sitios web y aplicaciones de comercio electrónico más populares de la Unión Europea contienen al menos un patrón oscuro[120]. También se ha constatado que el 95% de las 240 aplicaciones más populares de Google Play Store presentan como mínimo un patrón oscuro[121]. En otros mercados, como el norteamericano, la situación no es distinta. Conforme a un reciente estudio, los 200 minoristas en línea más populares de Estados Unidos emplean al menos cuatro tipos de patrones oscuros en sus interfaces en línea[122].

Ahora bien, los tipos específicos de patrones oscuros empleados por los distintos empresarios que operan en línea difieren según su modelo de negocio y del medio a través del cual los consumidores acceden a la información en línea. Los estudios antes mencionados muestran también que algunos patrones oscuros son más comunes en aplicaciones móviles que en sitios web y que algunas técnicas de diseño son más efectivas en pantallas más pequeñas que en dispositivos más grandes[123].

---

120 LUPIÁÑEZ-VILLANUEVA, F., BOLUDA, A., BOGLIACINO, F., LIVA, G., LECHARDOY, L. y RODRÍGUEZ DE LAS HERAS BALLELL, T., *Behavioural study on…*, *op. cit.*, pp. 41 y ss.

121 DI GERONIMO, L., BRASZ, L., FREGNAN, E., PALOMBA, F. y BACCHELLO, A., "UI Dark Patterns and Where to Find Them: A Study on Mobile Applications and User Perception", *Proceedings of the 2020 CHI Conference on Human Factors in Computing Systems,* 25-30 de abril de 2020, Honolulu, pp. 1-14, disponible en https://dl.acm.org/doi/fullHtml/10.1145/3313831.3376600 (consultado el 20 de diciembre de 2020).

122 MOSER, C., SCHOENEBECK, S. y RESNICK, P., "Impulse buying: Design practices and consumer needs", *Proceedings of the 2019 CHI Conference on Human Factors in Computing Systems,* 4-9 de mayo de 2019, Glasgow, pp. 1 y ss., disponible en https://doi.org/10.1145/3290605.3300472 (consultado el 20 de diciembre de 2023).

123 FEDERAL TRADE COMMISSION, *STAFF REPORT: Bringing…*, *op. cit.*, p. 3.

Esta creciente prevalencia de patrones oscuros en las interfaces en línea no está pasando desapercibida para los distintos órganos jurisdiccionales y autoridades administrativas encargadas de la aplicación de la normativa tuitiva de los intereses de los consumidores y usuarios. Cada vez son más los procedimientos encaminados a poner freno a este tipo de prácticas, aunque lo cierto es que esta actividad no es igual de intensa en todas las jurisdicciones.

En Estados Unidos, la *Federal Trade Commission* (FTC) ha actuado contra distintos operadores económicos que empleaban patrones oscuros en sus interfaces en línea. Por ejemplo, en 2012 tomó medidas contra AMG Capital Management, un proveedor de préstamos a través de un servicio de suscripción, que utilizó múltiples patrones oscuros (continuidad forzosa, costes ocultos, preselección y preguntas capciosas, entre otros) para incitar engañosamente a los consumidores a aceptar más préstamos[124]. En 2016, la FTC demandó a LeadClick Media, una empresa de publicidad en Internet que utilizaba anuncios disfrazados de noticias y testimonios falsos para promocionar productos de limpieza de colon y pérdida de peso de un minorista en Internet[125]. Y, en 2022, impidió que el proveedor de servicios telefónicos Vonage siguiera empleando patrones oscuros que dificultaban el proceso de cancelación del servicio y sorprendían a los consumidores con costosas tarifas en el momento de la cancelación[126].

En el ámbito de la Unión Europea también han sido varios los casos en los que se ha sancionado el uso de patrones oscuros. En

---

124 *Vid.* https://www.ftc.gov/news-events/news/press-releases/2016/10/us-court-finds-ftcs-favor-imposes-record-13-billion-judgment-against-defendants-behind-amg-payday (consultado el 21 de diciembre de 2023).

125 *Vid.* https://www.ftc.gov/news-events/news/press-releases/2016/10/us-circuit-court-finds-operator-affiliate-marketing-network-responsible-deceptive-third-party-claims (consultado el 21 de diciembre de 2023).

126 *Vid.* https://www.ftc.gov/news-events/news/press-releases/2022/11/ftc-action-against-vonage-results-100-million-customers-trapped-illegal-dark-patterns-junk-fees-when-trying-cancel-service (consultado el 21 de diciembre de 2023).

2015, la Autoridad de Consumidores y Mercados de los Países Bajos (ACM) impuso una multa de 350.000 € a World Ticket Center BV (WTC) por no identificar claramente los costes variables del billete en el precio base, por agregar costes durante el proceso de reserva y por preseleccionar extras opcionales como seguros de viaje y cancelación[127]. En 2018, la Autoridad de Competencia italiana (AGCM) multó a Facebook con 10 millones de euros por prácticas contrarias a las disposiciones del Código de Consumo que implementan la DPCD. Entre otras cuestiones, se constató que Facebook ejerció una influencia indebida sobre los consumidores registrados al preseleccionar el consentimiento más amplio para compartir datos y al imponer restricciones al uso del sitio web cuando los consumidores decidían limitar su consentimiento para disuadirlos de hacerlo[128]. Otro ejemplo de esta tendencia lo encontramos en el año 2020, cuando la Autoridad Húngara de la Competencia (GVH) impuso una multa de 2.500 millones de florines a Booking.com por anunciar engañosamente algunos de sus alojamientos con una opción de cancelación gratuita y ejercer una presión psicológica indebida sobre los consumidores para que hicieran reservas anticipadas[129].

---

127 *Vid.* https://www.acm.nl/en/publications/publication/13848/ACM-has-fined-World-Ticket-Center-for-displaying-airfares-incorrectly (consultado el 21 de diciembre de 2023).

128 Provvedimento dell'Autorità garante della concorrenza e del mercato, núm. 27432, di 29 novembre 2018 (PS11112).

129 *Vid.* https://www.gvh.hu/en/press_room/press_releases/press-releases-2020/gigantic-fine-imposed-on-booking.com-by-the-gvh (consultado el 21 de diciembre de 2023).

3. ANÁLISIS DE LA (DES)LEALTAD DEL USO DE PATRONES OSCUROS

3.1. Planteamiento: La protección del consumidor a través de la disciplina de la deslealtad concurrencial

La realidad viva del mercado ha demostrado que el uso de patrones oscuros en las interfaces en línea puede perjudicar de una manera particularmente intensa los intereses individuales de los consumidores, sin perjuicio de afectar a otros intereses como el de los competidores y el interés general en el correcto funcionamiento del sistema competitivo. La tríada de intereses tutelada por el Derecho represor de la competencia desleal. Ahora bien, el uso de este tipo de técnicas de diseño no va a ser desleal en todo caso, sino que será necesario analizar su licitud a la luz de las disposiciones previstas en la LCD, poniendo especial énfasis en las prácticas desleales con los consumidores y usuarios.

Como ya se ha señalado, la entrada de la tutela de los intereses de los consumidores y usuarios en el Derecho represor de la competencia desleal se produce con la promulgación de la LCD y la instauración del modelo social o institucional de la disciplina. Sin embargo, es con la incorporación a nuestro ordenamiento de la DPCD cuando se intensifica la protección concurrencial de los intereses económicos de quienes actúan como consumidores en el mercado[130]. Y es que la DPCD se encuentra estrechamente vinculada a la acción legislativa comunitaria en materia de defensa de los consumidores. Una circunstancia que puede apreciarse tanto en su orientación político-legislativa, como en la construcción y contenido sustantivo de sus normas[131].

---

[130] CASADO NAVARRO, A., *Consecuencias negociales…*, *op. cit.*, pp. 46 y ss.

[131] MASSAGUER, J., MARCOS, F. y SUÑOL, A., "La transposición al Derecho español de la Directiva 2005/29/CE sobre prácticas comerciales desleales", *Boletín de Información del Ministerio de Justicia*, núm. 2013, 2006, p. 1929; RUIZ PERIS, J. I., "La reforma de la cláusula general de

En esta dirección, la DPCD incorpora una serie de disposiciones orientadas a la tutela de sus intereses económicos. Estos intereses económicos se concretan, fundamentalmente, en la libertad de elección del consumidor y en su capacidad de adoptar decisiones económicas con el debido conocimiento de causa[132]. Así se desprende tanto de las declaraciones efectuadas en los considerandos de la Directiva (6, 7, 8, 14 y 16), como de las continuas referencias al consumidor y a su conducta de mercado [arts. 2.d), 5, 6, 7, 8 y 9, y Anexos I y II DPCD]. Ello implica que la ilicitud de los actos y prácticas contemplados por la DPCD radica en el atentado que suponen a la libertad o autonomía y racionalidad de los consumidores en sus decisiones sobre transacciones económicas, entendidas como las decisiones sobre la contratación de un determinado bien o servicio, sobre los términos de la contratación o sobre el ejercicio de derechos.

La DPCD se incorporó a nuestro ordenamiento a través de la Ley 29/2009, de 30 de diciembre, por la que se modifica el régimen legal de la competencia desleal y de la publicidad para la mejora de la protección de los consumidores y usuarios. Una Ley

---

la ley de competencia desleal", en RUIZ PERIS, J. I. (Dir.), *La Reforma de la Ley de Competencia Desleal (Estudios sobre la Ley 29/2009, de 30 de diciembre, por la que se modifica el régimen legal de la competencia desleal y de la publicidad para mejora de la protección de los consumidores y usuarios),* Valencia, Tirant lo Blanch, 2010, p. 42; y MAMBRILLA RIBERA, V., "Prácticas comerciales y competencia desleal: estudio del Derecho comunitario, europeo y español. La incorporación de la Directiva 2005/29/CE a nuestro Derecho interno (incidencia en los presupuestos generales y en la cláusula general prohibitiva del ilícito desleal) (y tercera parte)", *Revista de Derecho de la Competencia y la Distribución,* núm. 6, 2010, p. 2/41 (hemos consultado la versión en línea disponible en la base de datos laleydigital).

132 Entre otros, MASSAGUER FUENTES, J., *El nuevo Derecho…, op. cit.*, p. 36; GARCÍA-CRUCES, J. A., "Finalidad y ámbito…", *op. cit.*, p. 1195; y MARIMÓN DURÁ, R., "Prácticas comerciales…", *op. cit.*, p. 1695.

que altera la estructura aplicativa de la LCD en los términos vistos más arriba[133].

Conforme a esta estructura aplicativa, el análisis de la deslealtad de los distintos tipos de patrones oscuros exige examinar su posible carácter desleal a la luz de los preceptos de la LCD destinados a tutelar de forma directa la autonomía decisional y negocial de los consumidores. A tal efecto, en primer lugar, ha de comprobarse si la conducta en que se concreta el patrón oscuro en cuestión encaja en algunas de las prácticas desleales *per se* tipificadas en los arts. 21 a 31 LCD. En caso negativo, deberá analizarse su ilicitud a la luz de los tipos generales de actos de engaño, omisiones engañosas y prácticas agresivas. Si tampoco pudiera declararse la deslealtad del patrón oscuro conforme a estos preceptos, podría acudirse a la cláusula general de deslealtad, pero sólo en el caso de que la conducta no encajara en los tipos recogidos en los arts. 5, 7, 8 y 20 LCD. Tal sería el caso de las prácticas que suponen la infracción de normas (el art. 15 LCD no se encuentra entre los mencionados en el art. 19 LCD); de las prácticas que abusan de la buena fe, credulidad o inexperiencia de los destinarios; de las prácticas que –sin ser prácticas comerciales agresivas– ponen al consumidor en el compromiso de contratar el producto promocionado; o algunos casos de subordinación de prestaciones que –sin ser prácticas engañosas– impiden a los consumidores formarse un juicio adecuado acerca de la conveniencia de la oferta o compararla con otras, como aquellas que se valen de la presión psicológica.

Si tampoco pudiera calificarse como desleal a la luz de esta cláusula general, la conducta no constituiría una práctica desleal con los consumidores. No obstante, esa conducta aún podría ser considerada como un acto de competencia desleal de carácter general. Al igual que ocurre cuando el destinatario de la práctica sea un empresario, porque los patrones oscuros no tienen como destinatarios exclusivos a los consumidores, toda vez que apare-

---

133 *Vid. supra* I.2.

cen en las interfaces en línea que son accesibles para el público en general. Para ello, se deberá verificar si la conducta se ajusta a alguno de los actos de competencia desleal de carácter general expresamente tipificados en el Capítulo II de la LCD (arts. 5 a 18). Y, si no pudiera subsumirse en ninguno de ellos, podría recurrirse al enjuiciamiento de la deslealtad sobre la base de la cláusula general prohibitiva de la deslealtad.

3.2. Patrones oscuros y prácticas desleales per se

Siguiendo el esquema aplicativo anteriormente expuesto, la determinación de la lealtad o deslealtad de un patrón oscuro pasa, en primer lugar, por analizar su licitud a la luz de los distintos supuestos de prácticas desleales *per se* previstos el Capítulo III de la LCD (arts. 21 a 31). En él se incorpora la lista negra de prácticas comerciales desleales con los consumidores recogida en el Anexo I DPCD.

Siendo calificadas como prácticas comerciales desleales con los consumidores "en todo caso y en cualquier circunstancia", el juicio de deslealtad no requiere la comprobación de que la conducta empresarial constituye un supuesto de engaño, omisión engañosa o práctica agresiva, ni tampoco de su aptitud para mermar la libertad de elección y decisión de los consumidores. Únicamente es necesaria la constatación de que se trata de una práctica comercial subsumible en alguno de los supuestos comprendidos en los arts. 21 a 31 LCD.

A pesar de que los arts. 21 a 31 LCD describen principalmente prácticas *offline*, pueden servir para prohibir prácticas similares desarrolladas en línea, por cuanto que la LCD (al igual que la DPCD) contiene una regulación tecnológicamente neutra. Es decir, se aplica con independencia del canal, medio o dispositivo utilizado para llevar a cabo la práctica comercial de las empresas en sus relaciones con los consumidores. Así, son varios los patrones oscuros que podrían subsumirse en alguno de los tipos de prácticas desleales *per se*.

3.2.1. Los testimonios de origen incierto

Los testimonios de origen incierto podrían ser declarados desleales conforme a los arts. 27. 7 y 8 LCD, relativos a las reseñas de productos y servicios[134].

De acuerdo con el primero de ellos, se considera desleal en todo caso afirmar "que las reseñas de un bien o servicio son añadidas por consumidores y usuarios que han utilizado o adquirido realmente el bien o servicio, sin tomar medidas razonables y proporcionadas para comprobar que dichas reseñas pertenezcan a tales consumidores y usuarios". De lo que se trata aquí, no es de garantizar la veracidad de las reseñas, puesto que esta circunstancia dependerá de quién publique la reseña, sino de adoptar medidas razonables y proporcionadas para comprobar el origen de las reseñas cuando se afirme que proceden de consumidores reales que han utilizado o adquirido el producto o servicio.

Así pues, la deslealtad del testimonio incierto dependerá de la concurrencia de un doble requisito objetivo y circunstancial. De un lado, el requisito objetivo consiste en la afirmación por parte del empresario de que la reseña procede de un consumidor que ha utilizado o adquirido el producto o servicio. Esta afirmación no tiene por qué ser taxativa, en el sentido de que consista en una declaración expresa en los términos recogidos en el precepto, sino que dependerá de cómo el consumidor medio perciba la afirmación o declaración del empresario. De otro lado, el requisito circunstancial se traduce en el hecho de no adoptar "medidas razonables y proporcionadas" para comprobar que las reseñas pertenezcan a consumidores reales. Para evaluar si el empresario ha adoptado estas medidas de comprobación del origen de la reseña, habrán de tenerse en cuenta varios parámetros, como son el modelo de negocio del empresario, la magnitud de su actividad o el sector de público al que se dirigen las reseñas.

---

134 Un estudio detallado de los apartados 7 y 8 del art. 27 LCD puede encontrarse en *infra* V.3.

El apartado 8 del art. 27 LCD, por su parte, declara la deslealtad de aquella práctica consistente en añadir o encargar a otra persona física o jurídica que incluya reseñas o aprobaciones de consumidores falsas, o distorsionar reseñas de consumidores o usuarios o aprobaciones sociales con el fin de promocionar bienes o servicios. Este apartado sí trata de garantizar la veracidad de las reseñas.

A tal efecto, se distingue una doble conducta. Por un lado, el supuesto en el que el engaño procede de la falsedad de la reseña o de la aprobación añadida por el empresario o publicada por encargo suyo; y, por otro, la conducta consistente en distorsionar reseñas o aprobaciones previamente añadidas por consumidores. De esta forma, el patrón oscuro consistente en el testimonio de origen incierto será desleal cuando sea publicado o encargado por el empresario titular de la interfaz en línea con un contenido falso, así como cuando dicho empresario altere o distorsiones los testimonios previamente publicados por los consumidores.

En uno y otro caso se exige la concurrencia de un elemento intencional, pues el percepto bajo consideración precisa que la conducta se lleve a cabo con el propósito de promocionar productos. Pero lo cierto es que este propósito parece estar ínsito en la propia práctica comercial, toda vez que la aplicación de la DPCD requiere que la práctica en cuestión esté directamente relacionada con la promoción, venta o suministro de un producto a los consumidores. De modo que difícilmente podríamos encontrar reseñas o aprobaciones falsas o distorsionadas relativas a un producto o servicio añadidas o encargadas por un empersario que tengan un fin distinto al de promocionar productos o servicios.

3.2.2. Los supuestos de escasez, los mensajes por tiempo limitado y los temporizadores de cuenta regresiva

Los patrones oscuros orientados a crear una sensación de urgencia al afirmar falsamente que un producto solo estará disponible durante un tiempo muy limitado, o consistentes en utilizar temporizadores falsos y declaraciones de existencias limitadas en las interfaces en línea podrían incardinarse en el tipo previsto en el art. 23.4 LCD. Según este precepto, se reputa desleal "afirmar, no siendo cierto, que el bien o servicio sólo estará disponible durante un período de tiempo muy limitado o que sólo estará disponible en determinadas condiciones durante un período de tiempo muy limitado a fin de inducir al consumidor o usuario a tomar una decisión inmediata, privándole así de la oportunidad o el tiempo suficiente para hacer su elección con el debido conocimiento de causa". El engaño, por tanto, ha de versar sobre la brevedad del período de vigencia de la oferta o sobre las condiciones en que se produce la oferta. Además, la práctica debe tener como finalidad de inducir al consumidor a tomar una decisión inmediata. No obstante, se trata de una circunstancia que puede deducirse de la propia brevedad del período de tiempo de vigencia de la oferta[135].

Asimismo, los supuestos de escasez, esto es, aquellos mensajes alertando de existencias muy limitadas de stock en un producto o de una demanda muy alta, podrían subsumirse en el tipo recogido en el art. 27.3 LCD. Y es que a través de este tipo de patrones oscuros se facilita información inexacta sobre las condiciones del mercado o sobre la posibilidad de encontrar el producto con la intención de inducir al consumidor a adquirirlo en condiciones menos favorables.

Para que el patrón oscuro de escasez sea declarado desleal conforme al mencionado precepto se exigen dos requisitos: la existencia de manifestaciones falsas sobre las condiciones de mercado o sobre la posibilidad de encontrar el bien o servicio; y la finalidad de inducir al consumidor a adquirirlo en condiciones más desfavorables. De no concurrir esta finalidad, podría resultar de aplica-

---

135 BUITRAGO RUBIRA, J. R., "Artículo 23. Prácticas engañosas sobre la naturaleza y propiedades de los bienes o servicios, su disponibilidad y los servicios posventa", en BERCOVITZ RODRÍGUEZ-CANO, A. (Dir.), *Comentarios a la Ley de competencia desleal*, Cizur Menor, Aranzadi, 2011, p. 701.

ción la prohibición contenida en el art. 23.4 LCD anteriormente expuesta[136].

3.2.3. Los supuestos de interferencia visual que aluden falsamente a la obtención de premios

Un tipo de patrón oscuro ampliamente extendido es aquel consistente en la aparición de ventanas emergentes o de casillas que anuncian la obtención de un premio, cuya selección no conduce a dicho premio sino a una ventana donde se publicita u oferta un determinado producto o servicio. Estos supuestos encajarían en los tipos recogidos en los arts. 22.4 y 22.6 LCD.

Conforme al primer de ellos, se consideran desleales aquellas "prácticas comerciales que ofrezcan un premio, de forma automática, o en un concurso o sorteo, sin conceder los premios descritos u otros de calidad y valor equivalente". El segundo, en cambio, tipifica como desleal "(c)rear la impresión falsa, incluso mediante el uso de prácticas agresivas, de que el consumidor o usuario ya ha ganado, ganará o conseguirá un premio o cualquier otra ventaja equivalente si realiza un acto determinado, cuando en realidad: a) No existe tal premio o ventaja equivalente. b) O la realización del acto relacionado con la obtención del premio o ventaja equivalente está sujeto a la obligación, por parte del consumidor o usuario, de efectuar un pago o incurrir en un gasto".

La diferencia entre uno y otro precepto estriba en que, mientras que en el segundo supuesto la obtención del premio se presenta como segura, en el primero cabe la posibilidad de obtener el premio en un concurso o sorteo. Y en que en el primer caso el premio aparece como automático, mientras que en el segundo se

---

136 TATO PLAZA, A., FERNÁNDEZ CARBALLO-CALERO, P. y HERRERA PETRUS, C., *La reforma de…, op. cit.*, pp. 175 y 176; y MARTÍN ARESTI, P., "Artículo 27. Otras prácticas engañosas", en BERCOVITZ RODRÍGUEZ-CANO, A. (Dir.), *Comentarios a la Ley de competencia desleal*, Cizur Menor, Aranzadi, 2011, pp. 765 y ss.

exige la realización de un acto determinado[137]. Por ello, parece que el patrón oscuro consistente en la interferencia visual mediante ventanas que ofrecen la obtención de un premio parece tener mejor cabida en el supuesto de hecho contemplado en el apartado 6 del art. 22 LCD, toda vez que el patrón oscuro busca la selección de la ventana o casilla correspondiente.

3.2.4. Publicidad disfrazada

Este patrón oscuro se manifiesta a través de prácticas publicitarias que se encuentran enmascaradas bajo otro tipo de contenido como, por ejemplo, un botón de descarga, de cierre de ventana o cualquier otro elemento de la interfaz, de forma que al seleccionarlo conducen al consumidor al contenido publicitario.

Este tipo de patrón oscuro guarda cierta relación con la prohibición contenida en el art. 26.1 LCD. Este precepto tipifica como desleal la realización de prácticas comerciales encubiertas. Y, a tal efecto, dispone que se considerarán desleales, en todo caso y en cualquier circunstancia, aquellas conductas que consistan en incluir "como información en los medios de comunicación o en servicios de la sociedad de la información o redes sociales, comunicaciones para promocionar un bien o servicio, pagando el empresario o profesional por dicha promoción, sin que quede claramente especificado en el contenido, o a través de imágenes y sonidos claramente identificables para el consumidor o usuario, que se trata de un contenido publicitario".

La ilicitud de la conducta depende de la concurrencia de cuatro presupuestos: 1) La práctica ha de llevarse a cabo en medios de comunicación, servicios de la sociedad de la información o redes sociales, lo que ha de entenderse en sentido amplio. 2) El

---

137 SÁNCHEZ BARRIOS, J. L., "Artículo 22. Prácticas señuelo y prácticas promocionales engañosas", en BERCOVITZ RODRÍGUEZ-CANO, A. (Dir.), *Comentarios a la Ley de competencia desleal*, Cizur Menor, Aranzadi, 2011, pp. 666 y ss.

mensaje difundido o publicado debe presentar una finalidad promocional, lo que exigirá atender a todas las circunstancias del caso y, en particular, al contexto en el que se emite, al tono y contenido del mensaje, al tipo de producto o servicio promocionado, así como a las cualidades de quien difunde el mensaje. 3) Debe existir un pago por parte del empresario como contraprestación por la emisión o difusión del mensaje, que puede ser tanto directo como indirecto, en efectivo o en especie. Y 4) el propósito publicitario del mensaje no ha de estar claramente identificado ni ser inequívocamente deducible para el consumidor medio a la luz de la naturaleza, ubicación y contenido del mensaje[138].

En consecuencia, el patrón oscuro de publicidad disfrazada no constituye un supuesto de publicidad encubierta, por cuanto que no existe un mensaje o información promocional encubierta, sino un enlace a un contenido publicitario. No existe, por tanto, un contenido editorial con una finalidad publicitaria no declarada. Nos encontramos, sin duda, ante una práctica especialmente molesta, pero que no puede declararse desleal sobre la base de este art. 26.1 LCD.

3.2.5. La venta presionada (*nagging*)

La venta presionada mediante la aparición de ventanas de diálogo emergentes de forma continua y repetitiva, constituyen un supuesto de lo que se ha conocido como *nagging*. El *nagging* se refiere a la intrusión repetida en la que el usuario sufre una o más interrupciones por parte de otra tarea que no está directamente relacionada con la que el usuario desea realizar.

De acuerdo con el art. 29.2 LCD, se reputa desleal "realizar propuestas no deseadas y reiteradas por teléfono, fax, correo elec-

---

[138] Más ampliamente en *infra* VI.4.3.1.A. Sobre esta cuestión, *vid.*, también, CASADO NAVARRO, A., "Publicidad encubierta a través de *influencers*: Normativa aplicable y régimen de responsabilidad", *Revista de Derecho de la Competencia y la Distribución*, núm. 31, 2022.

trónico u otros medios de comunicación a distancia, salvo en las circunstancias y en la medida en que esté justificado legalmente para hacer cumplir una obligación contractual". Es necesario, por tanto, que la práctica cumpla un triple requisito: 1) que las comunicaciones se realicen a través de un medio de comunicación a distancia; 2) que sean reiteradas; y 3) que no sean deseada por el consumidor[139].

Este triple requisito se cumple en las prácticas de *nagging*, toda vez que se emplea un medio de comunicación a distancia (la aparición de ventanas de diálogo emergentes), que las comunicaciones se realizan de forma constante y reiterada (independientemente del contenido ofrecido en esas ventanas) y que el consumidor no puede oponerse a esa constante aparición de ventanas emergentes.

3.2.6. *Sneak into basket*

El patrón oscuro conocido como *sneak into basket* condensa aquellas prácticas consistentes en agregar automáticamente artículos al carrito de compra sin el permiso del consumidor o en engañar al consumidor para que adquiera productos o servicios no deseados mediante un cuadro previo a la verificación. Dentro de este tipo de prácticas también se comprenderían aquellos supuestos en los que el empresario suscribe a los usuarios a boletines informativos, listados de publicidad u otras opciones que son más beneficiosas para él que para los propios consumidores.

Este tipo de prácticas están estrechamente relacionadas con la prohibición contenida en el art. 31.2 LCD. Esto es, exigir el pago inmediato o aplazado, la devolución o la custodia de bienes o servicios suministrados por el empresario, que no hayan sido so-

---

139 ZUBIRI DE SALINAS, M., "Artículo 29. Prácticas agresivas por acoso", en BERCOVITZ RODRÍGUEZ-CANO, A. (Dir.), *Comentarios a la Ley de competencia desleal*, Cizur Menor, Aranzadi, 2011, pp. 796 y 797.

licitados por el consumidor o usuario[140]. En estos supuestos –también conocidos como suministro no solicitado o *inertia selling*– se prohíbe todo tipo de comunicación dirigida por el empresario al consumidor en la que se exija la devolución, el pago o la custodia de las mercancías enviadas, ya sea de forma explícita o implícita.

En consecuencia, las prácticas derivadas del uso patrones oscuros del tipo *sneak into basket* no van a ser desleales en todo caso. Lo desleal será que el empresario exija de forma explícita o implícita el pago, la devolución de la mercancía no solicitada o su custodia.

3.2.7. Continuidad forzada

La continuidad forzada se traduce en la renovación no deseada de suscripciones a un servicio. Este patrón oscuro aparece cuando se ofrece un servicio de forma gratuita o a modo de prueba y, transcurrido un período de tiempo, empiezan a cobrar por él sin previo aviso.

Este supuesto podría tener cabida en la prohibición de suministro no solicitado mencionada anteriormente. La deslealtad de la conducta, como ya se ha señalado, estriba en exigir el pago, la devolución o la custodia del bien o servicio no solicitado. En rigor, para declarar esta conducta como desleal es necesario que el consumidor no haya solicitado el bien o servicio. Pero lo cierto es que en los casos de continuidad forzosa el consumidor solicita la prueba gratuita o el servicio.

No obstante, en estos casos sería posible admitir aquella interpretación conforme a la cual lo que solicita el consumidor es la prueba gratuita y no el servicio *stricto sensu*. De modo que la suscripción al servicio no habría sido solicitada por el consumidor y la reclamación del precio por parte del empresario sería desleal.

---

140 Sobre este precepto, CARBAJO CASCÓN, F., "Artículo 31. Otras prácticas agresivas", en BERCOVITZ RODRÍGUEZ-CANO, A. (Dir.), *Comentarios a la Ley de competencia desleal*, Cizur Menor, Aranzadi, 2011, pp. 836 y ss.

Igualmente, este tipo de patrón oculto, en determinadas circunstancias, puede integrar la conducta tipificada en el art. 22.5 LCD. En este sentido, será desleal cuando se describa "un bien o servicio como «gratuito», «regalo», «sin gastos» o cualquier fórmula equivalente, si el consumidor o usuario tiene que abonar dinero por cualquier concepto distinto del coste inevitable de la respuesta a la práctica comercial y la recogida del producto o del pago por la entrega de éste". En consecuencia, la suscripción al servicio posterior a la prueba gratuita será desleal cuando no se especificara adecuadamente su carácter oneroso.

3.2.8. Cebo y cambio

Los patrones oscuros de *cebo y cambio* consisten, básicamente, en inducir a los usuarios a realizar una acción específica, que lleva, en cambio, a realizar otra acción diferente e indeseada. Por tanto, se obliga al usuario a realizar acciones que no pensaba ejecutar.

Un ejemplo de este tipo de patrón oscuro es aquel en el que se hace clic en un botón de descarga y se descarga otro software o un elemento online diferente. Esto podría conducir a un supuesto de suministro no solicitado, siendo desleal aquella comunicación por la que se requiera el pago del servicio no solicitado.

Otro ejemplo de cebo y cambio lo encontramos en aquellos casos en los que se ofrecen productos o servicios a un precio determinado para después ofrecernos otro tipo de productos o conducirnos a una página o ventana diferente. Este tipo de prácticas podrían constituir un supuesto de los previstos en los arts. 22.1 y 22.2 LCD[141].

Estos preceptos se ocupan de las denominadas "prácticas señuelo". Su ilicitud radica en la potencialidad de la práctica para alterar el comportamiento económico del consumidor, creando

---

141 Acerca de estas disposiciones, *vid.* SÁNCHEZ BARRIOS, J. L., "Artículo 22...", *op. cit.*, pp. 645 y ss.

en él la falsa impresión de que la oferta de un bien o servicio reúne unas condiciones especialmente favorables, sobre todo a la vista de que dicha oferta no será duradera, no llevará aparejada la prestación de un servicio gratuito, o no conllevará la entrega de un regalo o premio[142].

Conforme al apartado 1 del art. 22 LCD, se reputa desleal la realización de ofertas de bienes o servicios a un precio determinado sin revelar la existencia de motivos razonables que hagan pensar al empresario que dichos bienes o servicios u otros equivalentes no estarán disponibles al precio ofertado durante un período suficiente y en cantidades razonables. Se trata de un supuesto de oferta vacía, cuya deslealtad viene determinada por la concurrencia de un triple requisito: 1) la presentación de una oferta sobre el precio; 2) la existencia de motivos razonables que hacen pensar al empresario en una limitación de su oferta, lo que concurrirá en los supuestos de cebo y cambio mencionados por cuanto que el empresario no tiene pensado proporcionar el producto o servicio ofertado ni al precio promocionado ni a ningún otro; y 3) la ocultación de dicha limitación a los consumidores.

De acuerdo con su apartado 2, se considera desleal en todo caso y en cualquier circunstancia realizar una oferta de bienes o servicios a un precio determinado para luego, con la intención de promocionar un bien o servicio diferente, negarse a mostrar el bien o servicio ofertado, no aceptar pedidos o solicitudes de suministro, negarse a suministrarlo en un período de tiempo razonable, enseñar una muestra defectuosa del bien o servicio promocionado, o desprestigiarlo. Esta prohibición también resultaría de aplicación a los patrones oscuros de cebo y cambio en los que se utiliza como cebo la oferta de un producto o servicio a un precio determinado para posteriormente ofrecer otro tipo de producto o servicio, aun cuando este fuera gratuito. Y es que basta con que la práctica en cuestión tenga por finalidad promocionar bienes

---

142 MIRANDA SERRANO, L. M. y PANIAGUA ZURERA, M., "La protección de…", *op. cit.*, p. 76.

o servicio distintos de los ofertados, independientemente de que estos sean gratuitos o de pago.

3.2.9. *Roach motel*

Bajo este nombre se esconde una práctica muy habitual que consiste en establecer una situación de fácil acceso, pero de difícil salida. Por ejemplo, cuando se facilita la entrada o suscripción a un servicio, del que es tremendamente difícil darse de baja. Con carácter general, esto implica ocultar la opción de cancelación, exigir a los usuarios que llamen al servicio de atención al cliente para cancelar o hacer que el proceso de cancelación sea demasiado complejo y lento.

En determinadas circunstancias, este patrón oscuro podría conculcar la prohibición contenida en el art. 28 LCD. Este precepto tipifica como práctica agresiva por coacción la conducta consistente en hacer creer al consumidor que no puede abandonar el establecimiento del empresario o el local en el que se realice la práctica comercial sin haber contratado. Se parte así de la percepción del consumidor sobre la posibilidad o no de abandonar el establecimiento del empresario o el lugar donde se desarrolle la conducta sin haber contratado. Ello exige valorar las distintas circunstancias que concurren en el supuesto, el lenguaje y el comportamiento empleado por el empresario y la forma de percibirlo por parte de un consumidor medio[143].

El legislador nacional se aparta del tenor de la DPCD para incluir junto al término "local" el establecimiento del empresario y cualquier otro lugar en el que tenga lugar la conducta. Ello ha llevado a algunos autores a darle al término establecimiento un contenido lo más amplio posible, susceptible de abarcar los su-

---

[143] MONGE GIL, A. L., "Artículo 28. Prácticas agresivas por coacción", en BERCOVITZ RODRÍGUEZ-CANO, A. (Dir.), *Comentarios a la Ley de competencia desleal*, Cizur Menor, Aranzadi, 2011, p. 783; y MARIMÓN DURÁ, R., "Prácticas comerciales...", *op. cit.*, pp. 1783 y 1784.

puestos de comisión de estas prácticas a través de internet o fuera del establecimiento mercantil[144].

De esta forma, podrían constituir supuestos de prácticas agresivas por coacción aquellas situaciones en las que el usuario accede a una página, ventana o pestaña de la que no puede salir sin aceptar una opción determinada o sin contratar el producto o servicio correspondiente.

3.3. Patrones oscuros y actos de engaño

Descartada su inclusión en alguna de las conductas consideradas desleales en todo caso y en cualquier circunstancia *ex* Capítulo III LCD, la licitud de los patrones oscuros deberá ser examinada a la luz de los tipos generales de actos de engaño, omisiones engañosas y prácticas agresivas (arts. 5, 7 y 8 LCD respectivamente).

Los actos de engaño constituyen una de las prohibiciones básicas de la disciplina de la competencia desleal. No en vano, es uno de los actos de competencia desleal tradicionalmente tipificados en nuestro ordenamiento[145].

La prohibición de los actos de engaño se contiene en el art. 5 LCD. Conforme a este precepto se considera desleal la práctica comercial consistente en la difusión de información falsa o de información que, aun siendo veraz, por su contenido o presentación sea susceptible de inducir a error a sus destinatarios sobre ciertos

---

144 LUNAS DÍAZ, M. J., "Artículo 28 LCD. Prácticas agresivas por coacción", en LEMA DEVESA, C. (Dir.), *Prácticas comerciales desleales de las empresas en sus relaciones con los competidores y consumidores: régimen legal tras la reforma introducida por la Ley 29-2009*, L'Hospitalet de Llobregat, Bosch, 2012, p. 421; y GONZÁLEZ PONS, E., *Prácticas agresivas y…, op. cit.*, p. 109.

145 MASSAGUER FUENTES, J., *Comentario a la…, op. cit.*, pp. 214 y ss.; y BARONA VILAR, S., *Competencia desleal: tutela jurisdiccional -especialmente proceso civil- y extrajurisdiccional: doctrina legislación y jurisprudencia*, t. I, Valencia, Tirant lo Blanch, 2008, pp. 382 y ss.

extremos en los que típicamente se basa su conducta de mercado, siendo susceptible de alterar su comportamiento económico.

Con esta prohibición se trata de evitar aquellas conductas que, por la razón que sea, generan en sus destinarios una impresión falsa que no se compadece con la realidad de las cosas. De ahí que el elemento determinante del engaño no sea la inexactitud o la falsedad de la información, sino el error.

Así, la tipificación del acto de engaño como acto de competencia desleal expresa un principio de veracidad o exactitud subjetiva y no un principio de exactitud objetiva. Es decir, no se exige que la información difundida sea correcta. Lo que se exige es que dicha información sea veraz, en el sentido de que pueda ser correctamente entendida por sus destinatarios. Ello supone la correspondencia entre la realidad de las cosas y la impresión inducida en los destinatarios de la información, lo que deberá ser apreciado en atención a las distintas circunstancias que rodean el caso[146]. De esta forma, existirá error y, por tanto, engaño si la realidad no coincide con las expectativas que la información ha generado, pues es en estos casos cuando se perjudica la libertad de decisión del consumidor, que se dejará llevar por dicho error en sus decisiones de mercado[147].

Según el art. 5 LCD, para que una práctica comercial pueda calificarse como engañosa es necesario que concurra un doble presupuesto: 1) la difusión de información falsa o de información que, aun siendo veraz, por su contenido o presentación induzca

---

146 MASSAGUER FUENTES, J., *Comentario a la..., op. cit.*, p. 218; y MARTORELL ZULUETA, P., "Actos y omisiones engañosas", en RUIZ PERIS, J. I. (Dir.), *La Reforma de la Ley de Competencia Desleal (Estudios sobre la Ley 29/2009, de 30 de diciembre, por la que se modifica el régimen legal de la competencia desleal y de la publicidad para mejora de la protección de los consumidores y usuarios)*, Valencia, Tirant lo Blanch, 2010, p. 84.

147 ZURIMENDI ISLA, A., "Artículo 7. Actos de engaño", en MARTÍNEZ SANZ, F. (Dir.), *Comentario práctico a la Ley de Competencia Desleal*, Madrid, Tecnos, 2009, p. 109.

o pueda inducir a error a los destinatarios; y 2) la idoneidad de la práctica para incidir en su comportamiento económico.

El primer presupuesto hace referencia a la conducta típica. En este sentido, las prácticas engañosas pueden consistir bien en la difusión de información falsa o inexacta, bien en la difusión de información veraz, pero que por su contenido o presentación sea apta para inducir a error a sus destinatarios.

Información falsa es aquella que no se corresponde con la realidad y que, por tanto, no es veraz. Su utilización por parte del empresario se considera indebida. Consecuentemente, no es necesario acreditar que puede inducir a error a sus destinatarios, pues se presume que la decisión que éstos adopten no se basará en las bondades de las prestaciones, sino en una representación de la realidad inducida por la información falsa que no se corresponde con la real[148].

El carácter engañoso de la conducta también puede predicarse de la difusión de información veraz. Pero sólo cuando ésta pueda inducir a error a sus destinatarios como consecuencia de su contenido o de su presentación. En estos casos, el carácter engañoso de la información no deriva de su falsedad o inexactitud, sino de las distintas circunstancias que rodean el acto y que pueden desencadenar falsas expectativas en sus destinatarios. En la determinación de dichas expectativas habrá de estarse al conjunto de circunstancias internas y externas a la información, incluida su presentación y la oportunidad de su difusión y recepción, así como al tipo de consumidor que en cada caso sea destinatario de la práctica[149]. Sin embargo, en ningún caso será necesario que se produzca un

---

148 MASSAGUER FUENTES, J., *El nuevo…*, *op. cit.*, p. 104; TATO PLAZA, A., FERNÁNDEZ CARBALLO-CALERO, P. y HERRERA PETRUS, C., *La reforma de…*, *op. cit.*, p. 107; y GARCÍA-CRUCES GONZÁLEZ, J. A., "Artículo 5. Actos de engaño", en BERCOVITZ RODRÍGUEZ-CANO, A. (Dir.), *Comentarios a la Ley de competencia desleal*, Cizur Menor, Aranzadi, 2011, p. 122.

149 MASSAGUER FUENTES, J., *El nuevo…*, *op. cit.*, p. 105; y GARCÍA-CRUCES GONZÁLEZ, J. A., "Artículo 5…", *op. cit.*, p. 125.

error efectivo en los destinatarios del acto, siendo suficiente con la mera potencialidad del acto para inducir a error.

En uno y otro caso, la información difundida, ya sea falsa o susceptible de inducir a error por su contenido o presentación, sólo será engañosa si viene referida a alguno de los extremos considerados relevantes por el art. 5 LCD[150]. Estos extremos, presentados a modo de *numerus clausus*, se refieren a las principales características de los productos o servicios, de la operación y del propio empresario.

El segundo presupuesto viene constituido por la aptitud del acto para alterar el comportamiento económico de sus destinatarios. Esto implica que la difusión de información que lleva a error a sus destinatarios ha de ser susceptible de mermar de manera apreciable su capacidad de adoptar una decisión sobre una transacción con pleno conocimiento de causa, de forma que tome una decisión sobre su comportamiento económico que de otro modo no hubiera tomado.

Este comportamiento económico se extiende a todo el iter contractual, abarcando tanto el proceso previo de formación de preferencias, como la adopción de decisiones sobre la contratación y las decisiones relativas al ejercicio y cumplimiento de los derechos dimanantes del contrato. De esta forma, el ámbito de la ilicitud se extiende a todas las prácticas que, por su naturaleza, objeto, contenido y circunstancias de realización y difusión, resulten adecuadas para influir negativamente en las elecciones y decisiones de carácter económico de los consumidores.

El problema en esta sede lo encontramos a la hora de deslindar entre persuasión y manipulación. Y es que los patrones oscuros

---

150 MASSAGUER FUENTES, J., *El nuevo…*, *op. cit.*, p. 104; LEMA DEVESA, C., “Los actos de engaño en la Ley de Competencia Desleal”, en GÓMEZ SEGADE, J. A. y GARCÍA VIDAL, A. (Dirs.), *El Derecho mercantil en el umbral del siglo XXI, Libro homenaje a Fernández-Nóvoa*, Madrid, Marcial Pons, 2010, p. 358; y MARTORELL ZULUETA, P., “Actos y…”, *op. cit.*, p. 85.

operan en una zona difusa entre los intentos de persuasión legítimos, que se supone informan al consumidor y le incitan a tomar una determinada decisión sin cambiar radicalmente sus preferencias, y las técnicas ilegítimas de manipulación que aprovechan los sesgos, prejuicios y datos personales de los consumidores para influir en su comportamiento económico.

La distinción entre técnicas persuasivas y manipuladoras es una tarea que debe llevarse a cabo caso por caso, en función del contexto en el que se desenvuelva el patrón oscuro, de las condiciones en que tiene lugar cada práctica y de las características específicas (edad, nivel socioeconómico, experiencia y competencias digitales, perfil psicológico permanente o transitorio) de los consumidores a los que se dirige.

Así, por ejemplo, aquellas técnicas que tratan de dirigir la decisión del consumidor mediante la presentación de información precontractual relevante de una manera oscura, ambigua o que induce al error, como es el caso de las preguntas capciosas, podrían ser encuadradas dentro de los actos de engaño *ex* art. 5 LCD. Lo mismo cabe decir de aquellos supuestos en los que se presenta al consumidor opciones intencionalmente ambiguas (uso de dobles negaciones, presentación de casillas con identificaciones confusas, etc.) que no permiten al consumidor deducir qué acción es la adecuada para manifestar su elección.

Otros patrones oscuros que podrían calificarse como desleales al amparo del art. 5 LCD serían los testimonios de origen incierto que, no reuniendo los requisitos previstos en los arts. 27.7 y 8 LCD, pudieran inducir a error a los consumidores sobre el alcance de la reseña, su contenido, el producto reseñado, etc. Así ocurre cuando, por la forma en que se presentan las reseñas, el consumidor pueda creer que se refieren a un producto o servicio distinto del reseñado.

Especial atención merecen en esta sede los patrones oscuros relativos a los costes ocultos. Muy sintéticamente, consisten en añadir cargos adicionales al usuario a la hora de adquirir un producto o servicio (*v. gr.* de gestión, de transporte o de mantenimiento). En ocasiones no se informa sobre estos costes hasta que el usuario está realizando el pago. En estos casos, podríamos encontrarnos ante un acto de engaño, aunque lo cierto es que la conducta se acomoda mejor al tipo de las omisiones engañosas. En otras ocasiones, se informa de los costes antes de realizar el pago, pero el proceso ha sido tan largo y complejo que el usuario prefiere seguir adelante con la compra antes que cancelar el proceso y empezar de nuevo. Estos supuestos, en cambio, difícilmente serán subsumibles en los actos de engaño o en las omisiones engañosas dado que el consumidor recibe la información en un momento en que puede descartar la contratación de forma fácil y sin costes que superen la mera molestia.

Un supuesto particularmente frecuente de costes ocultos es el que viene determinado por el uso de una moneda intermedia. O sea, para adquirir un producto o servicio se exige el pago en una moneda virtual distinta de la de uso común, de modo que el usuario pierde la noción sobre el valor real de la operación, con la consiguiente posibilidad de que gaste más de lo que de otro modo habría gastado. Esta práctica (muy frecuente en los juegos en línea) será desleal cuando el consumidor no pueda llegar a comprender de forma clara, precisa y rápida el valor de la operación o de la moneda virtual. Por ejemplo, cuando la información sobre los valores correspondientes esté diseminada en distintos lugares.

Por el contrario, otros patrones oscuros, pese a conllevar cierta manipulación para los usuarios, no superan el umbral de la mera persuasión. Así, es poco probable que algunos patrones oscuros, que no son claramente engañosos –en el sentido de que no hacen creer necesariamente al consumidor algo que no es cierto–, queden incluidos en la prohibición de los actos de engaño. Tal sería el caso de la prevención de la comparación, el *confirmshaming*, los supuestos de interferencia visual de baja intensidad o la publicidad disfrazada.

3.4. Patrones oscuros y omisiones engañosas

Siguiendo la estructura de la DPCD, la LCD tipifica las omisiones engañosas como una modalidad autónoma de conducta desleal. En este sentido, el art. 7.1 LCD dispone que "(s)e considera desleal la omisión u ocultación de la información necesaria para que el destinatario adopte o pueda adoptar una decisión relativa a su comportamiento económico con el debido conocimiento de causa. Es también desleal si la información que se ofrece es poco clara, ininteligible, ambigua, no se ofrece en el momento adecuado, o no se da a conocer el propósito comercial de esa práctica, cuando no resulte evidente por el contexto".

El art. 7 LCD define la conducta típica de un modo amplio[151]. Siguiendo el texto de la norma, podemos distinguir dos grupos de conductas. Por un lado, la *omisión* u *ocultación* de información necesaria para que el destinatario adopte o pueda adoptar una decisión relativa a su comportamiento económico con el debido conocimiento de causa. La omisión hace referencia al supuesto en que la información no es proporcionada por el empresario, mientras que la ocultación se refiere a aquella información que está disponible para el consumidor, pero que se encubre o disimula por el empresario de cualquier forma, lo que debe ponderarse en atención al contexto en el que se produce.

Por otro lado, junto a la omisión y la ocultación, el art. 7 LCD recoge un abanico más amplio de conductas: el suministro de información de forma poco clara, ininteligible o ambigua; el ofreci-

---

[151] Sobre la conducta típica recogida en el art. 7 LCD *vid.*, entre otros, en FERNÁNDEZ CARBALLO-CALERO, P. y SALGADO ANDRÉ, E., "Actos de engaño y omisiones engañosas en la Ley de Competencia Desleal (análisis de los arts. 5 y 7 LCD)", *Actas de Derecho Industrial*, t. 30, 2009-2010, pp. 236 y ss.; MORALEJO MENÉNDEZ, I., "Artículo 7. Omisiones engañosas", en BERCOVITZ RODRÍGUEZ-CANO, A. (Dir.), *Comentarios a la Ley de competencia desleal*, Cizur Menor, Aranzadi, 2011, pp. 173 y ss.; y MARIMÓN DURÁ, R., "Prácticas comerciales…", *op. cit.*, p. 1717 y ss.

miento intempestivo de la información; o el supuesto en que no se da a conocer el propósito comercial de la práctica. En primer lugar, la información poco clara, ininteligible o ambigua es aquella que se pone a disposición del consumidor, pero cuyo significado no llega a comprender por las condiciones en que se plasma o manifiesta, por el lenguaje empleado para su difusión, por las contradicciones que encierra o por los distintos significados que pueden asignársele. En segundo lugar, la alusión al suministro de información en el momento adecuado hace referencia a que la información se debe proporcionar en un momento en el que el consumidor pueda servirse de ella para adoptar sus decisiones de mercado. Y, finalmente, la ocultación del propósito comercial de la práctica se refiere a los supuestos de publicidad encubierta.

Ahora bien, este tipo de conductas no se reputan desleales en todo caso. Antes bien, se precisa que la información omitida, ocultada, proporcionada en términos poco claros, ininteligible, ambigua, no proporcionada en el momento adecuado, o no reveladora de su carácter comercial sea *necesaria* (o sustancial, en terminología de la DPCD) para que el consumidor adopte o pueda adoptar una decisión relativa a su comportamiento económico con el debido conocimiento de causa.

En consecuencia, la LCD configura las omisiones engañosas por referencia a la información necesaria o sustancial que no se proporciona al consumidor en relación con los bienes o servicios que se ofrecen en el mercado, lo que le lleva a adoptar una decisión sobre su comportamiento económico que no habría adoptado de contar con dicha información.

Información necesaria o sustancial será aquella relativa a los datos básicos que objetiva y típicamente el consumidor medio toma en cuenta para adoptar sus decisiones económicas. Se trata de un concepto jurídico indeterminado que habrá de valorar caso por caso, teniendo en cuenta la naturaleza y características de los productos o servicios promocionados, el medio o espacio de realización de la práctica, las circunstancias particulares del grupo de consumidores a los que se dirige la práctica, así como al resto de circunstancias concurrentes en el contexto fáctico en el que se desarrolla[152].

En determinados supuestos, el legislador aclara lo que ha de entenderse por información necesaria o sustancial. De un lado, se estima que es información sustancial la que debe proporcionarse con arreglo a las normas comunitarias de aplicación directa o a las normas nacionales que incorporen normas comunitarias sobre medicamentos, etiquetado, presentación y publicidad de los productos, indicación de precios, aprovechamiento por turno de bienes inmuebles, crédito al consumo, comercialización a distancia de servicios financieros destinados a consumidores, comercio electrónico, inversión colectiva en valores mobiliarios, y normas de conducta en materia de servicios de inversión, oferta pública o admisión a cotización de valores y seguros, incluida la mediación[153].

De otro lado, respecto a las prácticas comerciales que incluyan información sobre las características del bien o servicio y su precio, posibilitando que el consumidor tome una decisión sobre la contratación, se establece una serie de extremos sobre los que hay que informar de forma obligatoria[154].

En particular, deberá informarse al consumidor sobre "(e)l precio final completo, incluidos los impuestos, desglosando, en su caso, el importe de los incrementos o descuentos que sean de aplicación a la oferta y los gastos adicionales que se repercutan al consumidor o usuario". Como vemos, el precio final de los productos o servicios se considera *per se* un dato relevante en la oferta de bienes y servicios. De modo que el patrón de costes ocultos puede ser declarado desleal sobre la base del art. 7 LCD, toda vez que la omisión de la información sobre ciertos costes, además de ser relevante, es susceptible de alterar el comportamiento econó-

---

152 MASSAGUER FUENTES, J., *El nuevo…*, *op. cit.*, p. 126; y MORALEJO MENÉNDEZ, I., "Artículo 7…", *op. cit.*, p. 168.

153 Anexo II DPCD y art. 19.4 TRLGDCU.

154 Art. 7.4 DPCD y art. 20 TRLGDCU.

mico del consumidor medio, lo que lógicamente exigiría atender a las distintas circunstancias concurrentes en cada caso.

En las interfaces en línea es frecuente ocultar información esencial sobre un producto o servicio utilizando fuentes muy pequeñas, colores de letra que no contrastan con el fondo o colocando la información en un lugar poco visible. Estos supuestos de interferencia visual podrían ser calificados como omisiones engañosas cuando tuvieran por objeto la ocultación de información necesaria para que el consumidor adoptara una decisión económica con pleno conocimiento de causa. En particular, cuando esa interferencia visual pudiera conducir al consumidor a optar por comprar o no un producto, resolver de qué manera y en qué condiciones hacerlo, realizar el pago íntegro o parcial, conservar un producto o deshacerse de él, o ejercer o no un derecho contractual en relación con dicho producto.

Otro supuesto estrechamente vinculado con la prohibición de las omisiones engañosas es el relativo al spam de amigos. Esto es, aquella práctica consistente en solicitar una dirección de correo electrónico o permisos de redes sociales para un fin cuando en realidad se utilizará para otro, o en hacer que los usuarios compartan información sobre personas de su red social con el fin de enviarles mensajes. La conducta consistente en solicitar una dirección de correo electrónico o permisos de redes sociales para un fin distinto del declarado sólo puede someterse a la Ley de competencia desleal cuando tenga una finalidad concurrencial. Esto es, cuando sirva para asegurar o promover la difusión en el mercado de prestaciones propias o de un tercero. Por ejemplo, cuando esas direcciones se emplearan para enviarles publicidad o comunicaciones comerciales de cualquier tipo o cuando esos datos fueran objeto de negocios jurídicos.

A nuestro juicio, la práctica consistente en solicitar la información sin informar de su verdadera finalidad no sería desleal por cuanto que el consumidor que no es informado sobre la finalidad de la concesión o del permiso no adopta ninguna decisión sobre su comportamiento económico. Todo ello, naturalmente, sin perjuicio de las responsabilidades en que podría incurrirse en virtud de la normativa de protección de datos. Ahora bien, entendemos que la práctica consistente en enviar publicidad o comunicaciones comerciales a los contactos del usuario en nombre de éste o por recomendación suya, sí sería desleal por tratarse de un acto de engaño relativo a los motivos de la conducta comercial y la naturaleza de la operación [art. 5.1.d) LCD].

3.5. Patrones oscuros y prácticas agresivas

En lo que se refiere a las prácticas agresivas, el art. 8.1 LCD establece que "(s)e considera desleal todo comportamiento que teniendo en cuenta sus características y circunstancias, sea susceptible de mermar de manera significativa, mediante acoso, coacción, incluido el uso de la fuerza, o influencia indebida, la libertad de elección o conducta del destinatario en relación al bien o servicio y, por consiguiente, afecte o pueda afectar a su comportamiento económico". En esencia, se trata de evitar aquellas conductas empresariales que conllevan una presión física, psicológica o social, susceptibles de menoscabar la libertad de elección del destinatario, afectando a su comportamiento económico, ya sea de manera real o potencial.

Para declarar el carácter agresivo de una práctica comercial y, consecuentemente, su deslealtad, el art. 8 LCD exige la concurrencia cumulativa de dos requisitos. Por un lado, la utilización de unos determinados medios: acoso, coacción e influencia indebida. Y, por otro, la consecución de un resultado, aunque sea de forma potencial: la susceptibilidad de mermar de manera significativa la libertad de elección o conducta del consumidor en relación con un determinado bien o servicio.

La conducta típica consiste, por tanto, en el empleo del acoso, la coacción o la influencia indebida.

La LCD no proporciona ninguna definición de *acoso*. No obstante, podría entenderse como tal aquella conducta a través de la cual se persigue, importuna, incomoda o apremia al consumidor con el fin de obtener su atención o su decisión respecto de una oferta o de una conducta contractual sin que sea necesario el contacto personal directo entre oferente y destinatario[155]. Se trata así de evitar que los empresarios ejerzan sobre el consumidor una presión que provoque que éste se vea abocado a adoptar una decisión irreflexiva sobre una determinada transacción comercial[156]. La calificación de una conducta como acoso exige la consideración de diversas circunstancias como el momento y lugar en que se desarrolla la práctica, su persistencia, el carácter vulnerable del consumidor o las especiales circunstancias en que éste se encuentre[157].

La *coacción* tampoco ha sido definida por la LCD. Esta figura parece vincularse al uso de la fuerza, sea física o de otra naturaleza, incluida la amenaza de su uso, con la finalidad de presionar al consumidor[158]. Podría definirse como aquella práctica a través de la cual se genera en una persona la impresión de que debe adoptar una decisión económica para evitar una situación negativa u obtener un beneficio específico, siempre que la situación negativa sea ilegítima o el beneficio irreal[159]. La calificación de

---

155 MASSAGUER FUENTES, J., "Las prácticas agresivas como acto de competencia desleal", *Actualidad Jurídica Uría Menéndez*, núm. 27, 2011, p. 27.

156 GONZÁLEZ PONS, E., *Prácticas agresivas y…*, cit., p. 89.

157 Más ampliamente, TATO PLAZA, A., FERNÁNDEZ CARBALLO-CALERO, P. y HERRERA PETRUS, C., *La reforma de…*, *op. cit.*, pp. 191 y ss.; ARROYO APARICIO, A., "Artículo 8. Prácticas agresivas", en BERCOVITZ RODRÍGUEZ-CANO, A. (Dir.), *Comentarios a la Ley de Competencia Desleal*, Cizur Menor, Aranzadi, 2011, pp. 215 y ss.; y ZUBIRI DE SALINAS, M., Las prácticas agresivas", en GARCÍA-CRUCES, J. A. (Dir.), *Tratado de Derecho de la competencia y de la publicidad*, Valencia, Tirant lo Blanch, 2014, pp. 1435 y 1436.

158 MASSAGUER FUENTES, J., *El nuevo Derecho…*, *op. cit.*, p. 134; ARROYO APARICIO, A., "Artículo 8…", *op. cit.*, p. 217; y MARIMÓN DURÁ, R., "Prácticas comerciales…", cit., p. 1739. Sobre la distinción entre la coacción que deriva del uso de la fuerza y la que no, GONZÁLEZ PONS, E., *Prácticas agresivas…*, *op. cit.*, pp. 100 y ss.

159 TATO PLAZA, A., FERNÁNDEZ CARBALLO-CALERO, P. y HERRERA PETRUS, C., *La reforma de…*, *op. cit.*, p. 196.

una conducta como coacción exige atender a sus características y circunstancias. Entre ellas, adquieren especial relevancia el uso de un lenguaje o comportamiento amenazador o insultante, la imposición de comportamientos no contractuales onerosos o desproporcionados cuando el consumidor desee ejercitar derechos legales o contractuales, o la comunicación de que se va a realizar cualquier acción que legalmente no puede ejercerse[160].

La *influencia indebida*, en cambio, se encuentra definida en el inciso final del art. 8.1 LCD. Así, "se considera influencia indebida la utilización de una posición de poder en relación con el destinatario de la práctica para ejercer presión, incluso sin usar fuerza física ni amenazar con su uso". Configurada de esta forma, exige la concurrencia de una posición de poder y su utilización para ejercer presión. La posición de poder debe entenderse en sentido amplio, de modo que puede derivar de una situación de subordinación jerárquica o laboral, así como de cualquier otro tipo de relación personal o económica [161]. Lo relevante es que dicha posición permita ejercer sobre el consumidor una influencia especial o extraordinaria[162]. Además, es necesario que dicha posición de poder se emplee para ejercer presión sobre el consumidor, explotando dicha posición con el objetivo de afectar su comportamiento económico.

Junto a lo anterior, la conducta a través de la cual se manifiesta el acoso, la coacción o la influencia indebida debe ser apta para

---

160 ARROYO APARICIO, A., "Artículo 8…", cit., p. 217 y 218; y ZUBIRI DE SALINAS, M., "Las prácticas…", cit., p. 1437.

161 RUIZ PERIS, J. I., "Una reforma consumerista de la ley de competencia desleal o reforma no siempre significa mejora", en RUIZ PERIS, J. I. (Dir.), *La Reforma de la Ley de Competencia Desleal (Estudios sobre la Ley 29/2009, de 30 de diciembre, por la que se modifica el régimen legal de la competencia desleal y de la publicidad para mejora de la protección de los consumidores y usuarios)*, Valencia, Tirant lo Blanch, 2010, p. 21; y ARROYO APARICIO, A., "Artículo 8…", *op. cit.*, p. 218.

162 TATO PLAZA, A., FERNÁNDEZ CARBALLO-CALERO, P. y HERRERA PETRUS, C., *La reforma de…*, *op. cit.*, p. 200.

mermar de forma significativa la libertad de elección del consumidor medio, haciéndole adoptar una decisión sobre su comportamiento económico que de otra forma no hubiera tomado. En consecuencia, es necesario evaluar la posible incidencia de la conducta en el comportamiento económico del consumidor. En este sentido, sólo cabrá calificar como agresiva aquella conducta que pueda mover al consumidor a adoptar la decisión económica en las condiciones propuestas con el fin de liberarse del acoso, la coacción o la influencia indebida. Ahora bien, a diferencia de lo que ocurre en el régimen de los vicios del consentimiento, no se exige que el comportamiento agresivo sea la causa exclusiva de la alteración del comportamiento económico, sino que basta con que pese en la decisión adoptada[163].

En primer lugar, debe valorarse la aptitud potencial de la conducta para influir en el comportamiento económico del consumidor, atendiendo a las características de la práctica y a las circunstancias en que tiene lugar. En segundo lugar, esta valoración de la aptitud objetiva de la conducta para provocar la alteración del comportamiento económico del consumidor debe llevarse a cabo desde la perspectiva del consumidor medio o del miembro medio del grupo al que se dirige la práctica. Finalmente, se exige que esa alteración sea significativa, en el sentido de que sea apta para incidir o determinar de forma efectiva las decisiones de mercado de un consumidor medio normalmente informado y razonablemente atento y perspicaz[164].

En definitiva, a través del art. 8 LCD se trata de garantizar que los consumidores y usuarios puedan adoptar sus decisiones económicas de forma plenamente libre, sin que exista ningún tipo de intimidación o presión[165]. De modo que no podrán calificarse

---

163 RUIZ PERIS, J. I., "Una reforma...", *op. cit.*, p. 21; y ARROYO APARICIO, A., "Artículo 8...", *op. cit.*, p. 220.

164 TATO PLAZA, A., FERNÁNDEZ CARBALLO-CALERO, P. y HERRERA PETRUS, C., *La reforma de...*, *op. cit.*, pp. 204 y 205.

165 RUIZ PERIS, J. I., "Una reforma consumerista...", *op. cit.*, p. 21; y DÍEZ BAJO, A., "Artículo 8 LCD. Prácticas agresivas", en LEMA DEVESA, C.

como desleales aquellos patrones oscuros que no supongan ninguna injerencia indebida en la autonomía decisional y negocial del consumidor o usuario consistente en la inducción efectiva o potencial a decidir para evitar una situación peligrosa, embarazosa o simplemente incomoda; en la consecución de decisiones insuficientemente meditadas; o en la inducción a abandonar reclamaciones o peticiones con el fin de evitar los costes de transacción que llevan implícitos[166].

En consecuencia, algunos patrones oscuros, aun suponiendo ciertos obstáculos y molestias para el consumidor, no podrían calificarse como prácticas agresivas, toda vez que su afectación al comportamiento económico del consumidor sería de muy baja intensidad. Entre estos patrones oscuros se encontrarían, por ejemplo, los casos de acción forzada consistentes en restringir a los usuarios de no pago o no suscritos el acceso a distintas opciones como determinado contenido o la omisión de anuncios.

Lo mismo podría decirse en relación con determinados supuestos de venta presionada o *nagging*. En concreto, aquellos en los que el usuario sufre una o varias interrupciones consistentes en la aparición de anuncios o comunicaciones comerciales que no están directamente relacionadas con la que el usuario desea realizar, cuando el número de interrupciones no es elevado y son fácilmente eludibles o salvables.

Otro ejemplo de lo anterior lo encontramos en los supuestos de *sneak into basket* en los que el empresario suscribe a los usuarios a boletines informativos, listados de publicidad u otras opciones, dando al usuario la oportunidad de darse de baja en dicho servicio de una forma fácil, clara, rápida y gratuita. También aquellos casos en los que se agregan automáticamente artículos al carrito de compra sin el permiso del consumidor que, sin ser reiterados y

---

(Dir.), *Prácticas comerciales desleales de las empresas en sus relaciones con los competidores y consumidores: régimen legal tras la reforma introducida por la Ley 29-2009*, L'Hospitalet de Llobregat, Bosch, 2012, pp. 210 y 211.

166 MASSAGUER FUENTES, J., "Las prácticas agresivas...", *op. cit.*, p. 24.

constantes, permitan al consumidor advertir fácilmente el artículo introducido y eliminarlo cómodamente del carrito.

En cambio, serían desleales aquellas prácticas de *sneak into basket* que sean difícilmente apreciables o advertibles por el consumidor o en las que no se facilite la posibilidad de eliminar el artículo añadido o la suscripción admitida sin su consentimiento de una forma rápida, fácil y segura. Y es que en estos casos pueden apreciarse obstáculos no contractuales onerosos o desproporcionados impuestos por el empresario.

En esta misma línea podrían incluirse aquellos casos de costes ocultos, en los que el precio del bien o servicio se va incrementando paulatinamente a medida que se avanza en el proceso de reserva o de contratación sin darle un plazo razonable al consumidor para completar la operación, empujándolo así a contratar bajo la amenaza de nuevas subidas del precio.

Otro tanto cabe decir de determinados supuestos de *confirshaming*. Así, la práctica consistente en condicionar la respuesta a una decisión de carácter económico a través de mensajes que tratan de generar un sentimiento de culpa o de vergüenza en el usuario podría calificarse como desleal cuando suponga la explotación de algún infortunio o circunstancia específicos lo suficientemente graves como para mermar la capacidad de discernimiento del destinatario. Por ejemplo, enfermedades, condicionantes físicos o psíquicos, circunstancias familiares, etc.

A nuestro juicio, algunas prácticas de continuidad forzada también podrían ser declaradas desleales. En particular, aquellas a través de las cuales se renueva la suscripción a un servicio de forma no deseada, sin advertir al consumidor de dicha circunstancia y sin permitir al consumidor cancelar la suscripción de una forma fácil, cómoda y gratuita.

Algo similar ocurre en relación con el patrón oscuro conocido como *roach motel*. Esto es, aquellas prácticas que consisten en hacer que acciones específicas, como darse de baja, sean más complejas o costosas de lo necesario. El carácter desleal de esta conducta de coacción dependerá de la desproporción de los obstáculos que imponga el empresario para realizar la acción deseada por el consumidor. En principio, darse de baja de un servicio debe ser tan fácil como darse de alta. Todo lo que no sea eso, será desproporcionado. Ahora bien, la deslealtad de esta práctica será más patente cuanto mayor sea la desproporción entre la facilidad, comodidad, rapidez, seguridad y gratuidad del proceso de alta y las del proceso de baja.

3.6. Patrones oscuros y cláusula general prohibitiva de la deslealtad en las relaciones de consumo

La disciplina de la competencia desleal se estructura clásicamente a través del recurso a una cláusula general en la que se formula un criterio delimitador de la deslealtad de carácter abierto, susceptible de ser determinado por la jurisprudencia. Dicha cláusula se acompaña de la tipificación de actos de competencia desleal concretos que se aplican con carácter preferente sobre aquella.

En el Derecho español la cláusula general prohibitiva de la deslealtad competitiva se recoge en el art. 4 LCD. En él se acoge un criterio general de deslealtad en la actuación competitiva que delimita la corrección del comportamiento concurrencial.

La incorporación a nuestro ordenamiento de la DPCD ha dado lugar a la bifurcación de la cláusula general. De modo que nuestra LCD cuenta actualmente con una doble cláusula general, donde se recoge un parámetro de deslealtad de naturaleza bifronte: uno *generalista*, aplicable a las relaciones entre empresarios, y otro *consumerista,* destinado a regular las prácticas comerciales que tienen como destinatarios a consumidores y usuarios.

Conforme a la cláusula general de naturaleza consumerista, una práctica comercial será desleal si: 1) es contraria a los requisitos de la diligencia profesional, y 2) distorsiona o puede distorsionar de manera sustancial, con respecto al producto de que se trate, el comportamiento económico del consumidor medio al que afecta o al que se dirige la práctica, o del miembro medio del grupo, si se trata de una práctica comercial dirigida a un grupo concreto de consumidores.

El estándar jurídico de enjuiciamiento de la deslealtad en las relaciones con consumidores y usuarios es la diligencia profesional. En el art. 4.1 LCD, este estándar de enjuiciamiento aparece como concreción de la buena fe objetiva *ex* art. 4.1 LCD, a diferencia de lo que ocurre en la DPCD. Con esta forma de proceder, el legislador nacional intenta hacer valer ciertas exigencias de carácter sistemático mediante una vinculación de las dimensiones generalista y consumerista de la cláusula general que explicita una cierta unidad en su concepción legal.

En consecuencia, bajo la noción de buena fe se formaliza una unidad sistemática y de finalidad, entendiendo que ésta debe concretarse en el ámbito de las prácticas comerciales con los consumidores mediante las exigencias que acoge el segundo inciso del art. 4.1 LCD[167]. Por esta razón, la dimensión consumerista de la cláusula general se configura como una especificación de la cláusula general contenida en el primer inciso del art. 4.1 LCD. Así, el criterio para enjuiciar la deslealtad de la conducta será la buena fe objetiva[168].

Sin embargo, ello no implica que ambas dimensiones de la cláusula general contengan un criterio de valoración idéntico. En las relaciones con consumidores se entiende conculcador de la buena fe el comportamiento contrario a la diligencia profesional, entendida ésta como el nivel de competencia y cuidados especiales que cabe esperar de un empresario conforme a las prácticas

---

167 BERCOVITZ RODRÍGUEZ-CANO, A., "Artículo 4. Cláusula general", en BERCOVITZ RODRÍGUEZ-CANO, A. (Dir.), *Comentarios a la Ley de competencia desleal*, Cizur Menor, Aranzadi, 2011, p. 104; GARCÍA-CRUCES GONZÁLEZ, J. A., "Finalidad y ámbito...", *op. cit.*, p. 1189; y EMPARANZA SOBEJANO, A., "Competencia desleal y...", *op. cit.*, p. 102.

168 RUIZ PERIS, J. I., "La reforma...", *op. cit.*, p. 51; y EMPARANZA SOBEJANO, A., "Competencia desleal y...", *op. cit.*, p. 103.

honestas del mercado. Este estándar de conducta introduce un importante elemento de variabilidad, toda vez que en las relaciones con consumidores el nivel de competencia y cuidados especiales debe ser más alto que el que ha de emplearse en relación con otros empresarios o profesionales[169].

Este nivel de competencia y cuidados especiales ha de evaluarse tomando en consideración las prácticas honestas del mercado, lo que no implica una recorporativización de la disciplina de la competencia desleal, sino un elemento de vinculación de la conducta empresarial a las reglas objetivas que el empresario debe observar en el desarrollo de su actividad[170].

Ahora bien, lo verdaderamente relevante a la hora de enjuiciar la conculcación de la buena fe objetiva en las relaciones con los consumidores, siguiendo la finalidad de la DPCD, va a ser la capacidad o potencialidad del comportamiento empresarial para afectar o perjudicar la autonomía negocial del consumidor atendiendo a sus características objetivas. Así resulta del segundo elemento sobre el que se apoya la dimensión consumerista de la cláusula general: la distorsión del comportamiento económico del consumidor medio. Para precisar el alcance de este requisito es necesario analizar varias cuestiones.

Primero, la delimitación del término comportamiento económico. Este extremo se concreta en el tercer párrafo del art. 4.1 LCD, que entiende por tal toda decisión por la que el consumidor opta por actuar o por abstenerse de hacerlo en relación con: la selección de una oferta u oferente; la contratación de un bien o servicio, así como, en su caso, de qué manera y en qué condiciones contratarlo; el pago del precio, total o parcial, o cualquier otra forma de pago; la conservación del bien o servicio; y el ejer-

---

169 RUIZ PERIS, J. I., "La reforma...", *op. cit.*, pp. 53 y 54; y MARIMÓN DURÁ, R., "Prácticas comerciales...", *op. cit.*, p. 1687.

170 GARCÍA PÉREZ, R., "La diligencia profesional: un concepto clave del nuevo Derecho contra la competencia desleal", *Anuario de la Facultad de Derecho de la Universidad de Coruña,* núm. 14, 2010, p. 33.

cicio de los derechos contractuales en relación con los bienes y servicios.

Dado el interés tutelado por la DPCD, este extremo debe ser objeto de una interpretación amplia. De modo que ha de abarcar cualquier decisión sobre transacciones comerciales y en relación con cualquier fase del *iter* contractual[171]. Así, dentro del ámbito de aplicación de la cláusula general también se incluyen todas las prácticas comerciales que, sin ser aptas por sí mismas para determinar la decisión de contratar o condicionar el ejercicio de derechos contractuales, pueden llegar a influir de alguna forma en el proceso de formación de preferencias por parte de los consumidores[172].

Segundo, se exige la distorsión de dicho comportamiento económico. El inciso segundo del art. 4.1 LCD se refiere a la distorsión o posibilidad de distorsión, lo que lo configura como un ilícito de peligro. Consecuentemente, no se exige la producción de un resultado concreto –la distorsión del comportamiento económico–, sino que basta con su mera potencialidad, es decir, la aptitud objetiva de la práctica para alcanzar dicho resultado[173].

El propio art. 4.1 LCD también define lo que ha de entenderse por distorsionar el comportamiento económico del consumidor: "utilizar una práctica comercial para mermar de manera apre-

---

171 GARCÍA ABURUZA, M. P., "Prácticas comerciales desleales: ¿una sólida protección del consumidor?", *Revista Aranzadi Doctrinal,* núm. 6, 2009 (hemos consultado la versión en línea disponible en la base de datos Aranzadi Instituciones).; y RUIZ PERIS, J. I., "La reforma…", *op. cit.*, p. 57. En este sentido se ha pronunciado también el TJUE en el apartado 36 de su Sentencia de 19 de diciembre de 2013, en el asunto C-281/12, *Trento Sviluppo and Centrale Adriatica.*

172 TATO PLAZA, A., FERNÁNDEZ CARBALLO-CALERO, P. y HERRERA PETRUS, C., *La reforma de…*, *op. cit.*, p. 90

173 Entre otros, BERCOVITZ RODRÍGUEZ-CANO, A., "Artículo 4…", *op. cit.*, p. 110; GARCÍA-CRUCES GONZÁLEZ, J. A., "Finalidad y ámbito…", *op. cit.*, pp. 1196 y 1197; y EMPARANZA SOBEJANO, A., "Competencia desleal y…", *op. cit.*, p. 104.

ciable su capacidad de adoptar una decisión con pleno conocimiento de causa, haciendo así que tome una decisión sobre su comportamiento económico que de otro modo no hubiera tomado". Eso sí, la distorsión no puede consistir en la mera influencia de la práctica comercial en el ánimo de los consumidores, sino en la influencia que tuerce o deforma su conducta de mercado, perjudicando la autonomía y racionalidad de su comportamiento económico[174].

Tercero, el art. 4.1 LCD requiere que esa distorsión del comportamiento económico sea significativa. Con esta expresión no se está introduciendo una cláusula de *miminis* o un umbral mínimo de relevancia que, en caso de no ser superado, provocaría la inaplicabilidad de la cláusula general, como sugiere un sector de la doctrina[175]. Antes bien, lo que quiere darse a entender es que la práctica comercial, atendiendo a sus circunstancias, ha de ser adecuada para ser tenida en cuenta por el consumidor a la hora de decidir su comportamiento económico y, sobre todo, apta para decidir el sentido de dicho comportamiento de mercado, independientemente de la importancia o tamaño del mercado al que afecte[176].

---

174 MASSAGUER FUENTES, J., *El nuevo Derecho...*, *op. cit.*, pp. 84 y 85.

175 GÓMEZ SEGADE, J. A., "La nueva cláusula...", *op. cit.*, p. 342; GARCÍA PÉREZ, R., "Consideraciones preliminares sobre la incidencia en la Ley de Competencia Desleal del Anteproyecto de Ley que incorpora la Directiva sobre las prácticas comerciales desleales", *Diario La Ley*, núm. 7051, 2008, p. 4; y EMPARANZA SOBEJANO, A., "Competencia desleal y...", *op. cit.*, p. 104.

176 En esta dirección, entre otros, MASSAGUER FUENTES, J., *El nuevo Derecho...*, cit., p. 87; TATO PLAZA, A., FERNÁNDEZ CARBALLO-CALERO, P. y HERRERA PETRUS, C., *La reforma de...*, *op. cit.*, p. 87; MIRANDA SERRANO, L. M. y PANIAGUA ZURERA, M., "La protección de...", cit., p. 73; y MARIMÓN DURÁ, R., "Prácticas comerciales...", *op. cit.*, p. 1690. Especialmente ilustrativa resulta en esta sede la STJUE de 16 de abril de 2015, en el asunto C-388/13, *UPC Magyarország*, apdos. 31 y ss. (TOL4.811.151). Esta solución es la que adopta nuestra jurisprudencia [STS (Sala Primera) 435/2018, de 11 de julio (TOL6.670.840)].

Y, cuarto, el enjuiciamiento de la aptitud de una práctica comercial para distorsionar el comportamiento económico del consumidor debe llevarse a cabo atendiendo a las consecuencias que la práctica en cuestión podría desencadenar en el comportamiento del consumidor medio. A este respecto, tanto la DPCD como la LCD adoptan el prototipo de consumidor medio, normalmente informado y razonablemente atento y perspicaz, teniendo en cuenta los factores sociales, culturales y lingüísticos, que ha sido formulado por el TJUE[177].

Especial atención merece en este ámbito la delimitación del patrón de consumidor que se ha de adoptar para enjuiciar la deslealtad de la conducta, dado que no se trata de una cuestión sencilla. Y es que la LCD (siguiendo los dictados de la DPCD) no sólo concentra su atención en el *consumidor medio*, sino que este patrón puede modificarse en determinados casos para centrarse en el consumidor medio dentro del grupo al que se dirige específicamente una práctica comercial, así como en determinadas categorías de consumidores vulnerables especialmente sensibles a una práctica comercial[178].

En este contexto, algunos autores han cuestionado el uso del estándar del consumidor medio, argumentando que no es adecuado para abordar el alcance de los desequilibrios de poder y la asimetría de la información en el ámbito digital[179]. Esto se debe a que la definición de consumidor vulnerable parece tener en cuenta únicamente algunas categorías específicas de consumido-

---

177 Más ampliamente, MASSAGUER FUENTES, J., *El nuevo Derecho…*, *op. cit.*, pp. 88 y ss.; y TATO PLAZA, A., FERNÁNDEZ CARBALLO-CALERO, P. y HERRERA PETRUS, C., *La reforma de…*, *op. cit.*, pp. 94 y ss.

178 *Vid.* CARTWRIGHT, P., "The consumer image within EU law", en TWIGG-FLESNER, C. (Ed.), *Research Handbook on EU Consumer and Contract Law*, Cheltenham, Edward Elgar, 2016, pp. 199 y ss.

179 ESPOSITO, F. y GROCHOWSKI, M., "The Consumer Benchmark, Vulnerability, and the Contract Terms Transparency: A Plea for Reconsideration", *European Review of Contract Law*, Vol. 18, núm. 1, 2022, pp. 1 y ss.

res, basándose en sus características internas, sin considerar la exposición a factores externos[180].

Como sabemos, las prácticas comerciales deben ser evaluadas desde la perspectiva del consumidor medio –normalmente informado y razonablemente atento y perspicaz–. No obstante, el art. 4.3 LCD (y el art. 5.3 DPCD) señala que "(l)as prácticas comerciales que, dirigidas a los consumidores o usuarios en general, únicamente sean susceptibles de distorsionar de forma significativa, en un sentido que el empresario o profesional pueda prever razonablemente, el comportamiento económico de un grupo claramente identificable de consumidores o usuarios especialmente vulnerables a tales prácticas o al bien o servicio al que se refieran, por presentar una discapacidad, por tener afectada su capacidad de comprensión o por su edad o su credulidad, se evaluarán desde la perspectiva del miembro medio de ese grupo".

La introducción de esta categoría parece reflejar la preocupación evidente de que algunas prácticas comerciales, como la publicidad o las prácticas desarrolladas en el entorno digital dirigidas a los consumidores en general, podrían tener un efecto especialmente perjudicial en algunos consumidores debido a su vulnerabilidad. Así, una práctica comercial que no distorsionaría el comportamiento económico de un consumidor medio podría, no obstante, ser declarada desleal si pudiera demostrarse su impacto perjudicial sobre los consumidores vulnerables[181].

Este concepto de vulnerabilidad no se limita a las circunstancias enumeradas en el art. 4.3 LCD (art. 5.3 DPCD), sino que engloba vulnerabilidades que dependen del contexto. Lo que in-

---

180 FASSIAUX, S., "Preserving Consumer Autonomy through European Union Regulation of Artificial Intelligence: A Long-Term Approach", *European Journal of Risk Regulation,* 2023, pp. 1 y ss., disponible en https://www.cambridge.org/core/journals/ (consultado el 5 de diciembre de 2023).

181 HOWELLS, G., TWIGG-FLESNER, C. y WILHELMSSON, T., *Rethinking EU consumer law,* New York, Routledge, 2018, p. 70.

cluye aquellos tipos de vulnerabilidades que son particularmente intensas en el entorno digital (por ejemplo, las que se basan en las circunstancias personales o psicológicas del consumidor, como intereses, preferencias, perfil psicológico, estado de ánimo, etc.). Nos encontramos, por tanto, ante un concepto dinámico y situacional[182]. Ello implica que determinados consumidores pueden ser vulnerables en una situación, pero no en otras.

En este sentido, el entorno digital aparece como un escenario en el que los consumidores resultan especialmente vulnerables. Sobre todo, a la luz de las nuevas técnicas de personalización y manipulación basadas en datos. De esta forma, el uso de información sobre las vulnerabilidades de determinadas categorías de consumidores puede influir en sus decisiones económicas de una forma más intensa.

Por tanto, en materia de patrones oscuros, debemos atender a las distintas circunstancias del caso y valorar si el patrón oscuro en cuestión puede explotar alguna vulnerabilidad especial de un grupo específico de consumidores. Y ello porque, en estos casos, la deslealtad de la práctica dependerá de su susceptibilidad para alterar el comportamiento económico de este tipo de consumidores. En particular, este análisis de la deslealtad de la práctica desde la perspectiva del consumidor vulnerable resultará especialmente oportuno en los casos de patrones oscuros basados en datos y en técnicas de personalización, así como en los utilizados en interfaces en línea de actividades particularmente sensibles (actividades del juego, comercialización de productos relacionados con la salud, etc.).

Como se ha señalado anteriormente, la cláusula general prohibitiva de la deslealtad funciona como norma de cierre del sistema o red de seguridad. De ahí que la conducta sólo pueda ser enjui-

---

[182] *Guía sobre la interpretación y la aplicación de la Directiva 2005/29/CE del Parlamento Europeo y del Consejo relativa a las prácticas comerciales desleales de las empresas en sus relaciones con los consumidores en el mercado interior*, en *DOUE*, C-526, 29 de diciembre de 2021, p. 100.

ciada conforme a ella cuando no encajara en los tipos generales de actos de engaño, omisiones engañosas y prácticas agresivas.

Los patrones oscuros constituyen prácticas relacionadas, fundamentalmente, con la información suministrada u ocultada a los consumidores o con técnicas de presión. Esto es, con las conductas típicas previstas en los arts. 5, 7 y 8 de la LCD. De modo que la deslealtad de la conducta será analizada a la luz de la cláusula general prohibitiva de la deslealtad en supuestos muy residuales.

Un ejemplo de ello podemos encontrarlo en las prácticas que constituyen la infracción de normas, toda vez que el art. 15 LCD no se encuentra entre los mencionados en el art. 19 LCD.

El uso de patrones oscuros es bastante frecuente en decisiones relacionadas con la obtención de datos de los consumidores y, en determinadas circunstancias, pueden suponer una infracción de la normativa de protección de datos. Sin embargo, para determinar la deslealtad de este tipo de prácticas nos encontramos ante el problema relativo a la determinación de su afectación a las decisiones económicas de los consumidores. Y es que muchas de estas prácticas no afectan directamente a transacciones de carácter económico en el sentido de la LCD y la DPCD [art. 2.k) DPCD].

Junto a ello, hay otra serie de normas que se ocupan de la regulación de los patrones oscuros, cuyo incumplimiento puede desencadenar el reproche de deslealtad por ser contrario a la diligencia profesional y alterar el comportamiento económico del consumidor medio. Pero también por ser normas de carácter concurrencial cuyo incumplimiento puede desencadenar la aplicación del art. 15.2 LCD. De ellas nos encargamos en las siguientes líneas.

4. LA REGULACIÓN DEL USO DE PATRONES OSCUROS EN LAS INTERFACES EN LÍNEA EN LOS ÚLTIMOS DESARROLLOS NORMATIVOS Y LA UTILIDAD PRÁCTICA DE LA CLÁUSULA ESPECIAL DE LA LCD RELATIVA A LA VIOLACIÓN DE NORMAS

4.1. El uso de patrones oscuros en el Reglamento de Servicios Digitales

El Reglamento de Servicios Digitales regula el uso de patrones oscuros en su artículo 25. Este precepto establece una prohibición general aplicable a las plataformas en línea en virtud de la cual "no diseñarán, organizarán ni gestionarán sus interfaces en línea de manera que engañen o manipulen a los destinatarios del servicio o de manera que distorsionen u obstaculicen sustancialmente de otro modo la capacidad de los destinatarios de su servicio de tomar decisiones libres e informadas".

Con esta prohibición, el legislador comunitario trata de evitar que los prestadores de plataformas en línea engañen o empujen a los destinarios del servicio a que adopten comportamientos o decisiones no deseadas, distorsionando u obstaculizando su autonomía, su toma de decisiones o su capacidad de elección a través de la estructura, el diseño o las funcionalidades de una interfaz en línea o parte de ella[183].

Aunque el objetivo perseguido por la norma es indudablemente noble, puede que no sea fácil de aplicar en la práctica, dada la forma abstracta en que se ha redactado y al limitado alcance personal y material que se le ha dado[184].

---

183 Considerando 67 RSD.

184 SAS, M., "The Digital Service Act (DSA): A new hope against the dark side of online interfaces?", en *KU Leuven*, septiembre de 2022, disponible en https://www.law.kuleuven.be/citip/blog/the-digital-service-act-dsa-a-new-hope-against-the-dark-side-of-online-interfaces/ (consultado el 14 de junio de 2024); y WILMAN, F., "The Digital...", *op. cit.*, p. 10.

En lo que atañe a la delimitación del ilícito, el art. 25 RSD contempla una noción amplia de patrón oscuro[185]. Estos aparecen delimitados como cualquier técnica de diseño, de organización, de estructura o de configuración de funcionalidades de una interfaz en línea o parte de ella que engañe o manipule a los destinatarios del servicio o distorsione u obstaculice sustancialmente de otro modo su capacidad de adoptar decisiones libres y conscientes. A tal efecto, ha de entenderse por interfaz en línea "todo programa informático, incluidos los sitios web o partes de sitios web, y las aplicaciones, incluidas las aplicaciones móviles" [art. 3.m) RSD].

La conducta típica se configura en términos bastantes amplios y se sustenta sobre un conjunto de conceptos jurídicos indeterminados ("engañen o manipulen a los destinatarios del servicio", "distorsionen u obstaculicen sustancialmente de otro modo" o "decisiones libres e informadas"), lo que exigirá un análisis caso por caso del patrón oscuro correspondiente. Una operación que no parece compadecerse bien con el sistema aplicativo y de *enforcement* confeccionado por el RSD.

En este sentido, es posible destacar la incertidumbre que genera este precepto en lo que se refiere a sus requisitos aplicativos, puesto que va a ser muy difícil determinar cuándo un determinado patrón oscuro puede engañar o manipular al destinatario del servicio de plataforma en línea, o distorsionar u obstaculizar sustancialmente de otro modo sus decisiones libres e informadas. Más aún cuando no existe un parámetro subjetivo de referencia como el que suponen el consumidor medio o el consumidor vulnerable en el marco de la LCD. Y es que el RSD define al destinatario del servicio como "toda persona física o jurídica que utilice un servicio intermediario, en particular para buscar información o para hacerla accesible" [art. 3.a) RSD], pero no le otorga nin-

---

185 MATO PACÍN, M. N., "Información, consentimiento y patrones oscuros en la contratación electrónica", en MIRANDA SERRANO, L. M. y PAGADOR LÓPEZ, J. (Dirs.), *Contratación mercantil: digitalización y protección del cliente/consumidor*, Madrid, Marcial Pons, 2023, pp. 235 y ss.

guna característica ni aptitud que permita medir el impacto que sobre él tienen sus normas.

El apartado 3 del mencionado art. 25 reserva a la Comisión la facultad de dictar directrices que concreten la aplicación de la prohibición del apartado 1 a determinados tipos de patrones oscuros. Entre ellos destacan, a título ejemplificativo: a) dar más protagonismo a determinadas opciones al pedir al destinatario del servicio que tome una decisión (interferencia visual); b) solicitar reiteradamente que el destinatario del servicio elija una opción cuando ya se haya hecho esa elección, especialmente a través de la presentación de ventanas emergentes que interfieran en la experiencia del usuario (*nagging*); y c) hacer que el procedimiento para poner fin a un servicio sea más difícil que suscribirse a él (*roach motel*). Pero, lejos de tratarse de una prohibición explícita, de lo que se trata es de encargar a la Comisión que emita orientaciones sobre cómo y en qué medida se aplica la prohibición del uso de patrones oscuros a este tipo de prácticas, entre otras.

Respecto a su ámbito subjetivo de aplicación, la prohibición contenida en el art. 25.1 RSD no se aplica a todos los prestadores de servicios de intermediación en línea, sino sólo a las plataformas en línea (con excepción de las microempresas y las pequeñas empresas), lo que incluye también a los mercados en línea y a las plataformas en línea y los motores de búsqueda de muy gran tamaño.

Así pues, en lugar de facilitar un entorno en línea en el que todos los servicios intermediarios estén sujetos a esta prohibición, la limita a un subconjunto de ellos. Esto implica que una amplia gama de servicios intermediarios, incluidas empresas esenciales para el comercio en línea, como los proveedores de internet, los servicios de alojamiento web, los registradores de nombres de dominio y las plataformas en línea de microempresas o pequeñas empresas no estarán sujetos a la prohibición. Estos servicios a menudo tienen negocios orientados a los usuarios finales y ciertamente no son inmunes al atractivo del diseño manipulador, por lo que eximirlos de la prohibición del uso de patrones oscuros no tiene mucho sentido[186].

Finalmente, en lo que se refiere al alcance de la prohibición, el apartado 2 del art. 25 RSD señala que "(l)a prohibición del apartado 1 no se aplicará a las prácticas contempladas en la Directiva 2005/29/CE o en el Reglamento (UE) 2016/679". Se ha dicho que esta es probablemente la disposición que más socava la aplicación práctica de esta prohibición, toda vez que establece una prohibición subsidiaria respecto de las contenidas en la DPCD y en el RGPD[187].

Sin embargo, a nuestro juicio, en lo que se refiere a su relación con el Derecho represor de la competencia desleal, no se trata de una tutela subsidiaria, sino complementaria. A diferencia de la DPCD, el RSD es aplicable a las relaciones interempresariales. De modo que este apartado 2 sólo excluye de la prohibición aquellos patrones oscuros dirigidos a los consumidores susceptibles de alterar su comportamiento económico a través de prácticas engañosas, agresivas o contrarias a la diligencia profesional. No obstante, el uso de patrones oscuros no sólo afecta a los intereses económicos de los consumidores, sino que puede afectar a los intereses económicos de otros operadores económicos, así como a intereses de los consumidores distintos de los económicos.

Asimismo, ha quedado constancia de que los objetivos perseguidos por la DPCD, la LCD y el RSD no son del todo coincidentes y que los intereses tutelados por estas regulaciones son disímiles[188]. Al mismo tiempo, ha de notarse que la configuración de sus ilícitos es distinta y sus sistemas de aplicación y ejecución diferentes.

En consecuencia, entendemos que la prohibición contenida en el art. 25 RSD será complementaria de la prohibición del uso

---

186 MACKINNON, E. y KING, J., "Do the DSA...", *op. cit.*; y FASSIAUX, S., "Preserving Consumer...", *op. cit.*, p. 15.

187 SAS, M., "The Digital...", *op. cit.*

188 *Vid. supra* I.4.3.

de patrones oscuros que pueda imponerse en aplicación del Derecho represor de la competencia desleal. De esta forma, el RSD resultará de aplicación a aquellos patrones oscuros que no reúnan los requisitos necesarios para aplicar las prohibiciones contenidas en la LCD o que contengan una faceta de desvalor distinta a la protegida por la disciplina de la deslealtad concurrencial. De esta forma, el RSD permite tutelar intereses distintos a los protegidos a través de la LCD (y también del RGPD), como pueden ser el derecho a la información, la libertad de expresión o la dignidad.

4.2. El uso de patrones oscuros en el Reglamento de Mercados Digitales

El RMD no menciona explícitamente los patrones oscuros, pero algunas de las obligaciones que impone a los guardianes de acceso están estrechamente relacionadas con este tipo de prácticas.

En primer lugar, la prohibición contenida en el art. 5.2 RMD aparece especialmente vinculada al uso de patrones oscuros en la obtención del consentimiento de los usuarios a los efectos del tratamiento de sus datos personales. Según este precepto, los guardianes de acceso se abstendrán de: a) tratar, con el fin de prestar servicios de publicidad en línea, los datos personales de los usuarios finales que utilicen servicios de terceros que hagan uso de servicios básicos de plataforma del guardián de acceso; b) combinar datos personales procedentes de los servicios básicos de plataforma pertinentes con datos personales procedentes de cualesquiera servicios básicos de plataforma adicionales o de cualquier otro servicio que proporcione el guardián de acceso o con datos personales procedentes de servicios de terceros; c) cruzar datos personales procedentes del servicio básico de plataforma pertinente con otros servicios que proporcione el guardián de acceso por separado, entre ellos otros servicios básicos de plataforma, y viceversa, y d) iniciar la sesión de usuarios finales en otros servicios del guardián de acceso para combinar datos personales. Estas prohibiciones, no obstante, sólo serán de aplicación cuando el guardián de acceso no haya presentado al usuario final esa opción específica o cuando éste no haya dado su consentimiento en el sentido del RGPD.

Ello implica que, para garantizar que los guardianes de acceso no menoscaban deslealmente la disputabilidad de los servicios básicos de plataforma, deben permitir a los usuarios finales elegir libremente si participan en tales prácticas de tratamiento de datos e inicio de sesión ofreciéndoles una alternativa menos personalizada, aunque equivalente, y sin condicionar el uso del servicio básico de plataforma o de determinadas funcionalidades de éste al consentimiento del usuario final[189]. Esta previsión se orienta a evitar el patrón oscuro de acción forzada. De modo que mediante estas restricciones de uso o de funcionalidades no se restrinja a los usuarios que no proporcionan su consentimiento el acceso a distintas opciones como determinado contenido o la omisión de anuncios.

Asimismo, el Considerando 37 RMD señala que "(l)os guardianes de acceso no deben diseñar, organizar ni explotar sus interfaces en línea de forma que engañen o manipulen a los usuarios finales o reduzcan o distorsionen de otro modo de manera sustancial su capacidad de prestar su consentimiento libremente. En particular, no debe permitirse que los guardianes de acceso inciten a los usuarios finales más de una vez al año a prestar su consentimiento para el mismo fin de tratamiento respecto del cual inicialmente no dieron su consentimiento o lo retiraron". Esta medida, incluida en el propio art. 5.2 RMD, se orienta a poner fin a ciertas prácticas de *nagging*, que buscan obtener el consentimiento del usuario con mensajes o solicitudes constantes y reiteradas.

Igualmente, a los efectos de recabar el consentimiento de los usuarios al que se refiere el art. 5.2 RMD, no debe ser más difícil no prestar el consentimiento que hacerlo. Así lo exige el propio Considerando 37 RMD, haciendo referencia a la prohibición del patrón oscuro denominado *roach motel*. Esto es, aquellas técnicas

---

189 Considerando 36 RDM.

de diseño que consisten, básicamente, en hacer que acciones específicas, como darse de baja, sean más complejas o costosas de lo necesario.

En segundo lugar, el art. 6.13 RMD también se encarga de regular una práctica que guarda una estrecha relación con el patrón oscuro conocido como *roach motel*. Y es que, a través de este precepto, se prohíbe que el guardián de acceso establezca condiciones generales para poner fin a la prestación de un servicio básico de plataforma que sean desproporcionadas y le impone la obligación de garantizar que dichas condiciones puedan ejercerse sin dificultades indebidas.

Así pues, este precepto se orienta a evitar que los guardianes de acceso de servicios básicos de plataforma puedan obstaculizar la capacidad de los usuarios profesionales y de los usuarios finales para darse de baja de un servicio básico de plataforma al que se hayan suscrito anteriormente. Y, para garantizar que no se menoscabe el derecho de elegir libremente el servicio básico de plataforma que utilizan, se establece como criterio general que no se debe permitir a los guardianes de acceso que dificulten o compliquen innecesariamente a los usuarios profesionales o a los usuarios finales su baja en el servicio. En esta dirección, se parte del principio conforme al cual cerrar una cuenta o darse de baja de un servicio no debe ser más complicado que crear una cuenta o suscribirse a dicho servicio.

Por último, el RMD recoge otra norma que, sin aludir directamente a los patrones oscuros, se encamina a limitar su uso en la configuración de las interfaces en línea. En este sentido, el art. 13.6 RMD prevé dentro de las normas denominadas "antielusión" la prohibición de que los guardianes de acceso degraden las condiciones o la calidad de los servicios básicos de plataforma prestados a los usuarios profesionales o los usuarios finales que se acojan a los derechos u opciones establecidos en el RMD, o dificulten indebidamente el ejercicio de esos derechos u opciones, *incluido el hecho de ofrecer a los usuarios finales opciones de una manera que no sea neutra, o de subvertir la autonomía y la toma de decisiones o la capa-*

cidad de elección de los usuarios finales o de los usuarios profesionales a través de la estructura, el diseño, la función o el modo de funcionamiento de la interfaz de usuario o sus componentes[190].

Con esta norma se persigue que los guardianes de acceso no adopten comportamientos que menoscaben la efectividad de las prohibiciones y obligaciones establecidas en el RMD. Y para ello, entre otras medidas, se establece la prohibición del uso de patrones oscuros. Pero sólo cuando dicho uso se encamine a eludir esas obligaciones y prohibiciones.

Estas normas, como se indicó con anterioridad, vienen a complementar la regulación del uso de patrones oscuros prevista en otros textos normativos[191]. En particular, la contenida en el Derecho represor de la competencia desleal. De modo que, a través de estas nuevas prohibiciones, se introduce una nueva vía para abordar la problemática relativa al uso de patrones oscuros en las interfaces en línea. Aunque lo cierto es que su aplicación en la práctica genera incertidumbre, toda vez que las referencias a los patrones oscuros son indirectas, el alcance de las prohibiciones limitado y, sobre todo, que va a depender de cómo la Comisión Europea interprete estas prohibiciones.

4.3. El uso de patrones oscuros en la Directiva (UE) 2023/2673 sobre contratación a distancia de servicios financieros con consumidores

La Directiva (UE) 2023/2673 sobre contratación a distancia de servicios financieros con consumidores (DCDSFC)[192] se dicta con un doble objetivo. Por un lado, el de modernizar el régimen espe-

---

190 Énfasis añadido.

191 *Vid. supra* I.5.3.

192 Directiva (UE) 2023/2673 del Parlamento Europeo y del Consejo, de 22 de noviembre de 2023, por la que se modifica la Directiva 2011/83/UE en lo relativo a los contratos de servicios financieros celebrados a distancia y se deroga la Directiva 2002/65/CE, *DOUE,* núm. 2673, de 28 de noviembre de 2023.

cífico de los contratos a distancia de servicios financieros con consumidores para adaptarlo a la transformación tecnológica y a los nuevos productos y modelos de negocio que han aparecido como consecuencia de ella. Y, por otro lado, el de simplificar el marco legislativo previo, derogando la Directiva 2002/65/CE relativa a la comercialización a distancia de servicios financieros destinados a los consumidores[193] e integrando el nuevo régimen en la normativa general en materia de consumo, la Directiva 2011/83/UE sobre derechos de los consumidores (DDC).

Este nuevo marco normativo, como se infiere del título de la Directiva, resulta de aplicación a los contratos a distancia celebrados entre empresarios y consumidores o usuarios que tengan por objeto servicios financieros. De modo que el ámbito de aplicación de esta regulación se define por un triple criterio: subjetivo, objetivo y circunstancial. Subjetivamente, se aplica a los contratos celebrados entre empresarios y consumidores en el sentido tradicional de la normativa de consumo. Objetivamente, resulta de aplicación a la contratación de servicios financieros, entendiendo por tales todo servicio en el ámbito bancario, de crédito, de seguros, de pensión personal, de inversión o de pago (art. 2.12 DDC). Por último, en lo que concierne al elemento circunstancial, el régimen jurídico contenido en la mencionada Directiva viene referido a los contratos celebrados a distancia. Esto es, todo contrato que, además de formar parte de un sistema de contratación a distancia (con independencia de que lo cree el propio empresario o un tercero a cambio de una contraprestación), es concluido a través de técnicas de comunicación a distancia de cualquier natu-

---

193 Directiva 2002/65/CE del Parlamento Europeo y del Consejo, de 23 de septiembre de 2002, relativa a la comercialización a distancia de servicios financieros destinados a los consumidores, y por la que se modifican la Directiva 90/619/CEE del Consejo y las Directivas 97/7/CE y 98/27/CE, *DOCE*, núm. 271, de 9 de octubre de 2002.

raleza y, por tanto, sin la presencia física simultánea de los sujetos contratantes[194].

Esta Directiva introduce una serie de novedades en el régimen de la contratación a distancia de servicios financieros relativas a la información precontractual, al derecho de desistimiento, al pago de la ejecución del contrato antes del periodo de desistimiento, a las explicaciones adecuadas y al uso de patrones oscuros[195].

En lo que concierne a esta última cuestión, la DCDSFC introduce un nuevo el art. 16 *sexies* en la DDC intitulado "Protección

---

194 Sobre el modo en que el legislador (comunitario y nacional) delimita conceptualmente los sistemas de contratación en que consisten los contratos celebrados a distancia: MIRANDA SERRANO, L.M., "El derecho de desistimiento en los contratos de consumo sobre contenidos digitales", *La Ley Mercantil*, núm. 76, 2021, pp. 5 a 8; Ídem, "Contratos celebrados a distancia", en REBOLLO PUIG, M. e IZQUIERDO CARRASCO, M. (Dirs.), *La defensa de los consumidores y usuarios. Comentario sistemático del TRDCU*, Madrid, Iustel, 2011, pp. 1466 y ss.; Ídem, "La Directiva 2011/83/UE sobre los derechos de los consumidores: una nueva regulación para Europa de los contratos celebrados a distancia y extramuros de los establecimientos mercantiles", *Revista de Derecho de la Competencia y la Distribución*, núm. 11, 2012, pp. 77 y ss.

195 Sobre el régimen contenido en la DCDSFC: DE MIGUEL ASENSIO, P. A., "Novedades en la regulación de los contratos en línea en la Directiva (UE) 2023/2673", *La Ley Unión Europea*, núm. 120, 2023, pp. 1 y ss.; GONZÁLEZ JIMÉNEZ, P. M., "La Directiva 2023/2673/UE: nuevas normas para los contratos de servicios financieros a distancia (y algo más)", *Revista de Derecho del Sistema Financiero*, núm. 7, 2024, pp. 1 y ss.; CRUZ GONZÁLEZ, M., "Directiva (UE) 2023/2673, del Parlamento Europeo y del Consejo, de 22 de noviembre de 2023, por la que se modifica la Directiva 2011/83/UE en lo relativo a los contratos de servicios financieros celebrados a distancia y se deroga la Directiva 2002/65/CE [DOUE L 2023/2673, de 28-xi-2023]", *Ars Iuris Salmanticensis*, vol. 12, 2024, pp. 293 y ss.; MIRANDA SERRANO, L.M. "Nuevas reglas de la UE relativas al desistimiento del consumidor en los contratos a distancia sobre servicios financieros y a través de interfaces en línea", en *Cuadernos de Derecho Transpacional*, vol. 17, núm. 1, 2025, *passim*.

adicional relativa a las interfaces en línea". Este precepto dispone que, sin perjuicio de lo dispuesto en la DPCD y del RGPD, "los Estados miembros garantizarán que los comerciantes, cuando celebren contratos de servicios financieros a distancia, no diseñen, organicen ni gestionen sus interfaces en línea –tal como se las define en el artículo 3, letra m), del Reglamento (UE) 2022/2065 del Parlamento Europeo y del Consejo– de manera que induzcan a error o manipulen a los consumidores destinatarios de sus servicios o de otro modo distorsionen o mermen de manera sustancial su capacidad de tomar decisiones libres e informadas".

Como puede comprobarse, el precepto parte de una concepción amplia de patrón oscuro, en los mismos términos que el RSD[196]. Asimismo, remite al RSD para definir lo que ha de entenderse por interfaz en línea. Pero, al igual que el RSD, establece una prohibición del uso de patrones oscuros en unos términos especialmente amplios. Una circunstancia que, si bien podría servir para dar cabida a las nuevas técnicas manipulativas de diseño que surjan con el paso del tiempo, no deja de suponer un obstáculo para su aplicación práctica.

Junto a ello, el apartado 1 de este art. 16 *sexies* impone a los Estados miembros la obligación de adoptar medidas que "aborden al menos una de las siguientes prácticas de los comerciantes: a) dar mayor relevancia a determinadas opciones cuando soliciten a los consumidores destinatarios de su servicio que tomen una decisión; b) solicitar reiteradamente que los consumidores destinatarios de su servicio elijan una opción cuando ya hayan hecho esa elección, especialmente mediante la presentación de ventanas emergentes que interfieran en la experiencia del usuario; o c) hacer que el procedimiento para poner fin a un servicio sea más difícil que suscribirse a él".

Ciertamente, esta norma contempla algunos ejemplos de los patrones oscuros más utilizados en la práctica, como son la interferencia visual, el *nagging* y el conocido como *roach motel*. Sin

---

196 Considerando 41 DCDSFC.

embargo, no se entiende muy bien por qué se obliga a los Estados miembros a adoptar medidas que aborden "al menos una" de estas prácticas y no otras o todas ellas. Lo lógico sería establecer medidas para poner freno al uso de patrones oscuros en las interfaces en línea, sin dar prominencia o prioridad a un tipo de patrones oscuros sobre otros. Y ello por cuanto que todos estos patrones oscuros son susceptibles de alterar el comportamiento económico del consumidor medio. Pero también porque hay otros patrones oscuros que pueden conducir a este resultado perjudicial para los consumidores, como son los costes ocultos, los mensajes por tiempo limitado, la prevención en la comparación o la continuidad forzada.

En cuanto a la relación de esta prohibición del uso de patrones oscuros con la prevista en otros instrumentos normativos, el Considerando 41 DCDSFC nos indica que esta regulación ha de entenderse como complementaria a la prevista en el RSD. Una complementariedad que responde a sus distintos ámbitos de aplicación y a la diversidad de objetivos perseguidos por una y otra norma.

Más problemática, en cambio, parece ser la relación que media entre esta regulación y la contenida en la DPCD y en la LCD. En un principio, la respuesta a esta cuestión podría encontrarse en el Considerando 10 DPCD y en el art. 19.4 TRLGDCU. En ellos se indica que las normas que regulan las prácticas comerciales en una serie de materias, entre las que se encuentra la comercialización a distancia de servicios financieros destinados a los consumidores y usuarios, prevalecerán en caso de conflicto sobre la legislación de carácter general aplicable a las prácticas comerciales desleales. Además, el art. 19.4 TRLGDCU añade que "(e)l incumplimiento de las disposiciones a que hace referencia este apartado será considerado en todo caso práctica desleal por engañosa, en iguales términos a lo dispuesto en el artículo 19.2 de la Ley 3/1991, de 10 de enero, de Competencia Desleal, en relación con las prácticas engañosas reguladas en los artículos 20 a 27 de dicha ley". De esta forma, el principio que habría de regir la relación entre estas regulaciones sería el de especialidad.

Sin embargo, el art. 16 *sexies* DDC señala que esta prohibición debe entenderse sin perjuicio de lo dispuesto en la DPCD y en el RGPD. Parece, entonces, que la relación entre estas normas no puede estar gobernada por la simple aplicación del principio de especialidad, sino que más bien nos encontramos ante normas complementarias. La razón de esta complementariedad puede encontrarse en el distinto enfoque regulatorio adoptado por estas normas. Y es que, según el tenor literal del nuevo art. 16 *sexies* DDC, este precepto viene a regular el uso de patrones oscuros que son susceptibles de alterar la capacidad de los consumidores y usuarios de tomar decisiones libres e informadas. Decisiones que se configuran en sentido amplio y que no están referidas al comportamiento económico del consumidor, a diferencia de lo que ocurre con las normas de la DPCD. De modo que este precepto está llamado a impedir el uso de patrones oscuros que afectan a intereses de los consumidores y usuarios distintos de los económicos –y de protección de sus datos personales–. Y, por tanto, ha de entenderse como complementario a la regulación de los patrones oscuros que puede encontrarse en la DPCD y en la LCD.

Si se configurara como una regulación especial respecto de la contenida en la DPCD y en la LCD, este art. 16 *sexies* DDC aportaría poco a nuestro sistema de protección de los derechos de los consumidores y usuarios. Y es que sólo supondría la suma de una nueva infracción de consumo derivada del uso de patrones oscuros en las interfaces en línea cuando se emplearan en la comercialización a distancia de servicios financieros. Pero este sería un resultado que ya puede alcanzarse en nuestro ordenamiento jurídico a la luz del 47.1.m) TRLGDCU, que tipifica como infracciones de consumo la comisión de prácticas comerciales desleales con los consumidores.

Podría decirse, no obstante, que la virtualidad práctica de este precepto en materia de consumo sería la de permitir a los Estados miembros mantener o introducir disposiciones más estrictas. Pero lo cierto es que esta posibilidad ya está prevista en el art. 3.9 DPCD. De modo que, como mera regla especial respecto al régimen general de represión de la competencia desleal, este nuevo art. 16 *sexies* DDC no aportaría nada a nuestro ordenamiento.

Por ello, podemos concluir que la relación que media entre el art. 16 *sexies* DDC y la regulación de la competencia desleal es de complementariedad. Mientras que la disciplina de la deslealtad concurrencial se encamina a combatir el uso de patrones oscuros que afectan a los intereses económicos de los consumidores (y de todos los que participen en el mercado); la norma contenida en el art. 16 *sexies* DDC se orienta a prohibir el uso de patrones oscuros que lesionan intereses de los consumidores distintos de los económicos.

Ahora bien, no se entiende muy bien por qué una norma como ésta se ha incluido en una regulación que está llamada a proteger los intereses económicos de los consumidores, como es la DCDSFC. A nuestro juicio, nos encontramos ante una norma que aporta poco a nuestro ordenamiento jurídico y que lo único que hace es poner el foco en este tipo de prácticas, pero con un llamamiento genérico y indeterminado. El legislador es consciente de que el uso de patrones oscuros supone un problema de primer orden para los consumidores, pero parece que no sabe cómo abordarlo, en qué medida y con qué alcance. Queda por ver cómo el legislador patrio incorporará esta prohibición, aunque somos bastante escépticos en lo que se refiere a un avance significativo en esta materia. Sobre todo, a la luz de la forma y la técnica legislativa empleadas en la incorporación de las últimas Directivas en materia de consumo[197].

---

197 Un ejemplo de esta problemática puede encontrarse en CASADO NAVARRO, A., "Consideraciones críticas sobre la opción del Real Decreto-ley 24/2021 de no incorporar medidas correctoras individuales frente a prácticas desleales con consumidores", *La Ley Mercantil*, núm. 88, 2022.

4.4. La utilidad práctica de la cláusula especial de la LCD relativa a la violación de normas (art. 15.2 LCD)

Como acabamos de comprobar, el uso de patrones oscuros en las interfaces en línea no sólo puede implicar una transgresión de las prohibiciones sobre actos de engaño, omisiones engañosas o prácticas agresivas. También puede suponer, en determinadas circunstancias, una infracción de la normativa europea sobre servicios digitales, mercados digitales y contratación a distancia de servicios financieros con consumidores.

A través de estos nuevos instrumentos normativos el legislador comunitario da entrada a nuevos regímenes de actuación y conducta de los distintos operadores que participan en el mercado digital. De modo que el uso de patrones oscuros que viole alguna de estas prohibiciones determina la trasgresión de una normativa de carácter concurrencial. Y, como es sabido, esta circunstancia puede implicar, a su vez, la comisión de un ilícito de deslealtad por infracción del art. 15 LCD relativo a la violación de normas[198].

Con este precepto, la LCD no trata de imponer una suerte de sanción general añadida a la prevista por la norma vulnerada, sino que establece un ilícito distinto a la ilegalidad de la actuación, así como una sanción diversa a la prevista en la norma conculcada[199]. De lo que se trata es de prevenir y, en su caso, reprimir los efectos negativos que la violación de otras normas puede provocar en el funcionamiento eficiente del mercado. Se explica así que en nuestra comunidad jurídica exista un elevado consenso a la hora

---

198 Sobre la funcionalidad normativa de este precepto y su utilidad para la construcción del sistema de ilícitos concurrenciales, v. ampliamente FONT GALÁN, J. I. y MIRANDA SERRANO, L.M., *Competencia desleal...*, *op. cit.*, pp. 93 y ss.

199 SSTS (Sala Primera) 271/2000, de 13 de marzo de 2000 (TOL4.926.841); y 1348/2006, de 29 de diciembre de 2006 (TOL1.036.542).

de entender que el fundamento de esta norma reside en la salvaguarda de la *par condicio concurrentium*[200].

La finalidad del artículo 15.2 estriba, por tanto, en garantizar el principio de igualdad en las condiciones de acceso al mercado y de actuación en él, así como su correcto funcionamiento[201]. Extremos que se verían seriamente afectados si un competidor actuara en el mercado conculcando normas jurídicas, ya que disfrutaría de una posición ventajosa respecto a los competidores que cumplen con la legalidad vigente[202].

---

200 MIRANDA SERRANO, L.M., "Economía colaborativa y competencia desleal ¿Deslealtad por violación de normas a través de la prestación de servicios facilitados por plataformas digitales?", *Revista de Estudios Europeos,* núm. 70, 2017, p. 223, quien matiza (en nota a pie de página) que no habla de consenso general en este extremo por cuanto que, en rigor, existen dos posturas doctrinales al respecto, una mayoritaria (que sitúa el fundamento de los dos apartados del artículo 15 en la *par condicio concurrentium*) y otra minoritaria (basada en una interpretación finalista de la norma conculcada); Ídem, "La economía colaborativa desde la competencia desleal", *Cuadernos de Derecho para Ingenieros,* núm. 46 (dedicado a la economía colaborativa, noviembre de 2018, pp. 114 y ss. Sobre esta cuestión, más ampliamente, GARCÍA PÉREZ, R., "La violación de normas como acto de competencia desleal: contraposición de dos modelos de Derecho comparado y lecciones para el caso español", en CARRIL VÁZQUEZ, X. M., GARCÍA PÉREZ, R. y LÓPEZ SUÁREZ, M. A. (Dirs.), *Economía colaborativa y Derecho: aspectos civiles, mercantiles y laborales,* Cizur Menor, Aranzadi, 2019, pp. 145 y ss.

201 ALFARO ÁGUILA-REAL, J., "Competencia desleal por infracción de normas", *Revista de Derecho Mercantil,* núm. 202, 1991, pp. 673 y ss.; PEÑAS MOYANO, B., "La «violación de normas» concurrenciales y no concurrenciales como actos de competencia desleal. SAP Zamora, núm. 223/2007, de 25 de octubre", *Revista de Derecho de la Competencia y la Distribución,* núm. 3, 2008 (hemos consultado la versión en línea disponible en el portal electrónico laleydigital); y CARBAJO CASCÓN, F., "Artículo 15. Violación de normas", en BERCOVITZ RODRÍGUEZ-CANO, A. (Dir.), *Comentario a la Ley de Competencia Desleal,* Cizur Menor, Aranzadi, 2011, p. 411.

202 MIRANDA SERRANO, L.M., "Economía colaborativa...", *op. cit.*, p. 223.

El apartado 2 del artículo 15 LCD dispone que tendrá "la consideración de desleal la simple infracción de normas jurídicas que tengan por objeto la regulación de la actividad concurrencial"[203]. Dentro de esta categoría de normas han de incluirse aquellas que configuran o modelan de forma directa la estructura del mercado y las estrategias y conductas propiamente concurrenciales de los agentes que operan en él, dirigidas a promover o asegurar la difusión de las prestaciones propias o ajenas[204].

Tal sería el caso de las normas anteriormente comentadas. En tanto que el art. 25 RSD y los arts. 5.2, 6.13 y 13.6 RDM se configuran como normas de conducta relativas a la actividad de intermediación propia de las plataformas en línea y guardianes de acceso de servicios básicos de plataforma, respectivamente, se configuran como normas reguladoras de la actividad concurrencial. Algo similar puede decirse del nuevo art. 16 *sexies* DDC. Este precepto se encamina a la ordenación de las comunicaciones comerciales de los empresarios prestadores de servicios financieros por medio de sus interfaces en línea. De modo que nos encontramos ante una norma típicamente concurrencial.

En consecuencia, la mera acreditación de la infracción de estas normas determinaría la deslealtad de la conducta, sin que exista prejudicialidad ni vinculación del juez civil por la calificación de los hechos que haya podido hacer, en su caso, las autoridades que pudieran haberlos conocido en el marco de sus competencias[205]. A diferencia del supuesto de hecho contenido en el apartado 1 del art. 15 LCD, la mera infracción de una norma que tenga por objeto la regulación de la actividad concurrencial permite pre-

---

203 Sobre la funcionalidad normativa de este precepto y su utilidad para la construcción del sistema de ilícitos concurrenciales, v. ampliamente FONT GALÁN, J.I. y MIRANDA SERRANO, L.M., *Competencia desleal…*, *op. cit.*, pp. 93 y ss.

204 MASSAGUER FUENTES, J., *Comentario a…*, cit., p. 438.

205 GARCÍA PÉREZ, R., "La violación…", *op. cit.*, p. 168.

sumir con carácter *iuris tantum* el prevalimiento de una ventaja competitiva significativa[206].

Ahora bien, el infractor podría evitar el reproche de deslealtad si demostrara que la trasgresión de la norma (el uso de patrones oscuros en las interfaces en línea) no le ha reportado una ventaja competitiva en el mercado o que dicha ventaja competitiva no es de suficiente entidad como para falsear su estructura competitiva produciendo una alteración significativa en la oferta de bienes o servicios[207].

En el momento actual, entendemos que esta última circunstancia podría ser relativamente fácil de acreditar. Y es que, como hemos podido comprobar más arriba, la gran mayoría de operadores económicos que participan en el mercado digital utilizan uno o más patrones oscuros en la configuración de sus interfaces en línea[208].

---

206 SSTS (Sala Primera) 415/2005, de 23 de mayo de 2005 (TOL656.588); y 304/2017, de 17 de mayo de 2017 (TOL6.113.467).

207 CARBAJO CASCÓN, F., "Artículo 15…", cit., p. 425.

208 *Vid. supra* II.2.4.

CAPÍTULO III

Obligaciones de transparencia en el mercado digital

1. PLANTEAMIENTO

El desarrollo del mercado digital europeo no puede entenderse sin la capacidad transformadora, innovadora y facilitadora de las plataformas[209]. El impacto de la expansión de las plataformas como operadores económicos de intermediación en línea se ha dejado sentir de forma contundente en prácticamente todos los sectores del tejido productivo. Las plataformas digitales han aprovechado los beneficios derivados de los efectos de red directos e indirectos, las economías de escala y la agregación de datos para construir estructuras organizativas extremadamente flexibles, que son capaces de albergar modelos de negocio variados e innovadores[210]. La implementación y extensión de estas nuevas fórmulas comerciales ha supuesto una auténtica revolución que ha alterado las dinámicas de consumo. Se ha abierto paso un nuevo escenario donde han surgido novedosas y variadas oportunidades de negocio para las empresas de todo tipo y tamaño, y en el que ha crecido de forma exponencial la oferta de bienes y servicios para los consumidores[211].

---

209 OBSERVATORIO ADEI, *Retos de la DSA y la DMA para contribuir al progreso digital en Europa y en España*, 2021, disponible en www.observatorio-adei.es/publicaciones.html (consultado el 3 de junio de 2024).

210 DE LAS HERAS BALLELL, T., "Las plataformas: nuevos actores (y reguladores) de la actividad económica", *Anuario de la Facultad de Derecho de la Universidad Autónoma de Madrid*, núm. Extra 2, 2021, p. 405.

211 ALBA CAMPOS, R. N., "Transparencia en los contratos entre establecimientos hoteleros y plataformas de intermediación", *Diario La Ley*,

Las plataformas en línea son espacios virtuales que permiten el encuentro de dos o más grupos de usuarios, generando valor para ellos gracias al incremento de eficiencia que implica la facilitación de dicho encuentro[212]. Se trata de servicios de alojamiento de datos que asumen una posición de intermediación entre dos o más grupos de usuarios.

A nivel comunitario, podemos encontrar una definición de plataforma en línea en al art. 3.i) RSD. Según este precepto, se entiende por plataforma en línea todo servicio de alojamiento de datos que, a petición de un destinatario, almacena y difunde información al público, salvo que esa actividad sea una característica menor y puramente auxiliar de otro servicio o una funcionalidad menor del servicio principal y que no pueda utilizarse sin ese otro servicio por razones objetivas y técnicas.

En un primer momento se habló de "economía colaborativa" para hacer referencia a los nuevos modelos de negocio protagonizados por estas plataformas en línea. Sin embargo, la doctrina pronto puso de manifiesto la improcedencia de dicha denominación, toda vez que en ella se incluían modelos de negocio donde el propósito o la finalidad colaborativa era prácticamente nula (tal sería el caso, por ejemplo, de "Uber" en el ámbito del transporte terrestre de personas)[213].

Por esta razón, es más adecuado hablar de "economía de plataformas"[214]. Con esta terminología se alude a todo tipo de ac-

---

núm. 10342, 2023, p. 1 (hemos consultado la versión en línea disponible en el portal electrónico laleydigital).

212 CAMPOS CARVALHO, J., "Online platforms: concept, role in the conclusion of contracts and current legal framework in Europe", *Cuadernos de Derecho Transnacional*, vol. 12, núm. 1, 2020, p. 865.

213 Sobre esta cuestión, MIRANDA SERRANO, L. M., "Economía colaborativa…", *op. cit.*, pp. 206 y ss.

214 Esta es la terminología que utilizan algunos de los textos normativos dictados por la Unión Europea para regular esta materia, como es el caso del RP2B (*vid.*, por ejemplo, los Considerandos 2, 3, 8 o 33) o del RMD (*ad. ex.*, Considerandos 32 y 105).

tividad económica facilitada, directa o indirectamente, por una plataforma en línea[215]. Estas plataformas proporcionan infraestructuras y posibilitan las interacciones entre proveedores y usuarios para el suministro de bienes, servicios, contenidos digitales e información en línea.

En el marco de estas plataformas podemos encontrar una amplia diversidad de servicios de intermediación en línea, tales como los motores de búsqueda, los mercados en línea, las plataformas de intercambio de música y vídeo, las redes sociales, las herramientas de comparación, e incluso lo que se conoce como economía colaborativa en sentido estricto. Como puede comprobarse, son muchos y variados los modelos de negocio que se incardinan en la economía de plataformas.

La piedra angular de la denominada economía de plataformas se sitúa en la participación de una plataforma en línea que actúa como intermediaria. Su actuación no se limita a la de un mero prestador de servicios de la sociedad de la información, sino que también participa como intermediaria de contenidos, facilitando la interacción entre los usuarios[216]. Los usuarios que interactúan en estos negocios pueden ser particulares (C2C), empresarios (B2B), o empresarios y consumidores (B2C). Estos sujetos son quienes realizan la actividad subyacente, mientras que la plataforma es la que permite la interacción.

Se genera así una relación compleja de estructura triangular: en el vértice superior se sitúa la plataforma que contrata con los usuarios para permitirles el acceso que posibilita la interacción y, con ella, la contratación entre ellos; mientras que en los vértices inferiores se colocan los usuarios que celebran el negocio subya-

---

215 PORXAS, N. y SANZ, C., "Leal competencia...", *op. cit.*, p. 13.

216 CUENA CASAS, M., "La contratación a través de plataformas intermediarias en línea", *Cuadernos De Derecho Transnacional*, vol. 12, núm. 2, 2020, p. 290.

cente[217]. Ahora bien, puede darse el caso de que la plataforma ejerza sobre el usuario prestador de la actividad subyacente una influencia decisiva que conduzca a su consideración como prestadora de la propia actividad[218].

A pesar de las diversas actividades que pueden constituir el objeto de las plataformas digitales, estas se caracterizan por tener la capacidad de crear y modelar nuevos mercados, así como de organizar nuevas formas de participación o de llevar a cabo negocios en línea consistentes en la recogida, tratamiento y edición de grandes cantidades de datos; actuar en mercados multilaterales con diversos grados de control sobre las interacciones directas entre grupos de usuarios; beneficiarse de los *efectos de red*; apoyarse en la tecnología de la información y la comunicación para llegar a sus usuarios de forma más rápida y cómoda; y desempeñar un papel de crucial importancia en la creación de valor digital[219].

Sin duda, la economía de plataformas ha supuesto un importante estímulo para la competencia en el mercado. De un lado,

---

217 MIRANDA SERRANO, L. M., "La determinación de la naturaleza jurídica de los servicios que prestan las plataformas digitales en la economía colaborativa", *La Ley Mercantil*, núm. 50, 2018, p. 7 (hemos consultado la versión en línea disponible en el portal de revistas de Wolters Kluwer); también al respecto de este mismo autor: "Transporte colaborativo: sobre la naturaleza jurídica de los servicios prestados por Uber ", en PETIT LAVALL, M.V. y PUETZ, A. (Dirs.), *El transporte como motor del desarrollo socioeconómico*, Ed. Marcial Pons, Madrid-Barcelona-Buenos Aires–Sao Paulo, 2018, pp. 695 y ss.

218 Sobre esta cuestión, *vid.*, entre otros, VELASCO SAN PEDRO, L., "El transporte colaborativo *hic et nunc*", *Revista de Estudios Europeos*, núm. 70, 2017, pp. 410 y ss.; CUENA CASAS, M., "La contratación...", *op. cit.*, pp. 304 y ss.; y VÁZQUEZ-PASTOR JIMÉNEZ, L., "Un nuevo desafío normativo: las plataformas digitales ¿de intermediación?", *Actualidad Civil*, núm. 6, 2021, pp. 4 y ss. (hemos consultado la versión en línea disponible en el portal de revistas de Wolters Kluwer).

219 Comunicación de la Comisión al Parlamento Europeo, al Consejo, al Comité Económico y Social Europeo y al Comité de las Regiones, *Las plataformas en línea y el mercado único digital Retos y oportunidades para Europa*, COM (2016) 288 final.

pone a disposición de los consumidores un amplio escaparate de productos y servicios, así como una mayor información, lo que repercute en una mayor capacidad de elección y en precios más competitivos. Asimismo, permite a los consumidores una participación más intensa en el mercado por medio de los mecanismos de reputación en línea. De otro lado, ofrece a los empresarios la posibilidad de llegar a un mayor número de potenciales clientes, reduciendo los costes de transacción.

Sin embargo, pese a sus innegables beneficios para consumidores y empresarios, la comercialización de productos y servicios a través de plataformas ha suscitado preocupaciones en cuanto a los efectos negativos que pueden desplegarse en detrimento de los intereses de los usuarios profesionales y de los usuarios finales que recurren a ellas. Sobre todo, porque, aunque los usuarios suelen ver a las plataformas como canales de confianza para sus transacciones, es frecuente que no ofrezcan una información veraz y completa, ni asuman la responsabilidad que deriva de la actividad subyacente[220]. Además, la asimetría de la información que es característica en este tipo de mercado se ve incrementada por la opacidad y falta de transparencia propios de un sector con problemas de poder de mercado y con tendencia a su expansión[221].

Se explica así que uno de los objetivos de las últimas iniciativas legislativas emanadas de la Unión Europea haya consistido precisamente en incrementar la transparencia en las transacciones realizadas a través de las plataformas en línea. Ahora bien, en esta sede hemos de distinguir entre las obligaciones de transparencia

---

220 DUIVENVOORDE, B., "The Liability of Online Marketplaces under the Unfair Commercial Practices Directive, the E-commerce Directive and the Digital Services Act", *Journal of European Consumer and Market Law,* Vol. 11, Iss. 2, 2022, p. 43.

221 ALTZELAI ULIONDO, I., "Hacia unos mercados disputables y equitativos más allá del Derecho de la competencia en la Unión Europea", *Revista de Derecho Comunitario Europeo,* núm. 74, 2023, disponible en https://recyt.fecyt.es/index.php/RDCE/article/view/93981/72625 (consultado el 6 de junio de 2024).

que rigen con carácter general para todas las plataformas en línea independientemente de su modelo de negocio (*infra* 2), de aquellas específicamente destinadas a los mercados en línea (*infra* 3).

2. OBLIGACIONES GENERALES DE TRANSPARENCIA A CARGO DE LAS PLATAFORMAS EN LÍNEA

2.1. Cuestiones preliminares

El régimen de la competencia desleal, bajo la configuración propia del modelo social o institucional, tiene como objeto la protección propia de la institución de la competencia como principio básico vertebrador de la actividad económica. Por ello, esta disciplina se orienta a la protección de una pluralidad de intereses: El interés privado de los empresarios, el interés colectivo de los consumidores y el propio interés público en el mantenimiento de un orden concurrencial debidamente saneado.

A fin de tutelar este triple interés, el Derecho represor de la competencia desleal configura un régimen de protección institucional y funcional, orientado a la salvaguarda de los presupuestos de la competencia económica, entre los que destacan el principio de transparencia y la libre formación de las decisiones económicas[222].

Estos principios alcanzan especial transcendencia en la denominada economía de plataformas. Y ello por cuanto que la particular configuración de las relaciones económicas que se dan en este entorno genera (y en determinados supuestos agrava) ciertas situaciones de asimetría informativa. Especialmente llamativos son los casos de falta de información sobre la calidad real del producto o servicio cuando se contrata a través de plataformas en

---

222 BERCOVTIZ RODRÍGUEZ-CANO, A., *Apuntes de Derecho Mercantil. Derecho mercantil, Derecho de la competencia y propiedad industrial*, 24ª ed., Cizur Menor, Aranzadi, 2023, pp. 405 y ss.

línea, los supuestos en los que no se da a conocer quién es o en qué condición actúa el oferente real del producto o servicio, o el diferente nivel de información que tienen las plataformas en línea y sus usuarios en lo que se refiere a las condiciones del servicio de intermediación que presta la plataforma.

El Derecho represor de la competencia desleal pretende evitar el abuso y el engaño al regular las prácticas comerciales tanto previas, como coetáneas y posteriores a la celebración del contrato. Su objetivo estriba, en suma, en proteger la libre decisión negocial de la clientela, esencial para que pueda ejercitar adecuadamente el rol arbitral que se le asigna en los sistemas de economía de mercado[223]. A tal efecto, la LCD impone a los operadores económicos la observancia de unos requisitos de transparencia que se materializan en la prohibición de los actos y omisiones engañosas (arts. 5 y 7). Con ellas se obliga a los operadores económicos a que se abstengan de llevar a cabo acciones y omisiones engañosas cuando participan en la promoción, la venta o el suministro de un producto o servicio.

La aplicación de estas prohibiciones a las plataformas en línea exige, con carácter preliminar, comprobar la concurrencia de los requisitos aplicativos establecidos en la LCD.

En lo que atañe al ámbito de aplicación objetivo de la LCD, como sabemos, su art. 2 exige que la actuación de la plataforma se desarrolle en el mercado y que tenga finalidad concurrencial. Ello implica, básicamente, que la conducta se manifieste al público con transcendencia externa y que sea objetivamente idónea para proyectar sus efectos de promoción de las prestaciones propias o ajenas en el mercado con el objetivo de conservar o captar nuevos clientes[224]. De esta forma, tiene finalidad concurrencial toda acción que, en sí misma considerada o en atención a las cir-

---

223 MIRANDA SERRANO, L. M. y PANIAGUA ZURERA, M., "La protección...", *op. cit.*, pp. 69 y ss.; y MARIMÓN DURÁ, R., "Prácticas comerciales...", *op. cit.*, p. 19.

224 COSTAS COMESAÑA, J., "El concepto...", *op. cit.*, p. 6.

cunstancias del caso, está orientada a influir en la estructura del mercado o posición competitiva de los operadores de mercado y/o para condicionar la formación y el desenvolvimiento de las relaciones económicas en el mercado[225]. De ahí que sea difícil imaginar una comunicación en una plataforma en línea en relación con un producto o un servicio que no entre en la definición de *acto de competencia.*

En esta sede, coincidimos con aquel sector de la doctrina que entiende que el concepto de práctica comercial recogido en el art. 2.d) DPCD es equivalente al de acto de competencia[226]. Así lo avalan, a nuestro juicio, la interpretación institucional y funcional que

---

225 MASSAGUER FUENTES, J., *Comentario a…*, *op. cit.*, p. 122. En un sentido similar, aunque poniendo el acento en la ausencia de una justificación razonable que apunte a una finalidad distinta de la concurrencial, EMPARANZA SOBEJANO, A., "Artículo 2…", *op. cit.*, p. 34 y ss.; y SUÑOL LUCEA, A., "Los elementos…", *op. cit.*, pp. 13 y ss.

226 En esta dirección, MASSAGUER, J., *El nuevo…*, *op. cit.*, pp. 22 y ss.; MARTÍNEZ SANZ, F. y PUETZ, A., "Ámbito de…", pp. 21 y 22; BERCOVITZ RODRÍGUEZ-CANO, A., "Artículo 2…", cit., p. 80; y CURTO POLO, M. M., "Artículo 25. Prácticas engañosas por confusión", en BERCOVITZ RODRÍGUEZ-CANO, A. (Dir.), *Comentarios a la Ley de competencia desleal,* Cizur Menor, Aranzadi, 2011, p. 726. En cambio, otros autores entienden que acto de competencia y práctica comercial son conceptos diferentes. Unos parten de que esta diferenciación, no obstante, no introduce ninguna quiebra sistemática en la LCD [Cfr. EMPARANZA SOBEJANO, A., "Régimen jurídico…", *op. cit.,* p. 76; RUIZ PERIS, J. I., "La reforma…", *op. cit.*, p. 49; SUÑOL LUCEA, A., "Los elementos…", *op. cit.*, p. 14; y BEDNARZ, Z., "Acciones individuales a disposición de los consumidores perjudicados por prácticas comerciales desleales: perspectiva del derecho europeo comparado", *Revista de Derecho de la Competencia y la Distribución,* núm. 23, 2018, p. 5 (hemos consultado la versión en línea disponible en el portal electrónico laleydigital)]. Otros, por su parte, sostienen que esa diferenciación podría generar ciertos problemas aplicativos y de incorporación [Entre otros, GARCÍA PÉREZ, R., "contra el Derecho de la competencia desleal: ¿hacia el Derecho de la lealtad?", en GÓMEZ SEGADE, J. A. y GARCÍA VIDAL, A. (Dirs.), *El Derecho mercantil en el umbral del siglo XXI, Libro homenaje a Fernández-Nóvoa,* Madrid, Marcial Pons, 2010, pp. 326 y ss.].

debe recibir el término acto de competencia, que abarcaría perfectamente las conductas constitutivas de "prácticas comerciales"; la continuidad aplicativa de la LCD; el hecho de que no se haya modificado el texto de la LCD y que se utilice de forma indistinta los términos "acto de competencia" y "práctica comercial"; y la amplitud del concepto de práctica comercial utilizado por el TJUE[227].

En relación con el ámbito de aplicación subjetivo, parece no haber duda de que las plataformas en línea satisfacen las exigencias recogidas en el art. 3 LCD. Y es que, con carácter general, los proveedores de plataformas en línea suelen ser personas jurídicas que participan en el mercado. Estas plataformas siempre van a actuar desarrollando actividades de intermediación relacionadas con su empresa, cobrando una comisión o recibiendo algún otro tipo de contraprestación por cada transacción que se realiza a través de ella, prestando servicios adicionales de pago u obteniendo ingresos por publicidad.

Por el mismo motivo, estas plataformas en línea también van a ser destinatarias de las normas de competencia desleal dedicadas específicamente a la protección de los intereses económicos de los consumidores. Estas plataformas participan en el mercado desarrollando la actividad de intermediación que le es propia. De modo que su actuación encaja en la definición de *comerciante* (*rectius* empresario) establecida en el art. 2.b) DPCD[228]. Esto es, "cualquier persona física o jurídica que, en las prácticas comerciales contempladas por la presente Directiva, actúe con un propósito

---

227 Sobre esta cuestión, *vid.* CASADO NAVARRO, A., *Consecuencias negociales…*, *op. cit.*, pp. 52 y ss.; MIRANDA SERRANO, L.M., "Algunas cuestiones controvertidas de las relaciones entre la normativa contractual de consumo y la reguladora de las prácticas desleales contra los consumidores", *La Ley Mercantil*, n. 110, 2024, pp. 1 y ss.

228 La DPCD utiliza el término comerciante para aludir al sujeto destinatario de las obligaciones impuestas por las normas de consumo, mientras que en nuestro Derecho interno el término utilizado es el de empresario. En lo sucesivo utilizaremos el término empresario para referirnos a este tipo de sujetos por entenderlo más adecuado.

relacionado con su actividad económica, negocio, oficio o profesión, así como cualquiera que actúe en nombre del comerciante o por cuenta de éste". Ciertamente, esta definición no explicita si los intermediarios en línea (como las plataformas) son empresarios. Pero en tanto que la actividad de intermediación se realiza con carácter habitual, profesional, organizado y en nombre propio, podrían ser calificados como tales[229].

Además, no puede perderse de vista que la definición de empresario establecida en la DPCD no sólo comprende la actuación por cuenta propia, sino también la realizada por personas que actúan "en nombre" o "por cuenta" de otro empresario. En consecuencia, un empresario puede ser considerado solidariamente responsable con otro empresario de las infracciones de la DPCD cometidas por éste en su nombre[230]. Así se desprende de su artículo 2.b) interpretado en relación con la legislación nacional en materia de responsabilidad y sanciones[231]. Por tanto, en lo que respecta a nuestro ordenamiento, habrá que comprobar, a la luz de las distintas circunstancias del caso, si la participación de la plataforma en línea se corresponde con la realización u ordenación de la conducta desleal o con la cooperación en su realización

---

229 MONTAGNANI, M. L. y TRAPOVA, A., "New Obligations for Internet Intermediaries in the Digital Single Market — Safe Harbors in Turmoil?", *Journal of Internet Law*, Vol. 22 Iss. 7, 2019, p. 6.

230 En esta dirección, la STJUE de 17 de octubre de 2013, asunto C-391/12, *RLvS* (TOL9.915.627), establece que "a la vista de la definición del concepto de «comerciante» del artículo 2, letra b), de la Directiva 2005/29, ésta puede aplicarse en una situación en que las prácticas comerciales de un operador sean llevadas a cabo por otra empresa, que actúe en nombre y/o por cuenta de ese operador, de modo que lo dispuesto en dicha Directiva, en determinados supuestos, podría ser oponible tanto a dicho operador como a la citada empresa cuando ambos respondan a la definición de «comerciante»" (apdo. 38).

231 *Guía sobre la interpretación y la aplicación de la Directiva 2005/29/CE del Parlamento Europeo y del Consejo relativa a las prácticas comerciales desleales de las empresas en sus relaciones con los consumidores en el mercado interior*, en *DOUE*, C-526, 29 de diciembre de 2021, p. 26.

establecidas en el artículo 34.1 LCD; o, en cambio, si actúa como un colaborador en el ejercicio de sus funciones y deberes contractuales *ex* artículo 34.2 LCD[232].

En este sentido, el Tribunal de Justicia de la Unión Europea ha declarado recientemente que, a los efectos de la DDC –y también de la DPCD[233]–, "tiene la consideración de «comerciante» (...) no solo la persona física o jurídica que actúe con un propósito relacionado con su actividad comercial, empresa, oficio o profesión en relación con contratos regulados por la citada Directiva, sino también la persona física o jurídica que actúe como intermediario, en nombre o por cuenta de dicho comerciante, pudiendo tanto ese intermediario como el comerciante principal ser considerados «comerciantes», en el sentido de la referida disposición, sin que sea necesario para ello determinar la existencia de una doble prestación de servicios"[234]. En consecuencia, la plataforma en línea puede ser declarada responsable conjuntamente con el empresario por cuya cuenta actúa.

---

232 Sobre la cuestión relativa a la legitimación pasiva en la Ley de Competencia Desleal, *vid.*, entre otros, MASSAGUER FUENTES, J., "La acción de competencia desleal en el Derecho español", *THEMIS: Revista de Derecho*, núm. 36, 1997, pp. 103 y ss.; BARONA VILAR, S., *Competencia desleal. Tutela jurisdiccional (especialmente proceso civil) y extrajurisdiccional*, t. II, Valencia, Tirant lo Blanch, 2008, pp. 1175 y ss.; VEGA VEGA, J. A., "Artículo 34. Legitimación pasiva", en BERCOVITZ RODRÍGUEZ-CANO, A (Dir.), *Comentarios a la Ley de competencia desleal*, Cizur Menor, Aranzadi, 2011, pp. 934 y ss.; y CASTÁN PÉREZ-GÓMEZ, A., "Artículo 34. Legitimación pasiva", en LEMA DEVESA, C. (Dir.), *Prácticas comerciales desleales de las empresas en sus relaciones con los competidores y consumidores: régimen legal tras la reforma introducida por la Ley 29-2009*, L'Hospitalet de Llobregat, Bosch, 2012, pp. 546 y ss.

233 STJUE de 24 de febrero de 2022, asunto C-536/20, *Tiketa UAB*, apdo. 19 (TOL9.908.683); y de 4 de octubre de 2018, asunto C-105/17, *Kamenova*, apdos. 28 y 29 (TOL6.816.378).

234 STJUE de 24 de febrero de 2022, asunto C-536/20, *Tiketa UAB*, apdo. 36 (TOL9.908.683).

Así pues, las plataformas en línea deben cumplir siempre con la normativa represora de la competencia desleal en lo que respecta a su propia actividad concurrencial (la intermediación). Pero también debe cumplir con las normas de competencia desleal en lo que se refiere a la oferta y comercialización de productos o servicios a través de la plataforma. Y ello con independencia de que tales prácticas puedan referirse a productos o servicios ofrecidos por terceros y no por la propia plataforma. Así se desprende de la amplia definición de acto de competencia recogida en la LCD, que no exige ningún requisito adicional relacionado con el origen del producto o servicio[235].

Cuestión distinta es que la plataforma en línea pueda quedar exenta de responsabilidad por el contenido publicado por sus usuarios profesionales en virtud de las exenciones previstas en el RSD[236].

En el ámbito de las relaciones de consumo, se ha defendido una interpretación restrictiva de la noción de "práctica comercial" sobre la base de la sentencia del Tribunal de Justicia de la Unión Europea en el caso *RLvS*[237]. En ella, se consideró que el editor de un periódico no realizó una práctica comercial porque los artículos patrocinados no promocionaban los productos o servicios propios del periódico, sino los de otros operadores económicos. En otras palabras, la práctica en cuestión no estaba relacionada con la promoción y venta de los productos propios.

---

235 En este sentido, el TJUE ha manifestado que las obligaciones impuestas a los empresario en el artículo 7.4 de la Directiva de prácticas comerciales desleales no depende de si el proveedor de los productos en cuestión es la plataforma en línea o un tercero. Por tanto, en el supuesto de que un anuncio de una plataforma en línea en un medio impreso promocione productos de varios proveedores, la información exigida en esta disposición sigue siendo necesaria [STJUE de 30 de marzo de 2017, asunto C-146/16, *Verband Sozialer Wettbewerb,* apdo. 31 (TOL6.005.732)].

236 *Vid. infra* III.2.3.

237 STJUE de 17 de octubre de 2013, asunto C-391/12, *RLvS,* apdos. 40 y ss. (TOL9.915.627).

Esto podría dar pie a que los intermediarios argumentaran que están en la misma posición que esos editores, alegando que no es el intermediario el que ofrece su propio producto, sino el vendedor real. Pero lo cierto es que, aunque este argumento podría resultar convincente en relación con algunas plataformas en línea, como los motores de búsqueda y las redes sociales, que en esencia (y de forma similar a un editor), venden espacio publicitario, parece poco contundente para los mercados en línea. Así lo entendemos por cuanto que estos operadores desempeñan un papel trascendental en la forma en que se presentan las ofertas a los consumidores, así como en la conclusión de las transacciones entre éstos y los terceros proveedores. Junto a ello, no puede desconocerse que, a diferencia de los editores de periódicos, los mercados en línea suelen beneficiarse directamente de cada transacción que tiene lugar a través de sus plataformas, debido a las comisiones a las que tienen derecho o las contraprestaciones que reciben a cambio de las transacciones en las que intermedian[238].

2.2. Obligaciones de transparencia exigibles a las plataformas en línea al amparo de la normativa de consumo

En tanto que están sujetas a las normas de la LCD, las plataformas en línea han de cumplir con los requisitos de transparencia establecidos en sus arts. 5 y 7 (arts. 6 y 7 DPCD) en lo que se refiere a sus propias prácticas comerciales. En particular, las plataformas en línea deben ser transparentes en cuanto a las principales características de los servicios que prestan con arreglo a su artículo 7 y no proporcionar información engañosa conforme a su artículo 5.

El alcance de estos requisitos de transparencia dependerá del modelo de negocio de la plataforma, de los servicios por ella prestados y del consumidor medio de dicha plataforma. En este sentido, se estará de acuerdo en que los datos y la información pertinente para que el consumidor pueda adoptar sus decisiones

---

238 DUIVENVOORDE, B., "The Liability...", *op. cit.*, p. 47.

económicas de forma libre y consciente dependerá del tipo de plataforma y de la actividad que desarrolle en el mercado. Especialmente ilustrativas a estos efectos son las resoluciones de la Autoridad italiana de la competencia y del mercado (AGCM) en las que sanciona a diversas plataformas en línea por proporcionar información engañosa en relación con la presunta gratuidad de sus servicios[239].

Igualmente, las plataformas en línea calificadas como empresarios a los efectos de la LCD y la DPCD deben actuar en el desarrollo de sus prácticas comerciales de conformidad con los requisitos de la diligencia profesional establecidos en el art. 4.1 LCD (art. 5.2 DPCD). Es decir, deben emplear el nivel de competencia y cuidados especiales que cabe razonablemente esperar del empresario en sus relaciones con los consumidores de conformidad con las prácticas honradas del mercado o con el principio general de buena fe propios de su ámbito de actividad. En consecuencia, las plataformas, en tanto que actúan en su condición de empresarios frente a los usuarios finales consumidores, deberán emplear las medidas adecuadas para que los usuarios profesionales asociados cumplan la legislación de la Unión Europea en materia de consumo y competencia. En otro caso, podrían ser responsables de los déficits de información que sufran los usuarios finales consumidores y que sean fruto de su falta de diligencia profesional, siempre que esta situación sea susceptible de alterar el comportamiento económico del consumidor medio.

Las medidas concretas que sean adecuadas a tal efecto van a variar en función de las distintas circunstancias del caso (tipo de plataforma, actividad desarrollada, perfil de los usuarios fina-

---

239 Provvedimenti dell'Autorità garante della concorrenza e del mercato, 29 novembre 2018, núm. 27432 y 20 luglio 2021, núm. 29788. Sobre estas resoluciones *vid.*, respectivamente, SOCCOL, M., "Pratiche commerciali scorrette, big tech e intelligenza artificiale", en *meliusform*, 2021, disponible en https://www.meliusform.it (consultado el 27 de junio de 2024); y GUFFANTI PESENTI, L., "Note in tema di piattaforme digitali e pratiche commerciali scorrette", *Jus*, núm. 6, 2021, pp. 30 y ss.

les, etc.). Entre estas medidas podría destacarse la obligación de diseñar la estructura del sitio web de manera que permita a los usuarios profesionales asociados presentar la información a los usuarios finales de la plataforma de conformidad con las normas de la Unión en materia de protección de los consumidores. Por ejemplo, la información relativa a las invitaciones a comprar a la que se refiere el art. 20.1 TRLGDCU (art. 7.4 DPCD). Y es que los mercados en línea deben permitir que sus usuarios profesionales informen a los usuarios finales sobre su identidad, sus datos de contacto, el precio del producto y cualquier coste adicional al que debiera hacer frente el consumidor[240].

Este tipo de medidas ha alcanzado reconocimiento normativo en los últimos desarrollos normativos emanados de la UE. En este sentido, el RSD impone a los mercados en línea la obligación de garantizar "que su interfaz en línea esté diseñada y organizada de manera que los comerciantes puedan cumplir con sus obligaciones en relación con la información precontractual, la conformidad y la información de seguridad del producto en virtud del Derecho de la Unión aplicable" (art. 31.1). Este precepto se refiere a los deberes de información contenidos básicamente en la normativa comunitaria de protección del consumidor. Así, el Considerando 74 del Reglamento hace referencia expresa, a modo de ejemplo, a los artículos 6 y 8 de la Directiva 2011/83/UE, al artículo 7 de la Directiva 2005/29/CE, a los artículos 5 y 6 de la Directiva 2000/31/CE y al artículo 3 de la Directiva 98/6/CE. Con esta medida se persigue que la plataforma facilite al usuario proveedor el cumplimiento de estos deberes de información, asegurando así que los consumidores tengan un acceso más fácil a la

---

240 *Guía sobre la interpretación y la aplicación de la Directiva 2005/29/CE del Parlamento Europeo y del Consejo relativa a las prácticas comerciales desleales de las empresas en sus relaciones con los consumidores en el mercado interior*, en *DOUE*, C-526, 29 de diciembre de 2021, pp. 88 y 89.

información en cuestión. Se trata, por tanto, de un meta-estándar sobre información[241].

Así pues, si la interfaz en línea de la plataforma no es clara, aparte de constituir una infracción del art. 4 LCD (art. 5 DPCD), en determinados casos, podría implicar también una acción u omisión engañosa con arreglo al art. 7 LCD. Por ejemplo, si la interfaz de la plataforma no es lo suficientemente clara como para que el consumidor medio entienda que el producto o servicio es ofertado por un tercero (en lugar de por la propia plataforma), esto podría constituir una omisión engañosa. Pero, además, podría incurrir en una conducta contraria a la diligencia profesional cuando la plataforma no diseñe su interfaz en línea de un modo que permita al usuario profesional proporcionar correctamente los datos sobre su identidad.

2.3. La responsabilidad de las plataformas en línea por el incumplimiento de las obligaciones de transparencia impuestas por la normativa de consumo

La compleja estructura triangular que vertebra la denominada economía de plataformas hace que tengamos que distinguir entre la labor de intermediación que desarrolla la plataforma en línea y la prestación del servicio subyacente que corre a cargo de los usuarios de la plataforma situados en el vértice correspondiente a la oferta.

En este contexto, la plataforma será responsable de los actos y prácticas desleales que realice en el ejercicio de su actividad de intermediación. Así resulta por cuanto que la plataforma, en tanto que prestadora de servicios de la sociedad de la información, responde de la actividad que le es propia[242].

---

241 LOODER, A. R. y MORAIS CARVALHO, J., "Online Platforms: Towards an Information Tsunami with New Requirements on Moderation, Ranking, and Traceability", *European Business Law*, vol. 33, núm. 4, 2022, p. 553.

242 CUENA CASAS, M., "La contratación…", *op. cit.*, pp. 309 y ss.

Cuestión distinta es la responsabilidad en que pueda incurrir la plataforma en línea por las prácticas desleales desarrolladas por sus usuarios a través de ella. En principio, las acciones de competencia desleal pueden ejercitarse frente a cualquier persona que haya realizado u ordenado la conducta o haya cooperado a su realización (art. 34.1 LCD). Asimismo, en lo que atañe a las prohibiciones de actos de competencia desleal en defensa de los intereses económicos de los consumidores, asume la responsabilidad propia del empresario no sólo la persona física o jurídica que actúe con un propósito relacionado con su actividad comercial, empresa, oficio o profesión, sino también la persona física o jurídica que actúe como intermediario, en nombre o por cuenta de dicho empresario[243]. De modo que un empresario podría ser considerado solidariamente responsable con otro empresario de las infracciones de la LCD cometidas por éste en su nombre o por su cuenta[244]. En consecuencia, habrá que comprobar si la participación de la plataforma, a la luz de las distintas circunstancias del caso, se corresponde con la cooperación en la realización de la conducta desleal (art. 34.1 LCD); o si, en cambio, actúa como un colaborador en el ejercicio de sus funciones y deberes contractuales *ex* artículo 34.2 LCD.

Sin embargo, siendo las plataformas en línea prestadores de servicios intermediarios de alojamiento de datos sometidos al RSD, entran en juego las exenciones de responsabilidad por el contenido almacenado o transmitido a petición de sus usuarios previstas en él. Se trata de normas que prevén meras exenciones de responsabilidad y, por tanto, no constituyen una base positiva para la responsabilidad de los prestadores de servicios de intermediación afectados. Por consiguiente, cuando no resulte de aplicación la exención de responsabilidad, habrá que determinar si el prestador del servicio de intermediación es responsable confor-

---

243 STJUE de 24 de febrero de 2022, asunto C-536/20, *Tiketa UAB*, apdo. 36 (TOL9.908.683).

244 STJUE de 17 de octubre de 2013, asunto C-391/12, *RLvS*, apdo. 38 (TOL9.915.627).

me a las reglas establecidas en la normativa infringida (en nuestro caso, la LCD).

El RSD mantiene las disposiciones en materia de responsabilidad de los prestadores de servicios intermediarios contenidas en los arts. 12 a 15 de la DCE, incorporando algunas aclaraciones que no son sino la plasmación de los criterios jurisprudenciales sostenidos por el TJUE en esta sede[245]. De esta forma, se mantienen los principios inspiradores del régimen de la DCE, entre los que destacan el establecimiento del puerto seguro, así como la prohibición de la obligación general de supervisar los datos que se transmiten o almacenan, y de realizar búsquedas activas de hechos o circunstancias que indiquen actividades ilícitas respecto de los servicios intermediados[246].

En lo que se refiere a las plataformas en línea, cuando presten un servicio de la sociedad de la información consistente en almacenar información facilitada por un usuario del servicio, no podrán ser consideradas responsables de la información almace-

---

245 Sobre la exención de responsabilidad de los servicios de intermediación de la sociedad de la información en la DCE, *vid.*, entro otros, FAJARDO LÓPEZ, L., "LSSI: Aportaciones desde el derecho Privado", *Revista de Derecho Informático*, núm. 35, 2001, pp. 1 y ss.; PEGUERA, M., "La exención de responsabilidad civil por contenidos ajenos en internet", en MORALES PRATS, F. (Coord.), *Contenidos ilícitos y responsabilidad de los prestadores de servicios de Internet*, Cizur Menor, Aranzadi, 2022, pp. 25 y ss.; MÁRQUEZ LOBILLO, P., "Prestadores de servicios de intermediación: algunas especialidades de su estatuto jurídico", *Revista de la Contratación Electrónica*, núm. 88, 2007, pp. 8 y ss.; y CARBAJO CASCÓN, F., "Las plataformas digitales ante la distribución de mercancías y el suministro de contenidos digitales ilícitos", *Revista de Derecho de la Competencia y la Distribución*, núm. 30, 2022, pp. 7 y ss. (hemos consultado la versión en línea disponible en el portal electrónico laleydigital).

246 FERNÁNDEZ GARCÍA DE LA YEDRA, A., "Ley de Servicios Digitales: Nuevas obligaciones en torno a la responsabilidad de las plataformas electrónicas de intermediación", en MIRANDA SERRANO, L. M. y PAGADOR LÓPEZ, J. (Dirs.), *Desafíos del regulador mercantil en materia de contratación y competencia empresarial*, Madrid, Marcial Pons, 2021, p. 220.

nada a petición de ese usuario cuando no tengan conocimiento efectivo de una actividad ilícita o de un contenido ilícito, o si actúan con prontitud para retirar dicho contenido o bloquear el acceso a él cuando tengan conocimiento de ello (art. 6.1 RSD). Todo ello siempre que el usuario no actúe bajo la autoridad o el control de la plataforma (art. 6.2 RSD). Algo que puede ocurrir, por ejemplo, cuando el prestador de una plataforma que permite a los consumidores celebrar contratos a distancia con empresarios determina el precio de los productos o servicios ofertados por el empresario. En estos casos será la plataforma quien responda directamente por la actividad o la información suministrada.

Esta exención de responsabilidad, por tanto, debe ser matizada en los términos previstos en el Considerando 18 RSD. En él se recoge el criterio interpretativo del TJUE conforme al cual las reglas de puerto seguro o exención de responsabilidad no deben ser de aplicación cuando, en lugar de limitarse a la prestación neutra de los servicios mediante un tratamiento meramente técnico y automático de la información proporcionada por el destinatario del servicio, el prestador del servicio de plataforma desempeñe un papel activo de tal índole que le confiera conocimiento de dicha información o control sobre ella[247].

La determinación del carácter neutral o activo que adopta la plataforma es una cuestión de primer orden. No en vano, se presenta como un requisito previo para la aplicación de la exención de responsabilidad. Sin embargo, la línea divisoria entre un mero intermediario y un auténtico proveedor de contenidos para el que no estaría justificada la exención de responsabilidad es difícil de trazar. Más aún si tenemos en cuenta la diversidad de actividades que se desarrollan a través de estos intermediarios en línea[248].

---

247 SSTJUE de 23 de marzo de 2010, asuntos acumulados 236/08-238/08, *Google France y Google*, apdo. 120 (TOL9.918.683); y de 12 de julio de 2011, asunto C-324/09, *L'Oreal y otros*, apdo. 116 (TOL9.918.564).

248 PEGUERA, M., "The Platform Neutrality Conundrum and the Digital Services Act", *IIC – International Review of Intellectual Property and Competition Law*, vol. 53, 2022, p. 684

En consecuencia, no podrán acogerse a la exención de responsabilidad por las prácticas comerciales desleales llevadas a cabo por terceros usuarios aquellas plataformas que no se limitan simplemente a posibilitar la interacción entre usuarios, sino que generan valor añadido para facilitar los efectos de red que garantizan su éxito.

En última instancia, serán los tribunales quienes deben valorar las distintas circunstancias del caso para determinar el rol neutral o activo que adopta la plataforma. En esta dirección, podrán tenerse en cuenta, entre otras circunstancias, si la conclusión del contrato se realiza exclusivamente a través del sistema proporcionado por la plataforma; la implicación de la plataforma en la creación, optimización o promoción de la información; el desarrollo de la información bajo la responsabilidad editorial de la plataforma; la imposición de reglas de comportamiento a sus usuarios; la posibilidad de la plataforma para retener pagos realizados por los usuarios finales; o la participación de la plataforma en la determinación de las condiciones de la relación contractual entre el proveedor del servicio subyacente y el usuario final[249].

Además de importar las exenciones de responsabilidad de la DCE, el RSD incorpora una regla denominada de *buen samaritano* en su art. 7. En virtud de ella, los prestadores de servicios intermediarios (y, por tanto, las plataformas en línea) pueden llevar a cabo de buena fe y de modo diligente investigaciones voluntarias u otras actuaciones encaminadas a detectar y eliminar contenidos ilícitos sin correr el riesgo de perder el beneficio de la exención

---

249 CUENA CASAS, M., "La contratación…", *op. cit.*, p. 315 y ss.; y MATE SATUÉ, L. C., "La responsabilidad de las plataformas de intermediación contractual en línea: de la Directiva de Comercio Electrónico al Reglamento de Servicios Digitales", en HERNÁNDEZ SÁINZ, E., MATE SATUÉ, L. C. y ALONSO PÉREZ, M. T. (Coords.), *La responsabilidad civil por servicios de intermediación prestados por plataformas digitales*, Madrid, Colex, 2023, p. 127.

de responsabilidad por el contenido publicado a instancia de un usuario[250].

Este régimen se complementa, por último, con el contenido del art. 8 RSD que mantiene la prohibición general de vigilancia de los contenidos publicados o almacenados por los prestadores de servicios intermediarios. Se rechaza así la imposición de una obligación general de monitorizar la información que difunden o almacenan, o de buscar activamente contenidos o actividades ilícitas.

Finalmente, estimamos oportuno llamar la atención sobre la relación que media entre este régimen de responsabilidad de los prestadores de servicios de intermediación en línea y el cumplimiento de las obligaciones de diligencia debida que les impone el propio RSD.

Sobre este particular, su Considerando 41 afirma que "(l)as obligaciones de diligencia debida son independientes de la cuestión de la responsabilidad de los prestadores de servicios intermediarios y, por tanto, deben apreciarse por separado". Es decir, el tipo de responsabilidad derivado del incumplimiento de las obligaciones de diligencia debida será distinto a la responsabilidad que derive del contenido ilícito almacenado o transmitido como consecuencia del incumplimiento de esas obligaciones.

En esta sede, no obstante, compartimos la opinión de aquellos autores que abogan por una interpretación más estricta del beneficio de la exención de responsabilidad para aquellos prestadores de servicios intermediarios que incumplan las obligaciones de diligencia debida impuestas por el RSD[251]. En el bien entendido que la infracción de aquellas obligaciones de diligencia debida

---

250 WILMAN, F., "The Digital...", *op. cit.*, p. 6.

251 MARTÍNEZ NADAL, A., "Capítulo 2. Naturaleza (y responsabilidad) de las plataformas digitales: de la Directiva de comercio electrónico a la propuesta de Reglamento de Servicios Digitales", en MADRID PARRA, A. y ALVARADO HERRERA, L. (Dirs.), *Derecho digital y nuevas tecnologías,* Cizur Menor, Aranzadi, 2022, pp. 411 y ss.; CARBAJO CASCÓN, F., "Las plataformas...", *op. cit.,* p. 18; DE MIGUEL ASENSIO, P. A.,

que desencadenen o propicien un incumplimiento normativo por parte de los usuarios de la plataforma (por ejemplo, las obligaciones diseño de interfaces, de trazabilidad de los comerciantes o de cumplimiento desde el diseño) debería desencadenar la inaplicación de las exenciones de responsabilidad por el contenido publicado por terceros contenidas en los arts. 4 y siguientes del RSD.

2.4. Otras obligaciones de transparencia a cargo de las plataformas en línea

Los servicios de intermediación en línea y, en concreto, las plataformas en línea desempeñan un papel cada vez más importante en nuestra vida cotidiana y han adquirido una relevancia sin precedentes en el desarrollo de la actividad económica. Estos servicios de la sociedad de la información desempeñan una labor de intermediación que ha acabado por resultar crucial no sólo en lo que se refiere a la comunicación e intercambio de información y contenidos, sino también en lo concerniente a la realización de transacciones comerciales.

En el desarrollo de su actividad de intermediación, las plataformas en línea están sometidas a un conjunto de normas que vienen impuestas por los nuevos instrumentos normativos dictados en esta materia en el seno de la Unión Europea. Nos referimos, en concreto, al Reglamento de Servicios Digitales, al Reglamento de Mercados Digitales y al Reglamento P2B. Como se manifestó más arriba, estos textos normativos no tienen un ámbito de aplicación uniforme. Pero lo cierto es que todos ellos tienen como elemento común la regulación de determinadas cuestiones relacionadas con los servicios de intermediación en línea. Y entre esas cuestiones destaca la imposición de una serie de obligaciones de transparencia relativas fundamentalmente a la actividad intermediadora de estos servicios de la sociedad de la información.

"Obligaciones de...", *op. cit.*, p. 16; y MATE SATUÉ, L. C., "La responsabilidad...", *op. cit.*, pp. 133 y ss.

En primer lugar, el RSD prevé entre las obligaciones de diligencia debida una serie de normas que imponen a las plataformas en línea un conjunto de deberes directamente relacionados con la transparencia en el desarrollo de su actividad. Entre ellas, pueden destacarse las siguientes: 1) la obligación de informar a sus usuarios sobre un punto único de contacto que les permita comunicarse con la plataforma de forma rápida, directa, sencilla y por medios electrónicos (art. 12); 2) la obligación de incluir en sus condiciones generales información clara y actualizada relativa a los motivos por los que puede restringirse la prestación de sus servicios, a las políticas, procedimientos, medidas y herramientas empleadas para moderar los contenidos, a las normas de procedimiento de su sistema interno de gestión de reclamaciones, así como al derecho a poner fin al uso del servicio (art. 14); 3) la publicación de informes claros y fácilmente comprensibles sobre cualquier actividad de moderación de contenidos que hayan realizado durante el período pertinente con la periodicidad y el contenido previsto en los arts. 15 y 24 RSD; 4) la obligación de proporcionar una declaración de motivos clara y específica a cualquier usuario afectado por restricciones del servicio impuestas como consecuencia de la publicación de un contenido ilícito (art. 17); 5) la publicación de información clara, sencilla y fácilmente accesible en su interfaz en línea sobre la posibilidad de sus usuarios de acceder a una resolución extrajudicial de litigios (art. 21); 6) la inclusión en sus condiciones generales de información clara y detallada sobre su política respecto de los usos indebidos, facilitando ejemplos de los hechos y circunstancias que se tengan en cuenta para evaluar si un determinado comportamiento constituye un uso indebido y la duración de la suspensión (art. 23.4); 7) la obligación de proporcionar información sobre determinadas cuestiones relacionadas con los anuncios publicitarios que publiquen en sus interfaces en línea (art. 26.1); y 8) la obligación de incluir en sus condiciones generales información sobre los parámetros principales utilizados en sus sistemas de recomendación y sobre cualquier opción que se facilite a sus usuarios para modificar o influir en dichos parámetros (art. 27).

En segundo lugar, el RMD impone a los servicios básicos de plataforma prestados por guardianes de acceso algunas obligaciones que están íntimamente vinculadas con el principio de transparencia que ha de gobernar su relación con los usuarios del servicio y con el resto de competidores, con el fin de garantizar la disputabilidad y la equidad de los mercados en el sector digital. Estas obligaciones de transparencia vienen referidas a la prestación de servicios de publicidad en línea a los usuarios profesionales (anunciantes y editores) y a la utilización técnicas de elaboración de perfiles.

Así, por un lado, se exige a los guardianes de acceso que, cuando se les solicite, proporcionen a los anunciantes y los editores a los que presten servicios de publicidad en línea información gratuita que permita a ambas partes entender el precio pagado por cada uno de los diferentes servicios de publicidad en línea prestados en el marco de la correspondiente cadena de valor publicitaria (art. 5, apartados 9 y 10). Además, se obliga a los guardianes de acceso a que proporcionen acceso gratuito a los instrumentos de medición del rendimiento y a los datos –incluidos los datos agregados y desagregados– necesarios para que los anunciantes, los terceros autorizados y los editores puedan llevar a cabo su propia verificación independiente de la prestación de los servicios de publicidad en línea correspondientes (art. 6.10). Estas medidas están encaminadas a combatir la conocida opacidad de los costes de los servicios publicitarios prestados por los guardianes de acceso que sufren tanto anunciantes como editores. Una situación que socava su capacidad real de optar por otros proveedores de servicios publicitarios[252].

Por otro lado, el art. 15 RMD obliga a los guardianes de acceso a que proporcionen una descripción auditada independientemente de las técnicas para elaborar perfiles de los consumidores que apliquen en sus servicios básicos de plataforma. Se trata así de garantizar un nivel adecuado de transparencia en las prácti-

---

252 RUIZ PERIS, J. I., "La nueva...", *op. cit.*

cas relacionadas con los perfiles empleados por los guardianes de acceso que facilite la disputabilidad de los servicios básicos de plataforma[253].

Finalmente, el RP2B impone a los proveedores de servicios de intermediación en línea y de motores de búsqueda en línea un conjunto de obligaciones de transparencia y de equidad relativas a las condiciones generales de la contratación y las prácticas comerciales frente a sus usuarios profesionales. Y ello con el fin de garantizar la transparencia de la economía de plataformas y la confianza en ellas en las relaciones entre empresas.

Las obligaciones de transparencia impuestas a las plataformas en línea por el RP2B se traducen, fundamentalmente, en la inclusión en sus condiciones generales de una serie de datos, información y aclaraciones relacionadas con la prestación del servicio de intermediación. Entre estas obligaciones se encuentran: 1) La de asegurarse que sus condiciones generales están redactadas de manera sencilla y comprensible, son fácilmente accesible e incorporan información sobre las razones en que se basan las decisiones de restricción del servicio, sobre cualquier canal de distribución adicional y posible programas asociados, y sobre el modo en que afectan a los derechos de propiedad intelectual de los usuarios profesionales (art. 3.1); 2) la inclusión en sus condiciones generales de los parámetros principales que rigen la clasificación y los motivos por los que aquellos cuentan con una importancia relativa superior a la de otros parámetros (art. 5); 3) la de insertar, en su caso, una descripción del tipo de bienes y servicios auxiliares ofrecidos, y de la autorización y sus condiciones para ofrecer sus propios bienes y servicios auxiliares (art. 6); 4) la incorporación de una descripción de todo trato diferenciado que den o puedan dar a los bienes o servicios que ofrece la propia plataforma o un usuario profesional que esté bajo su control (art. 7); 5) la inserción de información sobre las condiciones en que los usuarios profesionales pueden terminar la relación contractual con la

---

253 Considerando 15 RMD.

plataforma, así como una descripción del acceso técnico y contractual a la información proporcionada o generada por el usuario profesional que mantenga la plataforma tras la resolución del contrato (art. 8); 6) la incorporación de una descripción sobre el acceso técnico y contractual, o la falta de este, a los datos personales o de otro tipo de los usuarios profesionales (art. 9); 7) la explicación de los motivos que justifican la restricción de la capacidad de los usuarios profesionales de ofrecer sus bienes y servicios a los consumidores en condiciones distintas por otros medios diferentes a los de la plataforma (art. 10); 8) la de informar sobre el acceso al sistema interno de tramitación de reclamaciones y sobre su funcionamiento (art. 11.3); y 9) la de designar a dos o más mediadores con los que estén dispuestos a colaborar para llegar a un acuerdo extrajudicial con los usuarios profesionales en la resolución de sus controversias (art. 12.1).

En definitiva, nos encontramos ante un conjunto de normas de transparencia impuestas a las plataformas en línea con el fin de ordenar y regular la actividad de intermediación que prestan a sus usuarios y, en menor medida, su relación con el resto de plataformas competidoras y con los demás operadores económicos que participan en el mercado digital. Esto es, unas normas que están orientadas a la reglamentación de las estrategias y conductas de las plataformas en la prestación de sus servicios de intermediación en línea.

Se trata, en suma, de normas que han de calificarse como concurrenciales a los efectos del art. 15.2 LCD. En consecuencia, el incumplimiento de estas obligaciones de transparencia, junto con la sanción que pueda corresponder, en su caso, por la aplicación de las normas que las recogen, puede integrar un ilícito de deslealtad por violación de normas concurrenciales en el sentido del art. 15.2 LCD. Ello implica que la mera acreditación de la infracción determinaría la deslealtad de la conducta, toda vez que la mera transgresión de una norma que tenga por objeto la regulación de la actividad concurrencial permite presumir el prevalimiento de una ventaja competitiva significativa con carácter *iuris tantum*[254]. El infractor, no obstante, podría evitar el reproche de deslealtad si demostrara que el incumplimiento de estas obligaciones de transparencia no le ha reportado una ventaja competitiva en el mercado o que dicha ventaja competitiva no es de suficiente entidad como para falsear su estructura competitiva produciendo una alteración significativa en la oferta de bienes o servicios.

3. OBLIGACIONES DE TRANSPARENCIA A CARGO DE LOS MERCADOS EN LÍNEA

3.1. Cuestiones preliminares

Dentro de la denominada economía de plataformas, los mercados en línea desempeñan un rol fundamental. En el ámbito del comercio minorista, el 20% del volumen global de transacciones se llevan cabo a través de sistemas de contratación en línea. Este porcentaje ha ido creciendo desde el 7% en 2015 y se espera que en 2026 llegue hasta el 24%[255]. En este escenario, los mercados en línea aparecen como uno de los principales protagonistas.

Simplificando mucho, podría decirse que los mercados en línea constituyen un espacio en línea donde compradores y vendedores convergen con el fin de realizar transacciones comerciales. Se trata, en suma, de plataformas en línea que facilitan la realización de transacciones contractuales entre diferentes grupos de personas.

En este sentido, la Directiva (UE) 2019/2161 proporciona una definición de mercado en línea con el propósito de dotar al tér-

---

254 *Vid. supra* II.4.4.

255 STATISTA, *Ventas minoristas de comercio electrónico a nivel mundial de 2014 a 2027,* disponible en https://www.statista.com/statistics/379046/worldwide-retail-e-commerce-sales/ (consultado el 11 de julio de 2024).

mino de mayor neutralidad tecnológica, con vistas a abarcar los nuevos desarrollos tecnológicos[256]. Conforme a ella, mercado en línea es aquel "servicio que emplea programas ("software"), incluido un sitio web, parte de un sitio web o una aplicación, operado por el comerciante o por cuenta de este, que permite a los consumidores celebrar contratos a distancia con otros comerciantes o consumidores". Una definición idéntica se recoge en el artículo 59.3 TRLGDCU, que también define "proveedor de un mercado en línea" como "todo empresario que pone a disposición de los consumidores o usuarios un mercado en línea". El RSD, por su parte, sin definir mercado en línea, hace alusión a ellos como plataformas en línea que permiten celebrar contratos a distancia con empresarios.

Como ejemplos de software se mencionan los sitios web, parte de un sitio web y las aplicaciones. Estas últimas se refieren, principalmente, al uso de apps en teléfonos inteligentes y tabletas. Una mención que es relevante, ya que hoy en día una gran parte del comercio en línea se desarrolla a través de estas aplicaciones. Igualmente, dentro del término general software que se utiliza en la definición también tendrían cabida las interfaces en línea. Esta es la principal ventaja de recurrir a una definición tecnológicamente neutra: permitir que los nuevos desarrollos queden cubiertos por la definición[257].

En sentido material, esta definición incluye no sólo las plataformas que permiten la contratación de productos o servicios, sino también las tiendas de aplicaciones que suministran contenidos y servicios digitales. En cambio, quedan fuera de ella las tiendas en línea de empresarios concretos (*web shops*) y las plataformas que no permiten la celebración de contratos, como los motores de búsqueda[258].

---

[256] Considerando 25 Directiva (UE) 2019/2161.

[257] LOODER, A. R. y MORAIS CARVALHO, J., "Online Platforms...", *op. cit.*, p. 543.

[258] WINNER, M., "La regulación jurídica de los contratos celebrados a través de plataformas", en *Almacén de Derecho*, 26 de febrero de 2020, dis-

Dentro de esta definición de mercado en línea tienen cabida una multiplicidad de operadores en línea que actúan de diferente forma en función del sector de actividad al que se dirigen, de la orientación del mercado, del mecanismo de transacción, del papel de sus propietarios o de su forma de financiación[259]. Algunos mercados en línea ofrecen también sus propios productos junto a los de terceros empresarios. Hay mercados en línea que sólo acogen proveedores profesionales. Otros, en cambio, contienen una combinación de ofertas particulares y profesionales. Y no faltan tampoco los que sólo facilitan las relaciones entre consumidores homólogos.

Sin duda, son muchas las ventajas que proporciona la comercialización de bienes y servicios a través de mercados en línea. Pero, a la vez, esta nueva realidad genera importantes problemas relacionados con los derechos de los consumidores, que se derivan, en muchos casos, de las deficiencias informativas existentes en este ámbito[260].

Desde el punto de vista del consumidor surgen, fundamentalmente, dos problemas en materia de información. De un lado, el concerniente a la determinación del papel del mercado en línea. Esto es, si el mercado en línea es el proveedor del producto o servicio, o si éste procede de un tercero proveedor sin que el consumidor llegue a ser consciente de ello. Esta situación puede

---

ponible en https://almacendederecho.org/ (consultado el 13 de junio de 2024).

259 Una clasificación de los mercados en línea puede encontrarse en LAVIOS VILLAHOZ, J. J., DEL OLMO MARTÍNEZ, R., MARISCAL SALDAÑA, M. A. y GARCÍA HERRERO, S., "Mercados virtuales. Sistema actual y retos para el futuro", *IX Congreso de Ingeniería de Organización*, Gijón, 2005, disponible en http://www.adingor.es (consultado el 10 de julio de 2024).

260 BERMUDEZ BALLESTEROS, M. D. S., "Mayor transparencia en las transacciones realizadas a través de mercados en línea: novedades en el Real Decreto-ley 24/2021, de 2 de noviembre", *Revista CESCO de Derecho de Consumo*, núm. 40, 2021, p. 42.

darse cuando no se facilita la identidad del proveedor real o cuando esta no puede ser debidamente percibida por el consumidor. De otro lado, está el asunto relativo a la condición –empresarial o no– del tercero proveedor con el que contrata el consumidor. Y es que la falta de información completa sobre el proveedor real del producto o servicio puede confundir al consumidor sobre los derechos que le asisten[261]. Al respecto se estará de acuerdo en que una suposición errónea del consumidor sobre este extremo puede llevarle a confiar en la cualidad empresarial de quien no la ostenta y en un régimen de protección concurrencial y contractual que no se le aplicará; o, en su caso, a desistir de ejercitar unos derechos que piensa que no tiene, cuando en realidad le serían reconocidos.

3.2. La identificación del proveedor en la contratación a través de mercados en línea

Al problema relativo a la determinación del rol que desempeña el mercado en línea en la contratación de bienes y servicios de consumo, se ha dado respuesta a través de la STJUE en el caso *Tiketa*[262]. En ella se dirime un asunto relativo a la responsabilidad frente al consumidor de un intermediario en la compraventa de entradas de un evento organizado por un tercero.

En lo que aquí interesa, el TJUE afirma que, pese a que en su sentencia en el caso *Wathelet* declaró que una persona que actúa como intermediario para un particular en el contexto de la venta de un bien tiene en sí misma la condición de vendedor en el sentido de la Directiva 1999/44/CE (DVGBC) cuando no hubiera informado debidamente al adquirente de la identidad del

---

261 DOMURATH, I., "Platforms as Contract Partners: *Uber* and beyond", *Maastricht Journal of European and Comparative Law*, 2018, p. 12.

262 STJUE de 24 de febrero de 2022, asunto C-536/20, *Tiketa UAB* (TOL9.908.683).

propietario de dicho bien[263], esta solución no puede aplicarse en la interpretación del concepto de comerciante (*rectius* empresario) previsto en la Directiva 2011/83/UE (DDC), toda vez que proviene de una lógica diferente. Mientras que la DVGBC regula aspectos generales del Derecho de contratos, la DDC se encarga de la regulación de los derechos de los consumidores. En concreto, la DDC no determina la identidad de las partes del contrato celebrado con el consumidor en el supuesto de que el empresario principal recurra a un intermediario, como tampoco regula el reparto de responsabilidades entre estos en caso de incumplimiento de las obligaciones que establece.

Por este motivo, "la cuestión de si la persona física o jurídica que actúa como intermediario en nombre o por cuenta de otro comerciante ha puesto en conocimiento del consumidor que actuaba en esa calidad carece igualmente de incidencia en la calificación de ese intermediario como «comerciante», en el sentido del artículo 2, punto 2, de la Directiva 2011/83". Antes bien, "de los términos de esta disposición, así como del contexto en el que se inscribe y del objetivo perseguido por la Directiva 2011/83 (...) se desprende que el hecho de que dicho intermediario tenga la consideración de comerciante no impide que así ocurra también en el caso del comerciante principal, en nombre o por cuya cuenta actúa el intermediario, sin que sea necesario para ello determinar la existencia de una doble prestación de servicios, ya que ambos comerciantes están obligados a velar por el cumplimiento de las exigencias establecidas en la referida Directiva".

En consecuencia, a los efectos de la DDC –y también de la DPCD[264]–, tiene la consideración de comerciante y, por tanto,

---

263 STJUE de 9 de noviembre de 2016, asunto C149/15, *Wathelet* (TOL5.862.690).

264 En esta dirección, el TJUE ha declarado que "el concepto de «comerciante», tal como se define en las Directivas 2011/83 y 2005/29, debía dar lugar a una interpretación homogénea, ya que estas Directivas se basan en el art. 114 TFUE y, en este sentido, persiguen los mismos objetivos" [SSTJUE de 24 de febrero de 2022, asunto C-536/20, *Tiketa UAB*,

responde de los incumplimientos de dichas Directivas, "no solo la persona física o jurídica que actúe con un propósito relacionado con su actividad comercial, empresa, oficio o profesión en relación con contratos regulados por la citada Directiva, sino también la persona física o jurídica que actúe como intermediario, en nombre o por cuenta de dicho comerciante, pudiendo tanto ese intermediario como el comerciante principal ser considerados «comerciantes» (...), sin que sea necesario para ello determinar la existencia de una doble prestación de servicios".

Ello implica que, en principio, el proveedor del mercado en línea debe garantizar al consumidor los derechos y la protección que le brinda el Derecho comunitario cuando se relaciona o contrata con un tercero a través del mercado en línea. Así, el proveedor del mercado en línea responde frente al consumidor por los déficits de información y por las prácticas comerciales desleales que se desarrollen a través del mercado en línea, con independencia de quién sea el responsable último de la información o de la práctica (el proveedor del mercado en línea o el proveedor del bien o servicio).

Ahora bien, como se manifestó anteriormente, el proveedor del mercado en línea, en tanto que plataformas en línea prestadora de un servicio intermediario de alojamiento de datos sometido al RSD, puede ampararse en la exención de responsabilidad por el contenido almacenado o transmitido a petición de sus usuarios[265].

En este contexto, el RSD ha incluido en esta sede una nueva previsión aplicable específicamente a los mercados en línea. Se trata de su artículo 6.3, conforme al cual la exención responsabilidad prevista en el apartado 6.1 RSD no se aplicará a "las plataformas en línea que permitan que los consumidores celebren contratos a distancia con comerciantes, cuando dicha plataforma

---

apdo. 19 (TOL9.908.683); y de 4 de octubre de 2018, asunto C-105/17, *Kamenova*, apdos. 28 y 29 (TOL6.816.378)].

265 *Vid. supra* III.2.3.

en línea presente el elemento de información concreto, o haga posible de otro modo la transacción concreta de que se trate, de manera que pueda inducir a un consumidor medio a creer que esa información, o el producto o servicio que sea el objeto de la transacción, se proporcione por la propia plataforma en línea o por un destinatario del servicio que actúe bajo su autoridad o control".

La redacción, aunque no es todo lo clara que sería deseable, parece indicar que cuando el consumidor medio puede ser inducido a creer que el producto o servicio que pretende adquirir –o la información proporcionada– proviene directamente de la plataforma o de sus auxiliares, se neutralizará el régimen de exención de responsabilidad de la plataforma[266].

De acuerdo con el Considerando 24 RSD, entre los ejemplos de estas prácticas encontramos la falta de información clara sobre la identidad del empresario, la falta de revelación de la identidad o los datos de contacto del empresario hasta después de la formalización del contrato celebrado entre el empresario y el consumidor, o la comercialización del producto o servicio en su propio nombre en lugar de en nombre del empresario que suministrará el producto o servicio. En cualquier caso, nos enfrentamos a una situación que debe determinarse de manera objetiva, teniendo en cuenta todas las circunstancias pertinentes, a fin de comprobar si la presentación podría inducir a un consumidor medio a creer que la información en cuestión ha sido proporcionada por la propia plataforma en línea o por empresarios que actúan bajo su autoridad o control.

Nos encontramos, por tanto, ante una disposición dirigida a establecer un nuevo equilibrio entre el favorecimiento de la expansión del mercado digital y la necesaria protección de los usuarios que en él participan[267]. Así, con esta regla, que parece seguir el

---

266 GUFFANTI PESENTI, L., "Note in...", *op. cit.*, p. 41.

267 No obstante, se ha criticado su configuración como algo específico en relación con la eventual responsabilidad derivada del Derecho de con-

criterio del TJUE en el ya mencionado asunto *Wathelet*, se confirma que existe margen de responsabilidad para los mercados en línea en virtud de la DPCD si no está claro para el consumidor si un producto es vendido por la propia plataforma o por un tercero usuario de ella[268].

Pero, es más, a nuestro juicio, pese a que el art. 6.3 RSD alude explícitamente al "Derecho en materia de protección de los consumidores", esta regla debería trasladarse al incumplimiento de otras normas cuando se produzca en circunstancias similares. Esto es, cuando el usuario del mercado en línea (actúe o no en condición consumidora) tenga la impresión de que está contratando con la propia plataforma y no con un tercer usuario. Nos referimos, en particular, a aquellas normas que partan de una lógica similar a la de las normas de consumo y que traten de proteger los intereses económicos de quien participa en transacciones económicas. Por ejemplo, las normas de competencia desleal no destinadas específicamente a la protección de los intereses económicos de los consumidores y usuarios[269].

3.3. La identificación de la condición en la que actúa el proveedor en la contratación a través del mercado en línea

El problema relativo a la identificación de la condición en la que actúa el proveedor de bienes o servicios en la contratación a través de mercados en línea ha tratado de atajarse por vía legislativa. A tal efecto, la Directiva (UE) 2019/2161 añade al art. 7.4 DPCD una nueva letra f). En ella se exige a los proveedores de un mercado en línea que informen al consumidor, en cualquier

---

sumo (DE MIGUEL ASENSIO, P. A., "Servicios y mercados digitales: modernización del régimen de responsabilidad y nuevas obligaciones de los intermediarios", *La Ley Unión Europea*, núm. 88, 2021, p. 7).

268 DUIVENVOORDE, B., "The liability…", *op. cit.*, p. 51.

269 En un sentido similar, DE MIGUEL ASENSIO, P. A., "Obligaciones de…", *op. cit.*, p. 9.

invitación a comprar, de si el tercero que ofrece los productos es un comerciante (*rectius* empresario) o no, sobre la base de la información que dicho tercero facilita al proveedor del mercado en línea.

De esta forma, la información sobre este extremo se configura como información sustancial o necesaria cuando la práctica comercial en cuestión contenga una invitación a comprar. Esto es, cuando se indiquen las características del producto y su precio de forma que permita al consumidor tomar la decisión de compra [art. 2.i) DPCD]. Por tanto, la omisión de esta información en una invitación de compra habrá de reputarse desleal cuando impida al consumidor medio adoptar su decisión económica con el debido conocimiento de causa, siendo susceptible de alterar su comportamiento económico.

Esta previsión se ha incorporado a nuestro ordenamiento mediante la inclusión en el art. 20.1 TRLGDCU de una nueva letra f). Se añade así un nuevo elemento que debe figurar como información necesaria en la oferta comercial de bienes y servicios, y cuya omisión dará lugar a una práctica desleal por omisión de información relevante en el sentido del art. 7 LCD (art. 20.6 TRLGDCU)[270]. Asimismo, se introduce una previsión de especial relevancia en relación con este extremo en el art. 20.5 TRLGD-

---

270 La reforma del art. 20 TRLGDCU ha traído una novedad que resulta reseñable. Y es que si en la redacción que la Ley 29/2009 dio al artículo 20.2 TRLGDCU calificaba el incumplimiento de la obligación de incluir la información de su apartado primero como práctica desleal por engañosa con arreglo a lo dispuesto en el artículo 21.2 LCD, ahora los apartados 3 y 6 del art. 20 TRLGDCU, tras ser introducidos por el Real Decreto-ley 24/2021, prevén que será considerado una práctica desleal por engañosa en el sentido del art. 7 LCD. Este cambio es oportuno, toda vez que asegura la conformidad con la DPCD donde no la había [Cfr. MASSAGUER, J., "La reforma de la Ley de Competencia Desleal de 2021: Una reforma menor, coyuntural y continuista del tratamiento de las prácticas comerciales desleales con los consumidores", *Revista de Derecho Mercantil*, núm. 324, 2022, p. 6 (hemos consultado la versión en línea disponible en la base de datos de Aranzadi Instituciones)].

CU, según la cual "la carga de la prueba en relación con el cumplimiento de los requisitos de información establecidos en este artículo incumbirá al empresario"[271].

Con esta medida se trata de garantizar que los consumidores sepan cuál es la condición –empresarial o no– del sujeto con el que contratan a través de un mercado en línea. El asunto no es en modo alguno baladí, toda vez que resulta evidente que una suposición errónea sobre este extremo puede causar problemas al consumidor. Sobre todo, en lo que se refiere al régimen de protección concurrencial y contractual que le ampara. De un lado, puede generar en el consumidor expectativas legítimas de protección y de confianza cuando piensa contratar con un empresario que no es tal (por presentarse así falsamente o por falta de información). Y, de otro lado, puede hacer al consumidor desistir de ejercitar unos derechos que piensa no tener, cuando el proveedor se presente falazmente como particular.

La primera cuestión que plantea esta nueva exigencia de información estriba en la delimitación del concepto de empresario a los efectos de la DPCD y del TRLGDCU, toda vez que, aunque esta condición va a resultar clara en los extremos, existen supuestos intermedios o mixtos en los que su determinación no va a ser tan nítida[272].

En este contexto, los criterios que aporta el TJUE en la sentencia dictada en el caso *Kamenova* pueden resultar de particular

---

271 GARCÍA VIDAL, A., "Nuevas prácticas comerciales prohibidas", en *CESCO*, noviembre de 2021, disponible en http://centrodeestudiosdeconsumo.com/ (consultado el 26 mayo de 2024).

272 En este sentido, es posible afirmar que la prestación de ciertos servicios a través de plataformas en línea se ha profesionalizado. Por ejemplo, en el sector del alquiler vacacional desarrollado a través de *Airbnb*, algunos propietarios de apartamentos desarrollan una actividad profesional, aunque la prestación de ese servicio de alojamiento no sea su actividad principal.

interés[273]. Aunque lo cierto es que los parámetros de análisis que proporciona no son ni exhaustivos ni exclusivos. Además, el hecho de cumplir uno o varios de esos criterios no determina, por sí solo, la calificación como empresario. Habrá de llevarse a cabo, por tanto, una apreciación global que tenga en cuenta todos los criterios pertinentes para pronunciarse sobre la calificación que debe considerarse válida. Una situación que se complica cuando es el propio tercero proveedor el que debe ponderar este aspecto, toda vez que la información que se proporciona en el mercado en línea procede de la declaración que aquel haga a éste[274].

---

273 Entre estos criterios, que se establecen de forma ejemplificativa, se encuentran: comprobar si la venta en una plataforma en línea se ha efectuado de forma planificada y con fines lucrativos; si dicha venta responde a una duración y frecuencia determinadas; si el vendedor posee un estatuto jurídico que le permite realizar actos de comercio, y en qué medida la venta en línea está vinculada a la actividad comercial del vendedor; si el vendedor está sujeto al IVA; si el vendedor, actuando en nombre de un empresario determinado o por cuenta de este o a través de otra persona en su nombre o siguiendo sus instrucciones, ha obtenido una remuneración o una participación en los resultados; si el vendedor compra productos nuevos o usados con intención de revenderlos, confiriendo de este modo a dicha actividad un carácter de periodicidad, una frecuencia o una simultaneidad con respecto a su actividad profesional; si el importe del beneficio obtenido por las ventas confirma que la operación realizada forma parte de una actividad comercial, o si los productos en venta son todos del mismo tipo o del mismo valor, en particular, si la oferta se concentra en un número limitado de productos [STJUE de 4 de octubre de 2018, asunto C-105/17, *Kamenova*, apdo. 51 (TOL6.816.378)].

274 A este respecto, se ha sostenido que, incluso en el caso de que la valoración de la condición de empresario se llevara a cabo en sede jurisdiccional, la evaluación caso por caso que deben realizar los tribunales nacionales no parece garantizar un grado adecuado de seguridad jurídica a nivel europeo [AZEVEDO DE AMORIM, A. C., "Avaliações e recomendações de consumidores: as novas práticas comerciais desleais introduzidas pela diretiva (UE) 2019/2161", *Actas de Derecho Industrial*, t. 41, 2020-2021, p. 232].

En efecto, tanto la nueva letra f) del art. 7.4 DPCD como el apartado f) del art. 20.1 TRLGDCU establecen que la información sobre la situación del tercero proveedor debe basarse en su propia declaración, que posteriormente será trasladada al consumidor por el mercado en línea. Éste no está obligado a verificar la información proporcionada por el tercero proveedor, en consonancia con la ausencia de una obligación general de monitorización o de búsqueda de información prevista en el art. 8 RSD.

El mercado en línea únicamente tendrá que exigir a los terceros proveedores que indiquen su condición de empresarios o no empresarios a los efectos de la legislación de protección de los consumidores y proporcionar dicha información a los consumidores[275]. Consecuentemente, el mercado en línea no responde por la falta de veracidad de la información proporcionada por el tercero proveedor, sino por omitir u ocultar a los consumidores la información sobre la condición empresarial o no del proveedor previamente declarada por éste. De ahí que el mercado en línea no sólo pueda bloquear el acceso a los terceros proveedores que no manifiesten su condición de empresario o no, sino que les impone la obligación de hacerlo si no quieren incurrir en una práctica desleal[276].

La autodeclaración del tercero proveedor aparece como un buen indicador de su situación jurídica, puesto que es quien está en mejores condiciones para proporcionar dicha información. Pero esta autodeclaración no sustituye el concepto de empresario establecido en la legislación comunitaria de consumo. De modo que la autodeclaración debe ajustarse a las exigencias de dicho concepto.

En relación con este extremo, se ha sostenido que hubiera sido razonable exigir a los mercados en línea algunos deberes de comprobación de la veracidad de la declaración del tercero proveedor

---

275 Considerando 28 Directiva (UE) 2019/2161.

276 WINNER, M., "La regulación…", *op. cit.*

acerca de la condición de empresarial en la que actúan[277]. Y es precisamente en esta dirección en la que parece moverse el art. 30 RSD. Este precepto impone a los mercados en línea que permitan la celebración de contratos a distancia con empresarios la obligación de garantizar la trazabilidad de estos. Sin perjuicio de un posterior análisis, baste aquí señalar que el apartado 1 del mencionado art. 30 RSD dispone que el operador de la plataforma deberá garantizar que los empresarios sólo puedan utilizar la plataforma si facilitan una serie de datos relevantes sobre su identidad.

Ahora bien, existe el riesgo de que el tercero proveedor se disfrace de consumidor mediante una declaración falsa sobre su condición empresarial[278]. En este caso, el tercero proveedor estará incurriendo en una práctica comercial en todo caso y en cualquier circunstancia. Así se deduce tanto del apartado 22 del Anexo I DPCD como del art. 27.5 LCD, donde se establece la deslealtad de la presentación fraudulenta del empresario como consumidor. En este caso se exige cierta intencionalidad por parte del empresario[279]. De modo que la declaración errónea (no intencional) del empresario sobre su condición empresarial queda al margen de esta práctica desleal *per se.* Esta situación puede darse en aquellos casos dudosos en que el proveedor no haya evaluado correctamente los criterios que determinan su calificación como empresario. No obstante, ello no impide que esa declaración errónea del empresario pueda calificarse como desleal por engañosa cuando sea susceptible de alterar el comportamiento económico del consumidor medio *ex* arts. 6 DPCD y 5 LCD.

---

277 CUENA CASAS, M., "La contratación...", *op. cit.*, p. 300.

278 VERSACI, G., "Le tutele a favore del consumatore digitale nella «Direttiva *omnibus*»", *Persona e mercato,* núm. 3, 2021, p. 590.

279 En contra, MARTÍN ARESTI, P., "Artículo 27...", *op. cit.,* p. 775; y LUNAS DÍAZ, M. J., "Artículo 27 LCD. Otras prácticas engañosas", en LEMA DEVESA, C. (Dir.), *Prácticas comerciales desleales de las empresas en sus relaciones con los competidores y consumidores: régimen legal tras la reforma introducida por la Ley 29-2009,* L'Hospitalet de Llobregat, Bosch, 2012, p. 409.

En cuanto a la forma de presentar la información, el Considerando 27 de la Directiva (UE) 2019/2161 establece que habrá de "facilitarse de manera clara y comprensible y no sólo en las condiciones generales o en documentos contractuales similares". En cualquier caso, tratándose de un supuesto de omisión de información relevante *ex* arts. 7 LCD y 7 DPCD, esta información debe proporcionarse, no estar oculta ni facilitarse de forma poco clara, ininteligible, ambigua o en un momento que no sea el adecuado. Además, habrá de tenerse en cuenta el contexto y las limitaciones impuestas por el medio utilizado para trasmitir la información. De esta forma, parece razonable que dicha información se proporcione en la propia interfaz del mercado en línea al lado de la oferta en cuestión e indicándose de forma clara el carácter empresarial o no del tercero proveedor. Atendiendo al contexto, podría incluso omitirse esta información cuando el mercado en línea sólo sirviera de soporte a proveedores profesionales y así se especificara expresamente y de forma destacada.

La Directiva (UE) 2019/2161 también aborda este problema en relación con los deberes de información precontractual que corren a cargo de los empresarios frente a los consumidores. En este sentido, la mencionada Directiva incorpora en la DDC un nuevo art. 6 bis donde se regulan una serie de requisitos de información precontractual específicos para contratos a distancia celebrados en mercados en línea. Este precepto ha cristalizado en nuestro ordenamiento en el nuevo art. 97 bis TRLGDCU. Conforme a él, el proveedor del mercado en línea debe proporcionar al consumidor en la fase precontractual información clara, comprensible y adecuada a la técnica de información a distancia sobre los siguientes extremos: "b) Si el tercero que ofrece los bienes, servicios o contenido digital tiene la condición de empresario o no, con arreglo a su declaración al proveedor del mercado en línea; c) Cuando el tercero que ofrece los bienes, servicios o contenido digital no sea un empresario, la mención expresa de que la normativa en materia de protección de los consumidores y usuarios no es de aplicación al contrato; d) Cuando proceda, cómo se reparten las obligaciones relacionadas con el contrato entre el tercero que ofrece los bienes, servicios o contenido digital y el proveedor del mercado en línea, entendiéndose esta información sin perjuicio de cualquier responsabilidad que el proveedor del mercado en línea o el tercero empresario tenga en relación con el contrato en virtud de otra normativa de la Unión Europea o nacional".

Al margen de las posibles acciones por competencia desleal, surge aquí el problema relativo a las posibles acciones contractuales que amparan al consumidor afectado por el incumplimiento de esta obligación de informar sobre la condición empresarial del tercero proveedor. En estos casos, el consumidor puede solicitar la anulación del contrato sobre la base del art. 100 TRLGDCU. El apartado 1 de este precepto afirma que "(e)l contrato celebrado sin que se haya facilitado al consumidor y usuario la copia del contrato celebrado o la confirmación del mismo, de acuerdo con los artículos 98.7 y 99.2, podrá ser anulado a instancia del consumidor y usuario por vía de acción o excepción". El art. 98.7 TRLGDCU, por su parte, dispone que el empresario deberá facilitar al consumidor y usuario la confirmación del contrato celebrado en un soporte duradero y en un plazo razonable después de la celebración del contrato a distancia, a más tardar en el momento de entrega de los bienes o antes del inicio de la ejecución del servicio. Y esta confirmación ha de incluir toda la información que figura en el artículo 97.1, salvo si el empresario ya ha facilitado esa información al consumidor y usuario en un soporte duradero antes de la celebración del contrato a distancia. De modo que la falta de información sobre este extremo habilita al consumidor para solicitar la anulabilidad del contrato celebrado con el tercero proveedor que no ha facilitado la información oportuna.

Puede ocurrir, no obstante, que ese tercero proveedor haya facilitado la información pertinente al mercado en línea y que haya sido éste quien ha incumplido la obligación de información que pesa sobre él. En este supuesto, entendemos que ha de mantenerse la posibilidad del consumidor de anular el contrato celebrado con el tercero proveedor. Y que será éste quien debe actuar contra el mercado en línea por incumplimiento de las obligaciones contractuales derivadas de la relación de intermediación que los vincula. Todo ello sin perjuicio de la responsabilidad en que pueda incurrir el proveedor del mercado en línea por infracción del art. 31.1 RSD[280].

3.4. Otras obligaciones de transparencia de los mercados en línea

El RSD impone a los proveedores de mercados en línea unas obligaciones específicas de diligencia debida. Entre ellas destaca la obligación de garantizar la trazabilidad de los comerciantes (*rectius* empresarios).

Esta obligación viene a complementar las normas de transparencia que las normas de consumo imponen a los proveedores de mercados en línea, entre las que se encuentran las anteriormente analizadas[281]. Su finalidad estriba, por tanto, en contribuir a la creación de un entorno en línea seguro y transparente para los consumidores[282].

Así, el art. 30 RSD establece una obligación encaminada a que los proveedores de mercados en línea conozcan a los usuarios profesionales que ofrecen productos o servicios a través de ellos[283]. Con ello se pretende mejorar la trazabilidad y, por extensión, también la responsabilidad de los usuarios profesionales que utilizan los mercados en línea como canales de venta.

---

280 Ese precepto dispone que "(e)l prestador de plataformas en línea que permitan a los consumidores celebrar contratos a distancia con comerciantes garantizará que su interfaz en línea esté diseñada y organizada de manera que los comerciantes puedan cumplir con sus obligaciones en relación con la información precontractual, la conformidad y la información de seguridad del producto en virtud del Derecho de la Unión aplicable".

281 CAUFFMAN, C. y GOANTA, C., "A New..", *op. cit.*, p. 763; WILMAN, F., "The Digital…", *op. cit.*, p. 12; y DE MIGUEL ASENSIO, P. A., "Obligaciones de…", *op. cit.*, p. 34.

282 MONTERO GARCÍA-NOBLEJAS, P., "El reto…", *op. cit.*, p. 21.

283 BUSCH, C. y MAK, V., "Putting the…", *op. cit.*, p. 10.

El apartado 1 del mencionado artículo dispone que los proveedores de mercados en línea se asegurarán de que los empresarios solo puedan utilizar dichas plataformas para promocionar u ofrecer productos o servicios si, previamente a su uso, han obtenido información sobre la identidad, dirección y contacto del empresario; una copia del documento de identificación del empresario o cualquier otra identificación electrónica; los datos de la cuenta de pago del empresario; los datos registrales del empresario cuando esté inscrito en el Registro Mercantil o en un registro público análogo; y una certificación por la que se comprometa a ofrecer exclusivamente productos o servicios que cumplan con las disposiciones aplicables del Derecho de la Unión.

Además de esta obligación, el proveedor del mercado en línea también deberá "hacer todo lo posible" por evaluar si la información es fiable (art. 30.2 RSD), solicitar al comerciante que corrija la información que sea inexacta o incompleta, así como suspender al comerciante hasta que se realice dicha corrección (art. 30.3 RSD).

Según el Considerando 73 del RSD, los proveedores de mercados en línea "deben hacer todo lo posible por evaluar la fiabilidad de la información proporcionada por los comerciantes afectados, en particular mediante el uso de bases de datos en línea e interfaces en línea oficiales de libre disponibilidad, como los registros mercantiles nacionales y el sistema de intercambio de información sobre el IVA, o solicitar a los comerciantes afectados que proporcionen documentos justificativos fiables, como copias de documentos de identidad, estados bancarios certificados de cuentas de pago, certificados empresariales y certificados del registro mercantil. También pueden recurrir a otras fuentes, disponibles para su uso a distancia, que ofrezcan un grado análogo de fiabilidad al efecto de cumplir con esta obligación. Sin embargo, los prestadores de plataformas en línea de que se trate no deben estar obligados a realizar actividades excesivas o costosas de búsqueda de hechos ni a realizar comprobaciones sobre el terreno desproporcionadas. Tampoco cabe entender que esos prestadores que hayan hecho todo lo posible, como exige el presente Reglamento, garanticen la fiabilidad de la información al consumidor u otros interesados".

Se establece también que el consumidor tiene derecho a acceder a esta información "de manera clara, fácilmente accesible y comprensible". Ello permitirá a los proveedores de mercados en línea proporcionar la información a la que se refieren los arts. 20.1.f) y 97 bis TRLGDCU, y 7.4.f) DPCD. De modo que esta obligación vendría a complementar de forma mediata la protección del consumidor establecida en dichas normas.

Junto a ello, el art. 32 RSD impone a los proveedores de mercados en línea la obligación de informar a los consumidores sobre los productos o servicios ilícitos que se hayan ofrecido a través de su plataforma. Así, cuando el proveedor del mercado en línea tenga conocimiento, independientemente de los medios utilizados, de que un producto o servicio ilícito ha sido ofrecido por un empresario a los consumidores situados en la Unión a través de sus servicios, informará, en la medida en que tenga sus datos de contacto a los consumidores que hayan adquirido el producto o servicio ilícito a través de sus servicios, de la ilicitud del producto o servicio, de la identidad del empresario oferente, y de cualquier vía de recurso pertinente. Esta obligación queda limitada a los productos o servicios ilícitos adquiridos durante los seis meses anteriores al momento en que el proveedor del mercado en línea haya tenido consciencia de la ilegalidad.

En el caso de que el proveedor del mercado en línea no disponga de los datos de contacto de todos los consumidores afectados, pondrá a disposición pública y hará que sea fácilmente accesible en su interfaz la información sobre el producto o servicio ilícito, la identidad del empresario oferente y toda vía de recurso.

CAPÍTULO IV

La explotación de una situación de dependencia económica en la economía de plataformas

1. PLANTEAMIENTO

La economía de plataformas ha adquirido una importancia fundamental en la economía actual, transformando profundamente los modelos de negocio y los patrones de consumo. Actualmente, gran parte de la actividad económica y comercial se canaliza a través de las plataformas digitales. Y ello es consecuencia, no sólo de su notable poder de intermediación, sino también de la oferta de una serie de servicios adicionales (sistemas de búsqueda, medios de pago, servicios de localización y de envío, herramientas de comparación de precios, suministro de recomendaciones personalizadas, facilitación de reseñas y valoraciones de otros usuarios, etc.) que incrementan el atractivo de su oferta.

Los mercados digitales en los que participan estas plataformas se caracterizan por una serie de rasgos que permiten su diferenciación respecto de los mercados tradicionales. Entre estas características destacan la existencia de unos potentes efectos de red, las elevadas economías de escala y alcance, la necesidad de inversiones significativas en tecnología e infraestructura digital, la presencia de altos costes de cambio para los usuarios, la existencia de subsidios cruzados y el establecimiento de precios reducidos o nulos para alguna de las partes intermediadas, y la intensidad en la adquisición y uso de los datos de los usuarios[284].

---

284 CHASE SOLÁN, C., GARCÍA-VERDUGO SALES, J. y LÓPEZ VALLÉS, J., "Principios de análisis económico de los mercados digitales", *Revista de Economía ICE,* núm. 925, 2022, pp. 17 y ss.

La combinación de estas características hace que los mercados digitales presenten una fuerte proclividad al *tipping*. Esto es, que de una situación de competencia entre plataformas pueda llegarse al dominio del mercado por una plataforma o por unas pocas. Y es que en los mercados nacidos al albur de la economía de plataformas no hay sitio para todos los competidores. De un lado, la necesidad de alcanzar una masa crítica de usuarios en los grupos conectados que haga atractiva la plataforma conduce a la necesidad de importantes inversiones en posicionamiento y promoción que no pueden ser asumidos por todos los usuarios. Y, de otro lado, los usuarios suelen preferir acudir a una (o pocas) plataformas para evitar los costes de transacción que supone la búsqueda de información[285].

Bajo estas coordenadas, no es extraño que ciertas plataformas alcancen una posición en el mercado que las coloque en una situación de poder respecto de los usuarios profesionales, en tanto que intermediarios necesarios entre estos y los usuarios finales. En efecto, la creciente intermediación de las transacciones a través de las plataformas digitales, fortalecida por los potentes efectos de red indirectos basados en datos, conduce a que los usuarios profesionales dependan cada vez más de ellas para llegar a los consumidores. A causa de esta dependencia creciente, las plataformas digitales cuentan con una superior capacidad de negociación[286]. Ello les permite actuar unilateralmente de forma abusiva e injusta frente a los usuarios profesionales, lo que puede repercutir negativamente sobre el correcto funcionamiento del mercado y afectar, a su vez, a los intereses de los consumidores.

Nos encontramos, por tanto, ante unos mercados donde la existencia de situaciones de dependencia económica es altamente frecuente. Situaciones que son perfectamente lícitas cuando son el resultado de una respuesta natural del mercado a una actuación

---

285 OLMEDO PERALTA, E., “Comercialización de servicios hoteleros a través de plataformas digitales de reserva de habitaciones: el controvertido uso de las cláusulas de nación más favorecida (most favoured nation)”, *Revista General de Derecho del Turismo*, núm. 4, 2021, p. 4.

286 Considerando 2 PR2B.

concurrencial basada en la eficiencia o en la bondad de las propias prestaciones. Pero que se tornan conflictivas cuando la empresa con poder de mercado abusa de él en perjuicio de las empresas económicamente dependientes o del correcto funcionamiento del mercado. De ahí que el ordenamiento jurídico haya tratado de combatir dichos abusos desde distintas perspectivas normativas. En este contexto, la problemática del abuso de situación de dependencia económica ha sido tratada desde el Derecho represor de la competencia desleal, el Derecho de defensa de la competencia, la regulación sectorial e, incluso, desde el ámbito del Derecho de contratos.

En las siguientes líneas nos ocuparemos del tratamiento que recibe el abuso de situación de dependencia económica en la normativa represora de la deslealtad concurrencial. Para ello, analizaremos el ilícito de deslealtad prohibitivo de la explotación de una situación de dependencia económica tipificado en los apartados 2 y 3 del art. 16 LCD, poniendo especial énfasis en las particularidades que caracterizan este fenómeno en los mercados digitales. Y, a continuación, examinaremos los principales grupos de casos en los que puede manifestarse la explotación de esta situación en la economía de plataformas, lo que exigirá atender a ciertas normas contenidas en la regulación sectorial de la economía de plataformas (RMD y RP2B).

2. LA EXPLOTACIÓN DE UNA SITUACIÓN DE DEPENDENCIA ECONÓMICA EN LA LEY DE COMPETENCIA DESLEAL

2.1. Caracterización general

La Ley de Competencia Desleal regula el ilícito de explotación de una situación de dependencia económica en los apartados 2 y 3 de su art. 16[287]. El primero de estos apartados recoge la prohibi-

[287] Sobre la evolución legislativa de este precepto, *vid.*, entre otros, ESTEVAN DE QUESADA, C., "La doble regulación del abuso de una si-

ción general de este tipo de prácticas al disponer que "(s)e reputa desleal la explotación por parte de una empresa de la situación de dependencia económica en que puedan encontrarse sus empresas clientes o proveedores que no dispongan de alternativa equivalente para el ejercicio de su actividad". Una situación que "se presumirá cuando un proveedor, además de los descuentos o condiciones habituales, deba conceder a su cliente de forma regular otras ventajas adicionales que no se conceden a compradores similares".

El apartado 3, por su parte, recoge dos supuestos específicos de explotación de la situación de dependencia económica. Estos son: a) "La ruptura, aunque sea de forma parcial, de una relación comercial establecida sin que haya existido preaviso escrito y preciso con una antelación mínima de seis meses, salvo que se deba a incumplimientos graves de las condiciones pactadas o en caso de fuerza mayor"; y "b) La obtención, bajo la amenaza de ruptura de las relaciones comerciales, de precios, condiciones de pago, modalidades de venta, pago de cargos adicionales y otras condiciones de cooperación comercial no recogidas en el contrato de suministro que se tenga pactado".

Como puede comprobarse, esta regulación circunscribe la prohibición de la explotación de una situación de dependencia económica al ámbito de las relaciones verticales (frente a clientes y proveedores)[288]. Esta circunstancia convierte a este precepto

---

tuación de dependencia económica", *Revista de Derecho Mercantil*, núm. 257, 2005, pp. 1079 y ss.; ARROYO APARICIO, A., "Discriminación y dependencia económica", en GARCÍA-CRUCES, J. A., *Tratado de Derecho de la Competencia y de la Publicidad*, t. II, Valencia, Tirant lo Blanch, 2014, pp. 1474 y ss.; y GONZÁLEZ PONS, E., "Actos concretos de competencia desleal (III): prácticas agresivas, discriminación, dependencia económica y venta a pérdida", en BENEYTO PALLÁS, K. y ARMENGOT VILAPLANA, A. (Dirs.), *Actos de competencia desleal y su tratamiento procesal*, Valencia, Tirant lo Blanch, 2020, pp. 166 y ss.

288 MASSAGUER FUENTES, J., "La explotación de una situación de dependencia económica como acto de competencia desleal", en *Estudios de Derecho Mercantil en homenaje al profesor Manuel Broseta Pont*, Vol. 2, Valencia, Tirant Lo Blanch, 1995, p. 2206.

en un cauce especialmente adecuado para controlar los posibles comportamientos abusivos e injustos que se dan en el ámbito de las redes de distribución[289]. Y, por supuesto, también, para fiscalizar ciertas prácticas desarrolladas por las plataformas en línea que intermedian en la actividad de sus usuarios profesionales.

La explotación de una situación de dependencia económica es un ilícito a caballo entre el Derecho de defensa de la competencia y el Derecho represor de la competencia desleal[290]. Además, la prohibición contenida en el art. 16.2 LCD adopta la estructura propia de un ilícito *antitrust*[291]. Así lo acredita la delimitación del círculo de destinatarios a los que se dirige. Este precepto sólo se aplica a los operadores económicos que gozan de una posición de preponderancia económica respecto de sus clientes o proveedores. Y sólo en la medida en que se abuse de ese poder de mercado, lo que exige analizar el impacto de la conducta sobre la estructura del mercado y sobre el funcionamiento del proceso competitivo.

En este sentido, el ilícito de explotación de una situación de dependencia económica con carácter general (aunque no de forma necesaria), agota sus efectos en las relaciones privadas entre las partes. Y es que el poder de mercado de la empresa que puede denominarse *fuerte* se caracteriza por ser relativo. De modo que esta situación se manifiesta esencialmente en la relación entre dos operadores económicos determinados, sin que, en la mayoría de

289 ESTEVAN DE QUESADA, C., *Explotación de la dependencia económica en las redes de distribución*, Cizur Menor, Aranzadi, 2017, p. 65.

290 ZABALETA DÍAZ, M., “La dependencia económica del proveedor de la gran distribución”, en CACHAFEIRO GARCÍA, F., GARCÍA PÉREZ, R. y LÓPEZ SUÁREZ, M.A., *Derecho de la competencia y gran distribución*, Aranzadi, Cizur Menor, 2016, pp. 60 y 61; y OLMEDO PERALTA, E., “Explotación de la situación de dependencia económica en la cadena alimentaria”, en JIMÉNEZ SERRANÍA, V. y CARBAJO CASCÓN, F. (Dirs.), *Competencia, propiedad intelectual y tutela de consumidores en el sector agroalimentario*, Valencia, Tirant lo Blanch, 2022, pp. 1184 y 1185.

291 MASSAGUER FUENTES, J., *Comentario a…*, *op. cit.*, p. 474.

los casos, la conducta abusiva tenga un efecto sensible sobre las condiciones de competencia[292].

De esta forma, el art. 16.2 LCD se encamina a la prohibición de aquellas prácticas abusivas de empresas que, sin llegar a alcanzar una posición de dominio en el mercado, gozan de una especial posición de fuerza económica respecto de otros operadores económicos con los que mantiene relaciones comerciales, generalmente, articuladas mediante vínculos contractuales[293].

Así, la función normativa de este precepto estriba en la represión de las conductas constitutivas de una explotación abusiva en supuestos en los que no concurren los presupuestos del ilícito *antitrust.* En particular, cuando las consecuencias de la conducta carecen de la notoriedad, relevancia e importancia sustantiva necesarias para producir la exigida afectación del interés público[294].

Ahora bien, ello no impide que la explotación de una situación de dependencia económica pueda tener un efecto sensible sobre la competencia que afecte al interés público. En estos casos, sea abriría la vía para enjuiciar la conducta a la luz del ilícito del falseamiento de la libre competencia por actos desleales tipificado en el art. 3 LDC[295].

---

292 ZABALETA DÍAZ, A., "El abuso de una situación de dependencia económica, ¿ilícito antitrust o ilícito desleal?", *Actas de Derecho Industrial,* t. 26, 2005-2006, p. 347.

293 ESTEVAN DE QUESADA, C., *Explotación de..., op. cit.,* p. 65.

294 Resolución del Tribunal de Defensa de la Competencia de 7 de julio de 1995, Expte. R 121/95, *Mutua Madrileña Automovilista.*

295 FONT GALÁN, J. I. y MIRANDA SERRANO, L. M., *Competencia desleal..., op. cit.,* p. 128; BERENGUER FUSTER, L., "Otras formas de abuso de posición dominante (con especial mención al abuso de situación de dependencia económica)", en MARTÍNEZ LAGE, S. y PETITBÒ, A. (Dirs.), *El abuso de posición de dominio,* Madrid, Marcial Pons, 2006, p. 434; y MAESTRE BENAVENTE, R., "El abuso de situación de dependencia económica: grupos de casos", *Derecho de los negocios,* núm. 231, 2009, p. 29.

Esta prohibición se inserta sistemáticamente entre los actos de deslealtad frente al mercado o, si se prefiere, frente al interés general en el mantenimiento de un orden concurrencial debidamente saneado[296]. La prohibición de la explotación de situaciones de dependencia económica pretende salvaguardar el orden concurrencial de aquellas conductas desarrolladas por empresas que pueden actuar de forma contraria a la competencia por eficiencia gracias al poder de mercado que ostentan frente a sus clientes o proveedores[297].

La finalidad de este ilícito de deslealtad estriba, por tanto, en la preservación de la competencia económica de las restricciones estructurales y funcionales que pueda ocasionar el comportamiento de aquella empresa que, al configurar sus relaciones con otras empresas, se prevale del poder de mercado que ostenta frente a ellas, con el propósito de que su conducta no difiera de la que debería observar en una situación de equilibrio[298]. Y es que se entiende que la obtención por un operador de ventajas que no lograría si no fuera por la falta de posibilidades de elección que ha de soportar quien se encuentra en una correlativa posición de dependencia suponen un deterioro del funcionamiento concurrencial del mercado[299]. De ahí que se mantenga que este precepto trata de controlar situaciones de poder de mercado que escapan del ámbito de aplicación del Derecho *antitrust,* pero que pueden tener ciertos efectos sobre el correcto funcionamiento del mercado[300].

---

296 Entre otros, MASSAGUER FUENTES, J., *Comentario a..., op. cit.,* p. 475; BELLIDO, J., "Artículo 16. Discriminación y dependencia económica", en BERCOVITZ RODRÍGUEZ-CANO (Dir.), *Comentarios a la Ley de competencia desleal,* Cizur Menor, Aranzadi, 2011, p. 449; y ARROYO APARICIO, A., "Discriminación y...", *op. cit.,* p. 1489.

297 SAP A Coruña 328/2020, de 7 de septiembre (TOL8.348.126).

298 MASSAGUER FUENTES, J., "La explotación...", *op. cit.,* p. 2219.

299 STS (Sala Primera) 75/2012, de 29 de febrero (TOL2.488.692).

300 ZABALETA DÍAZ, A., "El abuso...", *op. cit.,* p. 351; y ESTEVAN DE QUESADA, C., *Explotación de..., op. cit.,* p. 143.

El precepto bajo consideración emplea el término empresa para referirse a sus destinatarios. Sin embargo, ello no altera la delimitación del ámbito de aplicación subjetivo establecido en la LCD[301]. De modo que la prohibición de explotación de una situación de dependencia económica resulta de aplicación a aquellos empresarios, profesionales y demás operadores económicos que ostentan una posición de poder frente a otros operadores que dependen económicamente de ellos.

Así pues, este ilícito de deslealtad sólo se aplica a aquellas empresas que tengan un poder relativo de mercado y sólo en la medida en que se relacionan con otras empresas que sean sus clientes o proveedores. Ello implica que la conducta puede ir referida a cualquiera de los extremos de la relación contractual (oferta o demanda).

El ámbito natural de aplicación del precepto se circunscribe, en consecuencia, a aquellas actuaciones de empresas que ostentan una posición de poder o fuerza relativa sobre sus contrapartes comerciales. Una posición que puede ser explotada en tanto que les permite diseñar y desarrollar sus relaciones comerciales de manera sustancialmente diferente a como tendrían que hacerlo en caso de no tener ese poder. Pero solo en la medida en que esa explotación del poder relativo de mercado repercuta negativamente en el funcionamiento del sistema concurrencial[302].

Sin embargo, la existencia de una situación de dependencia económica no exige que preexista una previa relación comercial entre los sujetos activo y pasivo de la conducta. Así ocurriría, por ejemplo, en el caso de un distribuidor que solicita ser suministrado por primera vez por un fabricante, cuya marca necesita incluir en su oferta al público para poder ser competitivo[303].

---

301 MASSAGUER FUENTES, J., "La explotación...", *op. cit.*, p. 2225; y ARROYO APARICIO, A., "Discriminación y...", *op. cit.*, p. 1509.

302 ESTEVAN DE QUESADA, C., *Explotación de...*, *op. cit.*, p. 143.

303 MASSAGUER FUENTES, J., *Comentario a...*, *op. cit.*, p. 477; y ZABALETA DÍAZ, M., *La explotación de una situación de dependencia económica como*

2.2. *La deslealtad del abuso de situación de dependencia económica: los presupuestos del ilícito*

El tipo prohibitivo de la explotación de una situación de dependencia económica se configura a partir de la concurrencia de dos presupuestos básicos. Para que la conducta sea considerada ilícita, es necesario acreditar: 1) la existencia de una situación de dependencia económica, y 2) la explotación abusiva de dicha situación[304].

El primer presupuesto, esto es, la situación de dependencia económica, constituye un hecho puramente fáctico que, por sí mismo, no está prohibido. Se trata de un elemento objetivo que describe el desequilibrio en la relación económica entre las partes, pero cuya sola presencia carece de relevancia concurrencial.

El segundo presupuesto, en cambio, representa el núcleo de la conducta prohibida y radica en la explotación abusiva de dicha dependencia. Este presupuesto viene configurado por la acción relevante que se hace merecedora del reproche de deslealtad, al implicar un uso injustificado del poder relativo de mercado en perjuicio de su correcto funcionamiento.

2.2.1. La situación de dependencia económica

A) El poder relativo de mercado

El ilícito tipificado en el art. 16.2 LCD se construye sobre un elemento de carácter fáctico. Así, el presupuesto nuclear de la prohibición se residencia en la existencia de una situación de de-

---

supuesto de competencia desleal, Madrid, Marcial Pons, 2002, p. 231.

304 Entre otras, SAP de Córdoba 111/2008, de 3 junio (TOL5.934.279); SAP de Madrid 313/2011, de 28 de octubre (TOL2.338.267); y SAP de Ourense 16/2014, de 4 de febrero (TOL4.120.140).

pendencia económica[305]. En esta situación se encuentran aquellas empresas que no pueden encontrar en el mercado relevante alternativas equivalentes para el ejercicio de su actividad. En este sentido, una empresa será económicamente dependiente cuando no pueda prescindir de las relaciones que mantiene con otra empresa sin que su capacidad competitiva se vea seriamente comprometida[306]. La ausencia de alternativas equivalentes es lo que hace imprescindible el mantenimiento de la relación para garantizar la subsistencia en el mercado[307]. Y esta situación resulta especialmente propicia para la aparición de prácticas abusivas facilitadas precisamente por esa relación de poder[308].

De esta forma, la situación de dependencia económica se produce en el marco de una relación bilateral[309]. Se trata de una situación en la que se encuentra una empresa frente a otra que tiene poder de mercado sobre ella. Así pues, la situación de dependencia económica se construye sobre la existencia de poder de mercado, pero este poder es distinto del que ostenta la empresa que se encuentra en posición de dominio.

Frente a la posición de dominio, que se caracteriza por la presencia de un poder absoluto de mercado, en la dependencia económica el poder de mercado presenta un carácter relativo. La posición de dominio se configura como aquella situación de poder económico que ostenta una empresa frente al resto de participantes en el mercado y que le permite impedir la existencia de una competencia efectiva en el mercado de referencia, confiriéndole la posibilidad de comportarse con un grado apreciable de inde-

---

305 MASSAGUER FUENTES, J., *Comentario a…, op. cit.*, p. 478.

306 ZABALETA DÍAZ, A., "El abuso…", *op. cit.*, p. 365.

307 BELLIDO, J., "Artículo 16…", *op. cit.*, p. 450.

308 GARCÍA MARTÍNEZ, R., "La explotación abusiva de la situación de dependencia económica como nuevo ilícito antitrust en la Ley Española de Defensa de la Competencia", *Revista del Poder Judicial*, núm. 64, 2001, p. 319.

309 ESTEVAN DE QUESADA, C., *Explotación de…, op. cit.*, p. 71.

pendencia frente a sus competidores, clientes y consumidores[310]. En cambio, la dependencia económica se caracteriza por la existencia de un poder relativo de mercado que detenta una empresa respecto de otra u otras con las que se relaciona como cliente o como proveedor. En consecuencia, la diferencia entre el poder absoluto y relativo de mercado no se encuentra en la intensidad del poder, sino en el ámbito subjetivo en el que puede ejercerse[311].

Dependencia económica y poder relativo de mercado aparecen como las dos caras de una misma moneda. La situación de dependencia económica es aquella en la que se encuentran las empresas clientes o proveedoras de otra, que necesariamente ostenta una situación de poder relativo en el mercado[312]. Es decir, en dependencia económica se encuentra el sujeto pasivo de la relación, mientas que el lado activo está ocupado por la empresa con poder relativo de mercado[313]. Se trata, por tanto, de una relación bilateral donde una empresa ostenta una posición de *fuerza* respecto de otra empresa *débil*. De modo que el poder relativo de mercado se despliega exclusivamente sobre las contrapartes dependientes, y no sobre todos los operadores que actúan en el mercado como sucede en los casos de posición dominante.

Ahora bien, nada impide que dependencia económica y posición de dominio coincidan, pero ello no implica que deba ser así necesariamente. Es posible que una empresa sea dependiente de otra que no se encuentra en posición de dominio, del mismo modo que puede ocurrir que las empresas que se relacionan con una empresa con poder absoluto de mercado no se encuentren en una situación de dependencia económica respecto de ella[314].

---

310 SSTJCE de 14 de febrero de 1978, en el asunto 27/76, *United Brand Company*, apdo. 65; y de 13 de febrero de 1979, en el asunto 85/76, *Hoffmann-La Roche*, apdo. 38.

311 ESTEVAN DE QUESADA, C., *Explotación de…*, *op. cit.*, p. 70.

312 ZABALETA DÍAZ, M., *La explotación…*, *op. cit.*, p. 230.

313 MASSAGUER FUENTES, J., "La explotación…", *op. cit.*, p. 2226.

314 ESTEVAN DE QUESADA, C., *Explotación de…*, *op. cit.*, p. 72.

La dependencia se suele identificar con la ausencia de una alternativa equivalente para que la empresa presuntamente dependiente pueda ejercer su actividad sin que su capacidad competitiva se vea comprometida de forma significativa. De modo que su apreciación exige delimitar el mercado relevante en el que se da la potencial situación de dependencia y, a partir de ahí, evaluar sucesivamente un doble aspecto: Primero, habrá que comprobar si existe alguna alternativa en el mercado relevante; y, en caso afirmativo, será necesario evaluar su equivalencia.

En la denominada economía de plataformas, la situación de dependencia económica se manifiesta, fundamentalmente, en las relaciones que mantienen los usuarios profesionales con las plataformas en línea que actúan como intermediarios en sus relaciones con los usuarios finales destinatarios de sus productos o servicios[315]. En la evaluación de la hipotética situación de dependencia económica en que se encuentran estos usuarios profesionales se hace necesario tomar en consideración las particulares características que presentan los mercados digitales. Y es que, aunque la valoración de la existencia de una situación de dependencia económica se ha hecho tradicionalmente en el ámbito de las relaciones comerciales analógicas, nada impide que se trasladen los criterios empleados en ese enjuiciamiento a las relaciones entabladas entre las plataformas digitales y los usuarios profesionales que recurren a ellas como canales de distribución en línea. No obstante, como es natural, en ese juicio es necesario tener en cuenta todas las circunstancias concurrentes y, particularmente,

---

315 Consecuentemente, las situaciones de dependencia económica que se dan en el marco de la economía de plataformas tienen su origen en el poder relativo de la demanda. Esta dependencia existe en los casos en que los proveedores de un determinado producto o servicio sólo pueden colocarlo en el mercado en condiciones competitivas si se abastece con ellos un determinado cliente o se utiliza un particular canal de distribución. Sobre los distintos tipos de situaciones de dependencia económica, *vid.*, entre otros, MASSAGUER FUENTES, J., "La explotación…", *op. cit.*, pp. 2233 y ss.; y ESTEVAN DE QUESADA, C., *Explotación de…, op. cit.*, pp. 103 y ss.

aquellas especialidades propias de los mercados digitales que impactan significativamente tanto en la definición del mercado relevante como en la valoración de la dependencia económica[316]. Nos referimos, en concreto, a la intensidad de los efectos de red, a los costes de cambio, a las inversiones en posicionamiento y promoción realizadas por los usuarios profesionales, a las preferencias de los usuarios finales, a las posibilidades de *multihoming*, al grado de integración vertical de la plataforma, y al papel que juegan los datos de los usuarios en el desarrollo de la actividad empresarial.

B) La delimitación del mercado relevante

El poder relativo de mercado que ostenta la empresa que puede explotar la situación de dependencia económica en que se encuentran sus clientes o proveedores no puede ejercerse en abstracto[317]. Por este motivo, la determinación de la existencia de una situación de dependencia económica ha de partir de la previa concreción del mercado relevante, como si se tratara de la delimitación de una posición de dominio[318].

En consecuencia, el mercado relevante ha de determinarse a través de la conjunción de un triple criterio: objetivo, geográfico y temporal. Ello hace necesario considerar la clase de productos o servicios de cuyo aprovisionamiento o suministro se trata, el territorio en el que actúan las empresas implicadas y el momento en el que se valoran los hechos enjuiciados.

Como es natural, la definición del mercado relevante en el marco de la economía de plataformas ha de tener en cuenta las

---

316 ESTEVAN DE QUESADA, C., "Desequilibrios de poder en los mercados digitales: Plataformas y dependencia", *Actas de Derecho Industrial,* t. 42, 2022, p. 65.

317 MASSAGUER FUENTES, J., *Comentario a…, op. cit.,* p. 478; ZABALETA DÍAZ, M., *La explotación…, op. cit.,* p. 231; y BELLIDO, J., "Artículo 16…", *op. cit.,* p. 452.

318 MASSAGUER FUENTES, J., "La explotación…", *op. cit.,* p. 2229.

particularidades propias de la operativa de las plataformas multilaterales. En este contexto, es posible tanto definir el mercado relevante en función de los servicios que ofrece una plataforma en su conjunto, abarcando a todos los grupos de usuarios, como delimitar mercados independientes (aunque interrelacionados) para los servicios que ofrece cada lado de la plataforma. No obstante, cuando existen diferencias significativas en las posibilidades de sustitución de los distintos lados de la plataforma, parece preferible definir mercados independientes. Para evaluar si existen estas diferencias, pueden tenerse en cuenta distintos factores como el hecho de que las empresas ofrezcan servicios sustituibles para cada grupo de usuarios, el grado de diferenciación del servicio en cada lado o la percepción de cada grupo de usuarios de dicha diferenciación, factores comportamentales como las decisiones que determinan la orientación de cada grupo de usuarios y la naturaleza del servicio que presta la plataforma. En el caso de que la plataforma ofrezca a un grupo de usuarios un servicio a precio cero, la evaluación de la sustitución del servicio habrá de llevarse a cabo sobre la base de diversas variables como las funcionalidades del servicio, su uso previsto, las pruebas de la existencia de sustitución hipotética o en el pasado, los obstáculos o costes que conlleva la sustitución, la interoperabilidad con otros productos o servicios, la portabilidad de los datos y las características de la expedición de licencias[319].

Ahora bien, a diferencia de lo que ocurre en sede *antitrust*, la determinación del mercado relevante a los efectos del art. 16.2 LCD se hace sobre la base de criterios más rígidos. Para determinar la existencia de una situación de dependencia económica, el mercado relevante ha de perfilarse en términos esencialmente subjetivos. Esto es, tomando en consideración las dimensiones de la empresa respecto de la que se trata de averiguar si se halla o no en situación de dependencia económica y su estrategia comer-

---

319 *Comunicación de la Comisión relativa a la definición de mercado de referencia a efectos de la normativa de la Unión en materia de competencia (C/2024/1645)*, *DOUE* de 22 de febrero de 2024, pp. 30 y 31.

cial[320]. Y es que, si el examen de la dependencia económica se subordina a la existencia de alternativas equivalentes, la óptica desde la que ha de delimitarse el mercado relevante debe ser la de la empresa que sufre la situación de dependencia[321]. Esto significa que la delimitación del mercado relevante debe llevarse a cabo teniendo en cuenta las particularidades de la estructura y estrategia de la empresa hipotéticamente dependiente, así como sus posibilidades de reestructuración y de reorientación de la actividad[322].

La adopción de un enfoque subjetivo en la delimitación del mercado relevante en la economía de plataformas exige sondear la existencia de otros canales de distribución que los usuarios profesionales consideren funcionalmente intercambiables con los que presta la plataforma con poder relativo de mercado[323]. El dato relevante, en consecuencia, no se residencia en las prestaciones consideradas equivalentes por los usuarios profesionales, sino en la existencia de canales de distribución alternativos. De modo que el mercado relevante ha de incluir todos los posibles canales de distribución o comercialización del producto o servicio que los usuarios profesionales consideren intercambiables. Ello exige tomar en consideración, según los casos, una serie de factores como pueden ser la existencia de eventuales canales de distribución tradicionales u *offline*, la relevancia de los servicios accesorios proporcionados por la plataforma (localización, envío, sistemas de pago, publicidad personalizada, sistemas de recomendación, mecanismos de reputación en línea, etc.) o la presencia de plataformas que desarrollen actividades parcialmente coincidentes. Y, en lo que atañe a la delimitación geográfica del mercado, pese

---

320 STS (Sala Primera) 75/2012, de 29 de febrero (TOL2.488.692); SAP Madrid 313/2011, de 28 de octubre (TOL2.338.267); SAP Barcelona 349/2020, de 18 de febrero (TOL7.817.447); y SAP A Coruña 328/2020, de 7 de septiembre (TOL8.348.126).

321 ESTEVAN DE QUESADA, C., *Explotación de…*, *op. cit.*, p. 81.

322 MASSAGUER FUENTES, J., “La explotación…”, *op. cit.*, p. 2230.

323 ESTEVAN DE QUESADA, C., “Desequilibrios de…”, *op. cit.*, p. 71.

a que los servicios de plataforma suelen prestarse a nivel global, podría tomarse como referencia el mercado nacional[324].

C) La comprobación de la existencia de alternativas equivalentes

Como se ha señalado anteriormente, la situación de dependencia económica se presenta como la ausencia de alternativas equivalentes en el mercado relevante para que las empresas clientes o proveedoras puedan ejercer su actividad. Esta ausencia de alternativas equivalentes hace referencia a la imposibilidad de relacionarse con otras empresas para adquirir o comercializar los productos o servicios en el marco geográfico y temporal considerado. Sin embargo, por falta de alternativas no debe entenderse la inexistencia de cualquier otra opción en el mercado que permita la subsistencia de la empresa eventualmente dependiente. Antes bien, debe interpretarse en el sentido de que no exista ninguna otra empresa que pueda ocupar el lugar que hasta ese momento ocupaba la empresa con poder relativo de mercado en sus relaciones con la empresa presuntamente dependiente[325]. Esto es, que no existe posibilidad de reemplazo, ni de reconversión sin que de ello se derive un quebranto económico significativo[326].

De esta forma, no sólo existe dependencia económica cuando no existe ninguna alternativa en el mercado relevante, sino también cuando las alternativas existentes no son equivalentes. A tales efectos, se entiende que la alternativa es equivalente cuando sea suficiente y razonable. De modo que en el análisis de esta equivalencia es necesario atender a un doble criterio objetivo y subjetivo.

---

324 *Ibidem*, p. 73.

325 MASSAGUER FUENTES, J., "La explotación...", *op. cit.*, p. 2230; y ESTEVAN DE QUESADA, C., *Explotación de...*, *op. cit.*, p. 89.

326 PÉREZ DE LA CRUZ BLANCO, A., *Derecho de la propiedad industrial, intelectual y de la competencia*, Madrid, Marcial Pons, 2008, p. 174.

El criterio de la suficiencia se configura como un criterio de carácter objetivo que parte de la situación típica de la empresa presuntamente dependiente. Ello exige tomar como referencia una empresa idéntica o similar en tamaño, actividad, estructura, volumen de facturación, costes, número de clientes y proveedores, etc., y examinar si la alternativa existente en el mercado relevante permitiría a una empresa de estas características subsistir en el mercado en condiciones competitivas[327]. Esto es, si esa alternativa sería suficiente para cubrir las necesidades competitivas de esa empresa tipo en términos esencialmente cuantitativos. Para ello, ha de llevarse a cabo una valoración de las condiciones estructurales del mercado[328].

La razonabilidad, en cambio, es un criterio de carácter subjetivo que toma en consideración las circunstancias específicas de la empresa presuntamente dependiente. Este criterio tiene una función correctora respecto del criterio de la suficiencia[329]. En esta dirección, la razonabilidad pone el foco en el impacto de la alternativa sobre las condiciones competitivas de la empresa dependiente en el mercado relevante. Así, la alternativa será razonable cuando no reporta a la empresa presuntamente dependiente una desventaja competitiva que no puede asumir. Ello implica la necesidad de efectuar una evaluación caso por caso en la que se atienda a las distintas características de la alternativa (costes, calidad, fiabilidad, capacidad de suministro, etc.) y de la empresa dependiente (reputación, crédito, estructura, organización interna, etc.).

La evaluación de la equivalencia de la alternativa se ha de llevar a cabo tomando en consideración todas las circunstancias concurrentes en el mercado relevante. Aunque, en ciertas ocasiones, es posible acudir a una prueba de indicios[330]. En este senti-

---

327 ESTEVAN DE QUESADA, C., *Explotación de...*, *op. cit.*, pp. 96 y ss.

328 MASSAGUER FUENTES, J., "La explotación...", *op. cit.*, p. 2231.

329 ESTEVAN DE QUESADA, C., *Explotación de...*, *op. cit.*, p. 99.

330 MASSAGUER FUENTES, J., "La explotación...", *op. cit.*, p. 2232.

do, pueden destacarse una serie de factores que permiten revelar la existencia de una situación de dependencia económica como, por ejemplo, la cuota de mercado de la empresa fuerte, la notoriedad de su marca, el número de proveedores o clientes, el flujo de operaciones entre la empresa fuerte y la empresa presuntamente dependiente, el número de clientes del distribuidor, el alcance territorial del canal de distribución o los hábitos de consumo en el mercado relevante[331].

Al margen de ello, el propio art. 16.2 LCD presume la existencia de una situación de dependencia económica "cuando un proveedor, además de los descuentos o condiciones habituales, deba conceder a su cliente de forma regular otras ventajas adicionales que no se conceden a compradores similares". Se trata de una presunción *iuris tamtun* que trata de facilitar la prueba de la situación de dependencia económica en las relaciones entre los proveedores y sus clientes. Así, se exige que el proveedor conceda a sus clientes descuentos o condiciones que no son habituales en el mercado u otro tipo de ventajas de carácter económico, que estas concesiones se hagan de forma reiterada y regular, y que esas ventajas económicas no se concedan a otros clientes del proveedor[332].

En el ámbito de la economía de plataformas, la valoración de la existencia de una situación de dependencia económica exige tomar en consideración las distintas especialidades que caracterizan a los mercados en línea. En estos casos, la alternativa viene constituida por cualquier empresa que pueda ocupar la posición

---

331 ZABALETA DÍAZ, M., *La explotación…, op. cit.*, pp. 231 y 232; ARROYO APARICIO, A., "Discriminación y…", *op. cit.*, pp. 1513 y 1514. En la práctica jurisprudencial, algunas resoluciones se han basado en algunos de estos indicios para acreditar la existencia de una situación de dependencia económica. En esta dirección, entre otras, SAP Madrid 313/2011, de 28 de octubre (TOL2.338.267); SAP Ourense 16/2014, de 4 de febrero (TOL4.120.140); SAP Barcelona 349/2020, de 18 de febrero (TOL7.817.447); y SAP A Coruña 328/2020, de 7 de septiembre (TOL8.348.126).

332 ESTEVAN DE QUESADA, C., *Explotación de…, op. cit.*, pp. 131 y ss.

de la plataforma en la relación que la vincula con el usuario profesional presuntamente dependiente. En consecuencia, para los usuarios profesionales que comercializan sus productos o servicios a través de plataformas en línea, la alternativa vendría constituida por todas aquellas plataformas que presten un servicio de intermediación en línea similar al de la plataforma con presunto poder relativo de mercado, así como cualquier otro canal de distribución en línea, como puede ser el caso del sitio web del usuario profesional[333].

Una vez identificadas las alternativas, será necesario analizar su equivalencia. Ello exige tomar en consideración las distintas características y singularidades propias de la alternativa y de la empresa presuntamente dependiente que permitan evaluar su suficiencia y razonabilidad. De un lado, el análisis de la suficiencia de la alternativa exige tener en cuenta, entre otras circunstancias, el número de plataformas alternativas existentes en el mercado relevante, su cuota de mercado, el número de usuarios profesionales y finales de las plataformas, su alcance territorial, su posicionamiento en la clasificación de los motores de búsqueda o su reputación. De otro lado, en la evaluación de la razonabilidad se tomarán en consideración una serie de factores como los costes de cambio, la prestación de servicios accesorios por parte de la plataforma (localización, envío, pago, sistemas de recomendación, etc.), los costes reputacionales derivados del cambio de plataforma (derivados de los sistemas de reputación en línea), los límites de capacidad de la alternativa, las posibilidades de *multihoming* o la importancia de los datos en la configuración de la oferta y el acceso a ellos.

---

333 ESTEVAN DE QUESADA, C., "Desequilibrios de…", *op. cit.*, p. 73.

2.2.2. La acción relevante: la explotación de la situación de dependencia económica

A) La conducta de explotación

La acción relevante del ilícito tipificado en el art. 16.2 LCD consiste en una conducta de explotación de una situación de dependencia económica. La Ley no define ni lo que debe entenderse por explotación ni cuáles son los elementos caracterizadores de la conducta. De ahí la necesidad de concretar en qué consiste.

El reproche de deslealtad no se predica de la mera existencia de una situación de dependencia económica, ni de su puro disfrute, sino de su explotación. Y es que el propio funcionamiento del mercado no excluye la simple existencia de este tipo de situaciones, ni combate las políticas empresariales de empresas con poder relativo de mercado que, aprovechando su posición, se encaminan al logro de sus objetivos. En este sentido, los desequilibrios de poder negociador son habituales en el mercado y el aprovechamiento de las propias fortalezas para presionar a la contraparte y satisfacer las propias necesidades en el mayor grado posible es consustancial a la negociación propia de la actividad empresarial[334].

De esta forma, cualquier práctica llevada a cabo por una empresa con poder relativo de mercado no constituye una explotación *per se.* Será explotación aquella conducta que rompe el equilibrio de las prestaciones que se debe predicar en toda relación comercial[335]. Tratándose de un acto de deslealtad frente al mercado, la

---

[334] ESTEVAN DE QUESADA, C., *Explotación de..., op. cit.,* p. 158.

[335] PÉREZ-BUSTAMANTE KÖSTER, J., "La explotación abusiva de la situación de dependencia económica en la Ley de Defensa de la Competencia: examen crítico del nuevo precepto", *Gaceta Jurídica de la Unión Europea y de la Competencia,* núm. 205, 2000, p. 39; y RODRÍGUEZ MATAS, M. J. y VEGA PENICHET, L., "Las situaciones de dependencia económica en las leyes reguladoras de la competencia. Requisitos de

explotación de la situación de dependencia económica exige la puesta en práctica de una conducta abusiva que se prevalga de esta situación de dependencia en perjuicio de la posición competitiva de otras empresas, con el consiguiente riesgo de alterar el funcionamiento y estructura competitiva del mercado de una forma incompatible con el principio de competencia por eficiencia[336]. Así pues, dada la existencia de un nexo causal entre la práctica de explotación y la situación de dependencia económica, cabría reputar abusivas todas aquellas conductas que, por realizarse al amparo de una situación de poder relativo de mercado, supongan un quebranto del principio de competencia por eficiencia en el marco la relación comercial con la empresa dependiente.

En efecto, lo relevante para calificar como explotación la conducta desarrollada por la empresa con poder relativo de mercado es la contravención del principio de competencia por eficiencia en perjuicio de la empresa dependiente y del correcto funcionamiento del mercado. En esta dirección, el ilícito de deslealtad se presenta como una modalidad de obstaculización, de injerencia indebida en la actividad desarrollada por un operador de mercado, que perturba el normal desarrollo de sus estrategias y negocios, y con ello la estructura competitiva del mercado y su correcto funcionamiento[337].

Esta obstaculización es emanación directa del desequilibrio en el poder de mercado de las empresas enfrentadas. De modo que la perturbación relevante en este ámbito consiste en una efectiva disminución de las posibilidades de éxito y de supervivencia en la lucha concurrencial de la empresa débil o la restricción de la libre acción de los terceros en el mercado[338].

---

aplicación y acciones posibles", *Gaceta Jurídica de la Unión Europea y de la Competencia*, núm. 243, junio 2006, p. 84.

336 MASSAGUER FUENTES, J., "La explotación...", *op. cit.*, p. 2243.

337 MASSAGUER FUENTES, J., *Comentario a...*, *op. cit.*, p. 482.

338 MASSAGUER FUENTES, J., "La explotación...", *op. cit.*, p. 2244.

Consecuentemente, los efectos anticompetitivos de este tipo de prácticas pueden sentirse tanto en el plano vertical como horizontal. Verticalmente, la explotación de la situación de dependencia económica es susceptible de afectar a la capacidad competitiva o la libertad contractual de la empresa débil, perjudicando su posición competitiva en el mercado y alterando el proceso competitivo y la estructura del mercado en su nivel de la cadena. En el plano horizontal, la conducta abusiva también produce efectos en el nivel de la empresa fuerte que, dado su poder de mercado relativo, disfruta de una posición más ventajosa con respecto a sus competidores, falseando las condiciones de competencia propias del mercado.

Las conductas de explotación de una situación de dependencia económica pueden aparecer en cualquier fase de la relación entre las empresas implicadas. Pueden verificarse en el momento de la negociación de un contrato, incluirse en el clausulado del contrato celebrado o imponerse en la fase post contractual a través de la imposición de condiciones abusivas o de la modificación de los pactos contractuales[339].

Ahora bien, sea cual sea el momento en el que se manifieste, la conducta de explotación de una situación de dependencia económica sólo es desleal cuando carezca de justificación objetiva[340]. Ello implica que la deslealtad de la conducta se hace depender de su carácter objetivamente injustificado y desproporcionado.

La falta de justificación objetiva de la conducta exige examinar su licitud (por ejemplo, en el plano contractual o *antitrust*), su racionalidad económica (entendida en términos de competencia por eficiencia y no de oportunidad económica) y proporcionalidad de la conducta enjuiciada[341]. Así, en primer lugar, habrá que evaluar la legitimidad de la conducta. En segundo lugar, será necesario analizar si concurre una justificación objetiva que evi-

---

339 OLMEDO PERALTA, E., "Explotación de...", *op. cit.*, pp. 1199 y 1200.
340 MASSAGUER FUENTES, J., "La explotación...", *op. cit.*, p. 2246.
341 MASSAGUER FUENTES, J., *Comentario a...*, *op. cit.*, pp. 483 y 484.

dencie la corrección de la conducta a la luz de los principios que han de inspirar la lucha competitiva. Y, finalmente, se valorará la proporcionalidad de la conducta respecto de los objetivos que se pretenden alcanzar[342].

Ello exige ponderar los distintos intereses en juego. En particular, el interés individual de la empresa con poder relativo de mercado, el interés particular de la empresa económicamente dependiente y, por supuesto, el interés general en el mantenimiento de un orden concurrencial debidamente saneado.

B) Las prácticas abusivas tipificadas en el art. 16.3 LCD

El apartado 3 del art. 16 LCD recoge dos manifestaciones específicas de conductas de explotación de una situación de dependencia económica. Estas conductas son consideradas como unas de las más frecuentes y reprobables en el ámbito de la distribución[343]. Se trata de dos supuestos que se encuentran sistemáticamente vinculados al art. 16.2 LCD. De modo que la deslealtad de la conducta no se hace depender exclusivamente de su verificación, sino que será necesario comprobar su realización en el marco de una situación de dependencia económica[344]. Lo que se persigue con su tipificación es facilitar la prueba de la existencia de una conducta de explotación, que se presume cuando se trata de una de estas dos conductas.

Por una parte, el apartado a) del art. 16.3 LCD reputa desleal "(l)a ruptura, aunque sea de forma parcial, de una relación comercial establecida sin que haya existido preaviso escrito y preciso con una antelación mínima de seis meses, salvo que se deba a incumplimientos graves de las condiciones pactadas o en caso de fuerza mayor". Esta conducta de explotación se incardina en los supuestos de negativa a contratar. Su finalidad estriba en tutelar la

---

342 ESTEVAN DE QUESADA, C., *Explotación de..., op. cit.*, p. 163.

343 ARROYO APARICIO, A., "Discriminación y...", *op. cit.*, p. 1517.

344 GONZÁLEZ PONS, E., "Actos concretos...", *op. cit.*, p. 172.

posición de la parte débil de las relaciones comerciales duraderas en los casos en que no se hubiera pactado plazo de preaviso o que éste fuera menor a seis meses.

Aunque en algunos supuestos la jurisprudencia ha considerado que este plazo de seis meses no opera de forma automática[345], lo cierto es que esos casos no se corresponden con la aplicación estricta del art. 16.3 LCD[346]. El precepto es claro cuando habla de un preaviso escrito con una antelación mínima de seis meses. De forma que, en el marco de una situación de dependencia económica, el incumplimiento de estas condiciones desencadena la deslealtad de la conducta, a menos que exista una justificación objetiva.

Como justificación objetiva de la conducta, el art. 16.3.a) LCD alude al incumplimiento grave de las condiciones pactadas y a la fuerza mayor. No obstante, entendemos que es posible admitir otras circunstancias como justificación objetiva de la conducta. Por ejemplo, la realización por parte de la empresa débil de actuaciones que puedan afectar a la reputación empresarial de la empresa con poder relativo de mercado.

Por otra parte, la letra b) del art. 16.3 LCD hace referencia a la "obtención, bajo la amenaza de ruptura de las relaciones comerciales, de precios, condiciones de pago, modalidades de venta, pago de cargos adicionales y otras condiciones de cooperación comercial no recogidas en el contrato de suministro que se tenga pactado". Este supuesto tipifica la imposición de condiciones contractuales o comerciales bajo la amenaza de ruptura de las relaciones. Una conducta que resulta de especial gravedad cuando tiene como destinataria una empresa económicamente dependiente.

El precepto configura las posibles ventajas obtenidas como consecuencia de la amenaza de forma ciertamente amplia, lo

---

345 SAP Alicante 487/2005, de 30 de noviembre (TOL848.681); y SAP Vizcaya 462/2011, de 23 de junio (TOL2.212.195).

346 ESTEVAN DE QUESADA, C., *Explotación de...*, *op. cit.*, p. 168.

que es coherente con la finalidad perseguida. En efecto, con esta prohibición se trata de proteger a las empresas económicamente dependientes de la imposición de condiciones no pactadas por parte de las empresas con poder relativo de mercado. No obstante, el único medio de imposición prohibido por la norma es la amenaza de ruptura de las relaciones comerciales. Otro tipo de amenazas como la desreferenciación o la degradación del artículo en el canal de distribución no están previstas en la norma. De modo que su enjuiciamiento deberá llevarse a cabo sobre la base del art. 16.2 LCD.

Igualmente, el art. 16.3.b) LCD también restringe el ámbito de aplicación de la prohibición a las relaciones basadas en un contrato de suministro. Esta circunstancia ha sido ampliamente criticada por la doctrina, toda vez que este tipo de conducta de explotación es susceptible de reproducirse en cualquier contrato de colaboración empresarial y, en general, en cualquier relación contractual duradera en la que exista una situación de dependencia económica[347]. No obstante, ello no impide analizar la deslealtad de la conducta a la luz del tipo general de explotación de una situación de dependencia económica *ex* art. 16.2 LCD.

Al igual que ocurre con la letra a), esta prohibición no se reputa desleal *per se,* sino que su deslealtad depende de la inexistencia de una justificación objetiva. Sin embargo, lo cierto es que la imposición de condiciones no pactadas bajo la amenaza de ruptura de las relaciones será una conducta difícilmente justificable.

3. EL ABUSO DE SITUACIÓN DE DEPENDENCIA ECONÓMICA EN LA ECONOMÍA DE PLATAFORMAS

Tradicionalmente, la doctrina ha clasificado las prácticas de explotación de una situación de dependencia económica en cuatro grandes grupos: la negativa a establecer relaciones comerciales, la

---

347 *Ibidem,* p. 174.

discriminación en sentido estricto, la obstaculización mediata y la discriminación pasiva[348]. En el entorno digital, las conductas de explotación de la dependencia económica pueden manifestarse de diversas formas, pero todas ellas pueden reconducirse a una de estas cuatro categorías.

Lógicamente, todas estas conductas parten de la preexistencia de una situación de dependencia económica. Además, es necesario destacar que su mera puesta en práctica no determina la ilicitud de la conducta. Antes bien, en el análisis de la deslealtad es necesario tomar en consideración todas las circunstancias concurrentes a fin de valorar los posibles efectos de la conducta en la posición competitiva de la empresa económicamente dependiente y en la estructura y funcionamiento del mercado, y constatar la inexistencia de una justificación objetiva.

3.1. La negativa a establecer relaciones comerciales

Dentro de este grupo de casos se incluyen todos los supuestos en que la empresa con poder relativo de mercado rechaza atender los pedidos de los clientes o aceptar las ofertas de los proveedores. En concreto, la negativa a establecer relaciones comerciales abarca una amplia variedad de conductas que van desde la terminación unilateral de una relación en vigor o la negativa a prorrogarla a su terminación ordinaria, al rechazo de la demanda u oferta formulada por un interesado con quién todavía no se han establecido relaciones comerciales, pasando por la discriminación relativa al contenido de la relación comercial (por ejemplo, en materia de precios) y la degradación del suministro que

---

348 MASSAGUER FUENTES, J., *Comentario a…*, *op. cit.*, pp. 484 y ss.; RODRÍGUEZ MATAS, M. J. y VEGA PENICHET, L., "Las situaciones…", *op. cit.*, pp. 85 y ss.; MAESTRE BENAVENTE, R., "El abuso…", *op. cit.*, pp. 30 y ss.; y BELLIDO, J., "Artículo 16…", *op. cit.*, p. 455 y ss.

tengan por objeto imposibilitar la continuidad de la relación o su establecimiento[349].

Este tipo de prácticas pueden justificarse objetivamente en determinadas circunstancias. Por un lado, por la concurrencia de motivos internos a la relación comercial como, por ejemplo, el incumplimiento grave de las obligaciones dimanantes del contrato o la falta de fiabilidad en el cumplimiento de las obligaciones. Y, por otro lado, por la adopción de decisiones de política empresarial orientadas al aseguramiento, conservación o incremento de la competitividad de la empresa con poder relativo de mercado o de su reputación empresarial[350].

En la economía de plataformas, son supuestos encuadrables en este grupo de casos la terminación o suspensión del servicio, la negativa a prestar el servicio de plataforma, y la restricción de acceso a datos o a funcionalidades críticas.

La terminación o suspensión repentina del servicio de plataforma sin un preaviso adecuado puede constituir una conducta de explotación de una situación de dependencia económica. Este tipo de prácticas es susceptible de dejar a los usuarios profesionales sin acceso a sus clientes o sin la capacidad de operar en el mercado, con la consiguiente afectación de su situación competitiva y del correcto funcionamiento del mercado. Para evaluar el carácter abusivo de estas prácticas es necesario analizar su legitimidad, su racionalidad económica y su proporcionalidad. Ello exige tomar en consideración una serie de circunstancias como la posible existencia de causa lícitas, no arbitrarias y no discriminatorias que justifiquen la adopción de la medida; la previsión de esta medida en las condiciones generales; la transparencia de esas condiciones generales; la existencia de mecanismos de reclamación; la proporcionalidad de la medida con respecto al motivo que la funda; o la

349 MASSAGUER FUENTES, J., "La explotación...", *op. cit.*, pp. 2249 y 2250.

350 MASSAGUER FUENTES, J., *Comentario a...*, *op. cit.*, pp. 485 y 486; y MAESTRE BENAVENTE, R., "El abuso...", *op. cit.*, pp. 31.

existencia de un período de preaviso proporcionado y suficiente para que el usuario profesional pueda reorientar su actividad.

Sobre este particular, el art. 17 RSD dispone que los servicios de alojamiento de datos, entre los que se incluyen los servicios de plataforma en línea, deberán proporcionar una declaración de motivos clara, específica y fácil de comprender a los destinatarios del servicio que se vean afectados por restricciones impuestas como consecuencia de una información proporcionada por el destinatario del servicio que sea un contenido ilegal o incompatible con sus condiciones generales. En concreto, en los casos de restricciones a la visibilidad de los elementos de información concretos facilitados por el destinatario del servicio, incluida la eliminación de contenidos, el bloqueo del acceso a estos o su relegación; la suspensión, cesación u otra restricción de los pagos monetarios; la suspensión o cesación total o parcial de la prestación del servicio; o la suspensión o supresión de la cuenta del destinatario del servicio.

En la misma línea, el RP2B incluye en su art. 4 una serie de previsiones aplicables a los supuestos de restricción, suspensión y terminación del servicio. En esta dirección, si la plataforma en línea decide restringir o suspender la prestación de sus servicios relacionados con bienes o servicios concretos ofrecidos por un usuario profesional, deberá proporcionarle, antes o en el momento en que surta efecto la restricción o suspensión, una motivación de la decisión en un soporte duradero. Cuando se trate de la terminación de la prestación de todos sus servicios de intermediación en línea, tendrá que proporcionar al usuario profesional una declaración de los motivos que justifiquen la decisión en un soporte duradero al menos treinta días antes de que la terminación surta efecto. Este plazo, empero, no resultará de aplicación cuando la plataforma tenga la obligación legal o reglamentaria de poner fin a la prestación de la totalidad de sus servicios de intermediación en línea al usuario profesional; cuando la plataforma invoque su derecho a la terminación por una razón imperiosa en virtud de una norma nacional que sea conforme con el Derecho de la Unión; y cuando la plataforma pueda demostrar que el usuario profesional afectado ha infringido reiteradamente las condiciones generales aplicables. La motivación relativa a la decisión de restringir la prestación del servicio, suspenderla o ponerle fin, debe permitir a los usuarios profesionales determinar si existe margen para recurrir la decisión, de modo que se mejore la capacidad de los usuarios profesionales de obtener una reparación efectiva cuando sea necesario. En ella deben señalarse las razones que fundamentan la decisión, de acuerdo con los motivos que la plataforma había dispuesto en las condiciones generales con antelación, y referirse de manera proporcionada a las circunstancias específicas pertinentes que condujeron a dicha decisión. No obstante, esta motivación no es necesaria cuando la restricción, suspensión o terminación se funde en el incumplimiento de una obligación legal o reglamentaria, ni cuando se pueda demostrar que el usuario profesional infringió reiteradamente las condiciones generales aplicables.

La negativa a prestar el servicio de plataforma conforma, en esta sede, el caso paradigmático de negativa a establecer relaciones comerciales. No obstante, esta práctica podría estar justificada de forma objetiva cuando el usuario profesional no cumpliera con los requisitos que imponga la plataforma para acceder a sus servicios. Ello exigirá valorar el carácter no arbitrario ni discriminatorio de esos requisitos de acceso, así como su razonabilidad y adecuación a los objetivos de política empresarial perseguidos por la plataforma.

En este supuesto podrían enmarcarse otras prácticas de las plataformas con poder relativo de mercado como es la restricción del acceso a datos o funcionalidades críticas, cuando sean necesarios para que el usuario profesional pueda desarrollar su actividad en el mercado en condiciones que aseguren su competitividad. El enjuiciamiento de la eventual deslealtad de este tipo de prácticas exigirá el análisis de una serie de circunstancias entre las que destacan la importancia de los datos o de las funcionalidades en el desarrollo de la actividad del usuario profesional, la legitimidad de las restricciones, la existencia de circunstancias que justifiquen esas restricciones, su necesidad y proporcionalidad, así como su posible arbitrariedad o carácter discriminatorio.

En este sentido, el art. 6.10 RMD obliga a los guardianes de acceso a proporcionar a los usuarios profesionales y a los terceros autorizados, a petición de estos y de forma gratuita, el acceso efectivo, de calidad, continuo y en tiempo real a los datos agregados o desagregados, y el uso de tales datos, incluidos los datos personales, que se proporcionen o se generen en el contexto de la utilización de los servicios básicos de plataforma o de los servicios prestados junto con los servicios básicos de plataforma pertinentes, o en apoyo de tales servicios, por parte de dichos usuarios profesionales y de los usuarios finales que recurran a los productos o servicios prestados por dichos usuarios profesionales. De esta forma, los guardianes de acceso no deben utilizar ninguna restricción contractual o de otro tipo para impedir que los usuarios profesionales accedan a los datos pertinentes y deben permitirles obtener el consentimiento de sus usuarios finales para acceder a los datos y obtenerlos, cuando dicho consentimiento sea necesario en virtud del RGPD y la Directiva 2002/58/CE sobre la privacidad y las comunicaciones electrónicas. Los guardianes de acceso también deben garantizar un acceso continuo y en tiempo real a dichos datos a través de medidas técnicas adecuadas como, por ejemplo, interfaces de programación de aplicaciones de alta calidad o herramientas integradas para los usuarios profesionales con un pequeño volumen de datos[351].

3.2. La discriminación en sentido estricto

Este grupo de casos está conformado por aquellas conductas consistentes en la aplicación de un trato desigual, no razonable y sin justificación objetiva por parte de la empresa con poder relativo de mercado a sus clientes o proveedores en materia de precios, calidad, cantidad, plazos de entrega o de pago, prestaciones

---

351 Considerando 60 RMD.

adicionales u otras condiciones relativas a su relación comercial. Como es natural, este trato diferenciado ha de establecerse en relación con otros clientes o proveedores que se encuentren en igualdad de condiciones[352]. De modo que la conducta discriminatoria exige comparar el trato recibido por la empresa económicamente dependiente con el dispensado por la empresa con poder relativo de mercado al resto de las empresas clientes o proveedoras que se encuentren una situación equivalente a la de aquélla. Además, es necesario que como consecuencia de ese trato discriminatorio la empresa dependiente se sitúe en una posición de desventaja frente a sus competidores[353].

El tratamiento diferenciado no siempre es desleal. Su deslealtad deriva de la concurrencia de una doble condición: la falta de justificación objetiva y el perjuicio de la posición competitiva de la empresa económicamente dependiente. La conducta enjuiciada estará justificada objetivamente cuando no sea ilícita en virtud la normativa aplicable (sea *antitrust,* de competencia desleal, contractual o de otro tipo) y se fundamente en razones de racionalidad económica. En este sentido, se consideran justificadas aquellas prácticas orientadas a incrementar la contratación de las prestaciones propias, a dar respuesta a la actuación de los competidores, a reducir los costes, a obtener garantías de los nuevos clientes o proveedores, o a premiar los resultados de unos clientes frente a otros[354].

En las relaciones entre las plataformas en línea con poder relativo de mercado y sus usuarios profesionales, pueden constituir conductas de explotación aquellas prácticas consistentes en la aplicación arbitraria de diferentes requisitos de acceso a determinadas funcionalidades, la aplicación de condiciones contractuales diferenciadas, o la manipulación de algoritmos de búsqueda o recomendación que otorguen ventajas injustificadas a algunos

---

352 MASSAGUER FUENTES, J., "La explotación…", *op. cit.,* p. 2258.

353 ZABALETA DÍAZ, M., *La explotación…, op. cit.,* p. 234.

354 MASSAGUER FUENTES, J., *Comentario a…, op. cit.,* p. 490.

usuarios frente a otros. Para apreciar la deslealtad de este tipo de prácticas ha de evaluarse su legitimidad a la luz de las distintas normas que resultan de aplicación (en especial, la normativa sectorial), su racionabilidad económica desde la óptica del principio de competencia por eficiencia y su proporcionalidad en relación con los objetivos que persigue la conducta. A tal efecto, habrán de tomarse en consideración una serie de circunstancias como el contenido y alcance de las condiciones generales que rigen la relación entre la plataforma en línea y los usuarios profesionales; las políticas de clasificación, recomendación y visibilidad de la plataforma; el análisis de la transparencia y objetividad en la aplicación del trato diferenciado; las consecuencias que se derivan del trato discriminatorio para el usuario profesional en relación con sus competidores; los fines empresariales a los que se orienta el trato diferenciado; y la posible existencia de otras medidas menos gravosas que permitan alcanzar dichos fines empresariales.

En esta sede, adquieren especial relevancia las prácticas de autopreferenciación impuestas por las plataformas en línea que operan, a la vez, como intermediarios y como oferentes de los productos o servicios. A través de ellas, la plataforma otorga un trato de favor a los productos o servicios que ofrece directamente o por medio de otras empresas que controla frente a los ofrecidos por los usuarios profesionales. Cuando estas prácticas se incardinan en el marco de una relación de dependencia económica, el análisis de su justificación objetiva ha de realizarse de forma especialmente estricta. Además, no puede perderse de vista que este tipo de prácticas están prohibidas en determinadas circunstancias, lo que determinaría su deslealtad por falta de legitimidad.

En este sentido, el art. 7 RP2B impone a las plataformas en línea la obligación de incluir en sus condiciones generales una descripción de todo trato diferenciado que den o puedan dar, por una parte, en relación con los bienes o servicios que esos mismos proveedores u otros usuarios profesionales que estén bajo su control ofrezcan a los consumidores a través de tales servicios de intermediación en línea y, por otra parte, en relación con otros usuarios profesionales. En esa descripción se mencionarán las principales consideraciones económicas, comerciales o jurídicas que fundamentan el trato diferenciado. Para asegurar su proporcionalidad, esta obligación debe aplicarse a nivel global de los servicios generales de intermediación en línea, en vez de a nivel de los bienes o los servicios individuales facilitados a través de aquellos.

Igualmente, el RMD prohíbe ciertas conductas de autopreferenciación impuestas por aquellos servicios básicos de plataforma calificados como guardianes de acceso. Entre ellas, podemos destacar, por un lado, la prohibición contenida en su artículo 6.5, que impide a los guardianes de acceso dar un trato más favorable, ni en la clasificación ni en las funciones relacionadas de indexado y rastreo, a los servicios y productos ofrecidos por el propio guardián de acceso que a los servicios o productos similares de terceros. Y, por otro, la previsión recogida en el art. 6.12 RMD, que obliga a los guardianes de acceso a aplicar condiciones generales equitativas, razonables y no discriminatorias de acceso a sus tiendas de aplicaciones informáticas, motores de búsqueda y servicios de redes sociales en línea.

3.3. La obstaculización mediata

Dentro de las prácticas de obstaculización mediata se incardinan aquellos comportamientos consistentes en la privación a las empresas competidoras de la empresa con poder relativo de mercado de los pedidos o suministros de los clientes o proveedores en situación de dependencia económica. Estos comportamientos tienen como finalidad perturbar la actividad de las empresas que compiten con la empresa con poder de mercado relativo como consecuencia de la especial configuración de las relaciones comerciales que esta impone a las empresas que dependen económicamente de ella. Entre las prácticas de obstaculización mediata destacan los pactos de exclusiva, la imposición de prestaciones vinculadas, así como el resto de las cláusulas contractuales que persigan esta finalidad, como los descuentos por fidelidad o volumen[355].

---

355 MASSAGUER FUENTES, J., “La explotación...”, *op. cit.*, p. 491.

La deslealtad de la conducta dependerá, una vez más, de la eventual concurrencia o no de una justificación objetiva. De modo que habrá que analizar la legitimidad de la conducta (sobre la base de la normativa *antitrust*, represora de la deslealtad, sectorial, contractual o de cualquier otro tipo), su racionalidad económica y su proporcionalidad. En estos casos, se hace especialmente relevante el análisis de la legalidad de las cláusulas contractuales que rigen este tipo de prácticas, su transparencia, la justificación técnica o económica de la práctica, las prácticas habituales en el sector económico correspondiente, el impacto de estas prácticas en la posición competitiva de la empresa económicamente dependiente y de los competidores de la empresa con poder relativo de mercado, y la proporcionalidad de la conducta.

En el ámbito de la actividad de las plataformas digitales, es frecuente el uso abusivo de prácticas de *tying* y *bundling*, a través de las cuales se obliga a los usuarios profesionales a adquirir servicios adicionales no deseados como condición para acceder al servicio de plataforma principal. Con el término *bundling* se hace referencia al concepto económico referido a la venta conjunta de dos o más productos o servicios, que se da cuando el cliente no puede acceder a cada uno de los productos o servicios individuales de forma separada (*bundling* puro) o cuando los productos o servicios se comercializan tanto de manera conjunta como individualmente (*bundling* mixto), siendo el precio del conjunto inferior a la suma de los precios por separado. Por su parte, *tying* es un concepto jurídico que se refiere a la práctica de condicionar la venta de un producto o servicio a la adquisición de otro producto o servicio del mismo proveedor o de otro designado por éste. De modo que sólo el producto vinculado y no el vinculante puede adquirirse de forma independiente[356].

---

356 ODRIOZOLA ALÉN, M. y BARRANTES DÍAZ, B., "La vinculación de productos. Referencia al asunto Microsoft", en MARTÍNEZ LAGE, S. y PETITBÒ JUAN, A. (Dirs.), *El abuso de la posición de dominio*, Madrid, Fundación Rafael del Pino-Marcial Pons, 2006, pp. 368.

La evaluación de la deslealtad de este tipo de prácticas depende en gran medida de la legitimidad de la práctica, lo que exige analizar la licitud de la práctica a la luz de las distintas normas aplicables, prestando especial atención a la normativa *antitrust* y a la regulación sectorial de la actividad de las plataformas en línea. Constatada su licitud, la lealtad de la práctica va a depender de su racionalidad económica y de su proporcionalidad. Para ello, será necesario tomar en consideración, entre otras circunstancias, la transparencia de las condiciones contractuales que rijan estas prácticas, su carácter negociado o impuesto, la razonabilidad de la vinculación de los servicios adicionales, su carácter esencial o accesorio, la justificación técnica de la vinculación, y sus efectos sobre la posición competitiva de las empresas económicamente dependientes y de los competidores de la empresa con poder relativo de mercado.

Este tipo de conductas han sido objeto de una regulación específica en el RMD. En este sentido, su art. 5.7 impide a los guardianes de acceso exigir a los usuarios profesionales que utilicen u ofrezcan los servicios de identificación, los motores de búsqueda y los sistemas de pago o de apoyo en relación con el pago del guardián de acceso, así como que interoperen con ellos. Igualmente, el art. 5.8 RMD prohíbe a los guardianes de acceso que exijan a los usuarios profesionales que se suscriban o registren en cualquier servicio básico de plataforma adicional como condición para poder utilizar cualquiera de los servicios básicos de plataforma de ese guardián de acceso, así como acceder, inscribirse o registrarse en ellos.

Otro supuesto especialmente problemático en el ámbito de la economía de plataformas es la imposición de cláusulas de nación más favorecida o de paridad a los usuarios profesionales. Mediante este tipo de cláusulas, el proveedor se compromete a ofrecer a la plataforma en línea condiciones comerciales al menos tan favorables como las que ofrece a través de cualquier otro canal de distribución. La deslealtad de este tipo de prácticas dependerá una vez más de su legitimidad, racionalidad económica y proporcionalidad.

En lo que atañe a la legitimidad de estas cláusulas, es necesario tener en cuenta que este tipo de prácticas se encuentran prohibidas por el RMD. Por un lado, su art. 5.3 RMD establece la prohibición de las cláusulas de paridad extensas, especificando que los guardianes de acceso "se abstendrán de aplicar obligaciones que impidan a los usuarios profesionales ofrecer los mismos productos o servicios a usuarios finales a través de servicios de intermediación en línea de terceros o de su propio canal de venta directa en línea a precios o condiciones que sean diferentes de los ofrecidos a través de los servicios de intermediación en línea del guardián de acceso". Por otro lado, el apartado 4 del art. 5 RMD recoge la prohibición de las cláusulas estrechas, al obligar a los guardianes de acceso a permitir que los usuarios profesionales, de forma gratuita, puedan comunicar y promover ofertas, en particular con condiciones diferentes, entre los usuarios finales adquiridos a través de su servicio básico de plataforma u otros canales y celebrar contratos con esos usuarios finales, independientemente de si, para este fin, utilizan los servicios básicos de plataforma del guardián de acceso.

En cuanto a su racionalidad económica y proporcionalidad, el juicio de deslealtad de este tipo de prácticas exige tener en cuenta las distintas circunstancias que rodean su aplicación y, en particular, el contenido y alcance de las cláusulas contractuales que las prevean, su transparencia, su carácter impuesto o negociado, la justificación técnica y económica de la cláusula, y sus efectos sobre la posición competitiva de los usuarios profesionales económicamente dependientes y sobre las empresas competidoras de la plataforma.

En este sentido, no puede perderse de vista que el art. 10 RP2B establece una serie de previsiones en relación con la transparencia de las cláusulas de paridad que, si bien no influyen en la legalidad de la práctica a los efectos del Derecho de la competencia, sirven para evaluar la razonabilidad económica de la práctica. En esta dirección, el mencionado precepto dispone que, si los proveedores de servicios de intermediación en línea restringieran la capacidad de los usuarios profesionales de ofrecer los mismos bienes y servicios a los consumidores en condiciones diferentes empleando medios distintos a dichos servicios de intermediación, explicarán en sus condiciones generales los motivos que justifiquen esa restricción y los pondrán fácilmente a disposición del público. Entre estas razones, detallarán las principales consideraciones económicas, comerciales o jurídicas que fundamenten la restricción.

3.4. La discriminación pasiva

La discriminación pasiva consiste en la obtención por parte de la empresa con poder relativo de mercado de productos o servicios de sus proveedores económicamente dependientes en condiciones más ventajosas que las acordadas entre estos y las empresas que carecen de ese poder relativo de mercado[357]. Este tipo de conductas se caracterizan por tres circunstancias: la empresa con poder relativo de mercado lo tiene como demandante o distribuidor de productos o servicios (poder relativo de demanda), las empresas obstaculizadas en su acción de mercado son competidoras de esa empresa con poder relativo de demanda, y la obstaculización que éstas sufren se debe a una actuación de las empresas en situación de dependencia económica que es consecuencia de la presión que sobre ellas ejerce la empresa con poder relativo de mercado[358].

Las condiciones comerciales más ventajosas obtenidas por la empresa con poder relativo de mercado pueden concretarse en precios más bajos, descuentos especiales, comisiones específicas, plazos más amplios para satisfacer el pago, plazos más cortos de entrega de productos o de prestación de servicios, pago de primas por entrada o por acciones específicas, etc. Esta clase de ventajas o condiciones preferenciales sólo es desleal cuando son consecuencia directa de la explotación del poder relativo de demanda. De modo que la deslealtad de la conducta depende en gran medida de la legitimidad de la práctica. Y es que algunas de estas conductas han sido objeto de una regulación específica en el marco

---

[357] RODRÍGUEZ MATAS, M. J. y VEGA PENICHET, L., "Las situaciones...", *op. cit.*, p. 86.

[358] MASSAGUER FUENTES, J., *Comentario a...*, *op. cit.*, p. 492.

del Derecho de la competencia (apartado 3 del art. 16 LCD), del Derecho de contratos (v. gr., Ley 3/2004, de 29 de diciembre, por la que se establecen medidas de lucha contra la morosidad en las operaciones comerciales) o de la regulación sectorial (por ejemplo, la LOCM o la Ley 12/2013, de 2 de agosto, de medidas para mejorar el funcionamiento de la cadena alimentaria).

Ahora bien, constatada la legitimidad de la práctica, será necesario comprobar tanto su racionalidad económica como su proporcionalidad. En esta dirección, será necesario tomar en consideración el marco negocial de prestaciones y contraprestaciones, el clausulado contractual que lo regula, su carácter negociado o impuesto, su transparencia, la razonabilidad de las condiciones preferenciales, su carácter esencial o accesorio con respecto a las contraprestaciones recibidas, la justificación técnica de esas condiciones, su carácter reiterado o esporádico, las técnicas utilizadas para obtener esas condiciones preferenciales, la habitualidad del otorgamiento de esas condiciones preferenciales en el sector económico, así como los efectos que produce sobre la posición competitiva de las empresas económicamente dependientes y de los competidores de la empresa con poder relativo de mercado.

En el ámbito específico de la economía de plataformas, las prácticas de discriminación pasiva más frecuentes son la imposición de condiciones comerciales abusivas, la modificación unilateral de los términos del servicio y la explotación de datos y recursos.

La imposición de condiciones abusivas es el supuesto básico de discriminación pasiva. A través de estas imposiciones, la plataforma en línea puede obtener de las empresas económicamente dependientes condiciones más ventajosas que las que estas ofrecen al resto de canales de distribución de sus productos o servicios. Estas ventajas pueden traducirse en el pago de comisiones más elevadas; el pago de primas por publicidad, clics, visitas o transacciones; el ofrecimiento de condiciones de entrega o suministro más favorables; la adopción de una política de devolución más generosa; o la exigencia de pago por servicios ficticios o que carecen de utilidad para el usuario profesional.

La evaluación de la deslealtad de este tipo de prácticas exige analizar su legitimidad conforme al régimen jurídico aplicable y la existencia de una justificación objetiva que ampare la exigencia de estas condiciones comerciales. Así pues, será necesario evaluar la conducta a la luz de las distintas circunstancias concurrentes, prestando especial atención a los clausulados contractuales que recojan estas condiciones comerciales, su carácter negociado o impuesto, su transparencia (con especial atención al régimen impuesto por el art. 3 RP2B), los métodos utilizados en la negociación que condujo a la obtención de las ventajas, la obtención de estas ventajas mediante el empleo de técnicas de presión o intimidación, su justificación en relación con las contraprestaciones recibidas y su carácter proporcionado.

La modificación unilateral de los términos del servicio resulta una práctica habitual en el sector y aparece como un mecanismo especialmente idóneo para imponer esas condiciones más favorables a los usuarios profesionales económicamente dependientes. La evaluación de la deslealtad de este tipo de prácticas exige tomar en consideración las circunstancias ya mencionadas. Pero, además, deberá tenerse en cuenta el régimen que sobre este particular se recoge en la normativa sectorial aplicable a las plataformas en línea.

Así, el art. 3.2 RP2B obliga a las plataformas en línea a notificar a los usuarios profesionales toda modificación de las condiciones generales en un soporte duradero. Esas modificaciones no se aplicarán antes de que finalice el plazo de notificación, que será razonable y proporcionado respecto de la naturaleza y el alcance de los cambios previstos, así como de las consecuencias para el usuario profesional afectado. El usuario profesional afectado tendrá derecho a resolver el contrato con el proveedor de los servicios de intermediación en línea antes de la expiración del plazo de notificación y dicha resolución surtirá efecto dentro de los 15 días siguientes a la recepción de la notificación, a menos que se prevea contractualmente un plazo más breve. La modificación de las condiciones generales que no cumpla con estos requisitos no producirá ningún efecto.

Asimismo, el art. 8.a) RP2B prohíbe a las plataformas en línea que impongan modificaciones retroactivas de las condiciones generales, salvo cuando esa retroactividad venga impuesta por una obligación legal o reglamentaria, o resulte beneficiosa para el usuario profesional.

En el marco de la economía de plataformas, el acceso y uso de los datos adquiere una importancia capital. De modo que la imposición de condiciones abusivas de acceso y uso de datos por parte de las plataformas con poder relativo de mercado puede conducir a una explotación de la situación de dependencia económica. En este sentido, pueden ser prácticas de explotación aquellas conductas consistentes en exigir el acceso injustificado a datos valiosos de los usuarios profesionales, la utilización de datos obtenidos de los usuarios profesionales para competir con ellos o la limitación del acceso a los usuarios profesionales a datos relevantes para su actividad empresarial.

En la evaluación de la deslealtad de este tipo de conductas será necesario analizar, junto a las circunstancias ya expuestas, otras relativas a las condiciones de acceso y uso de los datos, como son el análisis de la importancia de los datos para la actividad de la plataforma y de los usuarios profesionales, la evaluación de la necesidad y proporcionalidad de la actuación, o la valoración de las técnicas utilizadas para la obtención y uso de los datos.

Además, en esta sede han de tenerse en cuenta las limitaciones legales que se imponen al acceso y uso de los datos o de ciertas categorías de datos. Ello determina la necesidad de evaluar la licitud de la conducta a la luz de la normativa sectorial específica y negar la legitimidad de la práctica y, por tanto, declarar la deslealtad de la conducta, cuando la práctica en cuestión constituya una infracción de esa normativa o sea consecuencia de ella.

CAPÍTULO V
Reseñas en línea

1. PLANTEAMIENTO

1.1. Reseñas en línea y sitios de reseñas

En el mercado digital, la reputación se ha convertido en un activo imprescindible. Se habla de *reputación en línea* con referencia a la valoración alcanzada por una empresa a través de las posibilidades que ofrece Internet[359]. En la configuración de esta reputación, los *sistemas de reputación en línea* desempeñan un papel fundamental. Dichos sistemas son instrumentos en línea que permiten a los usuarios valorar los productos adquiridos o los servicios contratados, informar sobre la experiencia que han tenido y/o calificar productos, servicios o empresarios[360]. En este escenario, las reseñas se erigen como un elemento fundamental, pues constituyen el combustible que alimenta estos sistemas.

---

359 MARTÍNEZ NADAL, A., "Reputación online de las empresas de alojamiento turístico y publicación por terceros de informaciones negativas (*reviews*)", en MORILLAS JARILLO, M. J., PERALES VISCASILLAS, M. P. y PORFIRIO CARPIO, L. J. (Dirs.), *Estudios sobre el futuro Código Mercantil: libro homenaje al profesor Rafael Illescas Ortiz*, Madrid, Universidad Carlos III de Madrid, 2015, p. 459; y RUBIO GIL, A., JIMÉNEZ BARANDILLA, I. y MERCADO, C., "Reputación corporativa online en la hotelería: el caso Tripadvisor", *Esic Market Economics and Business Journal*, vol. 48, núm. 3, 2017, pp. 596 y ss.

360 GÓRRIZ LÓPEZ, C., "El caso TripAdvisor: competencia desleal, honor y consentimiento", en *Actualidad de Derecho Mercantil*, 30 de diciembre de 2019, disponible en http://blogs.uab.cat/dretmercantil/ (consultado el 31 de mayo de 2024).

El uso generalizado de las reseñas en el entorno digital es evidente. De hecho, suelen incluirse no sólo en los portales específicos de opinión (*online review sites* o sitios de reseñas), sino también en todo tipo de plataformas, como los mercados en línea, los motores de búsqueda, las herramientas comparativas o las redes sociales[361].

En este contexto, el término *reseña* ha de entenderse como toda valoración, opinión o crítica que se hace de un bien o servicio[362]. Comprende toda expresión de una opinión dirigida al público acerca de un producto o servicio, cualquiera que sea su forma y grado de elaboración[363].

De esta forma, en el ámbito comercial, el término reseña ha de entenderse en sentido amplio y es independiente, tanto del grado de elaboración de la reseña, como de la forma que adopte, como del canal o medio a través del que se evacúa. Así, tan reseñas son las opiniones extensas y detalladas sobre un producto o servicio, como una valoración numérica, en estrellas o a través de gestos, signos o aprobaciones de cualquier tipo (por ejemplo, "me gusta" o "*likes*"). Igualmente, las reseñas pueden adoptar diversos formatos que van desde un comentario escrito (como es el caso de las reseñas que acompañan a los productos en los mercados en línea), a un documento de audio o video (las valoraciones manifestadas en los conocidos *unboxing*), un número o un icono. Asimismo, las reseñas no sólo aparecen en el mercado en línea, sino que pueden manifestarse a través de medios físicos como un libro de reseñas. Aunque lógicamente, en esta sede, las reseñas que nos interesan son las que se manifiestan en el entorno digital.

---

361 FLAQUER RIUTORT, J., "Los retos legales de las «*fake reviews*» en el ordenamiento jurídico español", *Revista Aranzadi de derecho y nuevas tecnologías,* núm. 56, 2021, p. 3 (hemos consultado la versión en línea disponible en la base de datos de Aranzadi Instituciones).

362 MIRANDA SERRANO, L. M., "Prácticas desleales sobre reseñas online de bienes y servicios", *InDret,* núm. 2, 2023, p. 175.

363 MASSAGUER FUENTES, J., "La reforma...", *op. cit.,* p. 23.

Por *sitio de reseñas* se entiende cualquier interfaz en línea que aloja reseñas de clientes, sea o no ése su objetivo principal, y sea cual sea la forma en que se articule, ya sea un sitio web, una plataforma, una aplicación o incluso una red social[364].

Los sititos de reseñas pueden clasificarse a la luz de distintos criterios. Así, en primer lugar, podemos distinguir entre sitios de reseñas configurados como sistemas abiertos o como sistemas cerrados. Los primeros son aquellos en los que los usuarios pueden acceder y publicar reseñas sin necesidad de estar vinculados a una experiencia previa de consumo y, por tanto, sin verificación de ningún tipo. En cambio, en los sitios de reseñas de sistema cerrado solo pueden publicar reseñas quienes estuvieran vinculados por una previa experiencia de consumo como la adquisición de un producto o la contratación de un servicio, de modo que las reseñas podrían ser verificadas o confirmadas[365].

En segundo lugar, los sitios de reseñas también pueden clasificarse atendiendo a la actividad de la plataforma, aplicación o sitio web donde se ofrecen las reseñas. Así, podemos encontrar: 1) sitios cuyo objetivo principal es ofrecer productos o servicios, pero que incluyen una función de reseñas que forma parte de su oferta principal (sería el caso de *Amazon*); 2) sitios que proporcionan enlaces a plataformas de reseñas de terceros (por ejemplo, *Expedia*); 3) sitios cuyo objetivo principal es proporcionar opiniones de los consumidores sobre productos o servicios sin ofrecer su contratación (como *TripAdvisor*); 4) sitios cuya función es ofrecer asesoramiento e información sobre temas de consumo y que, a tal efecto, incluyen foros de opiniones (*ad. ex. Money Saving Expert*); 5) plataformas bilaterales en las que los usuarios interactúan recípro-

---

364 MALDONADO MOLINA, F. J., "El marco legal de los sitios de reseñas y de las reseñas en línea de consumidores", *Revista Lex Mercatoria*, vol. 22. 2022, pp. 66 y 67.

365 MARTÍNEZ OTERO, J., "Nuevas formas de publicidad encubierta en las plataformas digitales de internet", *Revista de Derecho Mercantil*, 2019, núm. 314 (hemos consultado la versión en línea disponible en el portal electrónico ThomsonReuters ProView).

camente para comprar y vender basadas en las reseñas de persona a persona (por ejemplo, *eBay*); 6) sitios de servicios de terceros de segunda generación en los que sólo los usuarios pueden publicar una reseña (es el caso de *Reevoo*); y 7) plataformas en línea, redes sociales y blogs cuyo propósito principal no es el de proporcionar reseñas o comentarios de consumidores, pero que pueden servir como canales de publicidad de bienes o servicios (*Facebook*, *Instagram*, *YouTube*, etc.)[366].

En tercer lugar, también es posible clasificar los sitios de reseñas atendiendo a su titularidad. De un lado, encontramos sitios de reseñas que son organizados por sujetos distintos del oferente de los productos o servicios reseñados. Estos sitios se presentan al consumidor como entidades neutrales, pues su labor se limita a la mera intermediación y organización de reseñas. De otro lado, existen sitios de reseñas que son creados y gestionados por los propios empresarios oferentes de los productos o servicios. En ellos, las reseñas no suelen ir acompañadas de las medidas internas de control que sí son frecuentes en los sitios de reseñas no gestionados por los propios oferentes. Junto a ellos, hay empresarios que se dedican a gestionar profesionalmente los sistemas de reseñas de otros empresarios, lo que garantiza la imparcialidad y otorga mayor confianza[367].

1.2. Relevancia comercial de las reseñas en línea y problemas concurrenciales

Como acabamos de comprobar, en Internet es común encontrar secciones específicas en páginas web y plataformas en línea en las que los usuarios pueden calificar la calidad de los productos

---

366 VALANT, J., "Online consumer reviews. The case of misleading or fake reviews", *European Parliamentary Research Service*, 2015, disponible en https://www.europarl.europa.eu/RegData/etudes/BRIE/2015/571301/EPRS_BRI(2015)571301_EN.pdf (consultado el 1 de junio de 2024).

367 MALDONADO MOLINA, F. J., "El marco...", *op. cit.*, p. 67.

o servicios y manifestar sus opiniones al respecto, permitiendo a los demás usuarios que conozcan las experiencias previas sobre el producto o servicio antes de contratar[368]. Estos sistemas de reputación en línea reducen los costes de transacción y empoderan a los consumidores y usuarios.

De hecho, las reseñas constituyen una de las principales fuentes de información con la que cuentan los consumidores con carácter previo a la contratación. Tan es así que muchos potenciales compradores o adquirentes condicionan su decisión definitiva de compra a las reseñas o a la calificación publicada sobre el producto o servicio. Más aún cuando las transacciones se celebran en línea sin posibilidad de inspeccionar previamente el producto en cuestión.

Así lo corroboran varios estudios empíricos que demuestran la importancia que tienen las reseñas y aprobaciones proporcionadas por los consumidores en las decisiones económicas de otros consumidores[369]. Por ejemplo, en 2020, la Organización de Consumidores y Usuarios (OCU) publicó una encuesta realizada a más de 1000 consumidores de la que extrajo lo siguiente: más del 90% de los consumidores encuestados había consultado las reseñas y valoraciones de otros consumidores y usuarios, y casi la mitad de los encuestados admitieron que esas valoraciones habían

---

368 MORA ASTABURUAGA, A. y PRADO SEOANE, J. A., "Sistemas de reputación online (*Reputational Feedback Systems*), opiniones falsas y competencia desleal", *Revista Electrónica del Departamento de Derecho de la Universidad de La Rioja*, núm. 16, 2018, p. 159.

369 En esta dirección, MELLINAS, J. P., MARTÍNEZ MARÍA-DOLORES, S. y BERNAL, J. J., "El control de irregularidades y Tripadvisor", *Revista Turismo y Desarrollo*, núm 18, 2015, disponible en http://www.eumed.net/rev/turydes/18/tripadvisor.html (consultado el 31 de mayo de 2024); RUBIO GIL, A., JIMÉNEZ BARANDILLA, I. y MERCADO, C., "Reputación corporativa…", *op. cit.*, p. 598; y GONZÁLEZ PONS, E., "Marketing digital, reseñas falsas de consumidores y competencia desleal", en MADRID PARRA, A. y ALVARADO HERRERA, L. (Dirs.), *Derecho digital y nuevas tecnologías*, Cizur Menor, Aranzadi, 2022, pp. 541 y ss.

pesado en sus decisiones de consumo[370]. Más recientemente, el portal en línea *Trustmary* señala que el 93% de los consumidores consulta las reseñas en línea antes de realizar una compra, el 58% estaría dispuesto a pagar más o viajar más lejos para visitar empresas con buenas reseñas, solo el 9% de los clientes estaría dispuesto a comprometerse con un negocio que tenga una calificación media de 1 o 2 estrellas, y el 94% de los consumidores ha evitado una empresa debido a sus reseñas negativas[371].

Ahora bien, esta función de las reseñas sólo puede lograrse si los consumidores pueden confiar en su calidad y autenticidad. Desgraciadamente, dicha confianza en las reseñas no siempre se da, merced al surgimiento y desarrollo de una serie de prácticas poco escrupulosas en relación con ellas. Nos referimos, en particular, a aquellas técnicas empleadas por los empresarios para aumentar el número de reseñas positivas de sus productos o servicios, o para reducir el impacto de las negativas.

Así, no es extraño que los empresarios acudan a empresas que ofrecen paquetes de seguidores, *likes*, reseñas o aprobaciones[372]. Ni que ofrezcan beneficios específicos para aquellos consumidores que valoran positivamente su producto o servicio. También hay casos en los que incentivan a los consumidores a probar sus productos a cambio de publicar sus reseñas sin desvelar el patrocinio. Igualmente, existen situaciones en las que empresarios competidores publican u ordenan publicar reseñas negativas falsas sobre competidores, con el consiguiente perjuicio para su reputación en línea.

---

370 OCU, *Opiniones online: las consultamos y nos influyen*, disponible en https://www.ocu.org/consumo-familia/compras-online/noticias/opiniones-usuarios-online (consultado el 31 de mayo de 2024).

371 https://trustmary.com/es/resenas/estadisticas-de-resenas-online-que-te-dejaran-boquiabierto/ (consultado el 31 de mayo de 2024).

372 Sobre este particular, SERRANO ACITORES, A. y GARCÍA MARTÍN, L., "*Influencers* y prácticas de competencia desleal a través de Instagram", *La Ley Mercantil*, núm. 63, 2019, p. 3 (hemos consultado la versión en línea disponible en el portal electrónico laleydigital).

Este tipo de conductas no sólo pueden afectar a los intereses legítimos de los competidores, sino que son susceptibles y especialmente aptas para distorsionar las decisiones económicas del consumidor medio. Además, este tipo de reseñas y aprobaciones falsas pueden influir en la clasificación de los productos y servicios que se muestran al consumidor como resultado de sus búsquedas en línea o en el marco de los sistemas de recomendación, lo que redunda nuevamente en las decisiones económicas de los consumidores que accedan a este tipo de servicios en línea.

1.3. Tipología de reseñas problemáticas

Sin duda, las reseñas en línea desempeñan un importante papel *procompetitivo* en el tráfico económico en línea. No en vano, se configuran como uno de los principales elementos de juicio que los consumidores y usuarios toman en consideración en la conformación de sus decisiones económicas, y aparecen como un mecanismo cardinal en la construcción de la reputación en línea de los empresarios y profesionales.

El correcto funcionamiento del mercado, sobre todo en el entorno digital, depende en gran medida de la publicación y difusión de reseñas libres, conscientes y no interesadas de quienes tienen una previa experiencia comercial relacionada con el producto, el servicio o el empresario oferente. En rigor, sólo este tipo de reseñas respeta el principio de veracidad que ha de gobernar la lucha concurrencial y cumple con la función de instrumento de transparencia que están llamadas a desempeñar.

Sin embargo, en el ámbito que nos ocupa han proliferado una serie de prácticas especialmente nocivas para los intereses económicos de los consumidores y de los empresarios competidores que derivan de un interés espurio en la publicación de las reseñas o en su falta de veracidad.

Así, en primer lugar, encontramos las *reseñas falsas*. Estas reseñas son aquellas que se publican sin que exista una previa experiencia comercial. De modo que no existe una reseña como tal, sino una mera declaración positiva o negativa carente de fundamento sobre un producto, servicio, actividad o empresario. Este tipo de reseñas puede revestir distintas formas. Por un lado, pueden consistir en un comentario positivo emitido por el propio empresario oferente de los productos o servicios reseñados. Por otro lado, pueden adoptar la forma de valoración negativa emitida por un empresario competidor. Y, por otro, pueden derivar de un consumidor que se vale de su condición y del uso de las reseñas para obtener del empresario oferente ventajas comerciales o condiciones contractuales ventajosas.

En segundo lugar, aparecen las *reseñas engañosas*. Estas reseñas son aquellas que, respondiendo a una experiencia comercial previa, no satisfacen los criterios de veracidad que exige el ordenamiento jurídico. Dentro de ellas se enmarcan las reseñas engañosas *stricto sensu*, que se caracterizan por faltar a la verdad o por inducir a error en la valoración u opinión vertida sobre el producto o servicio, o sobre su procedencia. En esta categoría también pueden encuadrarse las *reseñas distorsionadas*. Estas reseñas son aquellas que se alteran por el empresario oferente de los productos, servicios o actividades reseñados o por un tercero que actúa en su nombre o por su cuenta. Dicha alteración puede consistir bien en la eliminación de las reseñas negativas para dar preminencia a las positivas o bien en la transformación o tergiversación del contenido de las reseñas emitidas por terceros a fin de eliminar, disimular o desnaturalizar la parte negativa.

Y, en tercer lugar, podemos hablar de *reseñas incentivadas* o *interesadas*. Estas reseñas se caracterizan por ser emitidas por terceros como contraprestación a una ventaja o recompensa de carácter patrimonial. Dentro de ellas podemos encontrar las *reseñas encubiertas*, las *reseñas compradas* y las *reseñas forzadas*. Las primeras son aquellas publicadas por terceros a cambio de una contraprestación y sin revelar el propósito comercial del mensaje, lo que podría calificarse como una práctica comercial encubierta en los términos que veremos más adelante[373]. Las segundas, por su parte,

---

373 *Vid. infra* VI.4.3.1.

son aquellas que se publican por un tercero a cambio de una contraprestación económica y que no responden a una experiencia comercial previa. De ahí que también puedan calificarse como *reseñas falsas.* Finalmente, las reseñas forzadas son reseñas publicadas por consumidores o clientes reales de los correspondientes productos o servicios, pero que no se derivan de una voluntad libre, sino de su imposición por el empresario oferente o de la presión ejercida por éste. Se trata de supuestos en los que el empresario exige al consumidor la publicación de una o más reseñas para adquirir el producto o servicio en cuestión, para acceder a todas sus aplicaciones o funcionalidades, para librarse de recibir comunicaciones ulteriores o para evitar la realización de actividades de otro tipo.

1.4. La regulación de las reseñas en línea en la Ley de Competencia Desleal

A la vista de lo anterior, no resulta extraña la importancia que adquiere en este ámbito la disciplina de la deslealtad concurrencial y, en particular, la parte de ella orientada principalmente a la protección de los consumidores y usuarios[374].

---

[374] Algunos autores también han analizado la aplicación de las soluciones legales proporcionadas por las normas tuitivas del del derecho al honor. *Vid.*, entre otros, MARTÍNEZ NADAL, A., "Publicación en páginas web de valoraciones falsas con incidencia en la reputación digital de los empresarios de alojamiento: ¿una práctica desleal?", *Revista de Derecho Mercantil*, núm. 297, 2015, pp. 8 y ss. (hemos consultado la versión en línea disponible en la base de datos de Aranzadi Instituciones); FLAQUER RIUTORT, J., "Plataformas de intercambio de opinión: libertad de expresión y derecho a la información «versus» derecho de salida del empresario titular del negocio", *Revista de Derecho Mercantil*, núm. 315, 2020, pp. 12 y ss. (hemos consultado la versión en línea disponible en la base de datos de Aranzadi Instituciones); y MARTÍNEZ CALVO, J., "El derecho de rectificación ante informaciones falsas o inexactas, con especial mención a las publicadas en internet", *Revista de Derecho Civil*, núm. 4, 2020, pp. 139 y ss.

En este sentido, las normas de la LCD prohibitivas de los actos de engaño, las omisiones engañosas, las prácticas agresivas y los actos de denigración pueden erigirse en mecanismos especialmente útiles para combatir este tipo de prácticas y así proteger los intereses económicos no sólo de los consumidores, sino también de los empresarios competidores.

Además, el legislador comunitario ha tomado consciencia de la creciente confianza que los consumidores depositan en las reseñas y aprobaciones de otros consumidores a la hora de adoptar sus decisiones económicas[375]. Por esta razón, ha incluido en la Directiva (UE) 2019/2161 una serie de normas que están llamadas a actualizar la DPCD para contemplar específicamente el fenómeno de la publicación de reseñas y aprobaciones de los consumidores en el entorno digital y su potencial repercusión en las decisiones de compra de los consumidores[376].

En este sentido, la mencionada Directiva impone a los empresarios unos requisitos de información sobre el tratamiento de las reseñas e incorpora dos nuevas prácticas comerciales desleales en cualquier circunstancia al catálogo de prácticas desleales contenido en su Anexo I. En particular, establece la prohibición de dos tipos de prácticas: 1ª) por un lado, las consistentes en afirmar que las reseñas de un producto son añadidas por consumidores reales, sin tomar medidas razonables y proporcionadas para comprobar dicha circunstancia; 2ª) por otro lado, las que se materializan en añadir o encargar a otra persona física o jurídica que añada reseñas o aprobaciones de consumidores falsas, o en distorsionar reseñas de consumidores o aprobaciones sociales con el fin de promocionar productos.

---

[375] Considerando 47.

[376] DE MIGUEL ASENSIO, P. A., "Modernización de las normas sobre propiedad intelectual y protección de los consumidores en el entorno digital mediante el Real Decreto-ley 24/2021", *La Ley Unión Europea*, núm. 98, 2021, p. 16.

1.5. La aplicación de la disciplina de la deslealtad concurrencial a la publicación de reseñas en línea

Como es natural, la primera tarea por llevar a cabo en esta sede consistirá en determinar si la LCD resulta de aplicación a las prácticas relacionadas con las reseñas y aprobaciones evacuadas en las plataformas en línea.

Subjetivamente, la LCD se aplica a todos los empresarios, profesionales y a cualesquiera otras personas físicas o jurídicas que participen en el mercado (art. 3.1), con independencia de que exista o no una relación de competencia entre el sujeto activo y pasivo del acto de competencia desleal (art. 3.2). En principio, por tanto, puede sostenerse, que este régimen resulta de aplicación a los sitios de reseñas, así como a cualquier persona física o jurídica que emita o publique la reseña.

En lo que concierne al régimen concurrencial de tutela de los intereses económicos de los consumidores y usuarios, éste se aplica no sólo a las prácticas comerciales de las plataformas en línea y otros empresarios que ponen a disposición las reseñas de los consumidores o facilitan el acceso a ellas, sino también a cualquier empresario que organice el suministro de reseñas en beneficio de otros empresarios. Y es que las prácticas comerciales de un empresario están sujetas a la DPCD (y, por tanto, a la LCD) con independencia de que dichas prácticas comerciales promocionen su propios productos o productos suministrados por un tercero[377].

Así, cuando la plataforma en línea tenga la consideración de empresario será responsable de sus propias prácticas comerciales. Pero también podría resultar responsable de la deslealtad de las prácticas relativas a las reseñas de forma conjunta con el autor de

---

377 Así lo entiende la Comisión en su *Guía sobre la interpretación y la aplicación de la Directiva 2005/29/CE del Parlamento Europeo y del Consejo relativa a las prácticas comerciales desleales de las empresas en sus relaciones con los consumidores en el mercado interior*, en *DOUE*, C-526, 29 de diciembre de 2021, p. 93.

aquellas. Sólo en el caso de que la plataforma en línea desarrolle una actividad exclusivamente técnica, automática y pasiva, sin tener conocimiento ni control de la información transmitida o almacenada, y sin haber participado en la elaboración del contenido de los datos transmitidos podrá eximirse de responsabilidad en el sentido de los arts. 6 y ss. RSD. En cambio, si la plataforma que proporciona el servicio de reputación en línea adopta un papel activo (por ejemplo, optimizando las búsquedas o sus sistemas de reputación en línea, o imponiendo reglas de comportamiento a sus usuarios), podrá ser declarado responsable de la práctica comercial desleal.

Igualmente, los consumidores que realizan la valoración o la reseña pueden verse sometidos a la aplicación del régimen represor de la competencia desleal. Pero sólo cuando pueda considerarse que actúan en nombre o por cuenta del empresario, lo que adquiere especial relevancia en los supuestos de reseñas proporcionadas a cambio de una contraprestación o del propio producto o servicio. En otro caso (es decir, cuando actúen en nombre y por cuenta propia), este régimen no les será de aplicación. Ahora bien, esta falta de aplicación del régimen represor de la competencia desleal no deriva de su condición subjetiva o personal, sino del hecho de no concurrir en su conducta el elemento o presupuesto objetivo exigido por el art. 2 LCD.

Objetivamente, la LCD se aplica a todo acto realizado en el mercado con finalidad concurrencial. Esto es, a todo comportamiento, conducta o práctica que se manifieste al público con transcendencia externa y que sea objetivamente idóneo para proyectar sus efectos de promoción de las prestaciones propias o ajenas en el mercado con el objetivo de conservar o captar nuevos clientes. Lo fundamental será que el acto no cuente con una justificación razonable que atestigüe una finalidad distinta de la concurrencial[378]. Y ello por cuanto que el régimen represor de la competencia desleal trata de evitar el abuso del derecho a la liber-

378 *Vid. supra* I.2.

tad de empresa, quedando al margen de su tutela otros derechos fundamentales como la libertad de expresión, de prensa o al libre desarrollo de la personalidad.

En el caso de los actos desarrollados por empresarios o profesionales, esa finalidad competitiva se presume en tanto que actúan como operadores económicos en el ejercicio de su libertad de empresa. En cambio, cuando es un consumidor quien pone en práctica el comportamiento, esa finalidad concurrencial desaparece y deja su lugar a una finalidad de otro tipo, como puede ser la meramente informativa desarrollada en ejercicio de su derecho a la libertad de expresión[379]. Del mismo modo que las reseñas o valoraciones publicadas en un medio de comunicación informativo pueden quedar al margen de la aplicación del régimen represor de la competencia desleal por ser valoraciones evacuadas en el ejercicio de la libertad de prensa. Cuestión distinta es que el consumidor (o el medio de comunicación informativo) actúe en nombre o por cuenta de un empresario, pues en estos casos la práctica en cuestión quedará sometida a esta regulación.

Sentado lo anterior, quedarán sujetas a la disciplina de la deslealtad concurrencial aquellas prácticas consistentes en la publicación de reseñas relacionadas con los productos y servicios, así como aquellas reseñas y aprobaciones relativas a las cualidades y el desempeño de los empresarios al ofrecer o vender dichos productos o servicios (por ejemplo, las reseñas referidas a la fiabilidad del empresario o a su rapidez en la entrega de productos o prestación de servicios).

Igualmente, este régimen resultará de aplicación a las reseñas que se pronuncien sobre otros extremos alejados del contexto de las relaciones entre empresarios y consumidores, como la responsabilidad social, las condiciones laborales, la fiscalidad o los aspectos éticos. Y ello por cuanto que este tipo de reseñas son objetiva-

---

379 En un sentido similar, GONZÁLEZ PONS, E., "Marketing digital...", *op. cit.*, p. 547; y MIRANDA SERRANO, L. M., "Prácticas desleales...", *op. cit.*, p. 183.

mente idóneas para asegurar o promover las prestaciones propias o ajenas, afectando a la reputación o crédito en el mercado de un operador económico o alterando las decisiones económicas de la clientela.

2. REQUISITOS DE TRANSPARENCIA SOBRE EL TRATAMIENTO DE LAS RESEÑAS EN LÍNEA

Los sitios de reseñas que tengan la consideración de empresarios a los efectos de la DPCD están sometidas al régimen de transparencia establecido en ella (arts. 6 y 7). De ahí que deban proporcionar información veraz sobre las principales características del servicio y no inducir a error a los consumidores en cuanto al origen o la fiabilidad de las reseñas[380]. Consecuentemente, si el sitio de reseñas que ofrece el servicio de reputación en línea afirma expresamente que sus reseñas proceden de usuarios reales, debe responder de la veracidad de esas declaraciones, puesto que lo contrario podría inducir a los consumidores a error sobre las características principales del bien o servicio, los resultados que pueden esperarse de su utilización, o los resultados y características esenciales de las pruebas o controles efectuados al bien o servicio[381].

---

380 CUENA CASAS, M., "La contratación...", *op. cit.*, p. 324.

381 En esta dirección, la Autoridad italiana de la competencia y del mercado (Autorità Garante de la Concorrenza e del Mercado) sancionó a Tripadvisor con una multa de 500.000 € (reducida posteriormente a 100.000 € por el Consejo de Estado Italiano, mediante Sentencia de 15 de julio de 2019, n. 4976) por incurrir en prácticas comerciales desleales engañosas en relación con las reseñas. En particular, el organismo garante de la competencia y del mercado en Italia entendió que las conductas de TripAdvisor consistentes en la difusión de información sobre el carácter autentico, verdadero y genuino de los comentarios publicados en su web presentaban las características de una práctica comercial engañosa de los artículos 20, 21 y 22 del Código de Consumo italiano. Y ello por cuanto que dichas prácticas resultaban idóneas para inducir a error a un amplio número de consumidores respecto de la

Además, el régimen introducido por la Directiva (UE) 2019/2161 establece una nueva obligación de información a cargo del empresario en relación con las reseñas. A tal efecto, introduce un nuevo apartado 6 en la regulación de las omisiones engañosas prevista en el artículo 7 DPCD. En él se dispone que "(c)uando un comerciante facilite el acceso a las reseñas de los consumidores sobre los productos, se considerará esencial la información acerca de si el comerciante garantiza que las reseñas publicadas pertenezcan a consumidores que hayan realmente utilizado o adquirido el producto".

Esta nueva obligación de información resulta de aplicación a todo empresario que proporcione el acceso a las reseñas de los consumidores, incluso cuando promocione en su interfaz en línea las reseñas facilitadas por otro empresario, como es el caso de las herramientas de valoración especializadas[382]. No es, por tanto, necesario que el empresario se ocupe del tratamiento de las reseñas o de su optimización. Basta con que facilite el acceso a las reseñas de consumidores. Asimismo, el término *reseña* debe entenderse en sentido amplio, como comprensivo de todas aquellas prácticas relacionadas con la opinión, valoración o puntuación de un producto, servicio o empresario[383].

---

naturaleza y las características principales del producto y para alterar su comportamiento económico. Un comentario de esta resolución puede encontrarse en MARTÍNEZ NADAL, A., "Publicación en...", *op. cit.*, pp. 17 y ss. En un sentido similar, la autoridad inglesa de publicidad prohibió la utilización por parte de Tripadvisor de los eslóganes "*Reviews you can trust*" y "*Trusted advice from real travellers*", precisamente sobre la base del carácter engañoso de dichas afirmaciones (Resolución de la *Advertising Standard Authority*, de 1 de febrero de 2012, disponible en https://www.asa.org.uk/rulings/tripadvisor-llc-a11-166867.html, consultada el 24 de junio 2022).

382 *Guía sobre la interpretación y la aplicación de la Directiva 2005/29/CE del Parlamento Europeo y del Consejo relativa a las prácticas comerciales desleales de las empresas en sus relaciones con los consumidores en el mercado interior*, en *DOUE*, C-526, 29 de diciembre de 2021, p. 94.

383 MASSAGUER FUENTES, J., "La reforma...", *op. cit.*, p. 23.

Con este precepto se persigue incrementar la transparencia de la información que llega a los consumidores a través de las reseñas y aprobaciones de otros consumidores. Dada la importancia que este canal de información ha adquirido en los últimos tiempos en relación con las decisiones económicas de los consumidores, se exige que estos puedan conocer si la información que se le proporciona por este cauce procede de otros consumidores que han utilizado o adquirido el producto, a fin de que puedan decidir con el debido conocimiento de causa. No se trata de garantizar la veracidad de las reseñas, sino de informar a los consumidores sobre si el empresario que permite el acceso a ellas garantiza o no que éstas proceden de consumidores reales que previamente han utilizado o adquirido el producto o servicio, así como del tratamiento que se hace de ellas.

La calificación de una práctica comercial como omisión engañosa a la luz de la DPCD depende del carácter sustancial de la información[384]. Pues bien, en el ámbito de las reseñas y aprobaciones de consumidores, el artículo 7.6 DPCD considera sustancial la información sobre la *garantía de autenticidad*. La existencia de mecanismos de confianza obliga a los empresarios y profesionales a informar a los usuarios sobre cómo se aseguran de que sólo los consumidores que hayan adquirido efectivamente los productos o servicios puedan realizar valoraciones y recomendaciones. Y es que, en este contexto, la mera existencia de una garantía de autenticidad de las reseñas publicadas parece ser suficiente para salvaguardar la racionalidad de las decisiones económicas y la libertad de elección de los consumidores[385].

El alcance de esta obligación de información se configura de forma amplía. No basta con la mera declaración de que se garantiza que las reseñas publicadas pertenecen a consumidores reales. En este sentido, el Considerando 47 de la Directiva (UE)

---

[384] STJUE de 25 de julio de 2018, asunto C-632/16, *Dyson*, apdo. 42 (TOL6.674.920).

[385] AZEVEDO DE AMORIM, A. C., "Avaliações e…", *op. cit.*, p. 229.

2019/2161 señala que "los comerciantes deben facilitar información sobre cómo se realizan las comprobaciones así como proporcionar información clara a los consumidores sobre la manera en que se procesan las reseñas, por ejemplo, si todas las reseñas, positivas y negativas, se publican o si estas reseñas han sido patrocinadas o influidas por una relación contractual con un comerciante". En consecuencia, la información habrá de referirse al tratamiento general de las reseñas y no sólo a las medidas específicas adoptadas para comprobar su autenticidad.

Además, esta información ha de proporcionarse de forma clara, comprensible, inteligible, tempestiva y estar disponible al facilitar el acceso a las reseñas. De modo que el consumidor debe poder acceder de forma fácil a esta información, que ha de ser perceptible para el consumidor. De ahí que dicha información deba estar disponible en la misma interfaz en la que se publican las reseñas, lo que puede hacerse a través de hipervínculos claramente identificados y correctamente destacados.

Si el empresario omite esta información, estaremos ante una omisión desleal cuando dicha omisión pudiera alterar el comportamiento económico del consumidor medio. Este extremo habrá de valorarse en el caso concreto, ya que, de conformidad con el artículo 7 DPCD, no hay juicio automático de deslealtad por omisión[386]. En este sentido, deberá considerarse el impacto causado por la práctica comercial en la decisión económica del consumidor.

Ahora bien, en el caso de que el empresario afirme garantizar la autenticidad de las reseñas sin adoptar las medidas necesarias para comprobar que dichas reseñas pertenecen a consumidores

---

386 En la misma línea, MIRANDA SERRANO, L. M., "Prácticas desleales…", *op. cit.*, p. 189. En contra, MALDONADO MOLINA sostiene que, a través de este precepto, "el legislador comunitario opta con entender que el consumidor medio siempre va a necesitar conocer si el comerciante ha aplicado –o no– algún tipo de control para comprobar que quien realiza la reseña, en efecto ha adquirido o utilizado el producto, dado que evidentemente ello incide de forma directa en la mayor, menor o nula confianza en las reseñas" (Cfr. "El marco…", *op. cit.*, p. 74).

reales, éste incurrirá en la práctica desleal tipificada en el apartado 23 ter del Anexo I DPCD en los términos que veremos más adelante.

Esta nueva obligación de información relativa a las reseñas de consumidores se ha incorporado a nuestro ordenamiento en el apartado 4 del artículo 20 TRLGDCU. Conforme a este precepto, "(l)as prácticas comerciales en las que un empresario facilite el acceso a las reseñas de los consumidores y usuarios sobre bienes y servicios deberán contener información sobre el hecho de que el empresario garantice o no que dichas reseñas publicadas han sido efectuadas por consumidores y usuarios que han utilizado o adquirido realmente el bien o servicio. A tales efectos, el empresario deberá facilitar información clara a los consumidores y usuarios sobre la manera en que se procesan las reseñas". Como puede comprobarse, el texto de este art. 20.4 es similar al previsto en el art. 7.6 DPCD. No obstante, aclara el alcance de la información que ha de proporcionarse a los consumidores, especificando que habrá de informarse sobre la forma en que se procesan las reseñas. Esta aclaración debe valorarse positivamente, toda vez que delimita con mayor precisión el supuesto de hecho de la norma[387].

De esta forma, el precepto bajo consideración impone a los empresarios una obligación de transparencia sobre la garantía de autenticidad de las reseñas que presenta un doble nivel: Si el empresario no garantiza que las reseñas proceden de consumidores o usuarios reales, sólo tiene que informar de dicha circunstancia. En cambio, si garantiza dicha autenticidad, el empresario, además, está obligado a informar sobre los procesos y procedimientos que ha adoptado con vistas a comprobarla. En particular, el empresario debe proporcionar información clara, comprensible y tempestiva sobre cómo se tratan las reseñas en el proceso de verificación (ofreciendo datos sobre los criterios utilizados, sobre si se publican

---

[387] En esta dirección, WINNER, M., "La regulación…", *op. cit.*

o no todas las reseñas recibidas, o sobre si las reseñas han sido patrocinadas o influidas de alguna forma por el empresario)[388].

El art. 20.4 TRLGDCU se completa con lo establecido en los apartados 5 y 6 del mencionado precepto. El primero de ellos atribuye al empresario la carga de la prueba del cumplimiento de los deberes de información a los que acabamos de hacer referencia. El segundo remite al art. 7 LCD para reputar desleal aquella práctica que incumpla lo previsto en el art. 20.4 TRLGDCU. Se trata de una remisión a través de la cual se pretende salvar la fragmentación normativa del régimen de la competencia desleal existente en nuestro ordenamiento jurídico[389].

3. PRÁCTICAS COMERCIALES DESLEALES *PER SE* EN MATERIA DE RESEÑAS EN LÍNEA

3.1. Cuestiones preliminares

La importancia creciente que las reseñas de otros consumidores adquieren en el proceso de adopción de decisiones económicas por parte de los consumidores se refleja en la modificación de la DPCD acometida por la Directiva (UE) 2019/2161. No en vano se trata del fenómeno regulado con mayor detalle por el legislador europeo en esta reforma.

Así, junto con la ya mencionada obligación de información sobre la *garantía de autenticidad* de las reseñas, la Directiva (UE) 2019/2161 incorpora al Anexo I dos prácticas comerciales relativas a las reseñas de los consumidores que se consideran desleales en cualquier circunstancia. Con ellas se persigue una aplicación uniforme en todos los Estados miembros de aquellas prácticas

---

388 MALDONADO MOLINA, F. J., "El marco…", *op. cit.*, pp. 73 y ss.; y MIRANDA SERRANO, L. M., "Prácticas desleales…", *op. cit.*, p. 187.

389 GONZÁLEZ PONS, E., "Marketing digital…", *op. cit.*, p. 553.

comerciales relacionadas con las reseñas que se consideran especialmente nocivas para los intereses económicos de los consumidores.

En efecto, la deslealtad de estas prácticas estriba en su capacidad para alterar el comportamiento económico del consumidor, distorsionando la formación consciente de sus decisiones económicas[390]. Además, como es natural, en tanto que prácticas comerciales desleales engañosas, su tipificación se encamina a garantizar los objetivos de transparencia en el mercado que exige el régimen represor de la competencia desleal[391].

Estas nuevas prácticas comerciales, al igual que el resto de las incluidas en el catálogo del Anexo I DPCD, se caracterizan por configurarse como prácticas desleales *per se*. Esto es, se trata de prácticas que han de recibir en todo caso y en cualquier circunstancia el reproche de la deslealtad. Ello implica que la valoración de la ilicitud de la práctica se basa en criterios objetivos. Quiere con ello afirmarse que no es necesario que se acrediten las condiciones que determinan el carácter engañoso del acto, como son la susceptibilidad de inducción a error y la alteración del comportamiento económico del consumidor medio[392].

3.2. La afirmación sobre la procedencia consumerista de las reseñas sin adoptar medidas de comprobación razonables y proporcionadas

Según el apartado 23 ter del Anexo I DPCD, se considera desleal en cualquier circunstancia "(a)firmar que las reseñas de un producto son añadidas por consumidores que han utilizado o adquirido realmente el producto, sin tomar medidas razonables y

---

390 BLASCO, B., "Unfair commercial practices, spam and fake online reviews. The Italian perspective and comparative profiles", *Comparative Law Review*, vol. 24, 2018, pp. 148 y ss.

391 MIRANDA SERRANO, L. M., "Prácticas desleales...", *op. cit.*, p. 190.

392 MASSAGUER FUENTES, J., *El nuevo...*, *op. cit.*, pp. 103 y ss.; y TATO PLAZA, A., FERNÁNDEZ CARBALLO-CALERO, P. y HERRERA PETRUS, C., *La reforma...*, *op. cit.*, pp. 107 y ss.

proporcionadas para comprobar que dichas reseñas pertenezcan a tales consumidores". Esta previsión se ha incorporado a nuestro ordenamiento mediante la inclusión de un nuevo apartado 7 en el artículo 27 LCD.

Una vez más, no se trata de garantizar la veracidad de las reseñas, puesto que esta circunstancia dependerá de quién publique la reseña. De lo que se trata es de adoptar medidas razonables y proporcionadas para comprobar el origen de las reseñas cuando se afirme que proceden de consumidores reales que han utilizado o adquirido el producto o servicio.

Esta medida, por tanto, encuentra su fundamento en el principio de veracidad que ha de regir el modelo de competencia que trata de protegerse a través de la disciplina de la deslealtad concurrencial[393]. En particular, esta exigencia de veracidad viene referida exclusivamente a la *garantía de autenticidad* de las reseñas, toda vez que lo que trata de garantizarse con esta medida es proporcionar transparencia en lo que atañe al origen de las reseñas[394].

Con ella trata de evitarse que los empresarios induzcan a error a los consumidores sobre el origen de las reseñas, con la finalidad de que no adopten una decisión económica sobre la base de una información errónea. En particular, sobre una reseña, opinión o valoración que imputan erróneamente a un consumidor real que ha utilizado o adquirido el bien o servicio y que es consecuencia de una declaración previa del empresario sobre la autenticidad de la reseña.

Así pues, la conducta típica consta de dos elementos. En primer lugar, un requisito objetivo: la afirmación por parte del empresario de que la reseña procede de un consumidor que ha utilizado o adquirido el producto o servicio. Esta afirmación no tiene por qué ser taxativa, en el sentido de que consista en una declaración expresa en los términos recogidos en el precepto. Antes bien,

---

393 AZEVEDO DE AMORIM, A. C., "Avaliações e…", *op. cit.*, p. 227

394 MIRANDA SERRANO, L. M., "Prácticas desleales…", *op. cit.*, p. 194.

dependerá de cómo el consumidor medio perciba la afirmación o declaración del empresario. De esta forma, referencias generales a reseñas de "consumidores", "clientes" o "usuarios", u otras declaraciones como "experiencias previas", "valora tu experiencia" o "¿satisfecho con el producto?" pueden conducir al consumidor medio a pensar que se tratan de reseñas de otros usuarios que han utilizado o adquirido el producto.

En segundo lugar, el precepto bajo consideración formula un requisito circunstancial. Así, la deslealtad de la práctica derivará del hecho de no adoptar "medidas razonables y proporcionadas" para comprobar que las reseñas pertenezcan a consumidores reales. De modo que el empresario no está obligado a demostrar que las reseñas proceden de consumidores reales de forma procesalmente segura, sino únicamente a adoptar y aplicar medidas razonables y proporcionadas para garantizarlo[395]. Al igual que ocurre en relación con otras prácticas comerciales desleales *per se*, la formulación de este segundo requisito nos conduce al ámbito de los juicios de valor, demandando un análisis detenido de las circunstancias en las que se desarrolla la práctica, lo que impide la efectividad del juicio de deslealtad automático de esta práctica comercial[396].

Para evaluar si el empresario ha adoptado estas medidas de comprobación del origen de la reseña, habrán de tenerse en cuenta varios parámetros, como son el modelo de negocio del empresario, la magnitud de su actividad o el sector de público al que se dirigen las reseñas. Su toma en consideración permitirá determinar qué medidas pueden considerarse razonables y

---

395 MALDONADO MOLINA, F. J., "El marco...", *op. cit.*, p. 79; y MIRANDA SERRANO, L. M., "Prácticas desleales...", *op. cit.*, pp. 195 y 196.

396 Así lo han puesto de relieve en relación con otras prácticas enumeradas en el Anexo I de la Directiva de prácticas comerciales desleales, entre otros, MASSAGUER FUENTES, J., *El nuevo...*, *op. cit.*, p. 119; TATO PLAZA, A., FERNÁNDEZ CARBALLO-CALERO, P. y HERRERA PETRUS, C., *La reforma...*, *op. cit.*, p. 150; y LEMA DEVESA, "Los actos...", *op. cit.*, p. 363.

proporcionadas en el caso concreto. Ahora bien, la adopción de estas medidas no puede suponer la imposición de una obligación general de supervisión, ni el deber de realizar investigaciones, en coherencia con el artículo 8 RSD.

En cuanto a las medidas concretas que pueden adoptarse, el Considerando 47 de la Directiva (UE) 2019/2161 señala que éstas podrían incluir "medios técnicos para verificar la fiabilidad de la persona que publica la reseña, por ejemplo, solicitando información para comprobar que el consumidor ha adquirido o utilizado realmente el producto". Esta información podría referirse a un número de reserva, a la referencia de una factura o a los datos del pedido.

Asimismo, otras "medidas razonables y proporcionadas" podrían consistir en exigir el registro de las personas que publican las reseñas; utilizar medios técnicos para verificar que la persona que publica las reseña es realmente un consumidor (por ejemplo, comprobando la dirección IP o verificando el correo electrónico); establecer normas claras para las personas que publican las reseñas que prohíban las reseñas patrocinadas falsas y no divulgadas; desplegar herramientas para detectar automáticamente las actividades fraudulentas; o disponer de medidas y recursos adecuados para responder a las reclamaciones sobre reseñas sospechosas[397].

En coherencia con el art. 20.4 TRLGDCU, como parte de la información relativa al tratamiento de las reseñas, el empresario debe informar a los consumidores de forma clara, comprensible, inteligible y tempestiva acerca de las medidas razonables y proporcionadas que ha adoptado para comprobar que las reseñas pertenecen a consumidores reales[398].

---

397 *Guía sobre la interpretación y la aplicación de la Directiva 2005/29/CE del Parlamento Europeo y del Consejo relativa a las prácticas comerciales desleales de las empresas en sus relaciones con los consumidores en el mercado interior*, en *DOUE*, C-526, 29 de diciembre de 2021, p. 95.

398 MALDONADO MOLINA, F. J., "El marco…", *op. cit.*, p. 80.

3.3. La adición de reseñas falsas y la distorsión de reseñas existentes

Por último, el apartado 23 quater del Anexo I DPCD dispone que se considera desleal en cualquier circunstancia "(a)ñadir o encargar a otra persona física o jurídica que añada reseñas o aprobaciones de consumidores falsas, o distorsionar reseñas de consumidores o aprobaciones sociales con el fin de promocionar productos". Esta previsión encuentra acomodo en nuestro ordenamiento en el art. 27.8 LCD.

A diferencia de las prácticas comerciales analizadas anteriormente, esta disposición alude a las aprobaciones de consumidores junto a las reseñas. El concepto de "aprobaciones" debe interpretarse en sentido amplio, abarcando también las prácticas relacionadas con los seguidores y las visualizaciones falsas[399]. Nos encontramos así frente a una disposición con un ámbito de aplicación más amplio que las anteriores prácticas relacionadas con las reseñas, pues alcanza a las prácticas desarrolladas en el marco de las redes sociales, como son la compra de seguidores o de visualizaciones, o las reseñas y valoraciones falsas realizadas en redes sociales[400].

El nuevo apartado 23 quater del Anexo I DPCD (y el art. 27.8 LCD) recoge la práctica, considerada desleal en cualquier circunstancia, consistente en engañar al consumidor sobre el contenido

---

[399] *Guía sobre la interpretación y la aplicación de la Directiva 2005/29/CE del Parlamento Europeo y del Consejo relativa a las prácticas comerciales desleales de las empresas en sus relaciones con los consumidores en el mercado interior*, en *DOUE*, C-526, 29 de diciembre de 2021, p. 96.

[400] En contra MIRANDA SERRANO entiende que el ámbito objetivo de aplicación de este precepto es idéntico al del art. 27.7 LCD, toda vez que el término *reseña* debe ser entendido en sentido amplio en ambos casos (*Cfr.* "Prácticas desleales...", *op. cit.*, p. 198). A nuestro juicio, empero, la compra de seguidores y de visualizaciones no encajaría en la práctica del art 27.7 LCD por no constituir ningún tipo de valoración, opinión o crítica de un bien o servicio. De ahí que sostengamos que el ámbito de aplicación del precepto objeto de este comentario es más amplio que el del art. 27.7 LCD.

de las reseñas. Esta disposición distingue, por un lado, el supuesto en el que el engaño procede de la falsedad de la reseña o de la aprobación correspondiente; y, por otro, la conducta consistente en distorsionar reseñas o aprobaciones previamente añadidas por consumidores.

Con estas prohibiciones el legislador comunitario trata de hacer frente a la práctica conocida como *astroturfing*. En sentido amplio, el *astroturfing* es una práctica de movilización que simulan ser de base y espontánea, cuando en realidad forma parte de una campaña de relaciones públicas dirigida[401]. En el ámbito del mercado digital, esta práctica comercial aparece como una nueva modalidad publicitaria encaminada a influir en el proceso de toma de decisiones del consumidor a través de la publicación de reseñas, comentarios, clasificaciones y valoraciones sobre un producto o servicio en el entorno digital[402]. La influencia derivada de estas campañas publicitarias puede consistir tanto en acciones de apoyo como en actuaciones de desprestigio relativas a un producto, servicio, actividad o empresario[403].

En sede de competencia desleal, con estas prohibiciones trata de ponerse coto a aquellas prácticas de *astroturfing* consistentes en simular el apoyo espontáneo a un producto, servicio, actividad o empresario con el fin de promocionar productos o servicios a través de reseñas y aprobaciones, ya sea añadiendo reseñas o aproba-

---

401 CARO CASTAÑO, L., "Microcelebridades y comunicación encubierta onli-ne en España. El caso de #Pentatrillones", *adComunica. Revista Científica de Estrategias, Tendencias e Innovación en Comunicación*, núm. 11, 2016, p. 126.

402 GERMANO ALVES, F., VELÁZQUEZ GARDETA, J. M. y DA MATA RODRIGUES SOUSA, P. H., "Astroturfing como una estrategia publicitaria engañosa y abusiva en las plataformas de mercado", *Cadernos De Comunicação*, Vol. 25, núm. 2, 2021, p. 4.

403 ROMERO RODRÍGUEZ, L. M. y RODRÍGUEZ HIDALGO, C., "Desinformación y posverdad en los medios digitales: del *astroturfing* al *clickbaiting*", en ROMERO RODRÍGUEZ, L. M. y RIVERA ROGEL, D. E. (Coords.), *La comunicación en el escenario digital*, Naucalpan de Juárez, Pearson, 2019, p. 391.

ciones falsas o distorsionando o manipulando las ya existentes[404]. Asimismo, estas prohibiciones también vendrían a combatir aquellas campañas de *astroturfing* orientadas a desacreditar los productos, servicios o actividades de un tercero mediante la publicación o el encargo de reseñas negativas falsas.

El fundamento de ambas prohibiciones se sitúa en el *principio de veracidad* en sentido estricto, toda vez que este precepto trata de garantizar la veracidad de las reseñas y aprobaciones de los consumidores. En efecto, este precepto recoge dos conductas orientadas a evitar el error en los consumidores en cuanto al contenido de las reseñas y aprobaciones de otros consumidores. Ya no se trata de garantizar el origen de las reseñas mediante el establecimiento de una garantía de autenticidad, sino de asegurar la veracidad del contenido de las reseñas y aprobaciones, garantizando que las reseñas de los consumidores reflejen las opiniones, valoraciones o experiencias verídicas de consumidores reales[405].

Su finalidad, por tanto, estriba en evitar que los consumidores adopten decisiones económicas sobre una información errónea, que es añadida por el empresario o por un tercero que actúa por cuenta de este, o fruto de la distorsión de las reseñas y aprobaciones reales. Además, este precepto, coadyuva a dotar de mayor transparencia los resultados de las búsquedas en línea y en los sistemas de recomendación en línea, toda vez que las reseñas y aprobaciones falsas o distorsionadas pueden provocar que el producto o servicio en cuestión aparezca con un mejor o peor posicionamiento en los resultados de las búsquedas o en los sistemas de recomendación.

En uno y otro caso, estas conductas parten de la existencia de un requisito intencional. En este sentido, ambas prácticas exigen que la conducta en cuestión (la falsedad de la reseña o aprobación añadida o encargada, o la distorsión de la reseña o apro-

---

404 MALDONADO MOLINA, F. J., "El marco...", *op. cit.*, p. 81.

405 En un sentido similar, MIRANDA SERRANO, L. M., "Prácticas desleales...", *op. cit.*, p. 199.

bación previa) se lleve a cabo con el propósito de promocionar productos. Se incorpora así un requisito que se sitúa en el ámbito de los juicios de valor, lo que, como ya se ha puesto de manifiesto, exige un análisis de las circunstancias concurrentes, impidiendo la valoración objetiva de la deslealtad de la práctica.

No obstante, esta finalidad parece estar ínsita en la propia práctica comercial o acto de competencia, toda vez que la aplicación de la DPCD y la LCD exigen que la práctica en cuestión esté directamente relacionada con la promoción, venta o suministro de un producto a los consumidores; o más ampliamente que persiga una finalidad concurrencial. Y, en rigor, difícilmente podremos encontrar reseñas o aprobaciones falsas o distorsionadas relativas a un producto o servicio añadidas o encargadas por un empresario que tengan un fin distinto al de promocionar productos o servicios[406].

La primera práctica enumerada en el precepto bajo consideración consiste en "añadir o encargar a otra persona física o jurídica que añada reseñas o aprobaciones de consumidores falsas (...) con el fin de promocionar productos". Esta primera conducta viene referida a los empresarios que añadan o encarguen reseñas o aprobaciones falsas. Por tanto, esta prohibición entraría juego cuando fuera el propio empresario quien publicara la reseña o valoración falsa y también en el caso de que la encargara a un tercero. Tal sería el caso de la compra de seguidores, *likes*, valoraciones o reseñas, así como la remuneración o la concesión de ventajas, premios o regalos a los consumidores que publiquen reseñas o aprobaciones sociales.

Aunque, en principio, esta prohibición parece estar pensando en la publicación o el encargo de reseñas y aprobaciones positivas relacionadas con los productos o servicios del empresario que publica o encarga las reseñas, a nuestro juicio, nada impide que pueda perseguirse la publicación o el encargo de publicar reseñas

---

406 En la misma línea, MALDONADO MOLINA, F. J., "El marco...", *op. cit.*, p. 80; y MIRANDA SERRANO, L. M., "Prácticas desleales...", *op. cit.*, p. 200.

negativas falsas sobre los productos, servicios o actividades de un tercero. Y es que con este tipo de prácticas también se atenta contra el principio de veracidad que trata de garantizarse con este precepto y nada en su tenor literal hace indicar que se excluya del tipo esta categoría de prácticas.

En cualquier caso, la prohibición resultaría de aplicación tanto al empresario que encarga la publicación de las reseñas o aprobaciones falsas como al consumidor o al tercero que las publica, siempre y cuando pueda considerarse que dicho consumidor o tercero actúa en nombre del empresario o por cuenta de éste. Cuestión que habrá de valorarse atendiendo a las normas nacionales en materia de responsabilidad y sanciones. En lo que respecta a nuestro ordenamiento habrá que comprobar, a la luz de las distintas circunstancias del caso, si la participación del consumidor o del tercero se corresponde con la realización de la conducta desleal o con la cooperación conforme a lo dispuesto en el art. 34.1 LCD; o si, en su lugar, actúa como un colaborador en el ejercicio de sus funciones y deberes contractuales *ex* art. 34.2 LCD.

En cambio, cuando fuera el propio empresario quien publicara la reseña o aprobación falsa para promocionar sus propios productos, el supuesto de hecho de la norma parece solaparse con el recogido en el apartado 22 del Anexo I DCPD (art. 27.5 LCD), que considera desleal la práctica consistente en presentarse fraudulentamente como como un consumidor[407]. En efecto, el apartado 23 quater del Anexo I se refiere a "reseñas o aprobaciones de consumidores falsas". De ahí que, en estos casos, el empresario que publique la reseña o aprobación falsa haya de hacerse pasar por consumidor.

---

407 En esta dirección, algunos autores han manifestado la aptitud del artículo 27.5 de la Ley de Competencia Desleal para enjuiciar la práctica a la que hacemos referencia (*Cfr.* GONZÁLEZ PONS, E., "Marketing digital...", *op. cit.*, p. 549; y MARTÍNEZ OTERO, J., "Nuevas formas...", *op. cit.*, p. 13).

La diferencia entre uno y otro precepto estribaría en el requisito intencional exigido por el artículo 27.5 LCD, que precisa de una actuación fraudulenta por parte del empresario. De modo que la aplicación de este último precepto exigiría la acreditación de la intención del empresario de inducir a error al consumidor.

Ahora bien, este precepto no resulta de aplicación al empresario que se limita a albergar y dar acceso a las reseñas de los consumidores sin participar en su publicación ni controlar su presentación. En consecuencia, las plataformas en línea que albergan las reseñas publicadas por terceros usuarios no incurrirían en esta práctica desleal.

La segunda conducta prevista en el apartado 23 quater consiste en "distorsionar reseñas de consumidores o aprobaciones sociales con el fin de promocionar productos". En estos casos, el engaño para los consumidores procede no tanto de la propia falsedad de la reseña o aprobación, cuanto de la distorsión de las reseñas o aprobaciones reales evacuadas previamente por los consumidores. Esta prohibición está dirigida a los empresarios, incluidas las plataformas en línea, que alteran las reseñas y aprobaciones de los consumidores.

Sin embargo, dicha prohibición no alcanza a las plataformas en línea que supriman reseñas negativas falsas como parte de las medidas "razonables y proporcionadas" encaminadas a comprobar el origen de las reseñas en el sentido del apartado 23 ter del Anexo I DPCD.

Como afirma el Considerando 49 de la Directiva (UE) 2019/2161, esta práctica puede consistir en la publicación de las reseñas positivas con exclusión de las negativas o en la extrapolación de las aprobaciones sociales, cuando la interacción positiva de un usuario con determinados contenidos en línea se vincula o transfiere a contenidos diferentes pero relacionados, lo que genera la impresión de que el usuario también tiene una impresión positiva del contenido al que se relaciona.

Igualmente, las prácticas consistentes en proporcionar a los consumidores plantillas predispuestas de reseñas positivas, participar con los consumidores en los procesos de moderación para alentarlos a cambiar sus reseñas o eliminar las negativas, o presentar las calificaciones de reseñas consolidadas sobre la base de criterios no divulgados u opacos podrían considerarse desleales sobre la base de este apartado 23 quater[408].

---

408 *Guía sobre la interpretación y la aplicación de la Directiva 2005/29/CE del Parlamento Europeo y del Consejo relativa a las prácticas comerciales desleales de las empresas en sus relaciones con los consumidores en el mercado interior*, en *DOUE*, C-526, 29 de diciembre de 2021, p. 96.

CAPÍTULO VI

Publicidad en línea

1. PLANTEAMIENTO

El fenómeno publicitario tiene como finalidad última lograr la captación de la clientela para potenciar la contratación de los bienes y servicios ofrecidos en el mercado. Y ello con independencia del formato publicitario utilizado y del medio en el que se presente.

De esta forma, la publicidad se enfrenta a un doble desafío: captar la atención del público y dotar de credibilidad a su mensaje[409]. Para abordarlos, es necesario determinar quiénes son las personas destinatarias de la publicidad y obrar en consecuencia, emitiendo mensajes comprensibles, significativos, estimulantes, sintonizados con ellas e insertados en los medios adecuados[410]. En este sentido, se ha dicho que la clave del marketing ha sido siempre la misma: "saber quiénes son tus clientes y dónde están"[411].

No resulta extraño, por tanto, que las empresas hayan dirigido su interés al mundo digital. Las empresas no pueden dejar de acudir al lugar donde se encuentra la audiencia (la clientela) y no van a dejar pasar las oportunidades que le brinda el entorno digital para promocionar sus productos y servicios[412].

---

409 MARTÍNEZ OTERO, J., "Nuevas formas...", *op. cit.*

410 GARCÍA UCEDA, M., *Las claves de la publicidad*, 7ª ed., Madrid, ESIC, p. 222.

411 HOLIDAY, R, *Growth Hacker Marketing. El futuro del social media y la publicidad*, Madrid, Anaya, 2014, p. 23.

412 PEGUERA POCH, M., "Publicidad 'online' basada en comportamiento y protección de la privacidad", en RALLO LOMBARTE, A. y MARTINEZ MARTÍNEZ, R. (Coords.), *Derecho y Redes Sociales*, Madrid, Civitas, 2010, p. 356.

En este contexto, las redes sociales (Instagram, X, TikTok, Facebook…), las plataformas de contenidos generados por los propios usuarios (como YouTube o Twitch) y los blogs han adquirido una importancia fundamental en las estrategias de marketing, publicidad y comunicación empresarial. La irrupción de estos nuevos medios de comunicación ha desembocado en la búsqueda de nuevos formatos, tonos y contenidos que capturen la atención de los usuarios que navegan por ellas[413]. Esta situación, además, se ha visto potenciada como consecuencia del descenso de la efectividad de la publicidad tradicional[414].

La publicidad es un fenómeno en constante evolución. Así, desde sus orígenes, la publicidad se ha ido transformando al compás de los distintos cambios económicos, sociales, culturales y, por supuesto, tecnológicos. Esta transformación, como no podía ser de otra forma, también ha alcanzado a la publicidad en línea.

En el ámbito digital, la publicidad ha evolucionado tanto a nivel formal como narrativo. En este sentido, puede notarse como de la convencional publicidad digital estática (banners, pop ups…), se ha pasado a una publicidad basada en perfiles que se caracteriza por la segmentación, la personalización, la interactividad y la participación activa[415].

---

413 BIGNÉ, E., KÜSTER, I. y HERNÁNDEZ, A., "Las redes sociales virtuales y las marcas: Influencia del intercambio de experiencias eC2C sobre la actitud de los usuarios hacia las marcas", *Revista Española de Investigación y Marketing ESIC*, vol. 17, núm. 2, 2013, p. 8.

414 GÓMEZ NIETO, B., "El influencer: herramienta clave en el contexto digital de la publicidad engañosa", *Methaodos. revista de ciencias sociales*, vol. 6, núm. 1, 2018, p. 152.

415 MARTÍNEZ-RODRIGO, E. y SÁNCHEZ-MARTÍN, L., "Publicidad en Internet: nuevas vinculaciones en las redes sociales", *Vivat Academia*, núm. 117, 2011, p. 472. En esta dirección, se sostiene que en el entorno digital la publicidad que supera "los filtros informáticos que la rechazan resulta transparente a los ojos del navegante" [Cfr. DE SALAS NESTARES, M. I., "La publicidad en las Redes Sociales: De lo invasivo a lo consentido" *Icono 14*, vol. 8, núm. 1, 2010, p. 80].

Sin duda, la publicidad en línea presenta importantes ventajas. La amplitud de su alcance, la interactividad, la posibilidad de alcanzar un nivel de segmentación altamente preciso, su flexibilidad y capacidad de adaptación, la amplia variedad de herramientas de medición del rendimiento de las campañas en tiempo real, la rapidez en su difusión y su bajo coste son características que la hacen especialmente atractiva[416].

Sin embargo, la publicidad en línea no está exenta de riesgos. A los efectos que aquí interesan, los principales desafíos a los que se enfrenta la publicidad en línea tienen que ver con la falta de transparencia en la cadena de suministro de la publicidad digital, con la privacidad y la recopilación de datos en la generación de publicidad personalizada y, sobre todo, con las dificultades en la identificación del carácter publicitario del mensaje en el denominado marketing de *influencers*.

2. NORMAS DE TRANSPARENCIA EN LA CADENA DE SUMINISTRO DE LA PUBLICIDAD EN LÍNEA

En el sector de la publicidad en línea, la falta de transparencia en la cadena de suministro de la publicidad y la dificultad para medir con precisión el rendimiento de las campañas aparecen como algunos de los principales desafíos[417]. Y es que los anunciantes y los editores a menudo luchan por comprender dónde se muestran sus anuncios y cómo se calculan las métricas de rendimiento.

Estos problemas de opacidad se incrementan cuando se dan en el ecosistema de las grandes plataformas en línea. Esto es, en el ámbito de los guardianes de acceso y de las plataformas en línea

---

416 RISTESKA, L., "Benefits of digital marketing", *Vizione*, Iss. 41, 2023, pp. 209 y ss.

417 GIL VALLEJO, C. e HINOJO GONZÁLEZ, P., "El sector de la publicidad *online*", en GANUZA FERNÁNDEZ, J. J. y LÓPEZ VALLÉS, J. (Eds.), *Reformas para impulsar la competencia en España*, Madrid, Funcas, 2023, p. 33.

y motores de búsqueda de gran tamaño. Esta opacidad es fruto, no sólo de las prácticas impuestas por algunas plataformas, sino también de la gran complejidad que actualmente reviste el sector de la publicidad en línea. Este sector, además, se ha vuelto menos transparente como consecuencia de la promulgación de las nuevas normas sobre privacidad. Todas estas circunstancias se traducen en una falta de información y conocimiento por parte de los anunciantes y los editores sobre las condiciones de los servicios de publicidad en línea que contratan, lo que menoscaba su capacidad para cambiar de empresa prestadora de servicios de publicidad en línea[418].

Bajo estas coordenadas, no es de extrañar que la normativa comunitaria en materia de mercados digitales haya previsto algunas normas orientadas a incrementar la transparencia en la cadena de suministro de la publicidad en línea.

Así, el Reglamento de Mercados Digitales exige a los guardianes de acceso que, cuando así se les solicite, proporcionen a los anunciantes y los editores a los que presten servicios de publicidad en línea información gratuita relativa a los anuncios publicados y a los instrumentos de medición del rendimiento de la publicidad.

Por un lado, los apartados 9 y 10 del art. 5 RMD imponen a los guardianes de acceso la obligación de proporcionar a los anunciantes y a los editores, respectivamente, información diaria y gratuita sobre cada anuncio del anunciante en relación con el precio pagado por el anunciante, la remuneración recibida por el editor y las medidas a partir de las cuales se calculan los precios, comisiones o remuneraciones. La finalidad de estas previsiones estriba en combatir la conocida opacidad de los costes de los servicios publicitarios prestados por los guardianes de acceso[419]. De modo que, tanto anunciantes como editores, puedan entender cuál es el precio pagado por cada uno de los diferentes servicios de publicidad en línea prestados en el marco de la correspondiente cadena

418 Considerando 45 RMD.

419 RUIZ PERIS, J. I., "La nueva...", *op. cit.*

de valor publicitaria y así comparar el coste de utilizar los servicios de publicidad en línea de los guardianes de acceso con el de otras empresas.

En el caso de los anunciantes, el guardián de acceso debe facilitarle información, previa solicitud, por cada anuncio, en relación con el precio y las comisiones cobradas a dicho anunciante y, previo consentimiento del editor que tenga la propiedad del inventario en el que aparezca el anuncio, la remuneración recibida por dicho editor que ha prestado su consentimiento. Si alguno de los editores no prestase su consentimiento, el guardián de acceso debe facilitar al anunciante la información relativa a la remuneración media diaria que reciben dichos editores por los anuncios correspondientes. Estas obligaciones y principios son trasladables al supuesto en que la información es solicitada por un editor.

Por otro lado, el art. 6.8 RMD tiene como finalidad incrementar la transparencia en la cadena de valor publicitaria mediante la imposición a los guardianes de acceso de una obligación de proporcionar información relativa a la eficacia de la publicidad en línea. En este sentido, se obliga a los guardianes de acceso a que faciliten a los anunciantes y los editores, así como a terceros autorizados por los anunciantes y los editores, a petición de estos y de forma gratuita, acceso a los instrumentos de medición del rendimiento del guardián de acceso y a los datos necesarios para que los anunciantes y los editores puedan realizar su propia verificación independiente del inventario de anuncios, incluidos los datos agregados y desagregados. Estos datos deben proporcionarse de una forma que permita a los anunciantes y los editores utilizar sus propios instrumentos de verificación y medición para valorar el rendimiento de los servicios básicos de plataforma prestados por el guardián de acceso.

3. LA PUBLICIDAD PERSONALIZADA Y LOS SISTEMAS DE RECOMENDACIÓN EN LÍNEA

3.1. La publicidad personalizada

El entorno digital pone a disposición de los anunciantes un conjunto de herramientas que permiten optimizar el efecto de sus campañas publicitarias. Entre ellas destacan aquellas que permiten lograr una segmentación de perfiles de usuario con la consiguiente difusión del mensaje publicitario entre aquella parte de la clientela que presenta un mayor interés por la información. Y es que, a mayor segmentación, mayores probabilidades de conversión de clientes potenciales en clientes reales[420].

La segmentación de usuarios no es algo nuevo, sino que se ha utilizado desde antiguo en los mercados de los medios de comunicación. Sin embargo, no siempre se ha segmentado con la profundidad y exactitud con la que puede hacerse en la actualidad[421]. La disponibilidad de grandes cantidades de datos unida al desarrollo de nuevas técnicas de *big data analytics* para la recolección de datos y su procesamiento conduce a un escenario donde se pueden estimar modelos de compra con un alto grado de precisión[422].

En efecto, el constante flujo de datos constituye uno de los fundamentos de la publicidad digital. Este flujo de datos permite segmentar las audiencias de manera muy precisa. A través de los

---

420 GONZÁLEZ FERNÁNDEZ-VILLAVICENCIO, N., "Qué entendemos por usuario como centro del servicio. Estrategia y táctica en marketing.", *El profesional de la información*, vol. 24, núm. 1, p. 11.

421 GÓMEZ BARROSO, J. L. y FEIJÓO GONZÁLEZ, C., "Información personal: la nueva moneda de la economía digital", *El profesional de la información*, vol. 22, núm. 4, 2013, pp. 293.

422 MAROÑO GARGALLO, M. M., "La publicidad comportamental en línea", en GARCÍA VIDAL, A. (Dir.), *Big data e internet de las cosas: nuevos retos para el derecho de la competencia y de los bienes inmateriales*, Valencia, Tirant lo Blanch, 2021, pp. 199 y ss.

datos que proporcionan los usuarios en internet (voluntaria o involuntariamente), se crean perfiles acordes a sus gustos, preferencias y acciones anteriores; y a partir de ellos se les envía publicidad personalizada, que, a su vez, sirve para convertirlos en clientes de esos productos[423].

Por publicidad personalizada se entiende aquella que se basa en características conocidas del usuario, tales como sus datos demográficos (edad, sexo, localización, etc.), u otros que el propio usuario ha facilitado a través de su comportamiento de navegación en línea[424]. Esta técnica consiste básicamente, en recopilar datos de los usuarios de internet y utilizarlos a favor de los anunciantes, que proporcionarían a los usuarios una publicidad basada en sus datos de navegación, búsquedas, interacciones y experiencias de compra anteriores.

Se trata, en suma, de una técnica publicitaria que depende de la recopilación masiva de datos de los usuarios, lo que plantea serias preocupaciones en materia de privacidad y transparencia.

Dada su transcendencia, estas cuestiones han sido objeto de una regulación específica que se encuentra dispersa en distintas normas emanadas de la Unión Europea. Entre ellas destacan la normativa comunitaria relativa a los servicios y mercados digitales, la comunicación audiovisual y, por supuesto, la dedicada a la protección de datos de carácter personal. Con todo, no hay que olvidar que, siendo cuestiones que afectan a la regulación de la actividad publicitaria, el incumplimiento de estas normas puede desencadenar la comisión de un ilícito de deslealtad por violación de normas *ex* art. 15 LCD.

---

423 PÉREZ PÉREZ, R. M., "El 'dataísmo' como fundamento de la publicidad digital personalizada", *Ciencia y Sociedad,* vol. 45, núm. 4, 2020, pp. 115 y 116.

424 PÉREZ BES, F., *La publicidad Comportamental Online,* Barcelona, Editorial UOC, 2012, p. 34.

3.2. Normas sobre privacidad relativas a la publicidad en línea

3.2.1. El Reglamento General de Protección de Datos

El Reglamento General de Protección de Datos incorpora disposiciones específicas para abordar los riesgos derivados de la elaboración de perfiles. Estas disposiciones no se centran exclusivamente en las decisiones adoptadas como resultado de la elaboración de perfiles, sino que se ocupan también de la recogida de datos para su creación, así como de la aplicación de dichos perfiles a las personas.

El RGPD define la elaboración de perfiles en su artículo 4.4 como “toda forma de tratamiento automatizado de datos personales consistente en utilizar datos personales para evaluar determinados aspectos personales de una persona física, en particular para analizar o predecir aspectos relativos al rendimiento profesional, situación económica, salud, preferencias personales, intereses, fiabilidad, comportamiento, ubicación o movimientos de dicha persona física”.

La elaboración de perfiles puede implicar tres fases distintas: la recogida de datos, el análisis automatizado para identificar correlaciones en los datos y la aplicación de la correlación a una persona para identificar características de comportamientos presentes o futuros. Los responsables de la elaboración de perfiles deberán garantizar que cumplen los requisitos del RGPD en todas ellas[425].

De acuerdo con el art. 22 RGPD, cualquier interesado tiene derecho a no ser objeto de una decisión basada únicamente en el tratamiento automatizado, incluida la elaboración de perfiles, que produzca efectos jurídicos en él o le afecte significativamen-

---

[425] GRUPO DE TRABAJO SOBRE PROTECCIÓN DE DATOS DEL ARTÍCULO 29, *Directrices sobre decisiones individuales automatizadas y elaboración de perfiles a los efectos del Reglamento 2016/679*, WP251rev.01, 2018, pp. 7 y 8.

te de modo similar[426]. Tal podría ser el caso de la publicidad en línea, toda vez que determinados tratamientos de datos son susceptibles tener un efecto significativo en grupos específicos de consumidores vulnerables. De modo que, en estos supuestos, el tratamiento automatizado podría ser prohibido[427].

Este tratamiento personalizado (incluida la elaboración de perfiles) sólo estaría permitido cuando: a) fuera necesario para la celebración o la ejecución de un contrato entre el interesado y el responsable del tratamiento; b) estuviera autorizado por el Derecho de la Unión o de los Estados miembros que se aplique al responsable del tratamiento y se establecieran medidas adecuadas para salvaguardar los derechos y libertades y los intereses legítimos del interesado; o c) se basase en el consentimiento explícito del interesado[428].

Ahora bien, el tratamiento personalizado no puede estar basado ciertas categorías especiales de datos personales. En concreto, los que revelen el origen étnico o racial, las opiniones políticas, las convicciones religiosas o filosóficas, o la afiliación sindical, y el tratamiento de datos genéticos, datos biométricos dirigidos a identificar de manera unívoca a una persona física, datos relativos a la salud o datos relativos a la vida o la orientación sexuales de una persona física. Como excepción, el tratamiento personalizado basado en estas categorías de datos estaría permitido si el interesado diera su consentimiento explícito para el tratamiento de dichos datos personales con uno o más de los fines especificados; o si fuera necesario por razones de un interés público esencial,

---

426 Más ampliamente, MAROÑO GARGALLO, M. M., "La publicidad...", *op. cit.*, pp. 233 y ss.

427 ORTIZ LÓPEZ, P., "Dictamen del GT29 sobre la toma de decisiones individuales automatizadas y la elaboración de perfiles (WP 251)", *Diario La Ley*, Sección Ciberderecho, núm. 11, 2017 (hemos consultado la versión en línea disponible en el portal electrónico laleydigital).

428 RUBÍ PUIG, A., "Elaboración de perfiles y personalización de ofertas y precios en la contratación con consumidores", *Revista de Educación y Derecho*, núm. 24, 2021, pp. 15 y 16.

sobre la base del Derecho de la Unión o de los Estados miembros. Pero, tanto en uno como en otro caso, habrían de tomarse medidas adecuadas para salvaguardar los derechos y libertades y los intereses legítimos del interesado.

En lo que se refiere a la elaboración de perfiles, el RGPD otorga a los interesados derechos reforzados y crea nuevas obligaciones para los responsables del tratamiento[429]. Estos derechos pueden ser invocados frente al responsable del tratamiento que elabore el perfil o al responsable del tratamiento que cree una decisión automatizada acerca de un interesado (con o sin intervención humana), en caso de que ambas entidades no fueran la misma.

Por un lado, los responsables del tratamiento deben garantizar que explican a las personas de forma clara y sencilla el funcionamiento de la elaboración de perfiles o las decisiones automatizadas. En concreto, cuando el tratamiento implique la toma de decisiones basada en la elaboración de perfiles, debe informarse al usuario de la existencia de decisiones automatizas (incluida la elaboración de perfiles), proporcionándole información significativa sobre la lógica aplicada, así como sobre la importancia y las consecuencias previstas de dicho tratamiento para el interesado [art. 13.2.f) RGPD].

Por otro lado, el interesado tiene derecho a obtener detalles de cualquier dato personal utilizado para la elaboración de perfiles, incluidas las categorías de datos empleadas para esa elaboración. Asimismo, el responsable del tratamiento tiene el deber de poner a disposición del interesado los datos utilizados como datos de entrada para crear perfiles, de facilitar el acceso a la informa-

---

429 Más ampliamente, RECIO GAYO, M., "Los nuevos y los renovados Derechos de Protección de Datos en RGPD, así como sus limitaciones", *Actualidad Civil*, núm. 5, 2018 (hemos consultado la versión en línea disponible en el portal electrónico laleydigital); y ASENSI MERÁS, A., "Los riesgos asociados a las plataformas digitales de financiación participativa derivados de la privacidad y la protección de datos personales en el mercado", *Revista de Derecho del Sistema Financiero,* núm. 3, 2022, pp. 162 y ss.

ción sobre el perfil y los detalles sobre los segmentos a los que se ha asignado al interesado (art. 15 RGPD). Los responsables del tratamiento que ofrezcan a los interesados acceso a sus perfiles deben permitirles la posibilidad de actualizar o modificar cualquier inexactitud en los datos o el perfil.

Además, cuando el tratamiento de datos personales tenga por objeto la mercadotecnia directa, el interesado tendrá derecho incondicional a oponerse al tratamiento de los datos personales que le conciernan, incluida la elaboración de perfiles en la medida en que esté relacionada con la citada mercadotecnia (art. 21.2 RGPD).

Recientemente, el TJUE ha declarado que el RGPD no se oponen a una normativa nacional que, junto a los poderes de intervención de las autoridades de control encargadas de su aplicación y a los recursos de que disponen los interesados, confiere a los competidores de la persona presuntamente responsable de una infracción de la normativa de protección de datos personales legitimación para actuar contra ésta, mediante una acción civil, por infracciones del RGPD sobre la base de la prohibición de las prácticas desleales[430]. No obstante, siendo el objetivo del RGPD el de garantizar una protección efectiva de los derechos y libertades fundamentales de las personas físicas y, en particular, un nivel elevado de protección del derecho de toda persona a la protección de los datos personales que le conciernen, la violación de sus disposiciones se enmarcará en el ilícito de deslealtad contenido el apartado 1 del art. 15 LCD.

3.2.2. El Reglamento de Servicios Digitales

El Reglamento de mercados digitales también incluye algunas disposiciones relativas a la protección de la privacidad de los usuarios en el ámbito específico de la publicidad en línea.

---

430 STJUE de 4 de octubre de 2024, en el asunto C-21/23, *Lindenapotheke*, apdo. 73 (TOL10.206.862).

Así, por un lado, el art. 26.3 RSD complementa la regulación contenida en el mencionado art. 22 RGPD en lo que se refiere a la difusión de publicidad por prestadores de plataformas en línea. En este sentido, se prohíbe toda publicidad en línea basada en la elaboración de perfiles creados sobre la base de las categorías especiales de datos previstas en el art. 9.1 RGPD[431]. A diferencia del art. 22.4 RGP, el art. 26.3 RSD establece una prohibición absoluta de este tipo de publicidad. De modo que, cuando se presente por prestadores de plataformas en línea, no admite excepción de ningún tipo.

Con este precepto, el legislador comunitario trata de poner fin a aquella publicidad personalizada basada en datos especialmente sensibles que es susceptible de explotar de forma especialmente significativa las vulnerabilidades de determinados usuarios o de grupos específicos de usuarios. Por ello se incorpora esta prohibición de carácter absoluto que ha de aplicarse sin perjuicio de las prohibiciones relativas a la elaboración de perfiles contenida en el RGPD[432].

Por otro lado, el 28 RSD incorpora algunas normas relativas a la protección de los menores frente a la publicidad personalizada difundida por plataformas en línea. En esta dirección, su apartado 1 impone a los prestadores de plataformas en línea accesibles a los menores la obligación de establecer medidas adecuadas y proporcionadas para garantizar un elevado nivel de privacidad, seguridad y protección de los menores en su servicio. Se considera que una plataforma es accesible a menores cuando sus condiciones generales permiten a los menores utilizar el servicio, cuando su servicio está dirigido a menores o es utilizado predominantemen-

---

431 Esto es, aquellos datos que revelen el origen étnico o racial, las opiniones políticas, las convicciones religiosas o filosóficas, o la afiliación sindical, y el tratamiento de datos genéticos, datos biométricos dirigidos a identificar de manera unívoca a una persona física, datos relativos a la salud o datos relativos a la vida o la orientación sexuales de una persona física.

432 Considerando 69 RSD.

te por ellos o cuando el prestador es consciente de que algunos de los destinatarios del servicio son menores. En estos casos, los prestadores de plataformas en línea deben adoptar medidas adecuadas y proporcionadas para proteger a los menores. Como medidas de este tipo, a modo de ejemplo, se menciona el diseño de las interfaces en línea con el máximo nivel de privacidad, seguridad y protección de los menores, la adopción de normas para la protección de los menores o la participación en códigos de conducta para la protección de los menores[433].

Asimismo, el apartado 2 del mencionado art. 28 RSD prohíbe la presentación de anuncios en la interfaz de los prestadores de plataformas en línea que estén basados en la elaboración de perfiles creados sobre la base de datos personales del destinatario del servicio cuando el prestador sea consciente con una seguridad razonable de que el destinatario del servicio es un menor. Ahora bien, como se indica en el apartado 3, esta prohibición no debe llevar al prestador de la plataforma en línea a mantener, obtener o tratar más datos personales de los que ya dispone para evaluar si el destinatario del servicio es un menor. De manera que esta prohibición no debe incentivar a los prestadores de plataformas en línea a capturar la edad del destinatario del servicio antes de su uso. El problema estará en determinar cuándo el prestador de plataformas en línea es consciente con una seguridad razonable de que el destinatario del servicio es un menor si no puede recabar datos sobre ello.

3.2.3. El Reglamento de Mercados Digitales

El Reglamento de Mercados Digitales impide a los guardianes de acceso rastrear, sin su consentimiento, a los usuarios finales que actúen al margen del servicio de básico de plataforma de los

433 Considerando 71 RSD.

guardianes de acceso con fines de publicidad personalizada[434]. Cuando se trata de prestar servicios de publicidad en línea, el tratamiento de datos personales de terceros que utilicen servicios básicos de plataforma proporciona a los guardianes de acceso ventajas potenciales en términos de acumulación de datos. Y eso puede dar lugar a la creación obstáculos de entrada al mercado. Ello es debido a que los guardianes de acceso tratan datos personales de un número considerablemente mayor de terceros que otras empresas.

Es por ello que el art. 5.2.a) RMD prohíbe a los guardianes de acceso tratar los datos personales de los usuarios finales que utilicen servicios de terceros que hagan uso de sus servicios básicos de plataforma con el fin de prestar servicios de publicidad en línea, a menos que se le haya presentado al usuario final esa opción específica y este haya dado su consentimiento en los términos establecidos en el RGPD.

El problema en esta sede estriba en la posibilidad de liberarse de la prohibición cuando concurre el consentimiento del usuario. Y es que en un entorno de dominio y/o de dependencia económica, como es el de los guardianes de acceso, la prestación del consentimiento por parte de los usuarios no es un mecanismo de protección especialmente potente[435]. Sobre todo, si tenemos en cuenta, por un lado, que la petición del consentimiento suele configurarse como una condición de acceso al servicio pretendido; y, por otro, que en la práctica la mayoría de los individuos no

---

434 VIDA FERNÁNDEZ, J., "Una panorámica del puzle de la regulación digital en la Unión Europea: telecomunicaciones, audiovisual, mercados y servicios digitales, datos, inteligencia artificial, ciberseguridad y derechos digitales", *Revista General de Derecho de los Sectores Regulados,* núm. 10, 2022, pp. 363; y SÁNCHEZ FRÍAS, I., "Prácticas comerciales desleales en las plataformas de búsqueda y comparación de vuelos: el desafío de la transparencia y la protección del consumidor", *Revista de Derecho del Transporte,* núm. 30, 2022, p. 228.

435 ECHEBARRÍA SÁENZ, M., "Restricciones de…", *op. cit.,* p. 171.

lee las políticas de privacidad antes de prestar su consentimiento y, cuando lo hacen, no suelen comprenderlas[436].

3.2.4. La Directiva de Servicios de Comunicación Audiovisual

La Directiva 2010/13/UE de Servicios de Comunicación Audiovisual (DSCA) ha sido objeto de modificación como consecuencia de la promulgación de la Directiva (UE) 2018/1808[437], con el fin de adaptar la prestación de servicios de comunicación audiovisual a las nuevas realidades derivadas de la digitalización. Como consecuencia de esta reforma la Directiva recoge algunas previsiones específicas relacionadas con la protección de la privacidad de los menores y la publicidad personalizada.

En esta dirección, el nuevo art. 28 ter DSCA establece en su apartado 3 la prohibición de tratar los datos personales de menores recogidos o generados de otro modo por prestadores de plataformas de intercambio de videos con fines comerciales, como la mercadotécnica directa, la elaboración de perfiles o la publicidad personalizada basada en el comportamiento. Una prohibición que se impone igualmente a todos los prestadores de servicios de comunicación (art. 6 bis DSCA).

Estas prohibiciones han sido incorporadas a nuestro ordenamiento en los arts. 90 y 95 LGCA. En ellos se dispone que los datos personales de menores recogidos o generados de otro modo por prestadores del servicio de intercambio de vídeos a través de plataforma o por prestadores del servicio de comunicación audiovi-

---

436 GIL, E., Big data, *privacidad y protección de datos*, Madrid, Agencia Española de Protección de Datos, 2016, p. 173.

437 Directiva (UE) 2018/1808 del Parlamento Europeo y del Consejo, de 14 de noviembre de 2018 por la que se modifica la Directiva 2010/13/UE sobre la coordinación de determinadas disposiciones legales, reglamentarias y administrativas de los Estados miembros relativas a la prestación de servicios de comunicación audiovisual (Directiva de servicios de comunicación audiovisual), habida cuenta de la evolución de las realidades del mercado, en *DOUE*, núm. 303, de 28 de noviembre.

sual televisivo no podrán ser tratados con fines comerciales, como mercadotecnia directa, elaboración de perfiles o publicidad personalizada basada en el comportamiento.

3.3. Normas de transparencia en materia de publicidad personalizada

En el marco de las normas de transparencia sobre la publicidad en línea aplicables a los prestadores de plataformas en línea, el apartado d) del art. 26.1 del Reglamento de Servicios Digitales se ocupa de la publicidad personalizada. El mencionado apartado dispone que los prestadores de plataformas en línea que presenten anuncios publicitarios en sus interfaces en línea se asegurarán de que, por cada anuncio publicitario concreto presentado a cada destinatario específico, los destinatarios del servicio deben recibir, de manera clara, concisa, inequívoca y en tiempo real "información significativa accesible directa y fácilmente desde el anuncio acerca de los principales parámetros utilizados para determinar el destinatario a quien se presenta el anuncio publicitario y, en su caso, acerca de cómo cambiar esos parámetros".

De esta forma, en los casos de publicidad basada en la elaboración de perfiles, los destinatarios del servicio deben poder acceder desde la propia interfaz en línea en la que aparece el anuncio a la información relativa a los principales parámetros utilizados para determinar su presentación. Además, se les debe proporcionar explicaciones útiles de la lógica utilizada a tal fin. Estas explicaciones deben incluir información sobre el método utilizado para presentar el anuncio publicitario y, en su caso, sobre los principales criterios utilizados para la elaboración de perfiles, así como sobre cualquier medio de que disponga el destinatario para modificarlos. Ello no implica, lógicamente, que el prestador de plataformas en línea deba informar de forma detallada sobre el procedimiento utilizado para presentar la publicidad basada en la elaboración perfiles. Únicamente debe comunicar cuáles son los principales parámetros que se han utilizado para dirigir el anuncio al usuario específico.

Con estas medidas de transparencia se trata de garantizar que los usuarios sean plenamente conscientes de que han sido segmentados[438]. Esto es, que la publicidad está específicamente dirigida a ellos y cuáles han sido los parámetros que han determinado su presentación. De esta forma, se permite a los usuarios no sólo conocer el carácter personalizado de la publicidad, con la consiguiente alerta que ello debe generar en ellos; sino también por qué se le presenta esa publicidad específica y cómo pueden modificar los parámetros que determinan el tipo de publicidad que reciben.

Estas obligaciones de transparencia en materia de publicidad en línea se incrementan para las plataformas en línea y los motores en línea de gran tamaño debido a su escala y capacidad para dirigirse y llegar a los destinatarios del servicio en función de su comportamiento dentro y fuera de sus interfaces en línea. En concreto, el art. 39 RSD establece unas obligaciones adicionales de transparencia encaminadas a garantizar el acceso público a los repositorios de anuncios publicitarios presentados por estas plataformas y motores de búsqueda de gran tamaño en sus interfaces en línea. Estas obligaciones tienen como finalidad facilitar la supervisión y la investigación de los riesgos emergentes generados por la distribución de publicidad en línea, entre los que destaca el empleo de técnicas de manipulación facilitadas por la segmentación y la elaboración de perfiles.

De esta forma, los prestadores de plataformas en línea y de motores de búsqueda en línea de muy gran tamaño que presenten anuncios publicitarios en sus interfaces en línea deben recopilar y hacer público, en una sección específica de su interfaz en línea, a través de una herramienta de búsqueda fiable que permita realizar consultas en función de múltiples criterios, y mediante interfaces de programación de aplicaciones, un repositorio que contenga la información sobre los anuncios publicitarios que presenten, durante todo el tiempo de difusión del anuncio y hasta

---

438 FRANCH FLUXÀ, J., "El Reglamento...", *op. cit.*, p. 116.

un año después de la última vez que se presente en sus interfaces en línea. Asimismo, deben de asegurarse de que el repositorio no contenga ningún dato personal de los destinatarios del servicio a quienes se haya o se pueda haber presentado el anuncio y hacer todos los esfuerzos que resulten razonables para garantizar que la información sea exacta y completa.

Estos repositorios deben incluir el contenido de los anuncios publicitarios, el nombre del producto, servicio o marca y el objeto del anuncio; datos sobre el anunciante y, si fuera diferente, la persona física o jurídica que pagó el anuncio; y datos sobre la difusión del anuncio, especialmente en lo que respecta a la publicidad personalizada. En relación con esta cuestión, por un lado, se debe informar sobre si el anuncio estaba destinado a presentarse a uno o varios grupos concretos de destinatarios del servicio y, en tal caso, los parámetros principales utilizados para tal fin, incluidos, en su caso, los principales parámetros utilizados para excluir a uno o más de esos grupos concretos; y, por otro lado, se ha de incluir información sobre el número total de destinatarios del servicio alcanzados y, en su caso, el número total desglosado por Estado miembro para el grupo o grupos de destinatarios a quienes el anuncio estuviera específicamente dirigido.

El Reglamento de Mercados Digitales también incorpora alguna norma encaminada a dotar de mayor transparencia las prácticas relacionadas con la publicidad personalizada y la elaboración de perfiles. Así, su art. 15.1 dispone que, dentro de los seis meses siguientes a su designación, los guardianes de acceso presentarán a la Comisión una descripción auditada independientemente de las técnicas para elaborar perfiles de los consumidores que apliquen en sus servicios básicos de plataforma enumerados en la decisión de designación.

A tal efecto, los guardianes de acceso deben proporcionar, como mínimo, una descripción auditada independientemente de los criterios en los que se basa la elaboración de perfiles, el tratamiento aplicado, el propósito para el que se prepara y se utiliza el perfil, la duración de la elaboración de perfiles, el impacto de dicha elaboración de perfiles en los servicios de los guardianes de acceso, las medidas adoptadas para informar de manera eficaz a los usuarios finales sobre el uso pertinente de dicha elaboración de perfiles, así como las medidas para solicitar su consentimiento o darles la posibilidad de denegarlo o retirarlo.

El propósito de esta norma no es otro que el de facilitar la disputabilidad de los mercados digitales[439]. En este sentido, se entiende que una mayor transparencia en esta sede puede ejercer una presión externa sobre los guardianes de acceso para que no conviertan la elaboración de perfiles en una práctica habitual del sector que los coloque en una posición de ventaja frente a las potenciales empresas entrantes o emergentes que no pueden acceder a los datos en la misma medida y profundidad, ni a una escala similar. Además, una mayor transparencia en esta materia va a permitir que otras empresas prestadoras de servicios básicos de plataforma puedan diferenciarse mejor en el mercado mediante la aplicación de mayores garantías de privacidad.

3.4. Los sistemas de recomendación en línea

Algunas plataformas en línea y sitios web albergan tal cantidad de datos, referencias e ítems que la selección de información realmente interesante para el usuario puede suponer una labor ardua y compleja. Ello puede conducir a que el usuario se pierda en una gran cantidad de datos sin dar con la información que verdaderamente le interesa.

Esta circunstancia puede suponer un verdadero problema para el titular de la plataforma o sitio web. Más aún cuando tiene un interés económico en que los usuarios encuentren fácilmente lo que buscan. Tal es el caso de los mercados en línea o las plataformas de intercambio de vídeo. En este tipo de plataformas, que el usuario encuentre opciones que sean de su interés es par-

---

439 Considerando 72 RMD.

ticularmente interesante, por cuanto que de ello depende el volumen de ventas, el incremento de los ingresos por publicidad o el tiempo que el usuario pasa en la plataforma. De ahí que los titulares de estas plataformas recurran al empleo de sistemas de recomendación e inviertan una gran cantidad de recursos en su perfeccionamiento[440].

Los sistemas de recomendación en línea pueden definirse como aquellos sistemas de software que generan sugerencias personalizadas como salida o tienen el efecto de guiar al usuario de una forma personalizada a opciones interesantes o útiles entre una gran cantidad de información disponible[441]. Estos sistemas de recomendación en línea son, en definitiva, aquellos sistemas total o parcialmente automatizados que se utilizan por las distintas plataformas en línea, aplicaciones y sitios web para dar prominencia a determinados contenidos e información sobre otros.

Los sistemas de recomendación en línea han alcanzado una enorme relevancia en los últimos años, en especial en el ámbito del comercio en línea, como sistemas inteligentes que tienen la capacidad de aprender y recopilar las preferencias, gustos o necesidades de los usuarios y, a partir de este conocimiento, brindar información limitada pero relevante que será de interés para el usuario, facilitando la digestión de información por parte del usuario[442].

El éxito de estos sistemas de recomendación en el ámbito del comercio en línea estriba en las interesantes ventajas que presentan. En primer lugar, tienen el potencial de convertir a los usua-

---

[440] Un estudio detallado sobre el valor empresarial de los sistemas de recomendación puede encontrarse en JANNACH, D. y JUGOVAC, M., "Measuring the Business Value of Recommender Systems", *ACM Transactions on Management Information Systems*, vol. 10, núm. 4, pp. 1 y ss.

[441] BURKE, R., "Hybrid Recommender Systema: Survey and Experiments", *User Modelling and User-Adapted Interaction*, vol. 12, 2002, p. 332.

[442] RAMÍREZ MORALES, C. A., "Algoritmo SVD aplicado a los sistemas de recomendación en el comercio", *Tecnología, Investigación y Academia*, vol. 6, núm. 1, 2018, p. 19.

rios pasivos en clientes, al ofrecerle productos o servicios que pueden interesarles. En segundo lugar, mejoran las ventas cruzadas, toda vez que sugieren a los clientes otros productos para comprar. Y, por último, generan lealtad en la clientela, pues sirven para presentar a los clientes interfaces personalizadas que se ajusten a sus necesidades[443].

La clave de bóveda de todos los sistemas de recomendación es la personalización[444]. A través de estos sistemas se ofrece a los usuarios lo que necesitan sin preguntárselo de forma explícita. Para ello, el sistema se nutre con los datos que recopila de los usuarios del servicio (información personal, perfil demográfico, histórico de navegación, histórico de compras, etc.); interpreta la información y ofrece recomendaciones personalizadas a los distintos usuarios. Estos sistemas se configuran, por tanto, como instrumentos de canalización de publicidad personalizada.

No resulta extraño que el Reglamento de Servicios Digitales establezca algunas normas relacionadas con los sistemas de recomendación empleados por los proveedores de plataformas en línea. Estas normas adquieren una relevancia significativa a la luz de la importancia que tienen estos sistemas de recomendación a la hora de determinar qué información se presenta a los usuarios en las correspondientes interfaces en línea.

El RSD proporciona una definición de sistema de recomendación en línea en la letra s) de su art. 3. Conforme a ella, un sistema de recomendación es "un sistema total o parcialmente automatizado y utilizado por una plataforma en línea para proponer en su interfaz en línea información específica para los destinatarios del servicio o priorizar dicha información, también como consecuen-

---

443 SCHAFER, J. B., KONSTAN, J. y RIEDL, J., "Recommender Systems in E-Commerce", *EC '99: Proceedings of the 1st ACM conference on electronic commerce,* Denver, 1999, p. 158.

444 ADOMAVICIUS, G., y TUZHILIN, A., "Personalization technologies: A process-oriented perspective", *Communications of the ACM,* vol. 48, núm. 10, 2005, pp. 83 y ss.

cia de una búsqueda iniciada por el destinatario del servicio, o que determine de otro modo el orden relativo o la relevancia de la información presentada".

Como podemos comprobar, se trata de una definición muy amplia. En ella se incluyen no sólo los sistemas de recomendación *stricto sensu,* sino también las clasificaciones automáticas de productos y las listas de los resultados mostrados por un motor de búsqueda.

El art. 27 RSD impone a los prestadores de plataformas en línea que utilicen sistemas de recomendación en línea, con excepción de las microempresas y pequeñas empresas, unas obligaciones que están relacionadas tanto con la transparencia de estos sistemas, como con la influencia que sobre ellos pueden ejercer los usuarios del servicio[445].

Así, por un lado, se obliga a los proveedores de plataformas en línea que establezcan en sus condiciones generales de forma clara y comprensible cuáles son los parámetros principales utilizados en sus sistemas de recomendación, así como cualquier opción a disposición de los destinatarios del servicio para modificar o influir en dichos parámetros. Esta información debe servir para explicar al destinatario del servicio por qué se recomienda una determinada información. A tal efecto, se establece que, como mínimo, ha de incluirse información sobre cuáles son los criterios más significativos a la hora de determinar la información sugerida al destinatario del servicio y las razones de su importancia relativa, incluso cuando se dé prioridad a la información basada en la elaboración de perfiles y en su comportamiento en línea.

Esta medida se encamina a incrementar la transparencia en la publicidad en línea. Con ella se trata de aportar información clara y pertinente con la finalidad de que los usuarios del servicio comprendan la forma en que las plataformas en línea eligen la información que promueven en sus sistemas de recomendación. No

---

445 WILMAN, F., "The Digital...", *op. cit.*, p. 10.

obstante, el hecho de que esta información haya de proporcionarse en las condiciones generales resta efectividad a la medida, pues lo cierto es que el usuario medio pocas veces lee su contenido. Sin embargo, estimamos que esta medida puede ser positiva en la medida que permite a los usuarios acceder a esta información.

Por otro lado, el apartado 3 del art. 27 RSD dispone que, en el caso de que la plataforma cuente con varias opciones disponibles para los sistemas de recomendación que determinen el orden relativo de información que se presente a los destinatarios del servicio, los prestadores de plataformas en línea también pondrán a su disposición una funcionalidad que permita al destinatario del servicio seleccionar y modificar en cualquier momento su opción preferida. Esta funcionalidad debe ser accesible de forma directa y fácil desde la sección específica de la interfaz de la plataforma en línea en la que se priorice la información. De esta forma, las plataformas en línea deben asegurarse de que los destinatarios de su servicio estén adecuadamente informados sobre cómo pueden influir en la manera en que la información se les presenta[446].

Junto a ello, el art. 38 RSD complementa las obligaciones de transparencia aplicables a las plataformas en línea en lo que respecta a sus sistemas de recomendación mediante la imposición de obligaciones adicionales a los prestadores de plataformas en línea de muy gran tamaño y de motores de búsqueda en línea de muy gran tamaño. Estos prestadores de servicios de intermediación deben ofrecer para cada uno de los sistemas de recomendación que empleen, al menos, uno que no esté basado en la elaboración de perfiles para los parámetros principales de sus sistemas de recomendación. Además, estas opciones deben ser directamente accesibles desde la interfaz en línea en la que se presentan las recomendaciones[447].

---

446 Considerando 70 RSD.

447 Considerando 94 RSD.

4. LA PUBLICIDAD REALIZADA A TRAVÉS DE *INFLUENCERS*

4.1. Publicidad nativa y marketing de influencia

Junto a la publicidad personalizada, la denominada publicidad nativa ha sido la técnica publicitaria que ha adquirido mayor relevancia en el ámbito del marketing digital. La publicidad nativa es aquella que se integra en el contenido editorial natural de una página o en la funcionalidad del medio en el que se publica, permitiendo al anunciante estar presente en la publicación de una forma más armonizada con el resto del contenido, a diferencia de lo que ocurre en otros sistemas publicitarios (*pop ups, banners* y anuncios en general)[448]. De esta forma, la publicidad nativa se convierte en parte de los contenidos publicados en el medio de comunicación o red social en que se incluye[449]. En ella, el mensaje publicitario presenta tanta cohesión con el diseño del medio de comunicación o red social y tanta coherencia con su contenido que el destinatario siente que el anuncio pertenece a esos lugares.

Este tipo de publicidad se caracteriza principalmente porque el contenido de marca (*branded content*) resulta de interés para el destinatario, por la integración del contenido publicitario en el propio medio en el que se ofrece, así como por la colaboración entre el anunciante y el medio en el proceso de creación del contenido publicitario[450]. Así, la integración del mensaje publici-

---

448 IAB SPAIN, *Guía legal sobre publicidad nativa*, 2016, disponible en https://iabspain.es/estudio/guia-legal-publicidad-nativa/ (consultado el 4 de septiembre de 2024).

449 BENDITO CAÑIZARES, M. T., "La autenticación de publicidad y anunciante en la publicidad nativa y en particular, en la publicidad de influencers", *Revista Aranzadi Doctrinal*, núm. 8, 2020, p. 3 (hemos consultado la versión en línea disponible en la base de datos de Aranzadi Instituciones).

450 UNZUÉ ROSSI, J., "Publicidad nativa mediante influencers" en TATO PLAZA, A., COSTAS COMESAÑA, J., FERNÁNDEZ CARBALLO-CA-

tario dentro del contenido editorial del medio en que se inserta permite eludir el rechazo con el que generalmente son recibidos los mensajes publicitarios tradicionales, al presentarse de forma menos intrusiva o molesta[451].

Aunque es cierto que la publicidad nativa puede desarrollarse tanto en el ámbito analógico como en el digital, es en este último contexto donde adquiere mayor relevancia e impacto gracias a las distintas posibilidades y funcionalidades que ofrece el espacio digital.

Entre los distintos formatos de publicidad nativa digital, destaca por su extensión y éxito el conocido como *marketing de influencia* o *influencer marketing*. Este formato publicitario se caracteriza por fusionar las redes sociales y los medios de comunicación digital como espacios publicitarios con el recurso a los usuarios que se erigen en líderes de opinión o *influencers*[452]. Consiste, básicamente, en la difusión de contenido por *influencers* a través de redes sociales, plataformas en línea y blogs para promocionar los productos o servicios de un determinado empresario, ya sea mediante imágenes, videos, audios o comentarios.

Los *influencers* son creadores de contenido que acumulan una sólida base de seguidores con los que comparten, a través de distintas redes sociales y medios de comunicación en línea, su vida personal, experiencias y opiniones. Son personas que se considera tienen un alto nivel de influencia sobre el público por su elevado número de seguidores en redes sociales y/o medios de comunicación digital y que interactúan tanto a través de *tweets*, videos

---

LERO, P. Y TORRES PÉREZ, F. (Dir.), *Nuevas tendencias en el derecho de la competencia y de la propiedad industrial*, Granada, Comares, 2017, p. 208.

451 TATO PLAZA, A., "Aspectos jurídicos de la publicidad a través de líderes de opinión en redes sociales ("influencers")", en *Revista de Derecho Mercantil*, núm. 311, 2019, p. 3 (hemos consultado la versión en línea disponible en la base de datos de Aranzadi Instituciones).

452 CASTELLÓ MARTÍNEZ, A. y DEL PINO ROMERO, C., "La comunicación publicitaria con influencers", *Redmarka*, núm. 14, 2015, p. 35 y ss.

y *posts*, como a través de mensajes en *blogs* u otros contenidos[453]. Habida cuenta de este poder de influencia y de modelación de la opinión pública, los empresarios han convertido a estos *influencers* en prescriptores de sus productos y servicios, y sus perfiles y canales en redes sociales y medios de comunicación digital en el medio de difusión de sus mensajes publicitarios. El *influencer*, por tanto, es aquella persona que poseyendo un perfil en una o varias redes sociales, donde goza de influencia sobre sus usuarios, lo utiliza con una finalidad principalmente comercial y recibe algún tipo de contraprestación a cambio de promocionar productos o servicios[454].

Pese a que la denominada publicidad testimonial y el recurso a prescriptores para promocionar los productos o servicios de una empresa no son prácticas novedosas[455], la irrupción y popularización de las redes sociales, los medios de comunicación digital y los blogs ha incrementado notablemente el interés de los anunciantes por los *influencers*.

El éxito de la publicidad a través de *influencers* radica en las múltiples ventajas que presenta para los anunciantes. Y es que esta técnica publicitaria permite un alto grado de segmentación del público al que se dirige la campaña; aprovecha el ascendiente de los *influencers* sobre su público; atrae la atención del público de una manera menos intrusiva que la publicidad tradicional; aumenta la credibilidad del mensaje; incrementa el recuerdo y el reconocimiento de la marca; aviva la empatía hacia la empresa oferente de los productos o servicios; incrementa la probabilidad de

---

453 AUTOCONTROL, *Código de conducta sobre el uso de influencers en la publicidad*, 2020, p. 2, disponible en https://www.autocontrol.es (consultado el 4 de septiembre de 2024).

454 OTERO COBOS, M. T., "El «influencer» como medio de comunicación audiovisual", en *Actas de Derecho Industrial*, t. 41, 2020-2021, p. 304.

455 Sobre la publicidad testimonial *vid.* LEMA DEVESA, C., *Problemas jurídicos de la publicidad. Estudios jurídicos del Prof. Dr. Carlos Lema Devesa recopilados con ocasión de la conmemoración de los XXV años de cátedra*, Madrid, Marcial Pons, 2007, pp. 191 y ss.

compra; evita el bloqueo de la publicidad por parte de programas conocidos como *ad-blockers*; se integra de forma natural dentro de los contenidos editoriales del *influencer* disimulando su naturaleza publicitaria, con la consiguiente reducción de los mecanismos de rechazo o escepticismo de los destinatarios; y contribuye a la generación de contenido espontáneo sobre los productos o servicios, debido a los comentarios e interacciones sobre la campaña que se producen en las redes sociales y los medios de comunicación en línea[456].

Bajo estas coordenadas, no resulta extraño que la evolución del gasto en esta técnica publicitaria se haya incrementado de forma paulatina en los últimos años. Y es que tanto la cantidad de *influencers* como el número de seguidores es cada vez mayor y sus perfiles más diversificados. En España, la inversión en el marketing de influencers alcanzó los 79,2 millones de euros en 2023, representando una tendencia de crecimiento al alza del 23,9% frente a 2022 y del 52,2% frente a 2021. Para el año 2024 se prevé que se mantenga esa tendencia positiva con un incremento de la inversión entre el 15 y 30%[457].

Sin embargo, la publicidad mediante *influencers* plantea importantes desafíos. Entre ellos destaca el problema relativo a la identificación del carácter publicitario del mensaje emitido por el *influencer* en su perfil de redes sociales, en su canal en línea o en las entradas de su blog. Además, cuando el anunciante se sirve de los *influencers* y de sus perfiles y cuentas en redes sociales y medios de comunicación en línea para promocionar sus productos o servicios bajo el ropaje de información u opinión, el destinatario de la publicidad se enfrenta a dos dificultades adicionales: la inserción del mensaje en las novedosas y difícilmente controlables redes sociales y la potenciación del carácter persuasivo del men-

---

456 MARTÍNEZ OTERO, J., "Nuevas formas…", *op. cit.*, pp. 25 y 26.

457 IAB SPAIN y PWC, *Estudio de Inversión Publicitaria en Medios Digitales 2024. Resultados 2023*, 2024, disponible en https://iabspain.es/estudio/estudio-de-inversion-publicitaria-en-medios-digitales-2024/ (consultado el 23 de septiembre de 2024).

saje mediante la intervención aparentemente neutral de la figura del *influencer*, cuyos perfiles no aparecen con la claridad propia de quienes han sido los participantes tradicionales del fenómeno publicitario[458].

Así pues, la introducción del mensaje publicitario en el contenido editorial publicado por el *influencer* en sus perfiles y canales de redes sociales y medios de comunicación en línea puede conducir a su calificación como publicidad encubierta a la luz de las distintas regulaciones que se ocupan de esta figura.

4.2. Concepto y caracteres de la publicidad encubierta

Con carácter general, el público destinatario de la publicidad es consciente del carácter promocional de los mensajes. Y esta percepción hace que adopte una posición de prevención y suspicacia ante lo que considera es una técnica de persuasión empleada por el anunciante para incitarle a contratar. Es por ello que, en algunos casos, los anunciantes recurren a distintas técnicas de ocultación del carácter publicitario del mensaje a fin de persuadir a sus destinatarios, que no advertirán que se trata de verdaderas alegaciones publicitarias. Esta práctica, bastante recurrente en el tráfico económico, recibe el nombre de publicidad encubierta.

El recurso a esta técnica publicitaria no es nada nuevo. La publicidad encubierta ha sido y sigue siendo una práctica habitual en el mercado cuya transcendencia desde el punto de vista concurrencial está fuera de duda[459]. Esta técnica publicitaria puede emplearse en distintos soportes publicitarios y revestir diversas formas. Pero todas ellas presentan un denominador común: la

---

458 OTERO LASTRES, J. M., "La protección de los consumidores cuarenta años después", *Actas de Derecho Industrial*, t. 40, 2019-2020, p. 209.

459 IRÁCULIS ARREGUI, N., "Prácticas comerciales encubiertas", *Revista Aranzadi Civil-Mercantil*, núm. 8, 2011, p. 137

falta de identificación del carácter publicitario del mensaje por el público destinatario[460].

Así pues, la publicidad encubierta puede definirse como aquella publicidad que, por razón de su apariencia externa y del tono de su contenido, no es percibida como tal por sus destinatarios[461]. O, si se prefiere, como aquella publicidad que oculta eficazmente su naturaleza ante los ojos del consumidor medio[462].

La publicidad encubierta supone, por tanto, la realización de una actividad promocional que formal o externamente no parece tal. El mensaje publicitario se reviste de una apariencia informativa, divulgativa, experiencial, cultural o de otra índole, que enmascara su finalidad persuasiva[463]. Esto significa que el mensaje publicitario se disfraza de un supuesto contenido objetivo que proporciona mayor confianza entre los destinatarios.

Consecuentemente, el recurso a la publicidad encubierta se explica por los efectos singularmente intensos que produce en el público[464]. En efecto, los destinatarios del mensaje, lejos de adoptar las reservas y precauciones que muestran frente a la publicidad *stricto sensu,* dotarán al mensaje publicitario encubierto de la credibilidad propia del medio de comunicación en el que se recoge o del personaje que emite la información o el juicio relativo al

---

460 TATO PLAZA, A., FERNÁNDEZ CARBALLO-CALERO, P. y HERRERA PETRUS, C., *La reforma...*, *op. cit.*, p. 130; y MARIMÓN DURÁ, R., "Prácticas comerciales...", *op. cit.*

461 MASSAGUER FUENTES, J., *Comentario a...*, *op. cit.*, p. 225.

462 FERNÁNDEZ CARBALLO-CALERO, P., "Publicidad encubierta e influencers (A propósito de la Ley 13/2022, de 7 de julio, General de Comunicación Audiovisual)", *Revista de Derecho Mercantil,* núm. 327, 2022 (hemos consultado la versión en línea disponible en la base de datos de Aranzadi Instituciones).

463 TOBÍO RIVAS, A. M., "La actual regulación de la publicidad encubierta en España y la práctica publicitaria", *Revista de Derecho Mercantil,* núm. 237, 2000, p. 1155 y ss.

464 FERNÁNDEZ NÓVOA, C., "La publicidad encubierta", *Actas de Derecho Industrial,* t. 3, 1976, p. 378.

producto o servicio correspondiente. Ello implica que el destinatario que se enfrenta a una publicidad encubierta no sólo baja la guardia, sino que puede llegar a atribuir al mensaje un plus de credibilidad en función del lugar en el que aparece, del modo en el que se presenta o de la persona que lo formula. Y, como es natural, ello es susceptible de alterar su comportamiento económico y, consecuentemente, la correcta formación de sus decisiones de mercado.

A la luz de lo anterior, se explica fácilmente que el recurso a la publicidad encubierta esté prohibido en nuestro ordenamiento. Esta prohibición tiene como finalidad evitar que el público destinatario de los mensajes publicitarios pueda ser inducido a error como consecuencia de la falsa impresión de estar ante las declaraciones de un tercero imparcial, a las que atribuye una objetividad y neutralidad que, con carácter general, no tienen las manifestaciones realizadas en interés de un anunciante[465].

En estos casos, el error no procede de una falsa representación de la realidad basada en el contenido de las indicaciones o mani-

---

[465] En este sentido, MASSAGUER FUENTES, J., *Comentario a…*, *op. cit.*, p. 226; ÁVILA DE LA TORRE, A., "Artículo 26. Prácticas comerciales encubiertas", en BERCOVITZ RODRÍGUEZ-CANO, A. (Dir.), *Comentarios a la Ley de competencia desleal*, Cizur Menor, Aranzadi, 2011, p. 734; PAGADOR LÓPEZ, J., "El difícil emplazamiento del derecho de emplazamiento de producto: panorama legal y jurisprudencial", *Diario La Ley*, núm. 8446, 2014 (hemos consultado la versión en línea disponible en el portal electrónico laleydigital); y SÁNCHEZ RUIZ, M., "Los presupuestos y límites del emplazamiento publicitario", *Revista de Derecho Mercantil*, núm. 296, 2015 (hemos consultado la versión en línea disponible en la base de datos de Aranzadi Instituciones). Con todo, la publicidad encubierta también tutela el interés de las empresas que compiten en el mercado, toda vez que el recurso a la publicidad encubierta vulnera las condiciones de igualdad que deben presidir la lucha concurrencial, atribuyendo una ventaja indebida al empresario que oculta el carácter publicitario de sus mensajes (TOBÍO RIVAS, A. M., "La actual…", *op. cit.*, p. 1159; y FERNÁNDEZ CARBALLO-CALERO, P., "Publicidad encubierta…", *op. cit.*)

festaciones recogidas en el mensaje publicitario, sino en el propio entendimiento sobre el carácter promocional del mensaje[466]. De ahí que la prohibición de la publicidad encubierta no encuentre su fundamento en la tutela del *principio de veracidad*, sino en la protección del *principio de autenticidad publicitaria*[467].

La calificación del mensaje publicitario como publicidad encubierta requiere la concurrencia de un triple presupuesto. En primer lugar, el mensaje debe perseguir una finalidad publicitaria o un propósito promocional. En segundo lugar, es necesario que esa finalidad publicitaria no sea claramente reconocible por los destinatarios. Y, en tercer lugar, se requiere la ausencia de advertencias que informen explícitamente al público de que se trata de una comunicación publicitaria[468].

Resulta entonces que la actividad desarrollada por algunos *influencers* en sus perfiles de redes sociales o en sus canales de medios de comunicación digital puede llegar a calificarse como publicidad encubierta. Así sucederá cuando los destinatarios del mensaje, post, video o entrada no puedan diferenciar el mensaje publicitario de la simple experiencia, opinión o crítica del *influencer* y no quede adecuadamente identificado el carácter publicitario del mensaje.

---

466 MASSAGUER FUENTES, J., *Comentario a...*, *op. cit.*, p. 226; y GARCÍA-CRUCES GONZÁLEZ, J. A., "Artículo 5...", *op. cit.*, p. 125.

467 FERNÁNDEZ NÓVOA, C., "La publicidad...", *op. cit.*, p. 388; LEMA DEVESA, C., "La publicidad desleal: modalidades y problemas", *Revista General de Derecho,* núm. 562 y 563, 1991, p. 6140; IRÁCULIS ARREGUI, N., "El emplazamiento de producto ilícito en televisión como una modalidad de publicidad encubierta", *Revista de Derecho de la Competencia y la Distribución,* núm 9, 2011 (hemos consultado la versión en línea disponible en el portal electrónico laleydigital); y TOBÍO RIVAS, A. M., "Competencia desleal y publicidad encubierta: recientes desarrollos en la regulación española y de la Unión Europea", en MIRANDA SERRANO, L. M. y COSTAS COMESAÑA, J. (Dirs.), *Derecho de la competencia. Desafíos y cuestiones de actualidad,* Madrid, Marcial Pons, 2018, p. 64.

468 TATO PLAZA, A., "Aspectos jurídicos...", *op. cit.*; y OTERO LASTRES, J. M., "La protección...", *op. cit.*, p. 208.

4.3. La regulación de la publicidad encubierta realizada por influencers

En el ordenamiento español, la regulación de la publicidad encubierta se ha llevado a cabo de forma más o menos directa en diferentes textos legales, en su gran mayoría, fuertemente influidos por los dictados de la Unión Europea[469]. Así, la regulación de la publicidad encubierta se encuentra dispersa en nuestro ordenamiento en normas de distinto signo que, con un alcance dispar, regulan este fenómeno desde diversas perspectivas regulatorias y le anudan consecuencias jurídicas de diferente naturaleza.

En efecto, junto a una normativa general que regula este fenómeno con independencia del medio en el que se difunde y del sector de actividad al que se refiere, la publicidad encubierta se encuentra prohibida por otras normas que resultan aplicables en función del canal de difusión del mensaje publicitario, o del producto o servicio promocionado. De esta forma, junto a la regulación general de la publicidad encubierta contenida la normativa represora de la competencia desleal y en la legislación publicitaria, encontramos distintas normas encaminadas a la regulación de este fenómeno publicitario en la normativa relacionada con el comercio electrónico y las comunicaciones audiovisuales, así como en distintas regulaciones sectoriales en materia de publicidad, como la relativa a los medicamentos y productos sanitarios, a las actividades de juego y a los servicios financieros.

4.3.1. La Ley de Competencia Desleal

Como es bien sabido, la normativa represora de la competencia desleal contiene una regulación tecnológicamente neutra que se aplica con independencia del carácter analógico o digital del canal o medio a través de cual se ponga en práctica el acto o comportamiento objeto de análisis. Razón por la cual la actividad publicitaria llevada a cabo por los *influencers* está sometida a lo dis-

---

469 TOBÍO RIVAS, A. M., "Competencia desleal...", *op. cit.*, p. 66.

puesto en la LCD. Y es que, al margen de la peculiaridad del medio digital en el que operan (indiferente en lo que aquí interesa), su actividad en redes sociales, medios de comunicación digital o blogs constituye un acto realizado en el mercado con finalidad concurrencial.

De esta forma, cuando la actividad del *influencer* se traduzca en una publicidad encubierta, pueden resultar de aplicación varios de los preceptos contenidos en la LCD. En particular, la publicidad encubierta llevada a cabo por medio de *influencers* puede encuadrarse dentro de distintos supuestos de deslealtad como son: las prácticas comerciales encubiertas reguladas en el art. 26.1 LCD, las omisiones engañosas tipificadas en el artículo 7 LCD y la infracción de normas de carácter concurrencial del art. 15.2 LCD[470].

A) *Prácticas comerciales encubiertas*

De acuerdo con el art. 26.1 LCD, se reputa desleal, en todo caso y en cualquier circunstancia, aquellas conductas que consistan en incluir "como información en los medios de comunicación o en servicios de la sociedad de la información o redes sociales, comunicaciones para promocionar un bien o servicio, pagando el empresario o profesional por dicha promoción, sin que quede

---

470 La publicidad por medio de *influencers* también podría resultar encuadrable dentro de las prácticas agresivas *ex* art. 8 LCD cuando este ejerza una influencia indebida que altere el comportamiento económico del consumidor medio [Cfr. GONZÁLEZ PONS, E., "Prácticas comerciales desleales e *influencers*. Un nuevo reto para el Derecho de la competencia desleal", en TATO PLAZA, A., COSTAS COMESAÑA, J., FERNÁNDEZ CARBALLO-CALERO, P. I. y TORRES PÉREZ, F. J. (Dirs.), *Nuevas tendencias en el Derecho de la competencia y de la propiedad industrial II*, Granada, Comares, 2019, pp. 55 y ss.]. Asimismo, esta conducta también podría dar lugar a la práctica engañosa del art. 27.5 LCD cuando el *influencer* se presentase fraudulentamente como un consumidor (UNZUÉ ROSSI, J., "Publicidad nativa...", cit., p. 219 y 220). La aplicación de estos supuestos de deslealtad, empero, aunque teóricamente factible, resultará más compleja.

claramente especificado en el contenido, o a través de imágenes y sonidos claramente identificables para el consumidor o usuario, que se trata de un contenido publicitario".

Este precepto se incluye en el Capítulo III LCD dedicado a las prácticas comerciales desleales con los consumidores. De modo que su aplicación queda circunscrita a aquellas prácticas realizadas por empresarios que tienen como destinatarios a los consumidores y usuarios.

La actual redacción del mencionado precepto proviene de la reforma operada en la LCD por el art. 84.2 del Real Decreto-ley 24/2021. Esta reforma incluye en el art. 26.1 LCD, junto a la categoría ya recogida anteriormente de "medios de comunicación", una referencia expresa a los "servicios de la sociedad de la información" y las "redes sociales". Se aclara, de esta forma, que la práctica en cuestión también es desleal cuando los mensajes se incluyan en medios digitales. Pese a ello, lo cierto es que estos supuestos ya podían entenderse comprendidos en la redacción original del precepto, dado que encajarían perfectamente en un concepto amplio de "medios de comunicación"[471].

Sin embargo, la reforma no ha afrontado el verdadero problema que ha generado la redacción del art. 26.1 LCD. Nos referimos, en particular, a la diferencia redaccional que presenta frente al texto de la Directiva que incorpora. Esto es, con el punto 11 del Anexo I DPCD. En él se dispone que se considera desleal como engañoso *per se* "(r)ecurrir a un contenido editorial en los medios de comunicación para promocionar un producto, pagando el comerciante por dicha promoción, pero sin que ello quede claramente especificado en el contenido o mediante imágenes y sonidos claramente identificables para el consumidor (publirreportajes)".

Puede advertirse, por tanto, una disparidad evidente entre los términos "contenido editorial" de la DPCD e "información"

---

[471] En esta dirección, GARCÍA VIDAL, A., "Nuevas prácticas...", *op. cit.*; y MASSAGUER FUENTES, J., "La reforma...", *op. cit.*

del art. 26.1 LCD, toda vez que, en este contexto, estos términos no son coincidentes. El término información sugiere la comunicación de datos, noticias o novedades. En cambio, la expresión "contenido editorial" tiene un alcance mayor y apunta a una obra, tema o prestación de cualquier naturaleza cuya difusión entre el público constituye el objeto y propósito del medio de comunicación y el acceso a ella la razón típica para que los consumidores se expongan a la difusión efectuada por el medio de comunicación[472].

Esta diferencia terminológica ha conducido a la mayor parte de la doctrina a sostener que el art. 26.1 LCD tipifica un supuesto específico de publicidad encubierta: la publicidad redaccional[473]. Se ha mantenido, así, que del tenor literal del precepto puede deducirse una limitación de su aplicación a aquellos mensajes publicitarios que se incluyen en espacios informativos. Consecuentemente, quedan fuera de la prohibición aquellas comunicaciones comerciales insertadas en espacios de otra naturaleza, como los culturales o de entretenimiento. Esto significa que, bajo esta interpretación, la publicidad realizada por los *influencers* difícilmente encajaría en el ilícito de deslealtad tipificado en el art. 26.1 LCD.

A nuestro juicio, empero, el término información contenido en el art. 26.1 LCD debería ser objeto de una interpretación amplia que lo asimile al concepto de contenido editorial recogido en el punto 11 del Anexo I DPCD[474]. Esta interpretación encontraría su fundamento en el principio de interpretación del Derecho nacional de conformidad con las Directivas comunitarias, así como en la finalidad perseguida por el precepto bajo consideración.

---

472 MASSAGUER FUENTES, J., "La reforma...", *op. cit.*

473 Entre otros, TATO PLAZA, A., FERNÁNDEZ CARBALLO-CALERO, P. y HERRERA PETRUS, C., *La reforma...*, *op. cit.*, p. 132; ÁVILA DE LA TORRE, A., "Artículo 26...", *op. cit.*, pp. 734 y 735; IRÁCULIS ARREGUI, N., "Prácticas comerciales...", *op. cit.*, p. 138; y SÁNCHEZ RUIZ, M., "Los presupuestos...", *op. cit.*

474 MASSAGUER FUENTES, J., "La reforma...", *op. cit.*

En el ámbito comunitario, el concepto de contenido editorial ha sido objeto de una interpretación amplia que refleja la realidad de la práctica editorial y publicitaria[475]. Esta interpretación encuentra su base en la finalidad del propio punto 11 del Anexo I DCPD, que no es otra que la de garantizar que cualquier publicación en la que el empresario ejerció una influencia por interés comercial propio sea identificada como tal de forma clara y, en consecuencia, conocida por el consumidor[476]. De ahí que podamos deducir que la aplicación de la mencionada disposición incluye aquellos contenidos promocionales generados o publicados por los *influencers* en sus perfiles y canales en redes sociales y medios de comunicación digital.

Por estos motivos, entendemos que, al igual que ocurre en el ámbito comunitario, el art. 26.1 LCD resulta de aplicación a los mensajes publicitarios incluidos por los *influencers* en sus publicaciones en redes sociales y medios de comunicación digital. Y ello con independencia de que sean o no espacios informativos propiamente dichos. Esta interpretación, además, es la que parece desprenderse de la reforma operada en este precepto por el Real Decreto-ley 24/2021, a pesar de que el foco de dicha reforma se ha puesto en el elemento del tipo equivocado.

En lo que atañe a los presupuestos aplicativos del art. 26.1 LCD, la ilicitud de la conducta depende de la concurrencia de cuatro elementos: que la práctica se lleve a cabo en medios de comunicación, servicios de la sociedad de la información o redes sociales; que el mensaje difundido o publicado tenga una finalidad promocional; que dicha difusión o publicación sea remunerada;

---

475 Así lo entiende la Comisión Europea en su *Guía sobre la interpretación y la aplicación de la Directiva 2005/29/CE del Parlamento Europeo y del Consejo relativa a las prácticas comerciales desleales de las empresas en sus relaciones con los consumidores en el mercado interior*, en *DOUE*, C-526, 29 de diciembre de 2021, p. 98.

476 STJUE de 2 de septiembre de 2021, en el asunto C-371/20, *Peek & Cloppenburg KG*, apdo. 41 (TOL8.570.479).

y que no se identifique claramente el propósito publicitario del mensaje.

El primer presupuesto es de carácter contextual. Se refiere al ámbito en el que debe insertarse el mensaje o contenido publicitario. Este requisito se configura de forma amplia y abarca cualquier medio analógico o digital que sea apto para transmitir comunicaciones a los consumidores, ya estén dirigidas al público en general o de forma individual a un consumidor en concreto[477]. En cuanto al tipo de espacio en el que ha de incardinarse el mensaje, ya hemos señalado que puede ser de cualquier índole y que la prohibición prevista en este art. 26.1 LCD no se circunscribe a los mensajes emitidos en espacios informativos propiamente dichos.

El segundo presupuesto es de naturaleza finalística. Hace referencia al propósito promocional o publicitario del mensaje. En esta dirección, se exige que el mensaje tenga como finalidad asegurar o promover la difusión de prestaciones empresariales propias o ajenas. Es decir, a promocionar productos o servicios.

La constatación de la concurrencia de este presupuesto hace necesario analizar las distintas circunstancias del caso, entre las que destacan el contexto en el que se publica el mensaje; el emplazamiento de los productos, servicios o signos distintivos; el momento en el que se emite; la duración de la mención; el lenguaje y el tono empleados; así como quién es la persona que emite el mensaje, sus características y sus relaciones con el empresario oferente o con otros empresarios.

En el ámbito de las redes sociales, esta operación puede resultar especialmente compleja, toda vez que los *influencers* insertan los mensajes publicitarios en el contenido editorial propio de sus perfiles y canales de una forma orgánica y natural. Y esta circuns-

---

477 En este sentido, el TJUE ha afirmado que la DPCD resulta de aplicación a las prácticas comerciales desleales independientemente de que la práctica en cuestión se realice una sola vez y de que afecte tan sólo a un consumidor [STJUE de 16 de abril de 2015, en el asunto C-388/13 *UPC Magyarország*, apdos. 41, 42 y 60 (TOL4.811.151)].

tancia hace muy difícil distinguir entre la difusión de un mensaje publicitario y la manifestación de una opinión o elección personal del *influencer*.

A pesar de lo anterior, somos de la opinión de que, en este contexto, el propósito comercial del mensaje debe presumirse, salvo prueba en contrario, en aquellos casos en los que el *influencer* pudiera ser calificado como empresario a los efectos de la DPCD. A tal fin, pueden resultar de particular interés los criterios que aporta el Tribunal de Justicia de la Unión Europea en la sentencia del caso *Kamenova*[478]. Entre estos criterios, que no son ni exhaustivos ni exclusivos y que deben valorarse de forma global, se encontrarían: comprobar si la actividad en redes del *influencer* se efectúa de forma planificada y con fines lucrativos; si dicha actividad responde a una duración y frecuencia determinadas; si el *influencer* posee un estatuto jurídico que le permite realizar actos de comercio; en qué medida la publicidad en línea está vinculada a la actividad del *influencer*; si el *influencer* está sujeto al IVA; si, actuando en nombre de un empresario determinado o por cuenta de este o a través de otra persona en su nombre o siguiendo sus instrucciones, ha obtenido una remuneración o una participación en los resultados; si publica en redes con un carácter de periodicidad, una frecuencia o una simultaneidad con respecto a su actividad profesional; o si el importe del beneficio obtenido por la publicidad confirma que la publicación realizada forma parte de una actividad comercial.

En este sentido, puede entenderse que, si el *influencer* es un empresario dedicado a la creación de contenido que actúa de forma profesional y habitual, su actuación se incardina en el tráfico propio de una empresa. De modo que las menciones a los productos o servicios de otro empresario se enmarcan en esa actividad de empresa y tienen como finalidad asegurar o promover la difusión en el mercado de sus propias prestaciones empresariales (la creación de contenido) o de las de un tercero. Además, esta finalidad

---

478 STJUE de 4 de octubre de 2018, asunto C-105/17, *Kamenova*, apdo. 51 (TOL6.816.378).

promocional resultará más clara cuando la remuneración de la actividad del *influencer* no depende tanto del contenido que genera en redes sociales o medios de comunicación en línea, como de los ingresos que recibe por la promoción de productos o servicios de otros empresarios.

El tercer presupuesto enlaza con el carácter lucrativo de la operación. Consiste en la existencia de un pago por parte del empresario como contraprestación por la emisión o difusión del mensaje. En esta sede, se considera que el segundo presupuesto (esto es, el carácter comercial del mensaje) está presente cuando quien difunde o emite el mensaje (en este caso, el *influencer*) recibe un pago por parte del empresario[479].

El concepto de pago ha de entenderse en sentido amplio. Comprende cualquier contrapartida con valor patrimonial por la publicación, ya sea en forma de abono de una cantidad de dinero o en cualquier otra forma, siempre que concurra un vínculo cierto entre el pago realizado por el empresario y la publicación del mensaje[480]. De esta forma, se considera pago la entrega de dinero, descuentos, acuerdos de asociación, porcentaje de vínculos de afiliación, productos gratuitos, regalos o la invitación a eventos o viajes.

El problema, empero, radica en las dificultades que plantea la acreditación de la existencia de dicho pago. Una circunstancia que dificulta mucho la aplicación efectiva de este precepto.

El último requisito es de tipo formal. Alude al encubrimiento u ocultación del carácter publicitario del mensaje. En este sentido, se exige que el propósito comercial del mensaje no quede "cla-

---

479 TOBÍO RIVAS, A. M., "Competencia desleal…", *op. cit.*, p. 70; OTERO COBOS, M. T., El patrocinio publicitario con influencers, ¿publicidad encubierta?, en MADRID PARRA, A. (Dir.), *Derecho Mercantil y Tecnología*, Cizur Menor, Aranzadi, 2018, p. 814; y ASENSI MERÁS, A., "La licitud de la publicidad a través de influencers o líderes de opinión en redes sociales", *Actas de Derecho Industrial*, t. 39, 2018-2019, p. 325.

480 STJUE de 2 de septiembre de 2021, en el asunto C-371/20, *Peek & Cloppenburg KG*, apdo. 49 (TOL8.570.479).

ramente especificado en el contenido, o a través de imágenes y sonidos claramente identificables para el consumidor o usuario".

Esto significa que, para no incurrir en este ilícito de deslealtad, el empresario debe advertir de forma expresa sobre el carácter publicitario del mensaje cuando dicho carácter no pueda deducirse de forma clara e inequívoca a la luz de su naturaleza, ubicación y contenido.

La advertencia sobre el carácter publicitario del mensaje debe permitir al consumidor conocer de forma clara, precisa y tempestiva que se encuentra ante un mensaje de carácter publicitario. De ahí que dicha advertencia no sólo deba ser absolutamente inequívoca desde el punto de vista de su tenor literal, sino que también deba estar ubicada en un lugar donde sea fácilmente perceptible por el consumidor[481].

En el ámbito de las redes sociales y los medios de comunicación digital, se viene entendiendo que la advertencia debe consistir en la introducción de términos y expresiones claras y fácilmente comprensibles, como por ejemplo "publicidad", "publi", "patrocinado por" o "en colaboración con".

Estas advertencias, además, deben incluirse en el propio mensaje e identificar desde el principio su naturaleza publicitaria. Por ello, la advertencia ha de figurar en aquellas partes del mensaje a las que el usuario vaya a acceder en primer lugar y no quedar diluida en el mensaje o entre indicaciones de otra índole.

Acreditada la concurrencia de estos presupuestos, la práctica será calificada como desleal. Y ello sin necesidad de examinar si concurren los requisitos necesarios para su calificación como acto de engaño u omisión engañosa. Es decir, no es necesario acreditar la aptitud de la práctica para inducir a error a los destinatarios del mensaje, ni su susceptibilidad para alterar el comportamiento económico del consumidor medio.

---

481 *Vid.*, por todos, TATO PLAZA, A., "Aspectos jurídicos...", *op. cit.*

La responsabilidad por la realización de esta práctica recaerá sobre el empresario anunciante y no sobre el *influencer*. Como ha señalado el TJUE, este precepto no está destinado, como tal, a imponer a los medios de comunicación la obligación de impedir las posibles prácticas comerciales desleales de los anunciantes respecto de las cuales se puede establecer una relación directa con la promoción, la venta o el suministro a los consumidores de los productos o servicios de dichos anunciantes. Estos medios de comunicación, en su lugar, habrán de someterse a la normativa sobre comunicación audiovisual[482].

Pese a ello, no puede perderse de vista que la publicidad difundida por el *influencer* que incurra en este supuesto de deslealtad puede dar lugar a un incumplimiento del contrato de publicidad suscrito entre el empresario anunciante y el *influencer*. De modo que aquél podrá solicitar la resolución del contrato y la indemnización de los daños y perjuicios que la conducta negligente del *influencer* le haya podido ocasionar.

B) Omisiones engañosas

El legislador nacional, siguiendo lo dispuesto en la DPCD, ha establecido en la LCD una regulación de los actos de engaño y de las omisiones engañosas que permite declarar la deslealtad de la publicidad encubierta. En el marco de esta regulación quedarían amparados aquellos supuestos de publicidad encubierta dirigidos a un público no conformado por consumidores y usuarios o en los que no se cumplan con los presupuestos aplicativos del art. 26.1 LCD.

A la luz de esta regulación, la publicidad encubierta podría ser calificada como un acto de engaño conforme al art. 5.1 LCD. Y es que este precepto dispone que se considera desleal por engañosa "cualquier conducta que contenga información falsa o información que, aun siendo veraz, por su contenido *o presentación* induzca

---

482 STJUE de 17 de octubre de 2013, en el asunto C-391/12, *RLvS*, apdos. 44 y ss. (TOL9.915.627).

o pueda inducir a error a los destinatarios, siendo susceptible de alterar su comportamiento económico"[483]. Además, el apartado d) del artículo referido incluye "los motivos de la conducta comercial y la naturaleza de la operación comercial o el contrato" como uno de los extremos sobre los que puede versar el engaño.

Igualmente, la publicidad encubierta podría ser calificada como una omisión engañosa *ex* art. 7 LCD. Este precepto establece que "(e)s también desleal si la información que se ofrece es poco clara, ininteligible, ambigua, no se ofrece en el momento adecuado, o *no se da a conocer el propósito comercial de esa práctica, cuando no resulte evidente por el contexto*[484].

Así pues, podría hablarse de una doble tipificación de la publicidad encubierta[485]. Sin embargo, somos de la opinión de que la publicidad encubierta debe encontrar su encaje jurídico en el marco de los actos de deslealtad por omisión y no tanto en el de los actos de engaño. Esta solución encuentra su fundamento en una interpretación literal, teleológica y sistemática de los arts. 5 y 7 LCD.

Conforme a una interpretación literal de los preceptos bajo consideración, puede sostenerse que la publicidad encubierta quedaría subsumida en el art. 7 LCD y no en el art. 5 LCD. Conforme al apartado primero del art. 7 LCD, se considera desleal aquel supuesto en que "no se da a conocer el propósito comercial" de la práctica[486]. El art. 5 LCD, en cambio, reputa desleal "cualquier conducta que contenga (...) información que, aun siendo veraz,

---

483 La cursiva es nuestra.

484 Énfasis añadido.

485 Así lo entienden, por ejemplo, RODRÍGUEZ RODRIGO, J., "La publicidad de l@s influencers", *Cuadernos de Derecho Transnacional*, vol. 15, núm. 2, pp. 838; LEMA DEVESA, "Los actos...", *op. cit.*, p. 364; TATO PLAZA, A., FERNÁNDEZ CARBALLO-CALERO, P. y HERRERA PETRUS, C., *La reforma..., op. cit.*, p. 131; y ASENSI MERÁS, A., "La licitud...", *op. cit.*, p. 324.

486 Así lo entienden GARCÍA-CRUCES GONZÁLEZ, J. A., "Artículo 5...", *op. cit.*, p. 126; SÁNCHEZ RUIZ, M., "Publicidad desleal (ii). Engaño y encubrimiento publicitarios", en LÁZARO SÁNCHEZ, E. J. (Coord.),

por su contenido o presentación induzca o pueda inducir a error a los destinatarios"[487]. Ahora bien, la publicidad que induce a error por su presentación no es necesariamente publicidad encubierta. La publicidad encubierta es tal precisamente porque no existe información sobre el carácter promocional del mensaje. Y el art. 5 LCD se refiere de forma expresa a supuestos en los que se proporciona información. No hay, por tanto, ocultación u omisión. Lo que ocurre es que la información que de hecho se proporciona, aun siendo veraz, figura, se dispone o se pronuncia de una forma que puede alterar la percepción de la realidad[488].

Si atendemos a una interpretación teleológica de los arts. 5 y 7 LCD, cabe entender que la represión de la publicidad encubierta responde a la finalidad propia del art. 7 LCD. A diferencia de la anterior versión del artículo 7 LCD, donde el juicio de deslealtad se fundaba en la omisión de información que ocasionaba en sus destinatarios una incorrecta representación de la realidad, la actual configuración de este precepto pone el acento en la falta de información relevante para que el consumidor adopte sus decisiones de mercado. De esta forma, mientras que los actos de engaño parecen quedar reservados para las practicas susceptibles de inducir a error a sus destinatarios como consecuencia del contraste entre lo que se declara y lo que se silencia; las omisiones engañosas se construyen sobre el silenciamiento de la información sustancial, así como sobre su ofrecimiento de forma que los consumidores no puedan percibirla y la ocultación de su carácter comercial[489]. En consecuencia, la publicidad encubierta debería

---

Derecho de la publicidad, Cizur Menor, Aranzadi, 2012, p. 163; y MARIMÓN DURÁ, R., "Prácticas comerciales...", *op. cit.*

487 La cursiva es nuestra.

488 IRACULIS ARREGUI, N., "Prácticas comerciales...", *op. cit.*, pp. 141 y 142.

489 En este sentido se pronuncian, MASSAGUER FUENTES, J., *El nuevo...*, *op. cit.*, pp. 123 y ss.; CUENCA GARCÍA, A., "Prácticas comerciales engañosas específicas para consumidores", en RUIZ PERIS, J. I. (Dir.), *La Reforma de la Ley de Competencia Desleal (Estudios sobre la Ley 29/2009, de 30 de diciembre, por la que se modifica el régimen legal de la competencia desleal y de la publicidad para mejora de la protección de los consumidores y usuarios),*

calificarse como desleal por omitir y no proporcionar información sobre el carácter promocional del mensaje. Una información que el propio art. 7 LCD califica como relevante.

Finalmente, según una interpretación sistemática de los preceptos reguladores de los actos de engaño y las omisiones engañosas, entendemos que la publicidad encubierta debe calificarse como desleal a la luz de la prohibición de la omisión de información relevante prevista en el art. 7 LCD. La correcta sistematización de la LCD exige que sus arts. 5 y 7 se interpreten de forma armónica. Esto es, en un sentido que no genere duplicidades ni incoherencias. Ello implica que los actos de engaño y las omisiones engañosas no deben sancionar las mismas actuaciones, sino que han de articularse de forma complementaria para perseguir y sancionar conductas desleales desde distintos enfoques regulatorios[490]. De esta forma, los actos de engaño tratarían de garantizar la vigencia del principio de veracidad, mientras que las omisiones engañosas se orientarían a salvaguardar la transparencia en el mercado mediante la imposición a los empresarios de un deber general de proporcionar a los consumidores información suficiente y tempestiva[491]. Conforme a esta interpretación, la publicidad encubierta constituiría un supuesto de omisión de información suficiente y tempestiva relativa al carácter promocional de la práctica[492].

Valencia, Tirant lo Blanch, 2010 (hemos consultado la versión en línea disponible en la biblioteca virtual Tirant online); y MORALEJO MENÉNDEZ, I., "Artículo 7...", *op. cit.*, pp. 163 y ss.

490 Esta interpretación permitiría acabar con la tan criticada duplicidad regulatoria que existe en esta sede. Esta duplicidad ha sido ampliamente criticada, entre otros, por LEMA DEVESA, "Los actos...", *op. cit.*, p. 364; MARIMÓN DURÁ, R., "Prácticas comerciales...", *op. cit.*; y TOBÍO RIVAS, A. M., "Competencia desleal...", *op. cit.*, p. 69.

491 Más ampliamente, en CASADO NAVARRO, A., *Consecuencias negociales...*, *op. cit.*, pp. 108 y ss.

492 Así lo entiende la Comisión Europea en su *Guía sobre la interpretación y la aplicación de la Directiva 2005/29/CE del Parlamento Europeo y del Consejo relativa a las prácticas comerciales desleales de las empresas en sus relaciones con*

En lo que atañe a los presupuestos aplicativos del art. 7 LCD, para que la publicidad encubierta realizada por los *influencers* pueda ser calificada como desleal es necesario que se cumplan cumulativamente los siguientes requisitos: que el mensaje o la práctica tenga una finalidad promocional, que no se informe sobre dicha finalidad ni resulte manifiesta por el contexto y que esa falta de información pueda alterar el comportamiento económico del consumidor medio.

Respecto al primer requisito, y como se puso de manifiesto en relación con el art. 26.1 LCD, la determinación del carácter promocional de los mensajes difundidos por los *influencers* en sus redes sociales y en sus canales en medios de comunicación digital resulta bastante compleja. Ciertamente, esta finalidad se entiende acreditada cuando el *influencer* haya percibido algún tipo de contraprestación por su intervención. Pero la acreditación de este extremo no siempre resultará fácil.

Las dificultades probatorias que entraña este extremo han motivado que se pueda acreditar la naturaleza publicitaria del mensaje acudiendo a una serie de indicios[493]. En particular, habría que atender al contenido del mensaje, al tono utilizado, a la duración del mensaje, a la ubicación del producto o del signo distintivo y al protagonismo que se le otorga, a la proporción de alabanzas en relación con las críticas, al contexto en el que se emite, al público al que se dirige, y a las características del *influencer*.

En cuanto al segundo requisito, el propósito promocional o publicitario no debe estar identificado en el propio mensaje ni resultar evidente por el contexto. En otro caso, no podremos hablar de publicidad encubierta. En esta sede, son plenamente trasladables las consideraciones hechas al respecto en relación con la práctica tipificada en el art. 26.1 LCD.

---

los consumidores en el mercado interior, en *DOUE*, C-526, 29 de diciembre de 2021, p. 50

493 Entre otros, TATO PLAZA, A., "Aspectos jurídicos...", *op. cit.*; y OTERO LASTRES, J. M., "La protección...", *op. cit.*, p. 209.

No obstante, es necesario destacar que el propósito promocional no identificado puede resultar evidente por el contexto. A tal efecto, habrá de atenderse al contenido del mensaje, al tipo de producto o servicio promocionado, al perfil del influencer, al momento de su publicación, al tono empleado, etc. Además, para evaluar esta evidencia, debemos partir de la figura del consumidor medio de los productos y servicios promocionados, aunque matizada por el perfil medio de seguidor del *influencer* en cuestión.

Finalmente, la aplicación del tipo prohibitivo de las omisiones engañosas exige que la práctica publicitaria no identificada como tal ha de ser susceptible de alterar el comportamiento económico del consumidor medio. En rigor, esta exigencia no está prevista de forma expresa en el art. 7.1 LCD, a diferencia de lo establecido por el legislador comunitario en el art. 7.1 DPCD. Sin embargo, ello no impide colmar esta laguna mediante el recurso a la cláusula general prohibitiva de la deslealtad en las relaciones de consumo y a la interpretación del Derecho nacional de conformidad con las Directivas comunitarias. Lo contrario supondría constituir un nuevo supuesto de deslealtad *per se*, cuya ilicitud derivaría únicamente de la mera constatación de la omisión del carácter promocional de los mensajes publicitarios, sin necesidad de valorar ninguna otra circunstancia. Y, como es bien sabido, esta posibilidad está prohibida por el principio de armonización plena o de máximos establecido por la DPCD[494].

La responsabilidad por la omisión de la información sobre el carácter promocional de la práctica comercial puede recaer tanto sobre el empresario anunciante como sobre el *influencer*. En principio, el empresario anunciante aparecerá como el responsable de la publicidad, toda vez que es quien genera la actividad publicitaria –aunque no participe en su creación o ejecución– y

494 Sobre esta cuestión, MARTÍ MOYA, V., "Consecuencias del principio de armonización plena de la Directiva 2005/29 sobre prácticas comerciales desleales, a la luz de la reciente jurisprudencia del TJUE", *Revista de Derecho Mercantil*, núm. 283, 2012, pp. 325 y ss.

quien tiene la obligación de supervisar la actividad del *influencer*[495]. El *influencer* que crea, ejecuta y difunde el mensaje publicitario también podría resultar responsable de la conducta y estar pasivamente legitimado. Pero, para ello, es necesario atender a las reglas previstas en el art. 34 LCD[496].

En el ámbito de la competencia desleal, la autoría de la práctica dependerá de cada uno de los actos que se tipifican en la LCD[497]. La regulación de la competencia desleal, con evidente espíritu práctico, ordena establecer la relación procesal con la persona, física o jurídica, a la que va a afectar de forma directa el fallo de la sentencia[498].

En este sentido, el art. 34 LCD dispone que las acciones previstas en la ley "podrán ejercitarse contra cualquier persona que haya realizado u ordenado la conducta desleal o haya cooperado a su realización", salvo en el caso de que hubiera sido realizada "por trabajadores u otros colaboradores en el ejercicio de sus funciones y deberes contractuales". Esta falta de legitimación pasiva, empero, sólo se refiere a las acciones declarativa, de cesación, de remoción y de rectificación establecidas en los apartados 1 a 4 del art 32 LCD. Respecto a la indemnización por daños y perjuicios, el *influencer* resultará responsable en la medida en que haya mediado dolo o culpa en su actuación y pueda trazarse una relación de causalidad entre su actuación y el daño generado a un tercero.

En los supuestos de publicidad encubierta realizada por *influencers*, la responsabilidad de este último dependerá de su grado

---

495 LEMA DEVESA, C., "El concepto jurídico de anunciante", *Revista de Derecho Mercantil*, núm. 317, 2020 (hemos consultado la versión en línea disponible en la base de datos de Aranzadi Instituciones).

496 BARONA VILAR, S., *Competencia desleal…*, t. II, *op. cit.*, p. 1193; y VEGA VEGA, J. A., "La contratación publicitaria: normas generales", en GARCÍA-CRUCES, J. A. (Dir.), *Tratado de Derecho de la competencia y de la publicidad*, t. II, Valencia, Tirant lo Blanch, 2014 (hemos consultado la versión en línea disponible en la biblioteca virtual Tirant online).

497 BARONA VILAR, S., *Competencia desleal…*, t. II, *op. cit.*, p. 1179.

498 VEGA VEGA, J. A., "Artículo 34….", *op. cit.*, p. 943.

de imputabilidad en la práctica[499]. De esta forma, resultará responsable como autor material o como cooperador, junto con el anunciante, cuando no haya adoptado las precauciones necesarias para evitar la deslealtad de la conducta. Así ocurrirá en la práctica totalidad de los casos, por cuanto que el *influencer*, en tanto que profesional de las redes sociales y de los medios de comunicación digital, debe conocer la normativa aplicable y, en consecuencia, la prohibición de la publicidad encubierta que existe en las distintas normas reguladoras de su actividad. Además, es el propio *influencer* quien deberá ejecutar las medidas de cesación y remoción impuestas como consecuencia de la declaración de deslealtad de la conducta.

Pero, es más, en la medida en que la realización de la publicidad encubierta por parte del *influencer* se aparte de las obligaciones asumidas frente al anunciante en el correspondiente contrato publicitario, podremos encontrarnos ante un supuesto de incumplimiento contractual. Y, en consecuencia, el anunciante podrá instar la resolución del contrato y el resarcimiento de los daños que la conducta dolosa o culposa del *influencer* haya podido causarle.

C) Violación de normas

Como veremos a continuación, la publicidad realizada por *influencers*, cuando se cumplan ciertos requisitos, puede infringir alguna de las distintas normas que regulan la difusión de publicidad encubierta previstas en la LGP, la LSSICE, el RSD, la LGCA y la normativa publicitaria sectorial. La actividad publicitaria que viole alguna de estas prohibiciones puede suponer, además del incumplimiento de la norma específica, una trasgresión de la nor-

---

499 MARCO ARCALÁ, L. A., "La contratación publicitaria (I): los contratos de publicidad y de difusión publicitaria", en GARCÍA-CRUCES, J. A. (Dir.), *Tratado de Derecho de la competencia y de la publicidad*, t. II, Valencia, Tirant lo Blanch, 2014 (hemos consultado la versión en línea disponible en la biblioteca virtual Tirant online).

mativa concurrencial. Y es que la LCD establece en su artículo 15 la violación de normas como un supuesto de deslealtad concurrencial.

Con este precepto, la LCD trata de prevenir y, en su caso, reprimir los efectos negativos que la violación de normas distintas de las de competencia desleal puede provocar en el funcionamiento eficiente del mercado. La finalidad de esta disposición es, como ya quedó apuntado, la de garantizar el principio de igualdad en las condiciones de acceso al mercado y de actuación en él, así como su correcto funcionamiento[500]. Estas condiciones se verían seriamente afectadas si un competidor concurriera conculcando normas jurídicas, ya que podría disfrutar de una posición ventajosa respecto a los competidores que cumplen con la normativa vigente.

El art. 15.2 LCD dispone que tendrá "la consideración de desleal la simple infracción de normas jurídicas que tengan por objeto la regulación de la actividad concurrencial". Las normas que regulan la actividad concurrencial son aquellas que configuran o modelan de forma directa la estructura del mercado y las estrategias y conductas propiamente concurrenciales de los agentes que operan en él, dirigidas a promover o asegurar la difusión de las prestaciones propias o ajenas. En consecuencia, las normas relativas a la publicidad encubierta contenidas en la LGP, LSSICE, RSD, LGCA y en la normativa publicitaria sectorial, en tanto que ordenadoras de las comunicaciones comerciales y de la actividad publicitaria de las empresas, podrían catalogarse como normas reguladoras de la actividad concurrencial[501].

---

500 *Vid. supra* II.4.4.

501 En este sentido, IRÁCULIS ARREGUI, N., "Prácticas comerciales...", *op. cit.*, p. 146; GARCÍA PÉREZ, R., "Falseamiento de la libre competencia por actos desleales e infracción de normas que tienen por objeto la regulación de la actividad concurrencial (a propósito de la Resolución del Consejo de la CNC de 24 de febrero de 2012, Iberdrola Sur), *Revista de Derecho de la Competencia y la Distribución*, núm. 11, 2012 (hemos consultado la versión en línea disponible en el portal electrónico laleydigital); GARCÍA VIDAL, A., "Los actos de competencia desleal por

Así pues, la simple acreditación de la infracción de estas normas determinaría la deslealtad de la conducta. Pese a ello, el infractor (el *influencer* y, en su caso, el anunciante) podría evitar el reproche de deslealtad si demostrara que la trasgresión de la norma (la realización de una publicidad encubierta) no le ha reportado una ventaja competitiva en el mercado o que dicha ventaja competitiva no es de suficiente entidad como para falsear su estructura competitiva produciendo una alteración significativa en la oferta de bienes o servicios.

En los supuestos de infracción de la normativa reguladora de la publicidad encubierta, parece difícil sostener que la ventaja competitiva no tiene la entidad necesaria para falsea las condiciones del mercado. La publicidad encubierta *per se* es susceptible de alterar el comportamiento económico del consumidor. Y este efecto se ve amplificado por la ascendencia social de los *influencers*.

Junto a ello, cabe sostener que el *influencer* que ponga en práctica este tipo de publicidad tendrá mayor éxito en sus campañas promocionales, lo que atraerá a más anunciantes en perjuicio de los *influencers* que cumplan con las normas reguladoras de las comunicaciones comerciales.

Sin embargo, la realidad viva del tráfico demuestra que la mayoría de los mensajes publicitarios emitidos por *influencers* no advierten de su carácter promocional[502]. De modo que la actual

---

infracción de normas y las aplicaciones de transporte colaborativo", en SEBASTIÁN QUETGLAS, R. (Coord.), *Práctica Mercantil para abogados 2016*, Madrid, La Ley, 2016 (hemos consultado la versión en línea disponible en el portal de revistas de Wolters Kluwer); y PAGADOR LÓPEZ, J., "El llamado…", *op. cit.*, p. 192.

502 Según un informe de la Asociación de Usuarios de la Comunicación, el 80% de las publicaciones analizadas (más de 50.000 referidos a unos 1.400 influencers) incumplen la normativa publicitaria [Cfr. ASOCIACIÓN DE USUARIOS DE LA COMUNICACIÓN, *Informe de seguimiento de la actividad publicitaria de los* influencers *en España*, 2024, disponible en https://www.auc.es/download/informe-de-seguimiento-de-la-acti-

situación de incumplimiento generalizado de esta normativa podría facilitar al *influencer* la prueba de que no ha obtenido una ventaja competitiva significativa.

4.3.2. La Ley General de Publicidad

La normativa publicitaria fue la primera que recogió una regulación del fenómeno de la publicidad encubierta en nuestro ordenamiento. Fue el derogado Estatuto de la Publicidad[503], con la instauración del principio de autenticidad publicitaria. En ese sentido, su art. 6 disponía que "(e)n el ejercicio de toda actividad publicitaria deberán ser observados los principios de legalidad, veracidad, autenticidad y libre competencia".

El principio de autenticidad publicitaria se desarrollaba en su art. 9, donde se establecía que "(e)l público tiene derecho a que toda actividad publicitaria se identifique fácilmente como tal actividad. Los medios de difusión cuidarán de deslindar perfectiblemente las afirmaciones hechas dentro de su función general de información y las que hagan como simples vehículos de la publicidad". Este precepto constituyó la base sobre la que se fundaría la prohibición de la publicidad encubierta en cuanto modalidad publicitaria autónoma, caracterizada precisamente por tratar de ocultar al destinatario el carácter publicitario del mensaje[504].

Este principio de autenticidad publicitaria se mantiene en la vigente Ley General de Publicidad. Su art. 9 declara que "(l)os

---

vidad-publicitaria-de-los-influencers-en-espana/ (consultado el 27 de septiembre de 2024)].

503 Ley 61/1964, de 11 de junio, por la que se aprueba el Estatuto de la Publicidad, en *BOE,* núm. 143, de 15 de junio.

504 TOBÍO RIVAS, A. M., "La actual...", *op. cit.*, p. 1160; y PAGADOR LÓPEZ, J., "El llamado «emplazamiento» o «presentación» de producto: entre la legislación audiovisual y la normativa contra la competencia desleal", en MIRANDA SERRANO, L. M. y COSTAS COMESAÑA, J. (Dirs.), *Derecho de la competencia. Desafíos y cuestiones de actualidad,* Madrid, Marcial Pons, 2018, p. 185.

medios de difusión deslindarán perceptiblemente las afirmaciones efectuadas dentro de su función informativa de las que hagan como simples vehículos de publicidad. Los anunciantes deberán asimismo desvelar inequívocamente el carácter publicitario de sus anuncios". Se impone, así, la obligación de identificar el carácter publicitario de los mensajes, que se hace extensiva tanto a medios como a anunciantes. Y, en consecuencia, se establece la ilicitud de la publicidad encubierta.

Así pues, la LGP regula la publicidad encubierta de forma independiente como un modalidad publicitaria autónoma[505]. En rigor, la publicidad encubierta resulta ilícita por contravenir el principio de autenticidad publicitaria, mientras que la publicidad engañosa será ilícita por trasgredir el principio de veracidad.

Sin embargo, el fundamento de la prohibición de la publicidad encubierta se sustenta en un precepto (el art. 9 LGP) que se ubica dentro del Título III LGP, dedicado a la contratación publicitaria. Ello determina la dificultad de recurrir a las acciones de la LCD para combatir este tipo de publicidad ilícita, toda vez que la publicidad ilícita se regula en el Título II LGP y no en su Título III[506]. No obstante, este inconveniente puede salvarse si se estima que la publicidad encubierta infringe la normativa publicitaria (como de hecho ocurre) y, por ende, puede constituir un supuesto de deslealtad por infracción de normas de carácter concurrencial *ex* art. 15.2 de la Ley de Competencia Desleal[507].

---

505 TOBÍO RIVAS, A. M., "La actual...", *op. cit.*, p. 1161; e IRÁCULIS ARREGUI, N., "Prácticas comerciales...", *op. cit.*, p. 144.

506 De acuerdo con un sector de la doctrina, la publicidad encubierta debía considerarse como una modalidad de publicidad ilícita por engañosa sobre la base del art. 4 LGP, que adjetivaba así la publicidad que "de cualquier manera, *incluida su presentación*" indujese o pudiese inducir a error a sus destinatarios acerca de determinados extremos. Sin embargo, estimamos que se trata de una interpretación forzada e insatisfactoria (en esta línea, PAGADOR LÓPEZ, J., "El llamado...", *op. cit.*, p. 185).

507 MASSAGUER FUENTES, J., *Comentario a...*, *op. cit.*, p. 227; IRÁCULIS ARREGUI, N., "Prácticas comerciales...", *op. cit.*, p. 145 y ss.; y TOBÍO

De acuerdo con el art. 9 LGP, estaremos ante un supuesto de publicidad encubierta prohibido cuando se den dos requisitos: que el mensaje tenga una finalidad o propósito publicitario y que dicha finalidad o propósito no se dé a conocer.

No es necesario, en cambio, que medie contraprestación o remuneración[508]. Pero, no existiendo esta remuneración, la acreditación del carácter publicitario del mensaje resultará bastante compleja. Más aún, cuando se trate de un mensaje integrado de forma orgánica en el contenido editorial emitido por un *influencer* en su perfil de redes sociales, en su canal o en su blog. Pese a ello, como ya se advirtió en relación con la deslealtad de la publicidad encubierta, es posible recurrir a una serie de indicios para acreditar el carácter promocional del mensaje.

La LGP tiene un ámbito de aplicación particularmente amplio. Esta Ley se aplica a toda actividad publicitaria con independencia del medio o canal utilizado para difundir el mensaje publicitario y de los bienes o servicios a los que se refiera. En consecuencia, sus disposiciones resultarán de aplicación a la actividad publicitaria que realizan los *influencers* en sus perfiles de redes sociales, en sus canales en medios de comunicación digital y en los blogs. Y, como es natural, resultarán obligados a respetar el principio de autenticidad publicitaria.

Ciertamente, los contornos de la figura del *influencer* se presentan de forma difusa, pero no es menos cierto que estos sujetos desarrollan una actividad publicitaria en unos perfiles, canales o blogs cuya titularidad ostentan. Además, en muchas ocasiones serán incluso quienes diseñen el contenido y formato del mensaje publicitario que posteriormente divulgan.

Por estos motivos, la figura del *influencer* puede aproximarse a la figura de medio de publicidad. La LGP define el medio de publicidad como aquella persona natural o jurídica, pública o priva-

---

RIVAS, A. M., "Competencia desleal...", *op. cit.*, p. 67.

508 FERNÁNDEZ NÓVOA, C., "La publicidad...", *op. cit.*, p. 390.

da, que, de manera habitual y organizada, se dedica a la difusión de publicidad a través de los soportes o medios de comunicación social cuya titularidad ostenta (art. 8)[509].

Asimismo, en determinadas circunstancias, el *influencer* también podría asimilarse a la figura de la agencia de publicidad. Ésta se define como aquella persona natural o jurídica que se dedica profesionalmente y de manera organizada a crear, preparar, programar o ejecutar publicidad por cuenta de un anunciante (art. 8 LGP).

En consecuencia, la responsabilidad por la transgresión del principio de autenticidad publicitaria contenido en el art. 9 LGP ha de recaer tanto en el anunciante como en el medio de difusión, en este caso, el *influencer*.

Pese a ello, el anunciante podría eximirse de responsabilidad cuando la publicidad se hubiera difundido sin su intervención. Esto es, cuando fuera el propio *influencer* quien pusiera en práctica una publicidad encubierta sin actuar por cuenta de ningún empresario. Este supuesto, en la práctica, no resulta tan descabellado. Sobre todo, si se tiene en cuenta que muchos *influencers* se dedican exclusivamente a las redes y a la publicidad, y que realizando actuaciones de este tipo se autopromocionan entre los empresarios como medios publicitarios y creadores de contenidos.

4.3.3. La Ley de Servicios de la Sociedad de la Información y de Comercio Electrónico

La Ley de Servicios de la Sociedad de la Información y de Comercio Electrónico resulta de aplicación a las actividades desarrolladas en el entorno digital. Esta regulación parte de un concepto amplio de servicios de la sociedad de la información, entendiendo por tales todos aquellos servicios "prestados normalmente a

---

509 OTERO COBOS, M. T., "El patrocinio…", *op. cit.*, p. 812; TATO PLAZA, A., "Aspectos jurídicos…", *op. cit.*; y SERRANO ACITORES, A. y GARCÍA MARTÍN, L., "*Influencers* y…", *op. cit.*

cambio de una remuneración, a distancia, por vía electrónica y a petición individual de un destinatario de servicios".

El concepto de servicios de la sociedad de la información se configura, pues, de forma amplia, permitiendo incluir en su ámbito de aplicación, entre otras actividades, la contratación electrónica y los servicios organizados en torno a ella (subastas electrónicas, mercados virtuales, publicidad en línea, etc.), los servicios de intermediación, los servicios que se prestan de forma gratuita para los destinatarios, como los buscadores, o el envío de comunicaciones comerciales[510]. Lo relevante para la calificación de un servicio como servicio de la sociedad de la información es que su prestación entrañe algún tipo de actividad económica para su promotor, por realizarse con ánimo de lucro o financiarse con los ingresos generados de modo directo o indirecto (publicidad, patrocinio, comercio electrónico...) por ella[511].

Por consiguiente, los *influencers* quedarán sometidos a esta regulación desde el momento en que pueda entenderse que desempeñan una actividad económica[512]. El *influencer* desarrollará una actividad económica cuando obtenga algún tipo de remuneración directa o indirecta por su actividad. Esta procederá normalmente de la publicidad, pero también puede proceder de otras vías. Por ejemplo, de la actividad profesional del *influencer* que usa su perfil en redes para comunicaciones relacionadas con ella. Tal sería el caso de los expertos que generan contenido en redes sociales y medios de comunicación en línea relacionado con la actividad profesional que desempeñan fuera del espacio digital.

---

510 CREMADES, J., "Artículo 1. Objeto", en CREMADES, J. y GONZÁLEZ MONTES, J. L. (Coords.), *La nueva Ley de Internet (Comentario a la Ley 34/2002, de 11 de julio, de Servicios de la Sociedad de la Información y de Comercio Electrónico)*, Madrid, La Ley, 2003, pp. 80 y ss.

511 CAMPILLOS GONZÁLEZ, G. M., "La ley de Servicios de la Sociedad de la Información, marco jurídico de las actividades económicas a través de internet", *Economía Industrial*, núm. 338, 2001, p. 53.

512 DE MIGUEL ASENSIO, P. A., "Modernización de...", *op. cit.*

La LSSICE contempla un régimen específico destinado a las comunicaciones comerciales emitidas por vía electrónica. Estas se definen en el Anexo de la Ley como "toda forma de comunicación dirigida a la promoción, directa o indirecta, de la imagen o de los bienes y servicios de la empresa, organización o persona que realice una actividad comercial, industrial, artesanal o profesional". Si bien, quedan fuera de esta definición y, por tanto, excluidas de la aplicación de esta regulación aquellas "comunicaciones relativas a los bienes, los servicios o la imagen que se ofrezca cuando sean elaboradas por un tercero y sin contraprestación económica".

De esta forma, las comunicaciones relacionadas con productos o servicios emitidas por sujetos distintos del empresario sin contrapartida económica no pueden calificarse como comunicaciones comerciales y, por tanto, no están sometidas al régimen legal establecido en los arts. 19 y ss. LSSICE[513]. Esta exclusión alcanzaría a aquellas comunicaciones relativas a productos o servicios emitidas por *influencers* de forma espontánea y gratuita en sus perfiles de redes sociales.

La remuneración no tiene que ser necesariamente en efectivo. Antes bien, puede adoptar cualquier forma, siempre que represente un valor en términos económicos[514]. Así, ocurrirá, por ejemplo, cuando se reciben bienes de forma gratuita o se obtienen descuentos o ventajas económicas de cualquier tipo. El problema, una vez más, estriba en la dificultad que puede entrañar la prueba del carácter remunerado de la publicidad en redes sociales.

En el marco de esta regulación de las comunicaciones comerciales emitidas por vía electrónica, el art. 20.1 LSSICE dispone

---

513 LEMA DEVESA, C. y PATIÑO ALVES, B., "El blog como vehículo publicitario", *Derecho de los Negocios*, núm. 208, 2008 (hemos consultado la versión en línea disponible en el portal electrónico laleydigital).

514 En este sentido, GIMENO-BAYÓN COBOS, R., "La publicidad en la Ley de Servicios de la Sociedad de la Información", *Cuadernos de Derecho Judicial*, núm. 5, 2006 (Ejemplar dedicado a La Ley de Servicios de la Sociedad de la Información y el Comercio Electrónico), p. 288.

que "deberán ser claramente identificables como tales, y la persona física o jurídica en nombre de la cual se realizan también deberá ser claramente identificable". Nos encontramos, así, con una nueva manifestación del principio de autenticidad publicitaria que se inserta en el ámbito de las comunicaciones electrónicas[515]. De ello se deriva que los prestadores de servicios de la sociedad de la información tienen la obligación de identificar el carácter publicitario de sus comunicaciones comerciales y la identidad del anunciante.

Ahora bien, la identificación del carácter publicitario del mensaje únicamente deberá llevarse a cabo cuando no pueda deducirse de forma clara por el contenido del mensaje, por el medio en el que se difunde o por el emisor de la comunicación[516]. Bajo estas coordenadas, puede sostenerse que la comunicación comercial que aparezca en el perfil corporativo del anunciante cumple de forma automática con esta obligación de identificación del carácter publicitario, puesto que su finalidad promocional resulta manifiesta por el contexto.

El problema surge cuando la comunicación comercial aparezca en la publicación efectuada en el perfil o canal de un *influencer*. En estos supuestos, el *influencer* debe indicar de forma clara, sencilla, tempestiva y fácilmente accesible el carácter comercial de la publicación.

La infracción de esta obligación de identificar el carácter comercial de las comunicaciones emitidas por los *influencers* se califica como leve. De modo que el *influencer* infractor podrá sancionado con una multa de hasta 30.000€, que será impuesta por la secretaría de Estado de Digitalización e Inteligencia Artificial.

---

515 OTERO COBOS, M. T., "El «influencer» como…", *op. cit.*, p. 312.

516 AGUSTINOY GUILAYN, A. y MONCLÚS RUIZ, J., *Aspectos legales de las redes sociales*, Madrid, Wolters Kluwer, 2019, p. 115.

4.3.4. El Reglamento de Servicios Digitales

El RSD también recoge algunas normas relativas al principio de autenticidad publicitaria destinadas específicamente a los prestadores de plataformas en línea. Esto es, a los prestadores de un servicio de alojamiento de datos que, a petición de un destinatario, almacena y difunde información al público, salvo que esa actividad sea una característica menor y puramente auxiliar de otro servicio o una funcionalidad menor del servicio principal y que no pueda utilizarse sin ese otro servicio por razones objetivas y técnicas, y que la integración de la característica o funcionalidad en el otro servicio no sea un medio para eludir la aplicabilidad del Reglamento. Dentro de estos servicios intermediarios se encuentran las redes sociales, que serán consideradas plataformas en línea a los efectos del mencionado Reglamento[517].

Estas normas se orientan a complementar la regulación vigente sobre publicidad y comunicaciones comerciales encubiertas y a facilitar su cumplimiento. Así se desprende del considerando 68 RDS donde se afirma que "el presente Reglamento complementa la aplicación de la Directiva 2010/13/UE, que impone medidas para que los usuarios declaren comunicaciones comerciales audiovisuales en vídeos generados por los usuarios", así como "las obligaciones de los comerciantes relativas a la divulgación de comunicaciones comerciales derivadas de la Directiva 2005/29/CE".

El RSD maneja una noción de publicidad ciertamente amplia. Esta se define como "toda información diseñada para promocionar el mensaje de una persona física o jurídica, con independencia de si trata de alcanzar fines comerciales o no comerciales, y

---

517 Según el Considerando 13 RSD, "(c)abe definir a las plataformas en línea, como las redes sociales o las plataformas en línea que permiten a los consumidores celebrar contratos a distancia con comerciantes, como prestadores de servicios de alojamiento de datos que no solo almacenan información proporcionada por los destinatarios del servicio a petición de estos, sino que además difunden dicha información al público a petición de los destinatarios del servicio".

presentada por una plataforma en línea en su interfaz en línea a cambio de una remuneración específica por la promoción de esa información" [art. 3.r) RSD]. Una definición en la que encaja toda forma de publicidad en línea y cualquier técnica de marketing digital.

El art. 26 RSD dispone, en su apartado primero, que los prestadores de plataformas en línea que presenten anuncios publicitarios en sus interfaces en línea se asegurarán de que, por cada anuncio publicitario concreto presentado a cada destinatario específico, los destinatarios del servicio sean capaces de identificar, de manera clara, concisa e inequívoca y en tiempo real: a) *que la información es un anuncio publicitario*, en particular mediante indicaciones destacadas; b) la persona física o jurídica en cuyo nombre se presenta el anuncio publicitario; c) la persona física o jurídica que ha pagado por el anuncio publicitario, si es diferente de la anterior; y d) la información sobre los principales parámetros utilizados para determinar al destinatario de la publicidad[518].

Esta obligación de identificación de la publicidad se refiere a las comunicaciones comerciales gestionadas a través del administrador de anuncios de la propia plataforma en línea. De modo que, cuando se contrate la publicidad con una red social, esta debe velar porque se identifique el carácter comercial de la publicación.

Así pues, los prestadores de plataformas en línea están obligados a velar por que los destinatarios del servicio posean información individualizada que les sea necesaria para saber cuándo y en nombre de quién se presenta el anuncio. Y, además, deben garantizar que esta información esté destacada por medio de marcas visuales o sonoras normalizadas, sea claramente identificable e inequívoca para el destinatario medio del servicio y se adapte a la naturaleza de la interfaz en línea de cada servicio[519].

---

518 La cursiva es nuestra.

519 Considerando 68 RSD.

Junto a ello, el apartado segundo del referido precepto impone a la plataforma en línea (en este caso, la red social o el medio de comunicación digital) la obligación de ofrecer a los destinatarios del servicio una funcionalidad para declarar el carácter publicitario de sus comunicaciones comerciales. Es decir, deben proporcionar a sus usuarios una herramienta que permita identificar el carácter publicitario de sus publicaciones, con el fin de que puedan cumplir con las normas vigentes en materia de publicidad.

Asimismo, el precepto bajo consideración dispone que cuando el usuario de la plataforma en línea declare conforme a la funcionalidad correspondiente el carácter publicitario de una comunicación, el prestador de la plataforma en línea deberá asegurarse de que "los demás destinatarios del servicio puedan identificar de manera clara e inequívoca y en tiempo real, en particular mediante indicaciones destacadas, que el contenido proporcionado por el destinatario del servicio es una comunicación comercial o contiene comunicaciones comerciales, tal como se describe en dicha declaración".

Por lo tanto, no basta sólo con proporcionar la funcionalidad que permite a los usuarios de la plataforma en línea identificar el carácter comercial de sus publicaciones. Es necesario, además, que la plataforma en línea se asegure de que esa funcionalidad permite al resto de usuarios de la plataforma percibir correcta y fácilmente el carácter publicitario de las comunicaciones.

4.3.5. La Ley General de Comunicación Audiovisual

La actividad publicitaria es objeto de una regulación específica en el ámbito de los servicios de comunicación audiovisual. Esta regulación se encuentra en la nueva Ley 13/2022, de 7 de julio, General de Comunicación Audiovisual, que incorpora a nuestro ordenamiento jurídico las novedades introducidas por la Directiva (UE) 2018/1808 del Parlamento Europeo y del Consejo, de 14 de noviembre de 2018 por la que se modifica la Directiva 2010/13/UE sobre la coordinación de determinadas disposiciones legales, reglamentarias y administrativas de los Estados miembros relativas a la prestación de servicios de comunicación audiovisual (Directiva de servicios de comunicación audiovisual), habida cuenta de la evolución de las realidades del mercado[520].

La vigente LGCA deroga la anterior Ley General de Comunicación Audiovisual e introduce novedades significativas en la regulación de las comunicaciones comerciales audiovisuales en el sector digital. Entre ellas destaca el establecimiento de un marco normativo aplicable a las plataformas de intercambio de vídeos y a las redes sociales, y la inserción de determinadas previsiones destinadas a los usuarios de especial relevancia que empleen estas plataformas.

Así, la LGCA extiende su ámbito de aplicación a los "servicios de intercambio de vídeos a través de plataforma" en lo que se refiere a determinadas cuestiones, como es el régimen de las comunicaciones comerciales. Estos servicios se definen en el art. 2.13 LGCA como aquellos servicios "cuya finalidad principal propia o de una de sus partes disociables o cuya funcionalidad esencial consiste en proporcionar, al público en general, a través de redes de comunicaciones electrónicas, programas, vídeos generados por usuarios o ambas cosas, sobre los que no tiene responsabilidad editorial el prestador de la plataforma, con objeto de informar, entretener o educar, así como emitir comunicaciones comerciales, y cuya organización determina el prestador, entre otros medios, con algoritmos automáticos, en particular mediante la presentación, el etiquetado y la secuenciación". Dentro de esta definición pueden enmarcarse tanto las plataformas de intercambio de vídeos (por ejemplo, YouTube o Twitch) como aquellas redes sociales donde el contenido audiovisual no sea meramente accesorio o constituya una parte mínima de su actividad (tales como TikTok, Instagram o Facebook)[521].

---

520 *DOUE,* núm. 303, de 28 de noviembre.

521 Entre otros, ASENSI MERÁS, A., "La licitud...", *op. cit.*, p. 329; GUTIÉRREZ GARCÍA, E., "La publicidad encubierta a través de influencers: la urgencia

Las disposiciones de la LGCA relativas a las comunicaciones comerciales también resultan de aplicación a los denominados "usuarios de especial relevancia". Conforme a la LGCA, son usuarios de especial relevancia aquellos *vloggers, influencers* o *prescriptores de opinión* que empleen servicios de intercambio de vídeos a través de plataforma y que cumplan los requisitos establecidos en su art. 94.2[522].

Estos requisitos, que deben cumplirse de forma cumulativa, son los siguientes: a) que el usuario de especial relevancia obtenga unos ingresos significativos a través de esta actividad económica; b) que ostente la responsabilidad editorial de los contenidos audiovisuales puestos a disposición del público en su servicio; c) que destine su servicio a una parte significativa del público en ge-

---

de una regulación", *Revista de Derecho de la Competencia y la Distribución*, núm. 29, 2021 (hemos consultado la versión en línea disponible en el portal electrónico laleydigital); y FERNÁNDEZ CARBALLO-CALERO, P., "Publicidad encubierta...", *op. cit.* En esta dirección, la Exposición de Motivos de la LGCA afirma que "a pesar de que el objetivo de esta ley no es regular los servicios de medios o redes sociales como tales, estos servicios de medios o redes sociales estarán sometidos al cumplimiento de lo previsto en este título en la medida en que se puedan subsumir en la definición de «servicio de intercambio de vídeos a través de plataforma»; es decir, cuando la oferta de programas y vídeos generados por usuarios puede considerarse una funcionalidad esencial de los servicios de medios o redes sociales siempre que dicho contenido audiovisual no sea meramente accesorio o constituya una parte mínima de las actividades de dicho servicio".

522 La Directiva (UE) 2018/1808, sin hablar expresamente de *influencers* o *vloggers*, permite que las normativas nacionales puedan considerar a estos usuarios de especial relevancia como proveedores de servicios de comunicación audiovisual. Sobre esta cuestión en la Directiva (UE) 2018/1808, ROSSELLÓ RUBERT, F. M., "El influencer que publica vídeos online (*vlogger*) y las plataformas de intercambio de vídeos como nuevos operadores en el mercado del sector audiovisual: análisis y efectos de las recientes reformas normativas y consideraciones de la CNMC al respecto", *Revista de Derecho de la Competencia y la Distribución*, núm. 29, 2021 (hemos consultado la versión en línea disponible en el portal electrónico laleydigital).

neral, con posibilidad de tener un claro impacto sobre él; d) que la función del servicio sea la de informar, entretener o educar y el principal objetivo del servicio sea la distribución de contenidos audiovisuales; y e) que la actividad se desarrolle sobre redes de comunicaciones electrónicas y el usuario de especial relevancia esté establecido en España de conformidad con lo dispuesto en el apartado 2 del artículo 3 LGCA.

Llama la atención la configuración palmariamente abierta que reciben estos requisitos, con los consiguientes problemas aplicativos que ello puede acarrear. Pero lo cierto es que dichos requisitos han sido objeto de concreción a través de un desarrollo reglamentario. Éste se encuentra en el Real Decreto 444/2024, de 30 de abril, por el que se regulan los requisitos a efectos de ser considerado usuario de especial relevancia de los servicios de intercambio de vídeos a través de plataforma, en desarrollo del artículo 94 de la Ley 13/2022, de 7 de julio, General de Comunicación Audiovisual[523].

La LGCA también proporciona una definición de comunicación comercial audiovisual en su art. 121.1. A los efectos de esta Ley, se entiende por tal "las imágenes o sonidos destinados a promocionar, de manera directa o indirecta, los bienes, servicios o imagen de una persona física o jurídica dedicada a una actividad económica, que acompañan o se incluyen en un programa o en un vídeo generado por el usuario a cambio de una remuneración o contraprestación similar a favor del prestador del servicio de comunicación audiovisual, o bien con fines de autopromoción.

---

523 Sobre esta regulación *vid.* RAMOS HERRANZ, I., *Influencers y publicidad,* Cizur Menor, Aranzadi, 2024, pp. 24 y ss.; MESA TORRES, M. P., "El nuevo marco jurídico para los «influencers» tras la aprobación del Real Decreto 444/2024, de 30 de abril", *Diario La Ley,* núm. 10544, 2024 (hemos consultado la versión en línea disponible en el portal electrónico laleydigital); y PERALES ALBERT, A., "La regulación legal de los *influencers* en España: una normativa dispersa e insuficiente", *Intracom. Revista Internacional de Investigación y Transferencia en Comunicación y Ciencias Sociales,* vol. 3, núm. 1, 2024, pp. 47 y ss.

La publicidad televisiva, el patrocinio, la televenta y el emplazamiento de producto son, entre otras, formas de comunicación comercial audiovisual".

De acuerdo con el art. 122.3 LGCA, las plataformas de intercambio de vídeos y los usuarios de especial relevancia estarán obligados a respetar el principio de autenticidad publicitaria en las comunicaciones comerciales que respectivamente gestionen. Este precepto no se limita a prohibir las comunicaciones comerciales audiovisuales encubiertas, sino que también proporciona una definición de lo que debe entenderse como tal. En esta dirección, comunicación comercial audiovisual encubierta será aquella "que, mediante la presentación verbal o visual, directa o indirecta, de bienes, servicios, nombres, marcas o actividades, tenga de manera intencionada un propósito publicitario y pueda inducir al público a error en cuanto a la naturaleza de dicha presentación"[524].

De esta forma, estaremos ante una comunicación comercial audiovisual encubierta cuando concurra un doble requisito: la presentación deliberada de un mensaje con un propósito publicitario y la aptitud de dicho mensaje para inducir a error al público sobre su verdadera finalidad[525].

---

524 A diferencia de su predecesor (el artículo 2.32 de la derogada Ley 7/2010, General de Comunicación Audiovisual), este concepto de comunicación comercial audiovisual encubierta se desliga del contexto televisivo y se extiende a cualquier comunicación audiovisual de las previstas en la Ley.

525 SANCHEZ RUIZ, M., "La regulación europea actual sobre emplazamiento de producto y la comunicación comercial encubierta", *Cuadernos de Derecho Transnacional*, Vol. 9, núm. 2, 2017, p. 514; TOBÍO RIVAS, A. M., "Competencia desleal...", *op. cit.*, p. 73; y MARTÍN MORAL, M. F., "La difusa frontera entre el emplazamiento de productos ilícito y la publicidad encubierta: a propósito de la STS de 13 de diciembre de 2021", *Revista de Derecho de la Competencia y la Distribución*, núm. 30, 2022 (hemos consultado la versión en línea disponible en el portal electrónico laleydigital).

En cuanto al primer requisito, la nueva definición de comunicación comercial audiovisual encubierta contiene dos modificaciones respecto de la recogida en el art. 2.32 de la anterior Ley de Comunicación Audiovisual.

Por un lado, se elimina la exigencia de que la presentación intencionada de la comunicación con propósito publicitario se lleve a cabo por el prestador del servicio de comunicación audiovisual. Esta novedad debe valorarse de forma positiva, puesto que el propósito publicitario puede atribuirse a sujetos distintos del prestador de servicios de comunicación audiovisual.

Por otro lado, se suprime la presunción de intencionalidad publicitaria del mensaje emitido "a cambio de una contraprestación a favor del prestador del servicio". Como consecuencia de ello, cabría preguntarse si la existencia de contraprestación podría configurarse como un requisito necesario para constatar la existencia de una comunicación comercial audiovisual encubierta. Y es que, pese a que la definición de comunicación comercial encubierta no exige la concurrencia de este, la definición de comunicación comercial audiovisual sí que exige la concurrencia de una "remuneración o contraprestación similar a favor del prestador del servicio de comunicación audiovisual", salvo en los casos en que su finalidad sea la "autopromoción".

A nuestro juicio, la existencia de contraprestación no es un requisito necesario para la constatación de una comunicación comercial audiovisual encubierta. La razón para ello estriba en que la definición de comunicación comercial audiovisual encubierta recogida en la DSCA no ha sufrido alteraciones y sigue manteniendo la presunción de intencionalidad publicitaria de aquellos mensajes emitidos a cambio de una contraprestación [art. 1.1.j) DSCA]. De modo que debe seguir vigente la interpretación mantenida por el TJUE en el asunto "Alter Channel", conforme a la cual "la existencia de una remuneración o de un pago similar no constituye un elemento necesario para poder determinar el carácter intencional de una publicidad encubierta"[526].

Sin embargo, no puede dejar de señalarse la incorrección de la definición de comunicación comercial audiovisual contenida tanto en la DSCA como en la LGCA. Una circunstancia que ya fue puesta de manifiesto por la doctrina[527], pero que el legislador (tanto comunitario como nacional) ha desatendido.

Con todo, la existencia de una remuneración, pese a no ser un elemento necesario para determinar la intencionalidad de la práctica, sí que permite deducirla. Esta remuneración puede ser directa o indirecta, y en efectivo o en especie. En el caso de que no pueda constatarse su existencia, habrán de examinarse las distintas circunstancias del caso como, por ejemplo, el contenido del mensaje, su pertinencia respecto del contexto en el que se emite, el medio en el que aparece, el lenguaje y el tono empleados, la persona que pronuncia el mensaje, sus características y sus relaciones con la empresa oferente del producto o servicio.

En lo que atañe al segundo requisito, la prohibición de las comunicaciones comerciales audiovisuales encubiertas exige que la finalidad publicitaria del mensaje no sea fácilmente reconocible por el público destinatario, de forma que pueda incurrir en error sobre su verdadero propósito. Este extremo debe apreciarse caso por caso, atendiendo a sus circunstancias concretas.

De esta forma, si el propósito publicitario resulta manifiesto por el contexto no estaremos ante una comunicación comercial audiovisual encubierta. Igualmente, no se incurre en la prohibición del art. 122.3 LGCA cuando se identifique de forma clara, precisa, tempestiva y fácilmente reconocible el carácter publicitario del mensaje.

---

526 STJUE de 9 de junio de 2011, en el asunto C-52/10, *Eleftheri tileorasi AE «ALTER CHANNEL»* (TOL9.918.151).

527 TOBÍO RIVAS, A. M., "Competencia desleal…", *op. cit.*, p. 74.

La responsabilidad derivada del incumplimiento de esta prohibición recaerá sobre la plataforma de intercambio de vídeos o sobre el propio *influencer*, en función de quién sea el gestor de la comunicación comercial en cuestión (art. 156.1 LGCA). Ello implica que la plataforma de intercambio de vídeos responderá por las comunicaciones comerciales audiovisuales que gestione, comercialice u organice de forma directa; mientras que el *influencer* (usuario de especial relevancia) lo hará por aquellas comunicaciones comerciales que inserte directamente en sus vídeos, perfiles y canales sin intervención de la plataforma.

De acuerdo con las reglas de responsabilidad de los servicios de la sociedad de la información y de los prestadores de servicios intermediarios[528], la plataforma de intercambio de vídeos será responsable de las infracciones cometidas en las comunicaciones comerciales que ofrezca en su interfaz antes o durante la reproducción de un vídeo, pero no de aquellas comunicaciones comerciales que introduzca el usuario dentro del propio contenido que comparte en la plataforma[529]. Eso sí, respecto de estas últimas, quedará exenta de responsabilidad la plataforma de intercambio de vídeos que desarrolle una actividad exclusivamente técnica, automática y pasiva, sin tener conocimiento ni control de la información transmitida o almacenada, y sin haber participado en la elaboración del contenido de los datos transmitidos. Asimismo, en las comunicaciones comerciales gestionadas por los usuarios de la plataforma, el prestador del servicio habrá de cesar en la emisión de la comunicación comercial ilícita al primer requerimiento de la autoridad audiovisual o de cualquier organismo de autorregulación al que pertenezca (art. 156.3 LGCA).

La trasgresión de la prohibición de realizar comunicaciones comerciales audiovisuales encubiertas se califica como una in-

---

528 Arts. 14 y ss. LSSICE y 4 y ss. RSD.

529 MARTÍNEZ OTERO, J. M., "Un nuevo marco regulador para el sector audiovisual en Europa: La Directiva 2018/1808 en el contexto de la convergencia mediática y el mercado único digital", *Revista de Derecho Comunitario Europeo*, núm. 63, 2019, p. 555.

fracción grave (art. 158.15 LGCA), que será sancionada con una multa cuyo importe dependerá de los ingresos generados por el servicio de comunicación audiovisual (art. 160 LGCA). El órgano encargado de supervisar y controlar el cumplimiento de esta normativa es la Comisión Nacional de los Mercados y la Competencia o las autoridades audiovisuales competentes de ámbito autonómico.

Junto a la prohibición de la publicidad encubierta, la LGCA impone a las plataformas de intercambio de vídeos una serie de obligaciones en relación con las comunicaciones comerciales difundidas por sus usuarios. Así, su art. 91.2 dispone que "(l)os prestadores del servicio de intercambio de vídeos a través de plataforma garantizarán que las comunicaciones comerciales audiovisuales que no comercialicen, vendan u organicen cumplen lo establecido lo establecido en la sección 1.ª del capítulo IV del título VI" de la LGCA. Y a tal fin deben adoptar una serie de medidas entre las que destacan dos.

De un lado, el establecimiento en las cláusulas de condiciones del servicio y la puesta en práctica de los requisitos previstos en la LGCA para las comunicaciones comerciales audiovisuales no comercializadas, vendidas u organizadas por dichos prestadores. Ahora bien, pese a lo bienintencionado de la medida, su efectividad dependerá en gran parte de las sanciones concretas que imponga la plataforma a aquellos usuarios que incumplan lo dispuesto en la LGCA y, por tanto, de las condiciones del servicio.

Y, de otro lado, la habilitación de una funcionalidad para que los usuarios que suban vídeos declaren si, a su entender o hasta donde cabe razonablemente esperar que llega su entendimiento, dichos vídeos contienen comunicaciones comerciales audiovisuales. En esta sede, la plataforma no responde ni de la falta de veracidad de la información proporcionada por el usuario sobre el carácter publicitario o no de la comunicación audiovisual, ni de la falta de uso de la funcionalidad. La única obligación que se le impone es la de habilitarla. Su incumplimiento, ciertamente, podría ser calificado como una conducta contraria a la diligencia profesional. Y consideramos, además, que podría constituir una práctica desleal distinta de la derivada de la violación de normas de carácter concurrencial *ex* art. 15.2 LCD. Así lo entendemos por cuanto que esta conducta contraria a la diligencia profesional podría alterar el comportamiento económico del consumidor medio, al ser susceptible de conducirlo a tomar una decisión económica que no habría adoptado de existir esa funcionalidad (art. 4 LCD).

Además, la falta de habilitación de esta funcionalidad será sancionada como una infracción grave de la que responderá la propia plataforma (art. 158.6 LGCA). Pero ello no faculta al *influencer* para omitir la advertencia sobre el carácter publicitario de sus comunicaciones comerciales audiovisuales. Desde el momento en que el *influencer* gestiona, organiza y crea la publicidad que emite en sus vídeos, perfiles y canales, es responsable de la identificación del carácter publicitario de sus mensajes y no queda exento de cumplir esta obligación por el hecho de que la plataforma no ponga a su disposición la mencionada funcionalidad.

Finalmente, las plataformas de intercambio de vídeos deben informar claramente al público cuando los programas y vídeos generados por sus usuarios contengan comunicaciones comerciales audiovisuales, siempre que los usuarios que suban vídeos hayan declarado que dichos vídeos contienen comunicaciones comerciales audiovisuales, o siempre que el prestador tenga conocimiento de ese hecho (art. 91.3 LGCA). Como consecuencia de ello, la plataforma no sólo tiene la obligación de poner a disposición de los usuarios una funcionalidad para identificar el carácter publicitario de sus comunicaciones comerciales audiovisuales, sino que también asegurarse de que dicho sistema funciona y de que los consumidores pueden recibir de forma correcta y clara esa información.

4.3.6. Regulación sectorial

El marco normativo de la actividad publicitaria se completa con un conjunto de normas de carácter sectorial, que incorporan en su articulado la regulación de aspectos concretos relativos a la publicidad de determinados bienes y servicios. Dentro de esta regulación sectorial podemos encontrar diversas manifestaciones del principio de autenticidad publicitaria.

Tal es el caso del art. 78.2.a) de la Ley 29/2006, de 26 de julio, de garantías y uso racional de los medicamentos y productos sanitarios[530], donde se exige que en la publicidad relativa a los medicamentos "resulte evidente el carácter publicitario del mensaje".

Junto a ello, el mencionado art. 78 recoge algunas disposiciones especialmente relevantes en lo que se refiere a la publicidad de medicamentos y productos sanitarios a través de *influencers*. En esta dirección, por un lado, el art. 78.2.d) prohíbe la inclusión de "testimonios sobre las virtudes del producto" de profesionales o "personas cuya notoriedad pueda inducir al consumo". Por otro lado, el apartado 5 del art. 78 prohíbe las primas, obsequios, premios, concursos, bonificaciones o similares como métodos vinculados a la promoción o venta al público de medicamentos. De esta forma, se proscribe la práctica habitual de los *influencers* consistente en insertar un enlace de compra en sus perfiles a cambio de una remuneración por volumen de compras alcanzado a través del mismo[531].

En el sector de las actividades de juego, el Real Decreto 958/2020, de 3 de noviembre, de comunicaciones comerciales de las actividades de juego[532] introduce algunas novedades estrechamente relacionadas con la publicidad en el entorno digital y la actividad llevada a cabo por los *influencers*.

---

530 En *BOE*, núm. 178, de 27 de julio.

531 ORTEGA SÁNCHEZ DE LERÍN, P., "La actividad publicitaria de los influidores: una perspectiva regulatoria", en ORTEGA BURGOS, E. y PASTOR RUIZ, F., *Mercados regulados 2023*, Valencia, Tirant lo Blanch, 2023 (hemos consultado la versión en línea disponible en el portal jurídico Tirant Prime).

532 En *BOE*, núm. 291, de 4 de noviembre.

En primer lugar, el Real Decreto extiende la aplicación de sus disposiciones sobre las comunicaciones comerciales de las actividades del juego tanto a los operadores de juego que encarguen la publicidad en cuestión, como a los medios que la difundan y, en su caso, a las agencias de publicidad que participen en su creación[533]. En consecuencia, esta regulación resultará de aplicación a los *influencers* que publiquen en sus perfiles y canales comunicaciones comerciales sobre las actividades de juego o sus operadores.

En segundo lugar, el art. 7 del Real Decreto 958/2020 recoge el "principio de identificación de las comunicaciones comerciales". En este sentido, su apartado 1 establece que "(l)as comunicaciones comerciales de los operadores de juego deben ser claramente identificables y reconocibles como tales. Sin perjuicio de que se puedan utilizar distintas fórmulas, términos o presentaciones a tal fin, se entenderá cumplida la obligación prevista en este apartado cuando en la comunicación comercial figure clara y apreciablemente, de manera adecuada al soporte a través del cual se difunda, la palabra «publicidad», la abreviatura «publi» o similar, o bien cuando aquella se inserte en bloques publicitarios o espacios publicitarios claramente identificables como tales por el receptor".

En tercer lugar, el art. 15 del Real Decreto prohibía la aparición de personas de relevancia o notoriedad pública (como podrían ser determinados *influencers*) en las comunicaciones comerciales de las actividades de juego, con excepción de los narradores de las retransmisiones en directo y los presentadores de los juegos de concurso emitidos a través de medios televisivos o radiofónicos. Esta disposición, empero, ha sido declarada nula por la Sentencia de 2 de abril de 2024 de la Sala Tercera del Tribunal Supremo[534].

---

533 HORCAJUELO, V. y RIVAS, E., "La nueva regulación de las comunicaciones comerciales de las actividades de juego", *Actualidad Jurídica Aranzadi*, núm. 968, 2020 (hemos consultado la versión en línea disponible en la base de datos de Aranzadi Instituciones).

534 STS (Sala Tercera) 527/2024, de 2 de abril de 2024 (TOL9.975.449).

En ella se concluye que el precepto en cuestión (junto con otros artículos del Real Decreto, como los apartados 1 y 3 del art. 13, el apartado 1 del art. 23, el apartado 3 del art. 25 y los apartados 2 y 3 del art. 26) supone una restricción a la libertad de empresa que debería estar definida en una norma con rango de ley. Y, no existiendo esa cobertura legal, debe declararse su nulidad.

Finalmente, los artículos 25, 26 y 27 del Real Decreto contienen normas específicas destinadas, respectivamente, a la difusión de comunicaciones comerciales audiovisuales en servicios de intercambio de videos a través de plataforma, a las comunicaciones comerciales en redes sociales y a las comunicaciones comerciales emitidas por personas pronosticadoras de apuestas (los denominados *tipster*).

En lo relativo al sector financiero, la regulación de la actividad publicitaria de las diferentes entidades prestadoras de servicios bancarios y de inversión se recoge, respectivamente, en la Orden EHA/1718/2010, de 11 de junio, de regulación y control de la publicidad de los servicios y productos bancarios, y en la Orden EHA/1717/2010, de 11 de junio, de regulación y control de la publicidad de servicios y productos de inversión[535].

Ambas Órdenes establecen en su art. 4 las normas, principios y criterios generales aplicables a la actividad publicitaria en sus respectivos ámbitos. Y, entre estos principios, se recoge el de autenticidad publicitaria. En concreto, el apartado 1 de los mencionados preceptos dispone que la publicidad "deberá ser clara, suficiente, objetiva y no engañosa y deberá *quedar explícito y patente el carácter publicitario del mensaje*"[536]. Es más, la Orden EHA/1718/2010 relativa a la publicidad de los servicios bancarios añade que "(t)odo documento o folleto con carácter publicitario de una entidad deberá incluir el término «publicidad» de manera clara y resaltada respecto del texto en el que se inserte".

---

535 Ambas publicadas en el *BOE*, núm. 157, de 29 de junio.

536 La cursiva es nuestra.

Estas Órdenes incluyen una habilitación en favor del Banco de España y la Comisión Nacional del Mercado de Valores para que desarrollen la normativa reguladora de la publicidad de los servicios bancarios y de inversión. Haciendo uso de esta habilitación, el Banco de España dictó la Circular 4/2020, de 26 de junio, sobre publicidad de los productos y servicios bancarios. Por su parte, la Comisión Nacional del Mercado de Valores elaboró la Circular 2/2020, de 28 de octubre, sobre publicidad de los productos y servicios de inversión. Ambas Circulares desarrollan el principio de autenticidad publicitaria en sus respectivos ámbitos.

Por un lado, la Circular 4/2020 del Banco de España dispone en el apartado I.1 de su Anejo que "(e)n las comunicaciones comerciales y piezas publicitarias sujetas a lo previsto en esta circular deberá desvelarse inequívocamente el carácter publicitario del mensaje, cuando no resulte evidente por el contexto". Además, a los efectos que aquí nos interesa, incorpora a este Anejo un nuevo apartado V destinado a la regulación la publicidad de servicios bancarios en medios digitales y redes sociales. Entre otras normas, en el mencionado apartado V se señala que "(l)a entidad será responsable del cumplimiento de lo previsto en esta sección, aunque no haya generado el contenido original de la comunicación, cuando reenvíe un texto o un contenido compartido por un tercero (en particular, un cliente) en el que se respalden o destaquen expresamente los beneficios de un producto o servicio financiero comercializado por la entidad".

Por otro lado, la Circular 2/2020 de la Comisión Nacional del Mercado de Valores establece en su Anexo I que "(l)as entidades sujetas a esta Circular deberán asegurarse, cuando ello no sea evidente por el contexto, de que su actividad publicitaria se identifica claramente como publicidad en el medio utilizado para la difusión del mensaje o pieza publicitaria. A estos efectos, se entenderá en todo caso que una comunicación tiene carácter publicitario cuando se refiera a productos y servicios de una determinada entidad y ésta pague o proporcione cualquier tipo de remuneración, monetaria o no monetaria, directa o indirecta, por la difusión". Asimismo, en este Anexo se recoge una previsión relativa a la responsabilidad de la entidad por la publicidad emitida en redes sociales similar a la prevista en el apartado V de la Circular 4/2020 del Banco de España.

Recientemente, la Comisión Nacional del Mercado de Valores ha dictado la Circular 1/2022, de 10 de enero, relativa a la publicidad sobre criptoactivos presentados como objeto de inversión. Esta Circular resulta de aplicación no solo al anunciante, sino también a los proveedores de servicios publicitarios y a cualquier persona física o jurídica que realice por iniciativa propia o por cuenta de terceros una actividad publicitaria sobre criptoactivos (norma 4). A este respecto, el apartado h) de la norma 2 dispone que dentro del concepto de proveedor de servicios publicitarios "(s)e incluirán en todo caso las personas físicas que se perciban como influyentes o expertos en redes sociales o medios de difusión audiovisual que mediante programas de referidos, promociones o comisiones percibidas de cualquier tipo, divulguen contenido promocionado señalando las ventajas de los criptoactivos como inversión". De manera que quedan sometidos a esta regulación aquellos *influencers* que lleven a cabo una publicidad sobre criptoactivos en la que destaquen sus ventajas a cambio de una remuneración[537].

El apartado 1 del Anexo de esta Circular prevé que "(l)os artículos publicados por cualquier medio o cualquier comunicación que sea patrocinada o promocionada deberán incluir una mención clara y visible de esta condición. En el caso de los vídeos o audios deberá indicarse al inicio de los mismos". No se establece,

---

537 TATO PLAZO, A., "Régimen jurídico de la publicidad de criptoactivos presentados como objeto de inversión", *Revista de Derecho Mercantil*, núm. 324, 2022 (hemos consultado la versión en línea disponible en la base de datos de Aranzadi Instituciones); BARRIO ANDRÉS, M., "La nueva regulación de los criptoactivos en España", *Diario La Ley*, núm. 10010, 2022 (hemos consultado la versión en línea disponible en el portal electrónico laleydigital); y LLOPIS BLANQUE, A., "Algunas cuestiones de interés en la nueva Circular 1/2022 de publicidad sobre criptoactivos", *Revista de Derecho del Sistema Financiero*, núm. 4, 2022, p. 231.

por tanto, un reconocimiento general del principio de autenticidad publicitaria. Y es que la obligación de identificar el carácter publicitario no se extiende a cualquier mensaje publicitario apto para la promoción de criptoactivos, sino que se circunscribe únicamente a aquellos artículos y comunicaciones aparentemente informativos o editoriales que en realidad persiguen un propósito publicitario por ser promovidos o patrocinados por un sujeto obligado por la Circular[538].

En estas circunstancias, los *influencers* que publiciten los criptoactivos como objeto de inversión deben identificar el carácter publicitario del mensaje. El problema estriba en diferenciar cuándo el *influencer* actúa de forma espontánea y cuándo lleva a cabo una actividad de patrocinio o promoción. Lógicamente, la existencia de un pago al *influencer* permite presumir esa naturaleza. Pero, en caso de que no pueda acreditarse, habrá de atenderse a las distintas circunstancias del caso a fin de poder desentrañar la verdadera naturaleza de la comunicación a través de distintos indicios.

---

538 TATO PLAZA, A., "Régimen jurídico…", *op. cit.*

por tanto, un reconocimiento genérico del principio de [illegible] dad periodística. [illegible] que la obligación de identificar [illegible] publicitario [illegible] a cualquier [illegible] publicidad [illegible] la prohibición [illegible] informativos o editoriales que en realidad persiguen un propósito publicitario [illegible] ser [illegible] por un sujeto obligado por la Circular.

En estas circunstancias, los mensajes de publicidad [illegible] objeto de intervención [illegible] el carácter publicitario del mensaje. El problema [illegible] difícil [illegible] una actividad [illegible] la existencia de un pago [illegible] Pero, en este caso [illegible] a las distintas [illegible] la Comisión [illegible] publicitario.

CAPÍTULO VII

Clasificación de los resultados de búsqueda en línea

1. PLANTEAMIENTO

En el entorno digital, la información es prácticamente inabarcable. Internet pone a disposición de sus usuarios el acceso a un caudal prácticamente ilimitado de datos y archivos. En este contexto, el usuario corre el riesgo de perderse en una gran cantidad de datos sin dar con la información que verdaderamente le interesa. No es que la información que busca no se encuentre disponible, es que encontrarla puede resultar excesivamente problemático. Lo mismo ocurre en el marco de algunas plataformas digitales y sitios web que albergan una gran cantidad de información, referencias, enlaces y contenidos. Así pues, la localización y selección de información de interés para los usuarios constituye como una necesidad de primer orden. Esta necesidad se satisface a través de la funcionalidad de búsqueda que proporcionan los conocidos como motores de búsqueda en línea.

Un motor de búsqueda en línea es un *software* que está diseñado para dirigir y realizar las búsquedas de los usuarios de Internet con arreglo a un algoritmo específico, cuyo objetivo es ofrecer una página de resultados que muestra lo que el algoritmo considera más adecuado para satisfacer las necesidades de búsqueda del usuario. Cuando hablamos de motores de búsqueda, probablemente nos vengan a la mente Google, Bing o Yahoo. Sin embargo, existen muchos otros motores de búsqueda, como los que proporcionan los mercados en línea, las herramientas de comparación o las plataformas de intercambio de vídeos.

Del mismo modo, aunque los motores de búsqueda más generalizados son aquellos que muestran una clasificación de los resultados obtenidos como respuesta a una búsqueda introducida mediante texto, poco a poco van ganando terreno los motores de búsqueda que responden a consultas introducidas mediante voz. En los últimos años, la popularidad de esta técnica de navegación se ha incrementado de forma constante. Tan es así que en 2023 más del 20% de las búsquedas a través de la aplicación de Google se realizaron a través de la voz[539].

Cuando recurrimos a cualquier motor de búsqueda, la clasificación de los resultados proporcionados por el buscador resulta de vital importancia a la hora de seleccionar uno u otro. En la mayoría de los casos, el usuario medio se decanta por las primeras opciones y difícilmente pasará de la primera página de resultados. De hecho, el 95% del tráfico de búsqueda se dirige a la primera página de resultados orgánicos. Más concretamente, el 32,5% del tráfico total en términos de clic se concentra en el primer resultado orgánico de la primera página, el segundo resultado recibe el 17,6%, mientras que el séptimo sólo recibe un 3,5%[540].

En el ámbito del consumo, esta realidad adquiere especial transcendencia. Y es que el orden en que aparecen los resultados de una búsqueda puede condicionar decisivamente el éxito o el fracaso de un determinado bien o producto, puesto que dicho orden tiene siempre un impacto sustancial en la decisión económica del consumidor, que rara vez optará por un producto que no aparece indexado en los primeros resultados de la búsqueda[541].

---

539 PUROMARKETING, "Cómo las búsquedas por voz están transformando los resultados en Google y cómo adaptar el SEO de tu empresa", 10 de enero de 2024, disponible en https://www.puromarketing.com/8/213128/como-busquedas-estan-transformando-resultados-google-como-adaptar-empresa (consultado el 10 de octubre de 2024).

540 DIGITAL SYNOPSIS, "Why page 2 of Google search results is the best place to hide a dead boy", disponible en https://digitalsynopsis.com/tools/google-serp-design/ (consultado el 10 de octubre de 2024).

541 FLAQUER RIUTORT, J., "Cláusula de…", *op. cit.*, p. 5.

El usuario de Internet, también cuando actúa como consumidor, confía en que los resultados ofrecidos por el buscador aparezcan de forma "natural" u "orgánica" en función de la pertinencia para la consulta en cuestión y se basen en criterios suficientemente imparciales[542]. Sin embargo, y sobre todo cuando se trata de operaciones comerciales, los proveedores de funcionalidades de búsqueda tienden a incluir resultados basados en el pago o a mejorar la posición que los resultados ocupan en función de una contraprestación directa o indirecta por parte de diversos operadores económicos. Es lo que se conoce como "pago por inclusión" y "pago por colocación".

Este tipo de prácticas son susceptibles de atentar contra los intereses económicos de los consumidores, que serán conducidos a la oferta de un determinado empresario sin saber que el orden que ocupa en la clasificación de resultados de búsqueda no procede de su relevancia, actualidad o del historial de búsquedas previo, sino del pago efectuado por el propio empresario oferente. Del mismo modo, el posicionamiento de la oferta de unos productos o servicios sobre otros que no responda a su eficiencia puede afectar a los intereses del resto de empresarios competidores, que verán como sus ofertas son obviadas por la clientela.

En consecuencia, los motores de búsqueda en línea, en tanto que canalizadores de las ofertas de productos o servicios vertidas en línea, pueden ser determinantes no sólo en la decisión del consumidor relativa a la selección de un oferente o a la adquisición de un determinado producto o servicio, sino también en el éxito de los empresarios que ofertan sus productos o servicios en línea[543].

---

542 En efecto, según un estudio, tres de cada cuatro usuarios prefieren los resultados orgánicos a los de pago [Cfr. BRIGHTEDGE, *Organizations are turning to SEO now,* 2023, disponible en https://www.brightedge.com/resources/whitepapers/organizations-are-turning-to-seo-now (consultado el 1o de octubre de 2024)].

543 CASTELLÓ PASTOR, J. J., "El ranquin de los resultados ofrecidos por buscadores, asistentes digitales y altavoces inteligentes. Un problema no resuelto", *Actas de Derecho Industrial,* t. 40, 2019-2020, pp. 283 y ss.

Esta realidad no ha pasado desapercibida al legislador comunitario. Y, a tal efecto, ha arbitrado un conjunto de medidas encaminadas a combatir las disfunciones que la clasificación de los resultados de búsqueda en línea puede provocar en el mercado. En esta dirección, incorpora al acervo comunitario una serie de normas que abordan esta cuestión desde una doble óptica: la de la transparencia informativa y la del poder de mercado que aglutinan algunas plataformas y motores de búsqueda en línea.

2. LA CLASIFICACIÓN DE LOS RESULTADOS DE BÚSQUEDA EN LA LEY DE COMPETENCIA DESLEAL

2.1. El pago por inclusión y el pago por colocación como prácticas comerciales encubiertas

La práctica consistente en proporcionar una clasificación de los resultados ofrecidos con motivo de una búsqueda en línea queda sometido a la LCD. Sin duda, a través de esta práctica los prestadores de la funcionalidad de búsqueda actúan en el mercado promoviendo o asegurando la difusión de las prestaciones propias o de un tercero. Y ello por cuanto que la indexación de los distintos resultados de búsqueda permite a los usuarios acceder a los productos o servicios de un determinado empresario.

En principio, la clasificación de los resultados de búsqueda que esté basada en criterios imparciales y proporcione un índice ordenado de forma natural u orgánica en función de la relevancia, la actualidad, los enlaces, la ubicación, el idioma, el historial de búsqueda, etc., no plantea ningún problema de índole concurrencial. Es lo que el usuario espera obtener como resultado de su búsqueda.

El problema surge cuando la clasificación de los resultados de búsqueda está condicionada por el pago sin que esta circunstancia se haya dado a conocer al público. Esto es, cuando en la clasificación aparecen resultados por el mero hecho de haber pagado por ello (pago por inclusión) o cuando se ha entregado una contraprestación para mejorar el posicionamiento del resultado dentro de la clasificación (pago por colocación).

En principio, estas prácticas podrían ser calificadas como desleales por su carácter engañoso (art. 5 LCD) y por la omisión de información relevante (art. 7 LCD). En efecto, conforme al artículo 5.1 LCD "(s)e considera desleal por engañosa cualquier conducta que contenga información falsa o información que, aun siendo veraz, por su contenido o presentación induzca o pueda inducir a error a los destinatarios, siendo susceptible de alterar su comportamiento económico, siempre que incida sobre alguno de los siguientes aspectos: (...) d) El alcance de los compromisos del empresario o profesional, los motivos de la conducta comercial y la naturaleza de la operación comercial o el contrato...".

Igualmente, según el art. 7.1 LCD, nos encontramos ante un supuesto de deslealtad por omisión de información relevante "si la información que se ofrece es poco clara, ininteligible, ambigua, no se ofrece en el momento adecuado, o no se da a conocer el propósito comercial de esa práctica, cuando no resulte evidente por el contexto".

A nuestro juicio, el pago por inclusión y el pago por colocación constituyen supuestos específicos de prácticas desleales encubiertas. En rigor, las prácticas encubiertas se caracterizan por la ocultación del carácter promocional del mensaje. Y, en estos casos, la clasificación que obtiene un determinado resultado es consecuencia de un pago que no se da a conocer al público y que mejora el posicionamiento del resultado en la clasificación con la consiguiente promoción de la contratación de bienes o servicios.

En consecuencia, la lealtad o deslealtad de este tipo de prácticas ha de analizarse bajo los presupuestos del ilícito de las omisiones engañosas (art. 7 LCD)[544]. De esta forma, el pago por inclusión o

---

544 *Vid. supra* VI.4.3.1.B

por colocación será desleal cuando se cumplan cumulativamente los siguientes requisitos: que el mensaje o la práctica tenga una finalidad promocional, que no se informe sobre dicha finalidad ni resulte manifiesta por el contexto y que esa falta de información pueda alterar el comportamiento económico del consumidor medio.

En estos casos, la finalidad promocional de la práctica deriva del contenido del resultado de la búsqueda. Si este resultado es un producto, un servicio o una página donde se ofrecen productos o servicios, la inclusión o colocación del resultado tendrá finalidad promocional. Y es que la clasificación de los resultados de la búsqueda está directamente encaminada a la promoción de los productos, servicios u ofertas que aparecen entre los resultados.

Asimismo, el propósito promocional o publicitario no debe estar identificado en el propio mensaje ni resultar evidente por el contexto. Para ello ha de atenderse al contexto fáctico en que se produce, teniendo en cuenta todas sus características y circunstancias y las limitaciones del medio de comunicación utilizado (art. 7.2 LCD).

La identificación del carácter promocional o publicitario de la página debe ser clara, precisa, tempestiva y fácilmente accesible. De modo que el destinatario de la práctica pueda identificar de forma fácil y directa dicho carácter. Por ejemplo, mediante la inclusión de términos como "patrocinado", "publicidad" o "publi" junto al resultado de la búsqueda.

Por último, la deslealtad de la práctica depende de que la práctica publicitaria no identificada como tal sea susceptible de alterar el comportamiento económico del consumidor medio. Una circunstancia que parece evidente a la luz de los distintos estudios que muestran la relevancia de la aparición en los primeros puestos del índice de resultados de búsqueda.

La responsabilidad por la omisión de la información sobre el carácter promocional de la práctica comercial ha de recaer sobre el empresario que proporciona la funcionalidad de búsqueda. En principio, el empresario anunciante no tendrá responsabilidad por cuanto que la identificación del carácter patrocinado de la inclusión o colocación del resultado, en estos casos, depende del responsable de la funcionalidad de búsqueda.

2.2. La información en la clasificación de los resultados de búsqueda facilitados a consumidores

En las relaciones con consumidores y usuarios, las prácticas relativas a la clasificación de los resultados de búsqueda adquieren una particular transcendencia, toda vez que sus decisiones económicas se ven especialmente influenciadas por el orden de la clasificación de los resultados de búsqueda.

Tan es así que la Directiva (UE) 2019/2161 ha incorporado a la DPCD dos normas tendentes garantizar la transparencia en los resultados de búsqueda, con el fin de reforzar la protección de los consumidores y de contribuir al correcto funcionamiento del mercado interior. Por un lado, considera esencial facilitar información general sobre los principales parámetros que determinan la clasificación de los productos o servicios presentados al consumidor como resultado de la búsqueda y su importancia relativa (art. 7.4 bis DPCD); y, por otro, incorpora en su Anexo I una nueva práctica desleal en todo caso y en cualquier circunstancia consistente en no divulgar la publicidad retribuida u otros pagos dirigidos a mejorar el posicionamiento de productos o servicios en los resultados de búsqueda.

La Directiva (UE) 2019/2161 incorpora también una definición de *clasificación* en la DPCD. Según su artículo 2.m), por clasificación habrá de entenderse "la preeminencia relativa atribuida a los productos, en su presentación, organización o comunicación por parte del comerciante, independientemente de los medios tecnológicos empleados para dicha presentación, organización o comunicación". Esto es, el orden en el que aparecen los bienes o servicios ofrecidos como resultado de la búsqueda. Por ejemplo, la indexación de los resultados que aparece como consecuencia de la búsqueda hecha en un mercado en línea o en una herramienta de comparación[545]. Una definición idéntica se aplica en el marco de la DDC[546].

De acuerdo con el nuevo artículo 7.4 bis DPCD, "(c)uando se ofrezca a los consumidores la posibilidad de buscar productos ofrecidos por distintos comerciantes o consumidores sobre la base de una consulta en forma de palabra clave, expresión u otro tipo de dato introducido, independientemente de dónde se realicen las transacciones en último término, se considerará esencial facilitar, en una sección específica de la interfaz en línea que sea fácil y directamente accesible desde la página en la que se presenten los resultados de la búsqueda, información general relativa a los principales parámetros que determinan la clasificación de los productos presentados al consumidor como resultado de la búsqueda y la importancia relativa de dichos parámetros frente a otros. El presente apartado no se aplicará a proveedores de motores de búsqueda en línea, tal como se definen en el artículo 2, punto 6, del Reglamento (UE) 2019/1150 del Parlamento Europeo y del Consejo".

Este requisito de información sólo se aplica a los empresarios que permiten a los consumidores y usuarios buscar productos o servicios ofrecidos por terceros, sean estos empresarios o consumidores. Así, esta disposición se aplicará a los mercados en línea y a las herramientas de comparación. Quedan al margen los empresarios que sólo permiten buscar entre sus propias ofertas.

Igualmente, este precepto no resulta de aplicación a los proveedores de motores de búsqueda en línea, tal como como se de-

---

545 CONEJERO BELTRÁN, M. y LOSADA CAVESTANY, I., "Directrices sobre la transparencia de la clasificación: nueva herramienta para las plataformas B2C", *Revista Jurídica Aranzadi*, núm. 970, 2021, p. 1 (hemos consultado la versión en línea disponible en la base de datos de Aranzadi Instituciones).

546 La Directiva (UE) 2019/2161 añade en la Directiva sobre derechos de los consumidores unos requisitos informativos similares a los incorporados en la Directiva de prácticas comerciales desleales, pero únicamente aplicables a los mercados en línea.

finen en el artículo 2, punto 6, del RP2B[547]. Es decir, a aquellos motores de búsqueda a los que ya se les exija, en virtud del RP2B, exponer los parámetros principales que, de forma individual o colectiva, sean más significativos a la hora de determinar la clasificación y la importancia relativa de esos parámetros principales, presentando una descripción de acceso fácil y público y redactada de manera sencilla y comprensible en los motores de búsqueda en línea de dichos proveedores. Esta última exclusión encuentra su fundamento en el hecho de que el referido Reglamento ya exige a los proveedores de motores de búsqueda en línea que publiquen una descripción de acceso fácil y público de sus parámetros principales, que será accesible para los consumidores[548].

El art. 7.4 bis DPCD establece una nueva obligación de información a cargo de los mercados en línea y de las herramientas de comparación, conforme a la cual deberán proporcionar a los consumidores información sobre los principales parámetros que determinan la clasificación de los productos o servicios proporcionados como resultados de búsquedas en línea y la importancia que cada criterio tiene en relación con los resultados que se presentan al consumidor.

Esta información se considera "esencial". Esta terminología se aleja de la empleada en la redacción clásica del artículo 7 de la DPCD, que habla de información "sustancial". No obstante, estimamos que la información sobre los extremos a los que se refiere el nuevo art. 7.4 bis ha de considerarse como sustancial. En

---

547 El artículo 2.6 del referido Reglamento define motor de búsqueda en línea como aquel "servicio digital que permite a los usuarios introducir consultas para hacer búsquedas de, en principio, todos los sitios web, o de sitios web en un idioma concreto, mediante una consulta sobre un tema cualquiera en forma de palabra clave, consulta oral, frase u otro tipo de entrada, y que en respuesta muestra resultados en cualquier formato en los que puede encontrarse información relacionada con el contenido solicitado".

548 Sobre esta obligación de transparencia en el Reglamento (UE) 2019/1150, *vid. infra* VII.3.

consecuencia, su omisión se reputará desleal cuando impida al consumidor decidir con pleno conocimiento de causa, siendo susceptible de alterar su comportamiento económico.

A la luz de la amplitud del concepto de comportamiento económico previsto en la DPCD, parece que la omisión de esta información relevante será desleal en la gran mayoría de los casos, ya que el posicionamiento de los resultados de búsqueda es susceptible de alterar la decisión del consumidor sobre una transacción. En particular, sobre la selección de ofertas y oferentes. Y es que, no cabe duda de que el consumidor medio seleccionara una oferta o un oferente en virtud de su mejor posicionamiento en la clasificación de los resultados de búsqueda si no conoce que su inclusión o posicionamiento es consecuencia de algún tipo de contraprestación.

En lo que atañe al contenido de la información que ha de proporcionarse al consumidor, el art. 7.4 bis DPCD dispone que ha de tratarse de información general sobre los parámetros principales que determinan la clasificación de los productos y sobre su importancia relativa. Por parámetros que determinan la clasificación han de entenderse los criterios generales, procesos, señales específicas incorporadas en los algoritmos u otros mecanismos de ajuste o degradación que se empleen en la clasificación[549].

Ahora bien, la Directiva (UE) 2019/2161 no indica en qué pueden consistir estos parámetros, cuáles habrán de reputarse "principales", ni proporciona ningún otro dato que permita extraer alguna conclusión al efecto. Únicamente señala que deben establecerse unos criterios de transparencia similares a los establecidos en el RP2B[550].

De esta forma, la información que se proporcione al consumidor por los mercados en línea y las herramientas comparativas debe ser parecida a la que los intermediarios en línea y los motores

549 Considerando 22 Directiva (UE) 2019/2161.
550 Considerando 21 Directiva (UE) 2019/2161.

de búsqueda deben suministrar a los empresarios en virtud del RP2B. No obstante, siendo la finalidad de la regulación sobre la clasificación establecida en este Reglamento incrementar la previsibilidad de los usuarios empresariales y ayudarles a mejorar la presentación de sus bienes y servicios, parece razonable que en las relaciones de consumo se exija un menor nivel técnico en la información sobre estos extremos, además de una mayor claridad y comprensibilidad a fin de que pueda ser entendida por el consumidor medio.

Con todo, no hay duda de que la regulación contenida en el RP2B puede servir de referencia[551]. Y, a tal efecto, pueden resultar de especial utilidad las Directrices sobre la transparencia de la clasificación con arreglo al RP2B[552].

En definitiva, de lo que se trata es de informar al consumidor de los factores concretos que determinan la clasificación y su importancia en la determinación de los resultados que se le presentan al realizar sus búsquedas. Ello exige cierto nivel de detalle. No basta, por tanto, con enumerar los parámetros principales que determinan la clasificación. Es necesario proporcionar una "segunda capa" de información en la que se detalle cuál es el peso relativo de cada uno de ellos.

El empresario no está obligado a informar sobre todos los parámetros que determinan la clasificación, sino tan sólo sobre cuáles son los principales. Los parámetros principales son aquellos a los que se dota de mayor relevancia a la hora de determinar la clasificación. Estos pueden consistir, por ejemplo, en el precio, la procedencia geográfica del producto, la localización del proveedor, la calidad o la valoración de los usuarios.

En lo que respecta a la información sobre la importancia relativa de los parámetros principales, hay que destacar que no se

---

551 JIMÉNEZ HORWITH, M., "Las responsabilidades...", *op. cit.*

552 Directrices sobre la transparencia de la clasificación con arreglo al Reglamento (UE) 2019/1150 del Parlamento Europeo y del Consejo (2020/C 424/01), *DOUE*, núm. 424, de 8 de diciembre de 2020.

exige la revelación de la ponderación exacta de los parámetros principales ni, por supuesto, de los algoritmos empleados. No en vano la Directiva (UE) 2019/2161 afirma que esta obligación de información debe entenderse sin perjuicio de lo dispuesto en la normativa de secretos comerciales[553].

Finalmente, el nuevo artículo 7.4 bis DPCD dispone que esta información debe proporcionarse en "una sección específica de la interfaz en línea que sea fácil y directamente accesible desde la página en la que se presenten los resultados de la búsqueda". Esta presentación debe adecuarse al medio de comunicación empleado. De modo que puede ser diferente en función del dispositivo desde el que se accede al buscador.

Este precepto parece no tener en cuenta la posibilidad de obtener resultados de búsquedas en línea por medios distintos a su presentación visual en una página. Por ejemplo, mediante la voz. Es lo que ocurre con los asistentes virtuales que proporcionan respuestas acústicas a las búsquedas introducidas mediante la voz. De modo que los resultados de búsqueda presentados de esta forma parecen quedar fuera de la aplicación de este precepto. Así podría deducirse si atendemos a su tenor literal, que nos habla de "una sección específica en la interfaz en línea que sea fácil y directamente accesible desde la página en la que se presentan los resultados". Pero lo cierto es que tanto la DPCD como la Directiva (UE) 2019/2161 abordan la regulación de las prácticas desleales desde un punto de vista tecnológicamente neutro, con vistas a abarcar los nuevos desarrollos que aparecen en el entorno digital. De ahí que entendamos que este precepto también debería resultar de aplicación a este tipo de búsquedas. El problema, no obstante, estribará en determinar cómo deberá presentarse la

---

553 Directiva (UE) 2016/943 del Parlamento Europeo y del Consejo, de 8 de junio de 2016, relativa a la protección de los conocimientos técnicos y la información empresarial no divulgados (secretos comerciales) contra su obtención, utilización y revelación ilícitas, en *DOUE*, núm. 157, de 15 de junio de 2016.

información sobre los principales parámetros de búsqueda y su importancia relativa por este medio.

En cualquier caso, no es necesario ofrecer una información personalizada para cada una de las búsquedas realizadas. Es suficiente con una descripción de los principales parámetros de la clasificación y su importancia relativa que se mantenga a nivel general.

La información debe ser sucinta y proporcionarse de forma fácil, destacada y directa[554]. Además, aunque este nuevo art. 7.4 bis no establezca nada al respecto, esta información debe ser clara, inteligible, precisa y proporcionarse de forma tempestiva. Esto significa que los parámetros que determinan la clasificación no deben estar ocultos en las condiciones generales, sino que los criterios generales, los procesos y los principales parámetros incorporados en algoritmos u otros mecanismos de ajuste o degradación utilizados en relación con la clasificación deben ser públicos y comprensibles para los consumidores[555].

La incorporación de este precepto a nuestro ordenamiento ha sido algo accidentada. Si bien, en un primer momento, el Real Decreto-ley 24/2021, de 2 de noviembre, introdujo esta obligación de información en el artículo 20.3 TRLGDCU[556], esta norma

---

554 Considerando 22 Directiva (UE) 2019/2161.

555 HIWATASHI DOS SANTOS, G., "A 'New Deal for Consumers'? The European Regulatory Framework for Online Search Queries and Rankings under the Omnibus Directive (Directive (EU) 2019/2161)", *Yearbook of the NOVA Consumer Lab*, Vol. 2, 2020, p. 89.

556 En él se disponía lo siguiente: "Las prácticas comerciales consistentes en ofrecer a los consumidores y usuarios la posibilidad de buscar bienes y servicios ofertados por distintos empresarios o consumidores y usuarios sobre la base de una consulta en forma de palabra clave, expresión u otro tipo de dato introducido, independientemente de dónde se realicen las transacciones en último término, deberán contener, en una sección específica de la interfaz en línea que sea fácil y directamente accesible desde la página en la que se presenten los resultados de la búsqueda, la siguiente información: a) Información general relativa a los principales parámetros que determinan la clasificación de los bienes y servicios presentados al consumidor y usuario como resultado de la

desapareció del TRLGDCU con la modificación introducida por la Ley 4/2022, de 25 de febrero de 2022, para reintroducirse posteriormente como art. 20.3 TRLGDCU en virtud de la DA Primera de la Ley 23/2022, de 2 de noviembre, por la que se modifica la Ley 13/2011, de 27 de mayo, de regulación del juego.

El mencionado precepto adopta una redacción similar a la del art. 7.4 bis DPCD, aunque con alguna particularidad que merece ser resaltada.

Por un lado, el art. 7.4 bis DPCD se refiere a la posibilidad de buscar "productos", mientras que el art. 20.3 TRLGDCU habla de "bienes y servicios". Lo cierto, no obstante, es que, a los efectos de la DPCD, se entiende por producto "cualquier bien o servicio, incluidos los bienes inmuebles, así como los derechos y obligaciones" [art. 2.c)]. Aunque entendemos que la terminología utilizada por el TRLGDCU es más correcta[557].

Y, por otro lado, el art. 7.4 bis DPCD califica como esencial la información relativa a la clasificación de los resultados de búsqueda a los efectos de su calificación como omisión engañosa. En cambio, el art. 20.3 TRLGDCU no hace referencia a dicha calificación. En su lugar, establece una obligación de proporcionar esa información sobre la clasificación de los resultados de las búsquedas, cuyo incumplimiento, según el art. 20.6 TRLGDCU, se considera una omisión engañosa en el sentido del artículo 7 LCD. Con estos términos, el mencionado precepto parece establecer un supuesto de deslealtad *per se* cuya comisión dependerá del mero hecho de obviar la información relacionada con la clasificación de los motores de búsqueda. Y, en consecuencia, la deslealtad de

---

búsqueda. b) La importancia relativa de dichos parámetros frente a otros. El presente apartado no se aplicará a proveedores de motores de búsqueda en línea, tal como se definen en el artículo 2.6 del Reglamento (UE) 2019/1150 del Parlamento Europeo y del Consejo, de 20 de junio de 2019, sobre el fomento de la equidad y la transparencia para los usuarios profesionales de servicios de intermediación en línea".

557 En un sentido similar, MIRANDA SERRANO, L. M., "Prácticas desleales...", *op. cit.*, p. 185.

la práctica será independiente de su susceptibilidad de alterar el comportamiento económico del consumidor medio. Estimamos, por tanto, que la incorporación de este precepto es defectuosa y contraria a la DPCD, por cuanto que tipifica una nueva práctica desleal en todo caso y en cualquier circunstancia, yendo más allá de las posibilidades de incorporación que permite la DPCD.

2.3. La mejora del posicionamiento en la clasificación mediante publicidad retribuida u otros pagos en las relaciones con consumidores

La Directiva (UE) 2019/2161 también incorpora al Anexo I DPCD una nueva práctica comercial desleal relacionada con los resultados de las búsquedas en línea. En esta dirección, el nuevo apartado 11 bis reputa desleal en cualquier circunstancia "(f)acilitar resultados de búsquedas en respuesta a las consultas en línea efectuadas por un consumidor sin revelar claramente cualquier publicidad retribuida o pago dirigidos específicamente a que los productos obtengan una clasificación superior en los resultados de las búsquedas".

Este nuevo apartado 11 bis se aplica a cualquier empresario que ofrezca la posibilidad de buscar productos, servicios o contenidos digitales en línea, sin excluir a ningún operador que ofrezca funcionalidades de búsqueda en línea. De modo que también resulta de aplicación a los motores de búsqueda en línea.

De acuerdo con el tenor literal del mencionado precepto, podría pensarse que la prohibición se circunscribe a las prácticas conocidas como pago por colocación. Es decir, a la obtención de una posición superior en la clasificación de los resultados de búsqueda que es consecuencia de un pago. De modo que las prácticas consistentes en la inclusión de un contenido en los resultados de búsqueda a cambio de una contraprestación (pago por inclusión) quedarían fuera del ámbito de aplicación del precepto. A nuestro juicio, empero, esta interpretación tan estricta del precepto debe descartarse. Y ello por cuanto que el pago por inclusión también supone la obtención de una clasificación superior en los resultados de las búsquedas, toda vez que es el pago el que determina que se aparezca en un lugar de la clasificación que no se tendría de existir dicho pago.

Esta prohibición no tiene por objeto impedir que la inclusión o el posicionamiento en los resultados de búsqueda se base total o parcialmente en el pago efectuado por otro empresario. Lo que se exige es que el proveedor de la funcionalidad de búsqueda informe claramente a los consumidores que los resultados de sus búsquedas no se conforman de manera natural u orgánica en función de su pertinencia respecto de la búsqueda, sino que están influidos por algún tipo de contraprestación o pago[558].

La finalidad de la prohibición, por tanto, estriba en que los consumidores puedan distinguir los resultados retribuidos o promocionados de los resultados naturales. Con ello se persigue informar al consumidor de que los resultados ofrecidos por el buscador –o sólo algunos– están sesgados como consecuencia de algún pago, de modo que el consumidor pueda elegir la oferta o el oferente con pleno conocimiento de causa.

De esta forma, nos encontramos ante la regulación de una modalidad específica de publicidad encubierta que se circunscribe al ámbito de los resultados de las búsquedas en línea. Y es que a través de esta práctica se oculta a los consumidores que los resultados de las búsquedas que se muestran o su posicionamiento no responden a parámetros objetivos y orgánicos, sino que son consecuencia de un pago. Con este posicionamiento el empresario busca una mayor difusión de sus prestaciones, lo que se conseguirá con su inclusión o con su posicionamiento preferente en los resultados de búsqueda. Si este mejor posicionamiento responde a un pago directo o indirecto sin que se informe al consumidor sobre este extremo, puede ocurrir que éste adopte decisiones económicas que de otro modo (de conocer su carácter retribuido) no hubiera adoptado. Se genera, por tanto, un error en los consu-

558 MASSAGUER FUENTES, J., "La reforma...", *op. cit.*, p. 19.

midores que valorarán como información (clasificación natural u orgánica) un contenido publicitado.

Consecuentemente, los resultados de las búsquedas en línea que muestren los productos, sitios web o URL de comerciantes que hayan pagado bien para que se les incluya, bien para mejorar su posición en la clasificación, deberán advertir de forma clara y destacada que la inclusión o la clasificación se deben a algún tipo de pago.

La conducta típica, por tanto, consiste en no informar del carácter retribuido de la inclusión o de la clasificación superior de los resultados de las búsquedas. La inclusión consiste en la inserción en la parte superior o entre los resultados naturales de entradas que, de otro modo, no se habrían presentado al consumidor conforme a los parámetros de búsqueda objetivos aplicables. La clasificación superior, por su parte, se refiere a la mejora del posicionamiento de una o más entradas de la clasificación que es fruto de un pago directo o indirecto.

El pago directo será aquel que se destina de forma inmediata a lograr la inclusión o la mejora del posicionamiento en la clasificación. En cambio, la determinación de lo que es pago indirecto resulta algo más conflictivo. Por este motivo, la propia Directiva (UE) 2019/2161 introduce algunas aclaraciones.

Así, su Considerando 20 señala que podría consistir en la aceptación por parte de un comerciante de obligaciones adicionales de cualquier tipo respecto del proveedor de la funcionalidad de búsqueda en línea que tenga como efecto concreto una clasificación superior, como, por ejemplo, una comisión mayor por transacción, así como distintos sistemas de compensación que den lugar en concreto a una clasificación superior[559]. Sin embargo, los pagos por servicios generales, como comisiones de venta o

---

559 Algunos ejemplos de pagos directos e indirectos pueden encontrarse en el Anexo B de las Directrices sobre la transparencia de la clasificación con arreglo al Reglamento (UE) 2019/1150 del Parlamento Europeo y del Consejo elaboradas por la Comisión Europea.

suscripciones de miembros, no deben considerarse un pago para conseguir específicamente que los productos obtengan una clasificación superior, siempre y cuando tales pagos no estén orientados a ello.

Uno de los principales problemas que plantea la aplicación de esta prohibición radica en la prueba del pago. Y es que, con carácter general, esa información estará en posesión del propio proveedor de la funcionalidad de búsqueda.

Además, los consumidores, no sólo no conocerán la existencia de un pago directo o indirecto, sino que tampoco tendrán conocimiento de la forma en la que se determinan los resultados naturales u orgánicos. Estos sólo dispondrán de la información general sobre los principales parámetros que determinan la clasificación *ex* art. 7.4 bis DPCD, entre los que pueden figurar el pago o retribución por inclusión o colocación. Pero más allá de eso, no conocen como se forman los resultados de la clasificación. De modo que la efectividad práctica de este precepto nos genera importantes dudas.

En lo que atañe a la forma de presentar la información, el proveedor de la funcionalidad de búsqueda debe informar a los consumidores de forma concisa, comprensible y fácilmente accesible[560]. El nuevo apartado 11 bis del Anexo I DPCD, habla de "revelar claramente cualquier publicidad retribuida o pago", lo que abarca tanto los supuestos de omisión de la información como su ocultación o su presentación poco clara o ininteligible.

Así pues, los anuncios en los resultados de las búsquedas y los resultados que hayan obtenido una clasificación superior como consecuencia de algún pago directo o indirecto deben destacarse de forma clara y prominente como tales. La información sobre el anuncio o la clasificación superior debe presentarse directamente asociada al resultado en cuestión de forma visiblemente

---

560 Considerando 20 Directiva (UE) 2016/2161.

destacada. De modo que el consumidor medio pueda advertirlo sin dificultad.

Ahora bien, puede darse el caso de que el pago efectuado para la obtención de una clasificación superior forme parte de los parámetros generales de la clasificación, influyendo en todos los resultados mostrados. En estos casos, la información sobre el pago también podrá facilitarse mediante una única declaración, clara y visible en la página de resultados de las búsquedas, e independiente respecto de la información general sobre los principales parámetros que determinan la clasificación a los que se refiere el art. 7.4 bis DPCD[561].

La omisión de esta información, su ocultación o su presentación poco clara se considerará desleal en cualquier circunstancia y con independencia de si, en el caso concreto, la práctica puede alterar el comportamiento económico del consumidor medio. En tales casos, el proveedor del buscador en línea responderá de la ilicitud de la conducta.

Este nuevo apartado 11 bis ha sido incorporado a nuestro ordenamiento en el apartado 2 del art. 26 LCD, que lleva por título "prácticas comerciales encubiertas". Conforme a este nuevo apartado, se consideran desleales por engañosas las prácticas que "(f) aciliten resultados de búsquedas en respuesta a las consultas en línea efectuadas por un consumidor o usuario sin revelar claramente cualquier publicidad retribuida o pago dirigidos específicamente a que los bienes o servicios obtengan una clasificación superior en los resultados de las búsqueda, entendiendo por clasificación la preeminencia relativa atribuida a los bienes o servicios, en su presentación, organización o comunicación por parte del empresario, independientemente de los medios tecnológicos empleados para dicha presentación, organización o comunicación".

---

561 *Guía sobre la interpretación y la aplicación de la Directiva 2005/29/CE del Parlamento Europeo y del Consejo relativa a las prácticas comerciales desleales de las empresas en sus relaciones con los consumidores en el mercado interior*, en *DOUE*, C-526, 29 de diciembre de 2021, pp. 92 y 93.

Como puede comprobarse, este precepto incorpora el apartado 11 bis de la DPCD prácticamente sin alteraciones. Destaca la inclusión de la definición de clasificación en el texto del precepto. Lo que estimamos cuestionable a nivel de técnica legislativa, puesto que entendemos que hubiera sido más correcto recoger esta definición junto a otras en un artículo específico o en una disposición adicional.

3. LA CLASIFICACIÓN DE LOS RESULTADOS DE BÚSQUEDA EN EL REGLAMENTO P2B

A medida que aumenta la digitalización de la economía, la clasificación proporcionada por los motores de búsqueda y los servicios de intermediación en línea cobra mayor importancia para el éxito comercial de las empresas, que dependerá cada vez más de su visibilidad y su detectabilidad en línea. Así pues, la clasificación de los resultados de las búsquedas adquiere una relevancia destacada en la denominada economía de plataformas.

Estos motivos han conducido a que el RP2B incluya en su art. 5 una regulación de la clasificación de los resultados de las búsquedas en línea, que se inserta en el marco de su propósito de garantizar un entorno comercial en línea equitativo, predecible, sostenible y confiable. Esta regulación está directamente encaminada a incrementar la transparencia de los criterios utilizados por los prestadores de servicios de intermediación en línea y de motores de búsqueda en línea en la ordenación y presentación de los resultados proporcionados como consecuencia de las búsquedas en línea.

De esta forma, el art. 5 RP2B impone a los prestadores de servicios de intermediación en línea y de motores de búsqueda en línea la obligación de informar sobre los parámetros principales que rigen la clasificación de los resultados de búsqueda y sobre su importancia relativa. El objetivo de esta medida estriba en incrementar la previsibilidad para los usuarios profesionales, facilitarles un mayor entendimiento de cómo funciona el mecanismo de clasificación, ayudarles a mejorar la presentación de sus bienes y servicios y permitirles comparar las prácticas de clasificación de los distintos proveedores[562].

Nos encontramos, por tanto, ante una medida directamente encaminada a incrementar la transparencia y la confianza en las relaciones entre los operadores económicos de la economía de plataformas, que contribuye, a su vez, a garantizar que los usuarios profesionales puedan competir en igualdad de condiciones en relación con el posicionamiento de sus productos y servicios en los servicios de intermediación en línea y en los motores de búsqueda[563].

A los efectos de esta norma, se entiende por clasificación "la preeminencia relativa atribuida a los bienes o servicios ofrecidos mediante servicios de intermediación en línea o la relevancia atribuida a los resultados de búsqueda a través de motores de búsqueda en línea, tal y como los proveedores de servicios de intermediación en línea o los proveedores de motores de búsqueda en línea, respectivamente, los presentan, organizan o comunican, con independencia de los medios tecnológicos empleados para tal presentación, organización o comunicación" (art. 2.8 RP2B). Esta clasificación puede resultar del empleo de mecanismos de secuenciación algorítmica, calificación u opinión, énfasis visual u otras herramientas de resalte o cualquier combinación de ellas[564]. La presente definición es objetivamente similar a la contenida en la Directiva (UE) 2019/2161, aunque se restringe subjetivamente a las clasificaciones proporcionadas por los prestadores de servicios de intermediación en línea y de motores de búsqueda en línea.

La regulación contenida en el art. 5 RP2B resulta de aplicación tanto a los proveedores de servicios de intermediación en línea como a los proveedores de motores de búsqueda en línea. Aun-

---

562 Considerando 24 RP2B.

563 CASTELLÓ PASTOR, J. J., "El ranquin…", *op. cit.*, p. 294.

564 Considerando 24 RP2B.

que el contenido y alcance de las obligaciones de información que se imponen a unos y otros no son exactamente las mismas. Ello es consecuencia del propio funcionamiento de los servicios digitales. Y es que en el caso de los proveedores de motores de búsqueda no existe necesariamente una relación contractual que los vincule con los titulares de los distintos sitios web.

De esta forma, los proveedores de servicios de intermediación en línea deberán indicar en sus condiciones generales los parámetros principales que rigen la clasificación y los motivos por lo que aquellos cuentan con una importancia relativa superior a la de otros parámetros (art. 5.1 RP2B). Los motores de búsqueda, por su parte, están obligados a exponer los parámetros principales que, de forma individual o colectiva, sean más significativos a la hora de determinar la clasificación y la importancia relativa de esos parámetros principales, presentando una descripción de acceso fácil y público, redactada de manera sencilla y comprensible, en los motores de búsqueda en línea que ofrecen (art. 5.2 RP2B).

En cualquier caso, la información proporcionada por unos y otros debe aportar un valor añadido real a los usuarios de que se trate. En esta dirección, el art. 5.5 RP2B exige que las descripciones de los parámetros principales sean suficientes para permitir a los usuarios profesionales o a los usuarios de sitios web corporativos entender de manera clara si el mecanismo de clasificación tiene en cuenta distintos aspectos y, en caso afirmativo, cómo y en qué medida. Estos aspectos son: a) las características de los bienes y servicios ofrecidos a los consumidores por medio de los servicios de intermediación en línea o el motor de búsqueda en línea; b) la importancia de tales características para los consumidores; y, c) en cuanto a los motores de búsqueda en línea, las características de diseño de los sitios web utilizados por los usuarios de sitios web corporativos.

Esto implica que esta información debe consistir en algo más que una simple enumeración de los parámetros principales. Antes bien, debe proporcionar como mínimo una segunda capa de información explicativa, que haga referencia a los motivos de la importancia relativa de esos parámetros.

Esta información puede ser general. Pero, aun así, debe permitir a los usuarios adquirir una comprensión adecuada del funcionamiento de la clasificación en el contexto del uso que hagan de servicios específicos de intermediación en línea o de motores de búsqueda en línea[565].

Ahora bien, esta obligación de revelación de información está sometida a ciertos límites. En este sentido, no puede exigirse a los proveedores de servicios de intermediación en línea o de motores de búsqueda en línea que revelen sus algoritmos o información que, dentro de un grado de certeza razonable, podría inducir a error a los consumidores o causarles un perjuicio mediante la manipulación de los resultados de las búsquedas. Del mismo modo, estos proveedores tampoco tienen la obligación de revelar aquella información calificada como secreto de conformidad con la Directiva (UE) 2016/943.

Los prestadores de la funcionalidad de búsqueda deben determinar el nivel de detalle de la información que sea apropiado teniendo en cuenta el objetivo perseguido por esta obligación e incluir tantos detalles como sean necesarios y adecuados para su base específica de usuarios profesionales, sin abrumarles ni confundirles. Así, los proveedores no deben ofrecer descripciones breves ni descripciones que pudieran considerarse engañosas o generar confusión.

Esta obligación de revelar información sobre el sistema de clasificación requerirá, con carácter previo, un cuidadoso análisis caso por caso para determinar cuáles son los parámetros que rigen la clasificación y su peso o importancia relativa[566]. Una vez

---

565 Considerando 27 RP2B.

566 PORXAS, N. y SANZ, C., "Leal competencia...", *op. cit.*, p. 21.

que los proveedores han llevado a cabo esta evaluación tendrán que identificar cuáles son los parámetros principales[567].

Los parámetros principales hacen referencia a los criterios generales, procesos, señales específicas incorporadas en los algoritmos u otros mecanismos de ajuste o degradación que se utilicen en la clasificación[568]. Estos parámetros principales deben ser realmente los aspectos más importantes a la hora de determinar la clasificación y han de reflejar fielmente cómo funciona esa clasificación. Es indiferente que sean factores sobre los que los usuarios puedan tener influencia.

Al realizar la evaluación para determinar cuáles son los parámetros principales que rigen la clasificación, los proveedores de servicios de intermediación en línea y de motores de búsqueda en línea pueden tener en cuenta una gran variedad de factores. Entre ellos destacan el grado de personalización, el comportamiento de búsqueda y la intención de los consumidores, el historial del usuario, los ajustes predeterminados y los mecanismos de clasificación y filtrado, la presencia multiplataforma, las notificaciones de terceros, la aleatorización, el mantenimiento o la organización realizada por el propio buscador, la relación con servicios auxiliares, el uso de herramientas técnicas de los proveedores, el efecto del aprendizaje automático, la evaluación de sitios web, las medidas adoptadas para evitar la manipulación de los resultados por terceros de buena fe, las reseñas de usuarios o las medidas de los proveedores contra el contenido ilegal[569].

---

567 Las Directrices sobre la transparencia de la clasificación con arreglo al Reglamento (UE) 2019/1150 del Parlamento Europeo y del Consejo (2020/C 424/01) ofrecen ejemplos de tipos de parámetros de clasificación en su Anexo A.

568 Considerando 24 RP2B.

569 Una descripción detallada de las consideraciones específica que han tenerse en cuenta a la hora de determinar los parámetros principales se recoge en las Directrices sobre la transparencia de la clasificación con arreglo al Reglamento (UE) 2019/1150 del Parlamento Europeo y del Consejo (2020/C 424/01).

Junto a los parámetros principales, los prestadores de servicios de intermediación en línea deben informar sobre los motivos por los que estos cuentan con una importancia relativa superior a la de otros parámetros. En el caso de los proveedores de motores de búsqueda en línea, esta información versará sobre la importancia relativa de los parámetros principales.

Ello implica que los prestadores deben exponer por qué se seleccionaron parámetros concretos como parámetros principales. Pero no se exige la revelación de la ponderación exacta de esos parámetros, ni siquiera de los algoritmos de los proveedores. Lo que se exige es que los prestadores capturen en cierta medida la naturaleza inherentemente dinámica de la clasificación, que generalmente está basada en algoritmos, en una descripción más estática.

Si entre los parámetros principales que rigen la clasificación figura la remuneración directa o indirecta, debe incluirse también una explicación relativa a la posibilidad de que los usuarios influyan en la clasificación de manera activa mediante estos tipos de remuneración y sobre los efectos relativos de esta práctica.

No se trata, por tanto, de impedir que la clasificación de los resultados de búsqueda esté influenciada o condicionada por una remuneración directa o indirecta, sino de aportar transparencia sobre esta cuestión. En un contexto en el que los distintos operadores económicos que participan en la economía de plataformas persiguen un propósito económico, no se puede exigir a los prestadores de servicios de intermediación en línea y de motores de búsqueda en línea que se guíen necesariamente por la objetividad, toda vez que en la base de su negocio se halla también la posibilidad de obtener una remuneración a cambio de un mejor posicionamiento[570].

A tales efectos, el término remuneración debe ser entendido en sentido amplio. En esta dirección, el Considerando 25 RP2B la

570 FLAQUER RIUTORT, J., "Cláusulas de...", *op. cit.*, p. 6.

describe como aquellos "pagos realizados con el objetivo principal o exclusivo de mejorar la clasificación, así como la remuneración indirecta en forma de aceptación por el usuario profesional de obligaciones adicionales de cualquier tipo que pudieran tener ese efecto práctico, como el uso de servicios que sean auxiliares o de características premium".

La descripción de los parámetros de clasificación principales (incluida, en su caso, la remuneración) debe estar redactada en un lenguaje sencillo y comprensible. Para ello, los prestadores de servicios de intermediación en línea y de motores de búsqueda en línea deben tener en cuenta quiénes son los destinatarios de la información. De modo que, en determinados casos, pueden exigirse descripciones más técnicas, teniendo en cuenta que están previstas para usuarios profesionales. Y es que, en principio, puede entenderse que los profesionales necesitan y son capaces de entender información más detallada y técnica que los consumidores.

En esta sede, se otorga cierta discrecionalidad a los prestadores de servicios de intermediación en línea y de motores de búsqueda en línea, que deberán decidir cómo adaptar de la mejor forma posible la descripción de los parámetros principales de la clasificación a sus servicios. Con carácter general, una descripción comprensible y precisa que utilice una estructura clara puede ayudar a los usuarios a entender la información facilitada. Pero ello no impide que pueda complementarse con otras medidas tecnológicas, como el uso de simuladores de los efectos previstos de la remuneración en la clasificación.

En lo que atañe a la forma de presentar la información, el art. 5 RP2B diferencia las clasificaciones proporcionadas por los prestadores de servicios de intermediación en línea de las que ofrecen los prestadores de motores de búsqueda en línea.

En el caso de las primeras, la información debe contenerse en las condiciones generales que rigen la relación contractual entre el prestador del servicio de intermediación en línea y el usuario profesional, con independencia del nombre que se le dé o su forma (art. 2.10 RP2B). Estas condiciones generales deben encontrarse fácilmente disponibles para los usuarios profesionales en todas las etapas de su relación contractual con el proveedor, incluso en la fase precontractual [art. 3.1.b) RP2B].

Pese a lo anterior, los prestadores de servicios de intermediación en línea pueden elegir la mejor forma de comunicarse con sus usuarios profesionales y conceder preeminencia a la descripción exigida. De manera que pueden adoptar medidas que dirijan a los usuarios profesionales a la ubicación exacta de la descripción o incluirla en secciones de preguntas y respuestas, tutoriales, directrices, ventanas emergentes, mensajes de vídeo y en otros formatos. Ahora bien, esta información no debe ser incoherente ni estar diseminada por distintas herramientas o soportes, si ello tiene el efecto de dificultar el acceso a la información en cuestión o menoscabar su sencillez y comprensión.

Cuando se trate de clasificaciones proporcionadas por prestadores de motores de búsqueda en línea, la información debe presentarse a través de "una descripción de acceso fácil y público". Así, la descripción debe encontrarse en una ubicación de acceso fácil en la página web del motor de búsqueda en línea[571]. Esto implica que no pueda tratarse de un lugar que exija a los usuarios el inicio de sesión o su registro. Para determinar el lugar en el que se proporciona esta información, el prestador del motor de búsqueda tendrá en cuenta diversos factores, como, por ejemplo, la forma en que los usuarios acceden a sus servicios, la forma en que se comportan sus usuarios y los métodos utilizados con éxito para llamar la atención de los usuarios hacia características concretas que ya existen.

---

571 CONEJERO BELTRÁN, M. y LOSADA CAVESTANY, I., "Directrices sobre...", *op. cit.*, p. 2.

4. LA CLASIFICACIÓN DE LOS RESULTADOS DE BÚSQUEDA EN EL REGLAMENTO DE MERCADOS DIGITALES

El Reglamento de Mercados Digitales también aborda los problemas concurrenciales generados por la clasificación de los resultados de búsquedas en línea. Pero lo hace desde una óptica distinta. No se trata aquí de incrementar la transparencia a fin de permitir que los usuarios profesionales y los consumidores conozcan el funcionamiento de los sistemas de clasificación de las búsquedas en línea. De lo que se trata es de combatir ciertas prácticas de autopreferenciación con el propósito de garantizar una competencia sin distorsiones en las plataformas en línea[572].

La clasificación de los resultados de búsqueda aparece como una operación capital en el marco de la actividad de los guardianes de acceso. Y es que una de las funciones esenciales de las plataformas digitales es minimizar los costes de búsqueda de los usuarios a través del almacenamiento de datos y el empleo de algoritmos. De ahí el inmenso valor económico que tiene la clasificación de resultados de búsqueda y cómo se presentan[573].

El problema surge cuando los guardianes de acceso están integrados verticalmente y ofrecen determinados productos o servicios a los usuarios finales a través de sus propios servicios básicos de plataforma o a través de un usuario profesional sobre el que ejercen control. En estos casos, los guardianes de acceso tienen una doble función de intermediarios para empresas terceras y de empresas que suministran o prestan directamente productos o servicios. Nos encontramos, por tanto, ante un intermediario que también participa en el mercado intermediado, lo que conduce a una evidente situación de conflicto de intereses.

---

572 SCHWEITZER, H., "The Art…", *op. cit.*; y ECHEBARRÍA SÁENZ, M., "Restricciones de…", *op. cit.*, p. 175.

573 DÍEZ ESTELLA, F., "Plataformas digitales y Derecho de la competencia", en *Almacén de Derecho,* 26 de agosto de 2020, disponible en https://almacendederecho.org/ (consultado el 10 de octubre de 2024).

En este contexto, los guardianes de acceso tienen la capacidad de menoscabar directamente la disputabilidad respecto de esos productos o servicios ofrecidos en los servicios básicos de plataforma en perjuicio de los usuarios profesionales. Así sucederá cuando los guardianes de acceso reserven una mejor posición a su propia oferta respecto a los productos o servicios de terceros que también operan en la plataforma.

Esta situación no se da únicamente en relación con los productos o servicios que se clasifican en los resultados de los motores de búsqueda en línea, sino que puede aparecer en otros servicios básicos de plataforma. Por ejemplo, en relación con las aplicaciones informáticas distribuidas a través de tiendas de aplicaciones, con los vídeos divulgados a través de plataformas de intercambio de vídeos, con los productos o servicios resaltados y mostrados en la sección de noticias de un servicio de red social en línea, con los productos o servicios clasificados en los resultados de búsqueda o mostrados en un mercado en línea, o con los productos o servicios ofrecidos a través de un asistente virtual.

Asimismo, los guardianes de acceso pueden reservar una posición mejor a su propia oferta no sólo en la clasificación que sigue a una búsqueda. Esta mejor posición también puede otorgarse durante los procesos de rastreo e indexado. Esto es, durante las fases de descubrimiento de contenidos nuevos y actualizados (rastreo), y de almacenamiento y organización de los contenidos encontrados durante el rastreo (indexado)[574].

Bajo estas coordenadas, el art. 6.5 RMD dispone que "(e)l guardián de acceso no tratará más favorablemente, ni en la clasificación ni en las funciones relacionadas de indexado y rastreo, a los servicios y productos ofrecidos por el propio guardián de acceso que a los servicios o productos similares de terceros. El guardián de acceso aplicará condiciones transparentes, equitativas y no discriminatorias a dicha clasificación".

---

574 Considerando 51 RMD.

El RMD contiene una definición de clasificación en el apartado 22 de su art. 2. Conforme a ella, clasificación es "la preeminencia relativa atribuida a los productos o servicios ofrecidos mediante servicios de intermediación en línea, servicios de redes sociales en línea, servicios de plataforma de intercambio de vídeos o asistentes virtuales, o la pertinencia atribuida a los resultados de búsqueda por los motores de búsqueda en línea, tal y como los presentan, organizan o comunican las empresas prestadoras de servicios de intermediación en línea, servicios de redes sociales en línea, servicios de plataforma de intercambio de vídeos, asistentes virtuales o motores de búsqueda en línea, con independencia de los medios tecnológicos empleados para tal presentación, organización o comunicación y con independencia de si se presenta o comunica solo un resultado". Comprobamos, por tanto, que el RMD maneja una noción bastante amplia de clasificación. En este sentido, la clasificación puede comprender todas las formas de prominencia relativa, entre las que se incluyen la visualización, la valoración, la generación de enlaces o los resultados de voz, y debe incluir también los casos en los que un servicio básico de plataforma presenta o comunica al usuario final un solo resultado[575].

El RMD prohíbe que los guardianes de acceso concedan un trato diferenciado o preferente de cualquier tipo, por lo que respecta a la clasificación en el servicio básico de plataforma y a las funciones relacionadas de indexado y rastreo, ya sea a través de medios jurídicos, comerciales o técnicos, a los productos o servicios que ofrecen directamente o a través de usuarios profesionales bajo su control. Además, para garantizar que esta prohibición sea efectiva y no pueda eludirse, debe aplicarse también a cualquier medida que tenga un efecto equivalente al del trato diferenciado o preferente en la clasificación[576].

La prohibición de esta práctica de autopreferenciación ha sido el núcleo de algunos de los actuales procedimientos de aplicación

---

[575] Considerando 52 RMD.

[576] Considerando 52 RMD.

del Derecho de defensa de la competencia en los mercados digitales. Nos referimos, en particular, al caso *Google Search (Shopping)*[577].

Ahora bien, el RMD no sólo prohíbe esta práctica de autopreferenciación, sino que también impone la obligación de "aplicar condiciones transparentes, equitativas y no discriminatorias a dicha clasificación"[578]. Esta previsión se configura como una medida adicional encaminada a garantizar la efectividad de la prohibición. A tal efecto, deberán tenerse en cuenta las orientaciones adoptadas de conformidad con el artículo 5 del Reglamento P2B anteriormente analizadas.

En lo que atañe a la equidad y la no discriminación en la configuración de la clasificación, esta obligación no debe conducir a la implantación de un principio de neutralidad en sentido estricto. Y ello por cuanto que los sistemas de clasificación no se basan en criterios plenamente objetivables. En este sentido, se entiende que esta obligación ha de conducir a evitar aquellos sistemas de clasificación que degraden de forma deliberada las ofertas de terceros. Esto es, a la implementación de sistemas de clasificación en los que los parámetros y su ponderación sean los mismos para todas las ofertas, ya provengan del guardián de acceso o de terceros[579].

---

577 Decisión de la Comisión de 27.6.2017 relativa a un procedimiento de conformidad con el artículo 102 del Tratado de Funcionamiento de la Unión Europea y el artículo 54 del Acuerdo sobre el Espacio Económico Europeo [AT.39740 - Google Search (Shopping)].

578 AKMAN, P., "Regulating Competition…", *op. cit.*

579 FLAQUER RIUTORT, J., "Cláusulas de…", *op. cit.*, p. 6; y MONTERO PASCUAL, J. J., *El Reglamento…*, *op. cit.*

CAPÍTULO VIII

Precios personalizados en la contratación en línea

1. PLANTEAMIENTO

El panorama económico está sufriendo una notable revolución fruto de la implementación de los nuevos avances tecnológicos que se está traduciendo en una alteración constante de la forma de promocionar, comercializar y contratar los distintos bienes y servicios[580]. Entre estos avances tecnológicos destaca el uso de *big data* y la aplicación de técnicas de *big data analytics*[581].

En efecto, el uso de *big data* y su tratamiento a través de distintas herramientas basadas en inteligencia artificial está impactando en la operativa propia del tráfico económico, abriendo nuevos horizontes empresariales, engendrando nuevas prácticas comercia-

---

580 MUÑOZ PAREDES, M. L., "El 'big data' y la transformación del contrato de seguro", en VEIGA COPO, A. (Dir.) *Dimensiones y desafíos del seguro de responsabilidad civil*, Madrid, Civitas, Madrid, 2021, p. 1017.

581 El término *big data analytics* hace referencia a un amplio conjunto de métodos computacionales, estadísticos y de visualización utilizados para examinar grandes y variados conjuntos de datos con el propósito de descubrir patrones ocultos, correlaciones desconocidas, tendencias del mercado, preferencias de los clientes y otra información útil que puede ayudar a las organizaciones a tomar decisiones empresariales más informadas. Sobre esta cuestión, *vid.* ZAKIR, J., SEYMOUR, T. y BERG, K., "Big data Analytics", *Issues in Information Systems,* vol. 16, 2015, pp. 81 y ss.; y GOUNDAR, S., BHARDWAJ, A., SINGH, S., SINGH, M. y GURURAJ, H. L., "Big Data and Big Data Analytics: A review of tools and its application", en GOUNDAR, S. y RAYANI, P. K. (Eds.), *Applications of Big Data in Large -and small- Scale Systems,* IGI Global, 2021, pp. 1 y ss.

les y transformando el proceso negocial y la forma de contratar[582]. Esta nueva realidad económica afecta a todos los integrantes de la cadena de suministro, con especial incidencia en su eslabón más débil: los consumidores.

La generalización y creciente extensión de internet permite una elevada interconexión entre personas y dispositivos electrónicos que genera una enorme cantidad de datos que pueden ser recopilados, almacenados y analizados. La existencia de estos datos masivos en red adquiere un valor fundamental para las empresas. Y es que estos datos pueden ser procesados a través de distintas herramientas y programas informáticos basados en inteligencia artificial para anticiparse al comportamiento de los consumidores y descubrir patrones de comportamiento comunes[583]. Este tipo de herramientas permite optimizar los procesos productivos, reducir los costes y segmentar a los consumidores en grupos cada vez más reducidos y homogéneos, ajustando los precios según las circunstancias del mercado[584].

En lo que se refiere a la capacidad de ajustar el precio de los bienes y servicios en función de las circunstancias del mercado, la literatura económica ha identificado tres posibles grados de dis-

---

582 GARCÍA VIDAL, A., “Big data e internet de las cosas. Su impacto en el Derecho de la competencia y de la propiedad industrial e intelectual”, en GARCÍA VIDAL, A. (Dir.), *Big data e internet de las cosas: nuevos retos para el derecho de la competencia y de los bienes inmateriales,* Valencia, Tirant lo Blanch, 2021, pp. 23 y ss.

583 SERRANO CAÑAS, J. M., “Contrato de seguro, big data y actos de discriminación de precios”, en MIRANDA, L. M. y PAGADOR, J. (Dirs.), *Desafíos del regulador mercantil en materia de contratación y competencia empresarial,* Madrid, Marcial Pons, 2021, pp. 538 y 539.

584 ROBLES MARTÍN-LABORDA, A., “Inteligencia artificial y personalización de precios”, en CUENA CASAS, M. e IBÁÑEZ JIMÉNEZ, J. W. (Dirs.), *Perspectiva legal y económica del fenómeno FinTech,* Madrid, Wolters Kluwer, 2021, p. 2 (hemos manejado la versión en línea disponible en la base de datos laleydigital).

criminación de precios[585]. El primer grado se corresponde con la discriminación perfecta de precios, en la que el precio del bien o servicio se ajusta al precio máximo que cada consumidor está dispuesto a pagar, obteniendo así todo el excedente del consumidor. El segundo grado de discriminación se enmarca en un escenario en el que la información sobre el consumidor es imperfecta y en el que el empresario induce a los consumidores a que seleccionen el precio a pagar mediante la fijación de precios diferentes en función de la cantidad o la calidad. Y, por último, el tercer grado de discriminación consiste en la configuración de grupos diferenciados de consumidores con arreglo a sus correspondientes circunstancias y la aplicación de precios distintos a cada grupo.

Pues bien, gracias a la recopilación de los datos explícitos proporcionados por los consumidores y usuarios y de los datos implícitos resultantes de su tratamiento, se puede llegar a conocer con un alto nivel de detalle cuáles son sus gustos, preferencias, capacidad de pago y predisposición a pagar. Los empresarios pueden servirse de una serie de datos, como los derivados de los historiales de búsquedas de los consumidores y usuarios, de sus historiales de compras en línea, de los dispositivos desde los que se conectan a la red o de las ubicaciones desde las que acceden. Y merced a ellos pueden conocer, mediante herramientas basadas en inteligencia artificial, cuáles son los precios más cercanos a la cantidad máxima que cada consumidor está dispuesto a pagar[586]. Así pues, los empresarios tienen en su mano la posibilidad de aplicar precios basados en una discriminación de primer grado.

Esta práctica, que se conoce como personalización de precios, consiste en utilizar los distintos datos recopilados por las empre-

---

585 Esta clasificación se atribuye a PIGOU (Cfr. *The Economics of Welfare*, 4ª ed., London, Macmillan, 1932, pp. 275 y ss.).

586 ANTÓN JUÁREZ, I., "Entre el big data y la inteligencia artificial: ¿la nueva forma de discriminar al consumidor en la era de la data economy?", en OLMEDO, E. y ROBLES, A. (Coords.), *Estudios de la Red Académica de Defensa de competencia (RADC) 2021*, Cizur Menor, Aranzadi, 2022, p. 342.

sas u ofrecidos voluntariamente por los consumidores sobre sus características y conducta a fin de fijar diferentes precios en función de la predisposición a pagar que tenga cada consumidor.

A pesar de las amplias posibilidades que ofrecen el uso de *big data*, no hay muchas evidencias empíricas de la implementación de precios personalizados. Como ejemplo de esta estrategia se cita el caso de la agencia de viajes *Orbitz*. Esta agencia admitió haber mostrado hoteles más caros a los usuarios que accedían a la plataforma desde dispositivos de la marca *Apple*, cuya disposición a pagar se había estimado aproximadamente un 30 por 100 mayor que la de otros usuarios que habían accedido a dicha plataforma a través de dispositivos más económicos[587]. Otro ejemplo de esta práctica puede encontrarse en la asignación de descuentos personalizados a los miembros del club *Waylet* de Repsol, que se lleva a cabo a través de técnicas de microsegmentación *one to one*[588].

Cuestión distinta es la fijación de precios dinámicos. Aunque lo cierto es que la frontera entre los precios dinámicos y los precios personalizados es cada vez más estrecha como consecuencia del empleo de distintas estrategias y herramientas de fijación de precios por parte de las empresas. Los precios dinámicos pueden definirse como aquellos que fluctúan en función de las variaciones en las condiciones de la oferta y/o demanda sobre un bien o servicio[589]. Esta técnica de fijación de precios es aplicada de forma recurrente por las aerolíneas y los hoteles y, últimamente, está

---

587 MATTIOLI, D., "On Orbitz, Mac Users Steered to Pricier Hotels", *The Wall Street Journal*, 23 de agosto de 2012, (disponible en www.wsj.com, consultado el 15 de junio de 2024).

588 AECOC, "Precios personalizados y sus implicaciones", disponible en https://www.aecoc.es/innovation-hub-noticias/precios-personalizados-y-sus-implicaciones/ (consultado el 29 de octubre de 2024).

589 PASTRANA ESPÁRRAGA, M., "Los precios personalizados como práctica anticompetitiva de discriminación mediante uso de algoritmos", en PANIAGUA ZURERA, M. (Dir.), *El sistema jurídico ante la digitalización. Estudios de Derecho Privado*, Valencia, Tirant lo Blanch, 2021, p. 370.

adquiriendo cada vez más relevancia en otros sectores como el de los espectáculos culturales.

En lo que atañe a sus efectos económicos, la personalización de precios puede desembocar en un aumento de la producción y del bienestar general, toda vez que unos consumidores subvencionarían el precio aplicado a otros, que podrían acceder a bienes o servicios a los que no hubieran podido optar de existir precios uniformes. Pero lo cierto es que ese aumento del bienestar general va a depender de la capacidad de la empresa para discriminar y de las condiciones competitivas del mercado[590]. Así, en un contexto en el que el grado de personalización de precios fuera total, el empresario podría extraer todo el excedente de los consumidores, con la consiguiente reducción de su bienestar[591]. Del mismo modo, si la fijación de precios personalizados se llevara a cabo en un mercado competitivo, en el que se también se compitiera en cuanto al acceso del *big data*, su utilización intensificaría la competencia, puesto que los consumidores podrían hacer un arbitraje de precios y cambiar de proveedor[592].

Con todo, no podemos perder de vista que los consumidores suelen reaccionar negativamente a esta política de fijación de precios, al entender que están siendo injustamente discriminados y explotados por los empresarios que exprimen su predisposición al pago[593]. A ello hay que sumar los problemas derivados de la

---

590 GANUZA, J. J. y LLOBET, G., "Precios personalizados en la economía digital", *Papeles de Economía Española,* núm. 157, 2018, p. 82.

591 ROBLES MARTÍN-LABARODA, A., "Inteligencia artificial...", *op. cit.,* p. 6.

592 ALFARO ÁGUILA-REAL, J., "Precios personalizados y discriminación", en *Almacén de Derecho,* 5 de diciembre de 2017, disponible en https://almacendederecho.org/precios-personalizados-discriminacion (consultado el 20 de junio de 2023).

593 LOUREDO CASADO, S., "El posible carácter desleal e injusto de los precios personalizados en internet", *Derecho Digital e Innovación,* núm. 7, 2020, p. 2 (hemos consultado la versión en línea disponible en el portal electrónico laleydigital).

opacidad con la que se fija el precio, ya que los consumidores no suelen conocer cuando se le está aplicando un precio personalizado o diferenciado.

El análisis de la licitud de la práctica consistente en la fijación de precios personalizados ha de partir del principio de libertad de fijación de precios consagrado en nuestro ordenamiento (arts. 17.1 LCD y 13 LOCM)[594]. Esta libertad forma parte del contenido esencial del principio constitucional de la libertad de empresa (art. 38 CE)[595]. Sin embargo, este principio de libertad de fijación de precios está sometido a algunos limites que vienen impuestos, con carácter general, por el Derecho de la competencia, tanto en su dimensión *antitrust* como en su faceta prohibitiva de la deslealtad.

Desde la perspectiva del Derecho de defensa de la competencia o *antitrust,* la fijación de precios personalizados podría ser sancionada como una práctica colusoria (arts. 101 TFUE y 1 LDC) cuando fuera el resultado de un acuerdo entre empresas o de la decisión o recomendación de una asociación de empresas. Del mismo modo, si esta práctica fuera aplicada unilateralmente por una empresa que ocupara una posición de dominio en el mercado, podría ser analizada desde la óptica de los arts. 102 TFUE y 2 LDC con vistas a determinar su carácter abusivo[596].

---

594 BELLIDO, J., "Artículo 16...", *op. cit.* p. 445.

595 PORFIRIO CARPIO, L. J., *La discriminación de consumidores como acto de competencia desleal,* Madrid, Marcial Pons, 2002, p. 110; y GONZÁLEZ PONS, E., "Actos concretos...", *op. cit.*, p. 165.

596 Acerca de esta cuestión, entre otros, ALFARO ÁGUILA-REAL, J., "Precios personalizados...", *op. cit.*; CLAICI, A., "Big data y política de competencia", *Papeles de Economía Española,* núm. 157, 2018, pp. 262 y ss.; ANTÓN JUÁREZ, I., "Marketplaces que personalizan precios a través del big data y de los algoritmos: ¿esta práctica es legal en atención al derecho de la competencia europeo?", *Cuadernos de Derecho Transnacional,* vol. 13. núm. 1, 2021, pp. 60 y ss.; ROBLES MARTÍN-LABORDA, A., "Inteligencia artificial...", *op. cit.*, p. 7 y ss.; y PASTRANA ESPÁRRAGA, M., "Los precios...", *op. cit.*, pp. 365 y ss.

En las siguientes líneas dejaremos a un lado los problemas que la personalización de precios puede generar en el marco del Derecho de defensa de la competencia, para centrarnos en su análisis desde la perspectiva de la disciplina de la deslealtad concurrencial, prestando especial atención a las normas tuitivas de los intereses de los consumidores y usuarios. En este sentido, la lealtad de la fijación de precios personalizados puede ser analizada a la luz de distintos tipos prohibitivos de competencia desleal. En concreto, como acto de discriminación *ex* art. 16.1 LCD, como práctica comercial desleal con los consumidores (arts. 5, 7 y 8 LCD) y como un supuesto de infracción de normas de carácter concurrencial del art. 15.2 LCD.

2. LA PROHIBICIÓN DE LOS ACTOS DE DISCRIMINACIÓN

En rigor, los precios personalizados suponen la fijación de precios distintos para el mismo bien o servicio en función de las características y hábitos de consumo de cada consumidor, lo que conlleva, irremediablemente, una discriminación de precios. En consecuencia, la lealtad de la práctica consistente en la fijación de precios personalizados puede ser analizada a la luz del tipo general prohibitivo de los actos de discriminación regulado en el art. 16.1 LCD.

Este precepto dispone que "(e)l tratamiento discriminatorio del consumidor en materia de precios y demás condiciones de venta se reputará desleal, a no ser que medie causa justificada".

La inserción de la prohibición de los actos de discriminación en la LCD ha sido ampliamente criticada por un amplio sector de la doctrina. Por un lado, se ha señalado que esta disposición encuentra una difícil explicación desde la perspectiva de la tutela institucional del orden concurrencial. Ello es consecuencia de que la prohibición de los actos de discriminación no trata de combatir situaciones de abuso de posición de dominio o de poder de mercado, ni tampoco se orienta a la tutela de los intereses económicos de los consumidores. En su lugar, el fundamento de la prohibición se ha situado en la salvaguarda de intereses de los consumidores de índole fundamentalmente social[597].

Por otro lado, se ha indicado que la aplicación de esta prohibición se encuentra limitada por un argumento de orden técnico, al entender que la finalidad concurrencial de la práctica enjuiciada es un presupuesto necesario para que el tratamiento discriminatorio pueda constituir un acto de competencia desleal. Es decir, que sólo será desleal aquel tratamiento desigual e injustificado que se revele objetivamente idóneo para promover o asegurar la difusión de las prestaciones propias o las de un tercero[598].

Sin embargo, somos de la opinión de que este segundo argumento carece de la relevancia que se le ha otorgado. La razón de ello estriba en que la finalidad concurrencial, unida a la realización del acto en el mercado, constituyen los presupuestos de aplicación de la LCD y no elementos de juicio que coadyuven a concretar la deslealtad del acto o práctica. De esta forma, la finalidad concurrencial debe concurrir en la propia conducta y no en su resultado. Así, es la propia fijación de precios o la adopción de una determinada política de precios la que ha de tener finalidad concurrencial. Y, de hecho, la tiene por ser uno de los principales datos que el consumidor toma en cuenta a la hora de decidir[599]. El resultado ilícito, en cambio, depende de otros factores. En este

---

597 ALONSO SOTO, R., "Supuestos de competencia desleal por venta a pérdida y discriminación", en BERCOVTIZ RODRÍGUEZ-CANO, A. (Coord.), *La regulación contra la competencia desleal en la Ley de 10 de enero de 1991*, Madrid, BOE-Cámara de Comercio e Industria de Madrid, 1992, p. 89; MASSAGUER FUENTES, J., *Comentario a…*, *op. cit.*, p. 471; y BELLIDO, J., "Artículo 16…", *op. cit.*, p. 441.

598 Entre otros, MASSAGUER FUENTES, J., *Comentario a…*, *op. cit.*, p. 471 y 472; PORFIRIO CARPIO, L. J., *La discriminación…*, *op. cit.*, p. 105; ROBLES MARTÍN-LABARODA, A., "Inteligencia artificial…", *op. cit.*, p. 8; y MAROÑO GARGALLO, M. M., "La publicidad…", *op. cit.*, p. 243.

599 Así lo entiende LOUREDO CASADO, S., "El posible…", *op. cit.*, p. 2.

caso, del carácter injustificado de la aplicación de precios diferentes a los mismos productos o servicios.

La conducta típica regulada en el art. 16.1 LCD consiste en la aplicación de un trato discriminatorio en materia de precios y demás condiciones de venta. La discriminación supone proporcionar un trato desigual en las relaciones comerciales a quienes se encuentran en condiciones iguales[600]. En este caso, en la aplicación a los consumidores de condiciones comerciales diferentes, ya sean relativas al precio o a otras condiciones de venta, incluida la propia celebración de la transacción[601].

Ahora bien, este trato diferenciado, para ser discriminatorio, debe carecer de una causa justificada. Y ello por cuanto que la existencia de condiciones o elementos objetivadores de diferenciación hacen viable y justificado el tratamiento desigual[602].

En lo que atañe a su ámbito de aplicación subjetivo, el precepto bajo consideración se refiere de forma expresa a los actos de discriminación que tengan como destinatarios a los "consumidores". Pero lo cierto es que el término consumidor ha de entenderse en sentido amplio, como equivalente a la noción de cliente potencial y, por tanto, es independiente de su actuación en condición consumidora o empresarial. Esta conclusión es la que resulta de su introducción en la primera redacción de la LCD y en el marco de unos tipos generales de deslealtad que no discriminaban en función del sujeto destinatario de la protección. Además, esta es la interpretación que han adoptado los órganos jurisdiccionales en las pocas ocasiones que han aplicado esta disposición[603].

---

600 PORFIRIO CARPIO, L. J., *La discriminación…*, *op. cit.*, p. 95.

601 MASSAGUER FUENTES, J., *Comentario a…*, *op. cit.*, p. 473.

602 BELLIDO, J., "Artículo 16…", *op. cit.*, p. 443.

603 ARROYO APARICIO, A., "Discriminación y …", *op. cit.*, pp. 1492 y 1493; y GONZÁLEZ PONS, E., "Actos concretos…", *op. cit.*, pp. 159 y 160. Otros autores, a nuestro juicio de forma errónea, entienden que el concepto de consumidor ha de corresponderse con el contenido en la normativa de consumo [Cfr. VIDAL MONFERRER, R. M., "Discriminación y dependencia económica", en MARTÍNEZ SANZ, F. (coord.),

Junto a ello, no puede desconocerse que el art. 16.1 LCD no se ha visto alterado por la reforma operada por la Ley 29/2009 para introducir el régimen previsto en la DPCD. Igualmente, el art. 19 LCD, al abrir el Capítulo III, indica que únicamente tendrán la consideración de prácticas comerciales desleales con los consumidores y usuarios las previstas en el capítulo III y en los artículos 4, 5, 7 y 8 de la LCD. Por consiguiente, puede concluirse que el art. 16.1 LCD no constituye una práctica desleal con los consumidores y queda fuera del régimen armonizado de la DPCD. Y es que el art. 19 LCD sólo se refiere a aquellas prácticas que, teniendo como destinatarios a los consumidores y usuarios, atenten contra sus intereses económicos.

Así pues, el art. 16.1 LCD ni está dirigido exclusivamente a la protección de los consumidores y usuarios *stricto sensu*, ni se orienta a la tutela de sus intereses económicos. Ciertamente, este precepto no trata de preservar la libertad y autonomía decisional y negocial de los consumidores, sino que su finalidad estriba en la defensa de los intereses sociales de los consumidores (*rectius* clientes), entre los que puede incluirse el aseguramiento de la igualdad de oportunidades en el acceso a las distintas prestaciones como manifestación de la dignidad de la persona[604].

Como ya se ha puesto de manifiesto, la aplicación de condiciones comerciales desiguales a la clientela no es desleal *per se*. Para ser reputada desleal debe carecer de justificación. Ello implica la necesidad de comprobar si la práctica consistente en la aplicación de precios o condiciones de venta diferentes tiene como base unas circunstancias objetivas que la justifiquen. Estas circunstancias o elementos objetivadores de la diferenciación pueden concretarse en los siguientes[605]:

Comentario práctico a la Ley de competencia desleal, Madrid, Tecnos, 2009, p. 276].

604 MASSAGUER FUENTES, J., *Comentario a...*, *op. cit.*, p. 471; y PORFIRIO CARPIO, L. J., *La discriminación...*, *op. cit.*, pp. 151 y ss.

605 Esta concreción se debe a PORFIRIO CARPIO, L. J., *La discriminación...*, *op. cit.*, pp. 97 y ss.

En primer lugar, la existencia de desigualdad de supuestos de hecho, toda vez que la disparidad de situaciones permite un tratamiento diferenciado conforme al principio de igualdad. Consecuentemente, la persona que alegue la discriminación debe aportar un *tertium comparationis* o un parámetro válido para la comparación que avale la igualdad de supuestos que funda la discriminación. Si no se aporta ese término de comparación válido habrá de entenderse que existe una disparidad de supuestos de hecho y que, por tanto, el trato diferenciado está justificado.

En segundo lugar, la determinación y razonabilidad de la finalidad perseguida con la medida diferenciadora. Esto es, que el trato diferenciado entre clientes responda a un propósito determinado y razonable. Así se exige por cuanto que no es admisible otorgar a los clientes un tratamiento diferenciado de forma gratuita. La aplicación de un trato desigual debe perseguir una finalidad incardinada en el marco de la actividad y en los objetivos propios de la empresa. Ahora bien, ello no quiere decir que deba ser una finalidad concurrencial, puesto que la empresa puede tener objetivos que no deben conducir necesariamente a asegurar o promover la difusión de las prestaciones propias (por ejemplo, de carácter social, medioambiental o de promoción de intereses diversos). La medida de diferenciación que revele una finalidad ajena a la actividad y objetivos de la empresa ha de entenderse, en esta sede, como discriminatoria por carecer de una finalidad válida a estos efectos.

En tercer lugar, la congruencia entre el tratamiento diferenciado y la finalidad perseguida con su adopción. Esto es, ha de apreciarse una conexión efectiva entre el trato desigual que se impone, el hecho que lo justifica y la finalidad que se persigue.

Y, por último, la proporcionalidad en la diferenciación de trato. Esto significa que el tratamiento desigual dado a unos y a otros clientes ha de guardar una correspondencia con la finalidad perseguida y no ser excesivamente gravoso para unos u otros clientes.

En lo que aquí interesa, la personalización de precios basada en la predisposición al pago de los consumidores puede calificarse como una práctica de diferenciación objetiva y justificada. Así lo entendemos por cuanto que, aun consistiendo en un tratamiento discriminatorio para los consumidores, se basa en una diferenciación de supuestos de carácter objetivo y determinable (el poder adquisitivo o la capacidad de pago), responde a una finalidad cierta e incardinada en los objetivos de la empresa (por ejemplo, la maximización de beneficios o el incremento de la demanda), la medida adoptada (la fijación de precios distintos para consumidores con capacidad de pago diferente) es congruente a la finalidad perseguida (esa maximización de beneficios o el incremento de la demanda) y puede considerarse proporcionada siempre que la diferencia de precios se adecúe a la distinta capacidad de pago de los consumidores y no sea excesiva (lo que podría acontecer, por ejemplo, cuando se vendiera a pérdida a un porcentaje considerable de clientes y se extrajera esa diferencia de un porcentaje reducido de la clientela).

En idéntico sentido parece entenderlo el legislador comunitario. Así lo reconoce de forma expresa en algunas de sus últimas iniciativas legislativas. Por un lado, la DCDSFC admite en su Considerando 27 que "(a)lgunos comerciantes emplean la toma de decisiones automatizada para diferenciar los precios entre diferentes grupos de consumidores y, en algunos casos, los precios se adaptan a la sensibilidad singular que demuestre el consumidor ante el precio". Por otro lado, y de forma más contundente, el Considerando 45 de la Directiva (UE) 2019/2161 afirma que "(l)os comerciantes *pueden personalizar* el precio de sus ofertas para determinados consumidores o determinadas categorías de consumidores basándose en la toma de decisiones automatizada y la elaboración de perfiles del comportamiento de los consumidores, *lo que permite a los comerciantes evaluar el poder adquisitivo del consumidor*"[606].

---

[606] La cursiva es nuestra.

3. LAS PRÁCTICAS COMERCIALES DESLEALES CON LOS CONSUMIDORES

La fijación por parte del empresario de precios diferenciados en función de la estimación sobre la disposición a pagar de cada consumidor supone, sin duda, una práctica con finalidad concurrencial desarrollada en el mercado. Pero, además, puede calificarse como una práctica comercial en relación con los consumidores, toda vez que esta estrategia de fijación de precios constituye una actuación realizada por un empresario y directamente relacionada con la promoción, la venta o el suministro de bienes o servicios a los consumidores [art. 2.d) DPCD y art. 19.2 TRLGD].

En consecuencia, la lealtad de esta práctica, descartada su inclusión en alguna de las conductas consideradas desleales en todo caso y en cualquier circunstancia previstas en el Capítulo III LCD, ha de ser examinada a la luz de los tipos generales de actos de engaño, omisiones engañosas y prácticas agresivas (arts. 5, 7 y 8 LCD respectivamente).

Comenzando con las prácticas agresivas, la fijación de precios en función de la disposición a pagar presunta de cada consumidor no parece que integre un supuesto de coacción, acoso o influencia indebida de acuerdo con lo dispuesto en el art. 8 LCD. A través de este precepto trata de garantizarse que los consumidores puedan adoptar sus decisiones económicas de forma plenamente libre, sin que exista ningún tipo de intimidación o presión[607]. Y no puede inferirse que el establecimiento de precios personalizados suponga una injerencia indebida en la autonomía de decisión del consumidor. La mencionada práctica no induce de forma efectiva o potencial a decidir para evitar una situación peligrosa, embarazosa o simplemente incomoda; no se encamina la consecución de decisiones insuficientemente meditadas; y tampoco empuja a sus

---

607 RUIZ PERIS, J. I., "Una reforma...", *op. cit.*, p. 21; ARROYO APARICIO, A., "Artículo 8...", *op. cit.*, p. 212; y DÍEZ BAJO, A., "Artículo 8 LCD...", *op. cit.*, pp. 210 y 211.

destinatarios a abandonar reclamaciones o peticiones con el fin de evitar los costes de transacción que llevan implícitos.

Otra cosa distinta puede suceder en relación con la práctica consistente en la fijación de precios dinámicos en la que se aumenta el precio del bien durante el proceso de reserva (por ejemplo, mediante la colocación en el carro de la compra virtual) sin darle un plazo razonable para completar la operación. Esta práctica es susceptible de empujar al consumidor a contratar bajo la amenaza de nuevas subidas del precio. De forma que podría ser reputada como desleal a la luz del art. 8 LCD.

En lo que concierne a los actos de engaño, el art. 5 LCD considera desleal por engañosa "cualquier conducta que contenga información falsa o información que, aun siendo veraz, por su contenido o presentación induzca o pueda inducir a error a los destinatarios, siendo susceptible de alterar su comportamiento económico, siempre que incida sobre... e) El precio o su modo de fijación, o la existencia de una ventaja específica con respecto al precio". Pero lo cierto es que, en los casos de fijación de precios personalizados, al consumidor se le proporciona información sobre el precio que va a pagar por un determinado bien o servicio y sobre la base de esa información decide si contratar o no. No hay ni información falsa, ni información susceptible de inducir a error. De modo que no podemos hablar de actos de engaño cuando al consumidor se le presenta información veraz sobre el precio de una concreta operación.

El problema que plantea la fijación de precios personalizados radica en el hecho de que el consumidor no es consciente de que el precio que se le proporciona está fijado en función de su capacidad de pago y que ello responde a un perfil basado en su conducta y características personales. Ahora bien, esta situación no atentaría contra el principio de veracidad que trata de garantizarse a través de la prohibición de los actos de engaño. Nos encontraríamos, en su lugar, ante un supuesto de falta de información necesaria o sustancial sancionado a través de la prohibición de las omisiones engañosas establecida en el art. 7.1 LCD.

Este precepto considera desleal la omisión u ocultación de la información necesaria para que el destinatario adopte o pueda adoptar una decisión relativa a su comportamiento económico con el debido conocimiento de causa. La LCD configura las omisiones engañosas por referencia a la información sustancial que no se proporciona al consumidor en relación con los bienes o servicios que se ofrecen en el mercado, lo que le lleva a adoptar una decisión sobre su comportamiento económico que no habría adoptado de contar con dicha información. Así pues, la omisión u ocultación de información será desleal cuando venga referida a aquella información que sea necesaria (o sustancial, en palabras de la DPCD) para que el consumidor adopte o pueda adoptar una decisión relativa a su comportamiento económico con el debido conocimiento de causa.

La información será necesaria o sustancial cuando se refiera a los datos básicos que objetiva y típicamente el consumidor medio toma en cuenta para adoptar sus decisiones económicas. Nos encontramos ante un concepto jurídico indeterminado que debe concretarse caso por caso. Para ello, habrán de tomarse en consideración las distintas circunstancias concurrentes en el contexto fáctico en el que se desarrolla la práctica y, en particular, la naturaleza y características de los productos o servicios promocionados, el medio o espacio de realización de la práctica, y las circunstancias particulares del grupo de consumidores a los que se dirige[608].

En el caso que aquí nos ocupa, la información omitida no sería el precio en sí mismo considerado, sino el hecho de que el precio ofrecido por el empresario se ha fijado en función de las características personales y los hábitos comerciales del consumidor. En consecuencia, será necesario valorar si, a la luz de las distintas circunstancias concurrentes en el supuesto concreto, esta información puede ser calificada como necesaria o sustancial.

---

[608] MASSAGUER FUENTES, J., *El nuevo…*, *op. cit.*, p. 126; y MORALEJO MENÉNDEZ, I., “Artículo 7...”, *op. cit.*, p. 168.

En determinados supuestos el legislador aclara lo que ha de entenderse por información necesaria o sustancial. Por un lado, conforme al at. 7.5 DPCD, se consideran sustanciales "los requisitos establecidos por el Derecho comunitario en materia de información relacionados con las comunicaciones comerciales, con inclusión de la publicidad o la comercialización, de los que el anexo II contiene una lista no exhaustiva". De acuerdo con el art. 19.4 TRLGDCU, estos requisitos de información son los contenidos en las normas sobre medicamentos, etiquetado, presentación y publicidad de los productos, indicación de precios, aprovechamiento por turno de bienes inmuebles, crédito al consumo, comercialización a distancia de servicios financieros destinados a consumidores, comercio electrónico, inversión colectiva en valores mobiliarios, y normas de conducta en materia de servicios de inversión, oferta pública o admisión a cotización de valores y seguros, incluida la mediación.

En esta sede, adquiere especial relevancia lo dispuesto en el nuevo art. 16 bis DDC. Este precepto, introducido por la DCDS-FC, establece los requisitos de información precontractual que deben proporcionar los empresarios que celebren contratos a distancia de servicios financieros con consumidores. Entre estos requisitos de información precontractual destaca la indicación de "de que el precio ha sido personalizado basándose en una toma de decisiones automatizada" [art. 16 bis 1.i) DDC].

De esta forma, en el ámbito de la contratación a distancia de servicios financieros con consumidores, la omisión de este dato "será considerado en todo caso práctica desleal por engañosa, en iguales términos a lo dispuesto en el artículo 19.2 de la Ley 3/1991, de 10 de enero, de Competencia Desleal, en relación con las prácticas engañosas reguladas en los artículos 20 a 27 de dicha ley" (art. 19.4 TRLGDCU). No será necesario, por tanto, constatar la susceptibilidad de la práctica para alterar el comportamiento económico del consumidor medio. Nos encontramos, una vez más, ante una incorporación defectuosa y contraria a la DPCD, por cuanto que tipifica una nueva práctica desleal en todo caso y en cualquier circunstancia, yendo más allá de las posibilidades de incorporación que permite la DPCD.

Por otro lado, el legislador delimita cuál es la información necesaria que ha de proporcionarse en lo que respecta a las prácticas comerciales que incluyan información sobre las características del bien o servicio y su precio, posibilitando que el consumidor tome una decisión sobre la contratación (art. 20.1 TRLGDCU). En particular, deberá informarse al consumidor sobre "(e)l precio final completo, incluidos los impuestos, desglosando, en su caso, el importe de los incrementos o descuentos que sean de aplicación a la oferta y los gastos adicionales que se repercutan al consumidor o usuario". De ahí que, en principio, la personalización del precio no se considere *per se* un dato relevante en toda oferta de bienes y servicios.

Sin embargo, ello no quiere decir que, en determinadas circunstancias, la información sobre el hecho de que el precio ha sido personalizado atendiendo a las características personales del consumidor pueda constituir una información relevante en el sentido del art. 7 LCD.

Los últimos desarrollos normativos en materia de protección de los consumidores parecen encaminarse en esta dirección. Así, junto al ya mencionado art. 16 bis DDC relativo a la información precontractual en el ámbito de la contratación a distancia de servicios financieros, la Directiva (UE) 2019/2161 incorpora una nueva letra e bis al art. 6.1 DDC regulador de los requisitos de información precontractual de los contratos celebrados a distancia y fuera del establecimiento mercantil. Con esta modificación, se introduce la obligación de informar al consumidor de forma clara, comprensible y accesible, y antes de que quede vinculado contractualmente, sobre el hecho de "que el precio ha sido personalizado basándose en la toma de decisiones automatizadas".

Más adelante nos detendremos en el análisis de estas disposiciones, pero en este momento parece adecuado destacar las declaraciones contenidas en el Considerando 45 de la Directiva (UE) 2019/2161. En ellas se afirma que "cuando el precio que se ofrezca a los consumidores esté personalizado en función de una toma de decisión automatizada, se les debe informar claramente de ello, a fin de que puedan tener en cuenta los riesgos potenciales de su decisión de compra".

De estas declaraciones parece inferirse que el legislador concibe la información sobre la personalización de precios como un dato relevante o sustancial que los consumidores toman en consideración a la hora de adoptar sus decisiones económicas. De modo que, en las relaciones con consumidores, la omisión de este dato podría dar lugar a su calificación como desleal en virtud de lo dispuesto en el art. 7.1 LDC, lo que lógicamente exigiría atender a las distintas circunstancias concurrentes.

En apoyo de esta solución pueden esgrimirse las declaraciones contenidas en el Considerando 15 DPCD. En él se afirma que "(e) n los casos en que el Derecho comunitario establece requisitos de información relacionados con las comunicaciones comerciales, la publicidad y la comercialización, esa información se considera sustancial con arreglo a la presente Directiva". Además, la lista de requisitos en materia de información que se consideran sustanciales a estos efectos contenida en el anexo II DPCD es una lista no exhaustiva (art. 7.5 DPCD). Consecuentemente, el contenido de la información que exigen estos nuevos requisitos previstos en la normativa comunitaria tuitiva de los consumidores ha de entenderse como sustancial o necesaria a los efectos de los arts. 7.5 DPCD y 7.1 LCD, toda vez que se trata de información que puede incardinarse en el ámbito de las comunicaciones comerciales y de la comercialización.

Como corolario de lo anterior, puede sostenerse que ni la LCD ni la DPCD impiden a los empresarios personalizar sus precios sobre la base del seguimiento y la elaboración de perfiles en línea. Pero tanto la LCD como la DPCD exigen que se informe adecuadamente sobre ello, de manera que el consumidor pueda conocer que el precio ofertado ha sido personalizado sobre la base de decisiones automatizadas[609].

La problemática que rodea la personalización de precios en las relaciones de consumo se reduce, por tanto, a una cuestión de información. La mera personalización de precios y los criterios que el empresario tenga en cuenta a la hora de fijar el precio de los productos o servicios es una cuestión que queda al margen de los intereses económicos protegidos por el régimen consumerista de la LCD, en tanto que no afecta a la autonomía y racionalidad de sus decisiones económicas. En cambio, el conocimiento o desconocimiento de esa personalización sí puede afectar a esos intereses económicos. De ahí que, agotado el enjuiciamiento de la posible deslealtad de la personalización de precios con el examen de su posible deslealtad a la luz de la prohibición de las omisiones engañosas, no procede analizar su licitud al amparo de la vertiente consumerista de la cláusula general prohibitiva de la deslealtad contemplada en el inciso segundo del art. 4.1 LCD.

4. LA INFORMACIÓN PRECONTRACTUAL EN LOS CONTRATOS CELEBRADOS A DISTANCIA Y LA PERSONALIZACIÓN DE PRECIOS

Como ha podido comprobarse, el legislador comunitario ha tomado consciencia de las posibilidades que los avances tecnológicos y los nuevos canales digitales de comercialización y contratación brindan a los empresarios a la hora de determinar su estrategia de fijación de precios. Por esta razón, ha adoptado algunas medidas tendentes a combatir los efectos perjudiciales que la fijación de precios personalizados puede producir. Y lo ha hecho fundamentalmente a través de la incorporación de nuevos debe-

---

609 *Guía sobre la interpretación y la aplicación de la Directiva 2005/29/CE del Parlamento Europeo y del Consejo relativa a las prácticas comerciales desleales de las empresas en sus relaciones con los consumidores en el mercado interior*, en *DOUE*, C-526, 29 de diciembre de 2021, pp. 102 y 103.

res de información precontractual a cargo de los empresarios en el ámbito de la contratación a distancia con consumidores.

Como ya se ha adelantado, el art. 4 de la Directiva (UE) 2019/2161 inserta en el art. 6.1 de la DDC una nueva letra e bis). En ella se incluye, entre los deberes de información precontractual a cargo de los empresarios en los contratos celebrados a distancia y fuera del establecimiento mercantil, la necesidad de informar de forma clara, comprensible, accesible y tempestiva sobre el hecho de que "el precio ha sido personalizado basándose en la toma de decisiones automatizadas".

Ciertamente, este requisito de información adquiere relevancia práctica en aquellos contratos celebrados en línea que incluyan la toma de decisiones automatizadas y la elaboración de perfiles del comportamiento de los consumidores a fin de alcanzar la personalización del precio para determinados consumidores o categorías específicas de estos.

Sin embargo, este requisito de información no se aplica cuando se empleen técnicas "como la fijación de precios «dinámica» o «en tiempo real» que implican la alteración del precio de forma extremadamente flexible y rápida en respuesta a la demanda del mercado cuando dichas técnicas no impliquen una personalización basada en la toma de decisiones automatizada" [Considerando 45 de la Directiva (UE) 2019/2161]. Tampoco se aplica cuando la diferencia de precios se deba a variaciones en los impuestos o en los gastos aplicables, ni cuando existan reducciones del precio que se aplican de forma general y no se dirigen a un individuo específico o a un grupo concreto seleccionado mediante la elaboración automatizada de perfiles.

Esta disposición tiene como finalidad que los consumidores estén informados de manera clara y destacada del hecho de que se están utilizando herramientas de personalización de precios, de forma que puedan tener en cuenta los riesgos potenciales de la operación. Así, la información que el empresario debe facilitar se centra únicamente en el hecho de la personalización. En consecuencia, parece que, en principio, basta con informar de que el precio ha sido personalizado sobre la base de decisiones automatizadas, pero sin necesidad de añadir nada más. Por ello, es lógico dudar de la efectividad de esta medida.

A nuestro juicio, para que este requisito de información fuera efectivo sería necesario, además, que se añadiera información sobre el principal o los principales parámetros que han determinado la personalización del precio. O al menos, de que el precio se ha personalizado atendiendo a la predisposición al pago del consumidor. Y es que no es lo mismo informar al consumidor de que el precio que se ofrece ha sido personalizado que comunicarle que el precio ofertado responde a decisiones automatizadas basadas en su capacidad o predisposición al pago.

Como es natural, no se trata de desvelar el funcionamiento del algoritmo o del software de fijación de precios, ni el peso específico de cada una de las variables empleadas. Ello no sólo sería desproporcionado y podría vulnerar los derechos de propiedad industrial e intelectual del empresario, así como, en su caso, el correspondiente secreto empresarial. Si no que, además, la complejidad técnica y terminológica de esta materia podría hacer difícil que el usuario llegara a comprender con claridad la información suministrada y el alcance del sistema de fijación de precios utilizado[610].

Ahora bien, en el caso de que se optara por proporcionar una información más detallada ha de tenerse en cuenta que la información suministrada al consumidor ha de ser clara y comprensible. De modo que no se cumpliría con el requisito de información cuando se proporcionara información compleja sobre el funcionamiento del algoritmo o el sistema informático de personalización de precios. Y ello por cuanto que este requisito de información, al igual que el resto de requisitos establecidos en el art. 6 DDC, debe adecuarse a los principios de claridad, comprensibilidad, accesibilidad y carácter tempestivo.

---

610 SÁENZ DE JUBERA HIGUERO, B., "Retos jurídicos de la inteligencia artificial en el ámbito del consentimiento contractual: una aproximación general", *Revista de Derecho Civil*, vol. X, núm. 2, 2023, pp. 41 y ss.

Así pues, esta información debe proporcionarse al consumidor en el momento en el que se ofrece el precio personalizado, mediante un aviso en un lugar destacado en el que se indique al consumidor de forma clara y comprensible esta circunstancia. Esta información debe proporcionarse antes de cada transacción y no basta con su inclusión como parte de la información general sobre la política de privacidad del empresario[611].

Este requisito se entiende sin perjuicio de lo dispuesto en el RGPD, que prevé, entre otros, el derecho del individuo a no ser objeto de decisiones individuales automatizadas, incluida la elaboración de perfiles [Considerando 45 de la Directiva (UE) 2019/2161]. Y es que la fijación de precios personalizados puede estar sujeta a las normas específicas sobre decisiones automatizadas del artículo 22 RGPD, así como a las obligaciones de información previstas en sus artículos 12 a 14[612].

Este requisito de información ha sido incorporado a nuestro ordenamiento en la letra f) del art. 97.1 TRLGDCU. Pero es necesario destacar que su incumplimiento no lleva aparejadas consecuencias contractuales específicas. El TRLGDCU guarda silencio sobre este extremo. De ahí que haya de buscarse la solución en la normativa general del propio TRLGDCU y del CC.

Así, en el caso de información falsa o inexacta, las declaraciones precontractuales pueden integrar el contenido del contrato conforme a los arts. 61.2 y 116.1 TRLGDCU. Y, fuera de los casos particulares previstos por la normativa sectorial, el incumplimiento de estos deberes de información únicamente podría dar lugar

---

611 *Comunicación de la Comisión Directrices sobre la interpretación y la aplicación de la Directiva 2011/83/UE del Parlamento Europeo y del Consejo sobre los derechos de los consumidores (2021/C 525/01)*, en *DOUE*, C-525, de 29 de diciembre de 2021, p. 36.

612 *Vid. supra* VI.3.2.1.

a responsabilidad precontractual por culpa *in contrahendo* o a la responsabilidad *ex* art. 1101 CC[613].

Sin embargo, este incumplimiento no autoriza al consumidor a solicitar la nulidad o anulabilidad del contrato. Esta posibilidad está reservada únicamente a aquellos casos en los que el incumplimiento de estos deberes de información diera lugar a un vicio del consentimiento[614], pues esta regulación está llamada a integrar (que no a sustituir) los supuestos de hecho de otras normas[615].

A pesar de lo anterior, el incumplimiento de esta disposición, además de constituir una infracción en materia de defensa de los consumidores y usuarios [art. 47.1.t) TRLGDCU], podría constituir un acto de competencia desleal por infracción de normas concurrenciales *ex* art. 15.2 LCD.

Este precepto dispone que tendrá "la consideración de desleal la simple infracción de normas jurídicas que tengan por objeto

---

613 Entre otras, SSTS (Sala Primera) 677/2016, de 16 de noviembre (TOL5.892.652); 62/2019, de 31 de enero (TOL7.028.870); 165/2020, de 11 de marzo (TOL7.861.291); 57/2021, de 8 de febrero (TOL8.319.160); y 217/2022, de 21 de marzo (TOL8.893.137).

614 Sin embargo, el TS ha señalado de forma reiterada que "(p)or sí mismo, el incumplimiento de los deberes de información no conlleva necesariamente la apreciación de error vicio, pero no cabe duda de que la previsión legal de estos deberes, que se apoya en la asimetría informativa que suele darse en la contratación de estos productos financieros con clientes minoristas, puede incidir en la apreciación del error" [entre otras, SSTS (Sala Primera) 840/2013, de 20 de enero (TOL4.103.965); 323/2015, de 30 de junio (TOL5.199.700); 688/2015, de 15 de diciembre (TOL5.632.662); y 480/2016, de 13 de julio (TOL5.780.292)].

615 PERTÍÑEZ VILCHEZ, F., "Información precontractual obligatoria, error, prácticas comerciales desleales", en CARRASCO PERERA, A. (Dir.), *Tratado de la compraventa. Homenaje a Rodrigo Bercovitz*, t. I, Cizur Menor, Aranzadi, 2013, p. 382; y PEÑA LÓPEZ, F. y COLLADO-RODRÍGUEZ, N., "Técnicas especiales de distribución o venta al consumidor de bienes y servicios", en BUSTO LAGO, J. M., ÁLVAREZ LATA, N. y PEÑA LÓPEZ, F., *Reclamaciones de consumo*, Cizur Menor, Aranzadi, 4ª ed., 2020, pp. 719 y 720.

la regulación de la actividad concurrencial". Dentro de esta categoría de normas han de incluirse aquellas que configuran o modelan de forma directa la estructura del mercado y las estrategias y conductas propiamente concurrenciales de los agentes que operan en él, dirigidas a promover o asegurar la difusión de las prestaciones propias o ajenas. Y el art. 97 TRLGDCU, en tanto que regulador de la información que el empresario debe proporcionar a los consumidores antes de la celebración de un contrato a distancia o fuera del establecimiento mercantil, debería recibir a nuestro juicio la consideración de norma concurrencial[616].

De esta forma, la mera acreditación de la infracción de esta norma determinaría la deslealtad de la conducta. No obstante, el infractor podría evitar el reproche de deslealtad si demostrara que la trasgresión de la norma no le ha reportado una ventaja competitiva en el mercado o que esa ventaja competitiva no es de suficiente entidad como para falsear su estructura competitiva produciendo una alteración significativa en la oferta de bienes o servicios.

En términos similares a los establecidos en los arts. 6.1.e bis) DDC y 97.1.f) TRLGDCU, la DCDSFC ha incorporado a la DDC un nuevo art. 16 bis, donde se introduce como requisito de información precontractual en la contratación a distancia de servicios financieros con consumidores la indicación "de que el precio ha sido personalizado basándose en una toma de decisiones automatizada".

De acuerdo con este precepto, el empresario debe proporcionar esta información precontractual con suficiente antelación al momento en que el consumidor quede vinculado por un contrato a distancia o cualquier otra oferta correspondiente. Esta información habrá de proporcionarse en soporte duradero y presentarse de una manera fácil de leer.

---

616 De la misma opinión, aunque en relación con la información precontractual relativa a las reseñas en línea, es MIRANDA SERRANO (Cfr. "Prácticas desleales...", *op. cit.*, pp. 236 y ss.).

Esta información puede organizarse por niveles cuando se proporcione por vía electrónica. A través de esta técnica, los consumidores podrán encontrar en el nivel superior los temas principales, que pueden ampliarse al pinchar sobre ellos, de modo que los consumidores son dirigidos a una presentación más detallada de la información pertinente. Así, el consumidor dispondrá de toda la información necesaria en un solo lugar, manteniendo al mismo tiempo el control sobre lo que debe revisar y cuándo. Además, los consumidores deben tener la posibilidad de descargar todo el documento de información precontractual y guardarlo como documento independiente.

Sin embargo, la DCDSFC no se refiere a las consecuencias jurídico-privadas derivadas del incumplimiento de estos deberes de información precontractual. Únicamente señala que se hacen extensivas a los contratos de servicios financieros celebrados a distancia las normas sobre ejecución y sanciones previstas en la DDC. Habrá que ver si se mantiene (aunque parece que no será así) la sanción de nulidad contractual prevista en el actual art. 9.4 LCDSFC. En cualquier caso, el incumplimiento del deber de informar sobre el hecho de que el precio ha sido personalizado sobre la base de decisiones automatizadas podrá dar lugar a la declaración de deslealtad de la omisión de información, así como al supuesto de infracción de normas concurrenciales *ex* art. 15.2 LCD.

Como puede comprobarse, el legislador ha recurrido una vez más a los mecanismos de información para hacer frente a los problemas ocasionados por el desigual poder de negociación propio de las relaciones de consumo. En este caso, mediante la imposición de unos deberes de información precontractual a cargo de los empresarios que fijen precios personalizados en la contratación a distancia con consumidores. Sin embargo, entendemos que esta regulación puede resultar insuficiente por diversos motivos.

En primer lugar, por el limitado alcance de la información que deben proporcionar los empresarios que fijen precios personalizados. Únicamente, se impone el deber de informar sobre el hecho de que "el precio ha sido personalizado basándose en una toma de decisiones automatizada". Esta circunstancia, sin ninguna especificación adicional (como el que la personalización se basa en la capacidad de pago del consumidor), no es suficiente para que el consumidor pueda formarse una idea sobre las implicaciones de la personalización y sobre los riesgos de su decisión económica.

En segundo lugar, por la dificultad que entraña el hecho de saber cuándo el precio ha sido personalizado. Y es que si no lo revela el propio empresario difícilmente podremos conocer dicha circunstancia. Si no existe ningún organismo o instancia que se ocupe de comprobar como los empresarios fijan el precio, quedamos en sus manos para conocer este extremo. Únicamente podremos conocer que el precio no es el mismo para un consumidor y para otro, pero ello puede responder a la fijación de precios dinámicos (excluidos de la aplicación de la norma sobre información precontractual). Y, una vez más, deberá ser el empresario quien informe sobre ese extremo.

Y, en tercer lugar, por la falta de remedios individuales a disposición de los consumidores. Como hemos podido comprobar, el incumplimiento de este deber de información no lleva a aparejado el reconocimiento de remedios negociales específicos. Además, y como es habitual, el consumidor tampoco puede influir en el precio personalizado que se le ofrece o renegociar el precio. Sólo podrá elegir entre contratar o no contratar a ese precio, pero no puede modificar el sistema de fijación de precios. De modo que la información sobre los precios personalizados resulta de escasa utilidad a aquellos consumidores que no disponen de alternativas razonables.

Bibliografía

ADOMAVICIUS, G., y TUZHILIN, A., "Personalization technologies: A process-oriented perspective", *Communications of the ACM*, vol. 48, núm. 10, 2005, pp. 83 y ss.

AGUSTINOY GUILAYN, A. y MONCLÚS RUIZ, J., *Aspectos legales de las redes sociales*, Madrid, Wolters Kluwer, 2019.

AKMAN, P., "Regulating Competition in Digital Platform Markets: A Critical Assessment of the Framework and Approach of the EU Digital Markets Act", *European Law Review*, vol. 47, núm. 1, 2022 disponible en https://ssrn.com/abstract=3978625 (consultado el 7 de febrero de 2024).

ALBA CAMPOS, R. N., "Transparencia en los contratos entre establecimientos hoteleros y plataformas de intermediación", *Diario La Ley*, núm. 10342, 2023 (hemos consultado la versión en línea disponible en el portal electrónico laleydigital).

ALFARO ÁGUILA-REAL, J., "Competencia desleal por infracción de normas", *Revista de Derecho Mercantil*, núm. 202, 1991, pp. 667 y ss.

– "Precios personalizados y discriminación", en *Almacén de Derecho*, 5 de diciembre de 2017, disponible en https://almacendederecho.org/precios-personalizados-discriminacion (consultado el 20 de junio de 2023).

ALONSO SOTO, R., "Supuestos de competencia desleal por venta a pérdida y discriminación", en BERCOVTIZ RODRÍGUEZ-CANO, A. (Coord.), *La regulación contra la competencia desleal en la Ley de 10 de enero de 1991*, Madrid, BOE-Cámara de Comercio e Industria de Madrid, 1992, pp. 81 y ss.

– "El falseamiento de la libre competencia por actos desleales", en DÍEZ-PICAZO, L. (Coord.), *Estudios Jurídicos en Homenaje al Profesor José María Miquel*, Vol. 1, Cizur Menor, Aranzadi, 2014, pp. 269 y ss.

ALTZELAI ULIONDO, I., "Hacia unos mercados disputables y equitativos más allá del Derecho de la competencia en la Unión Europea", *Revista de Derecho Comunitario Europeo*, núm. 74, 2023, disponible en https://recyt.fecyt.es/index.php/RDCE/article/view/93981/72625 (consultado el 6 de junio de 2024).

ANTÓN JUÁREZ, I., "Marketplaces que personalizan precios a través del big data y de los algoritmos: ¿esta práctica es legal en atención al Derecho de la competencia europeo?, *Cuadernos de Derecho Transnacional*, vol. 13, núm. 1, 2021, pp. 42 y ss.

– "Entre el big data y la inteligencia artificial: ¿la nueva forma de discriminar al consumidor en la era de la data economy?", en OLMEDO, E. y RO-

BLES, A. (Coords.), *Estudios de la Red Académica de Defensa de competencia (RADC) 2021*, Cizur Menor, Aranzadi, 2022, pp. 339 y ss.

ARROYO APARICIO, A., "Artículo 8. Prácticas agresivas", en BERCOVITZ RODRÍGUEZ-CANO, A. (Dir.), *Comentarios a la Ley de Competencia Desleal*, Cizur Menor, Aranzadi, 2011, pp. 197 y ss.

– "Discriminación y dependencia económica", en GARCÍA-CRUCES GONZÁLEZ, J. A. (Dir.), *Tratado de Derecho de la competencia y de la publicidad*, Valencia, Tirant lo Blanch, 2014, pp. 1473 y ss.

ASENSI MERÁS, A., "La licitud de la publicidad a través de influencers o líderes de opinión en redes sociales", *Actas de Derecho Industrial*, t. 39, 2018-2019, pp. 321 y ss.

– "Los riesgos asociados a las plataformas digitales de financiación participativa derivados de la privacidad y la protección de datos personales en el mercado", *Revista de Derecho del Sistema Financiero*, núm. 3, 2022, pp. 151 y ss.

AUTOCONTROL, *Código de conducta sobre el uso de influencers en la publicidad*, 2020, disponible en https://www.autocontrol.es (consultado el 4 de septiembre de 2024).

ÁVILA DE LA TORRE, A., "Artículo 26. Prácticas comerciales encubiertas", en BERCOVITZ RODRÍGUEZ-CANO, A. (Dir.), *Comentarios a la Ley de competencia desleal*, Cizur Menor, Aranzadi, 2011, pp. 733 y ss.

AZEVEDO DE AMORIM, A. C., "Avaliações e recomendações de consumidores: as novas práticas comerciais desleais introduzidas pela diretiva (UE) 2019/2161", *Actas de Derecho Industrial*, t. 41, 2020-2021, pp. 221 y ss.

BARONA VILAR, S., *Competencia desleal: tutela jurisdiccional -especialmente proceso civil- y extrajurisdiccional: doctrina legislación y jurisprudencia*, t. I, Valencia, Tirant lo Blanch, 2008.

– *Competencia desleal. Tutela jurisdiccional (especialmente proceso civil) y extrajurisdiccional*, t. II, Valencia, Tirant lo Blanch, 2008.

BARRIO ANDRÉS, M., "La nueva regulación de los criptoactivos en España", *Diario La Ley*, núm. 10010, 2022 (hemos consultado la versión en línea disponible en el portal electrónico laleydigital).

– "El nuevo Reglamento europeo de Mercados Digitales", *Diario La Ley*, núm. 10155, 2022 (hemos consultado la versión en línea disponible en el portal electrónico laleydigital).

BEDNARZ, Z., "Acciones individuales a disposición de los consumidores perjudicados por prácticas comerciales desleales: perspectiva del derecho europeo comparado", *Revista de Derecho de la Competencia y la Distribu-*

ción, núm. 23, 2018 (hemos consultado la versión en línea disponible en el portal electrónico laleydigital).

BELLIDO, J., "Artículo 16. Discriminación y dependencia económica", en BERCOVITZ RODRÍGUEZ-CANO (Dir.), *Comentarios a la Ley de competencia desleal*, Cizur Menor, Aranzadi, 2011, pp. 433 y ss.

BENDITO CAÑIZARES, M. T., "La autenticación de publicidad y anunciante en la publicidad nativa y en particular, en la publicidad de influencers", *Revista Aranzadi Doctrinal*, núm. 8, 2020 (hemos consultado la versión en línea disponible en la base de datos de Aranzadi Instituciones).

BERBECE, S., *"Let There Be Light!" Dark Patterns Under the Lens of the EU Legal Framework*, KU Leuven, 2019, disponible en http://dx.doi.org/10.2139/ssrn.3472316 (consultado el 11 de diciembre de 2023).

BERCOVITZ RODRÍGUEZ-CANO, A., "Artículo 1. Finalidad", en BERCOVITZ RODRÍGUEZ-CANO, A. (Dir.), *Comentarios a la Ley de competencia desleal*, Cizur Menor, Aranzadi, 2011, pp. 73 y ss.

– "Artículo 3. Ámbito subjetivo", en BERCOVITZ RODRÍGUEZ-CANO, A. (Dir.), *Comentarios a la Ley de competencia desleal*, Cizur Menor, Aranzadi, 2011, pp. 85 y ss.

– "Artículo 4. Cláusula general", en BERCOVITZ RODRÍGUEZ-CANO, A. (Dir.), *Comentarios a la Ley de competencia desleal*, Cizur Menor, Aranzadi, 2011, pp. 93 y ss.

– *Apuntes de Derecho Mercantil. Derecho mercantil, Derecho de la competencia y propiedad industrial*, 24ª ed., Cizur Menor, Aranzadi, 2023.

BERENGUER FUSTER, L., "Otras formas de abuso de posición dominante (con especial mención al abuso de situación de dependencia económica)", en MARTÍNEZ LAGE, S. y PETITBÒ, A. (Dirs.), *El abuso de posición de dominio*, Madrid, Marcial Pons, 2006, p. 415 y ss.

BERMUDEZ BALLESTEROS, M. D. S., "Mayor transparencia en las transacciones realizadas a través de mercados en línea: novedades en el Real Decreto-ley 24/2021, de 2 de noviembre", *Revista CESCO de Derecho de Consumo*, núm. 40, 2021, pp. 38 y ss.

BIGNÉ, E., KÜSTER, I. y HERNÁNDEZ, A., "Las redes sociales virtuales y las marcas: Influencia del intercambio de experiencias eC2C sobre la actitud de los usuarios hacia las marcas", *Revista Española de Investigación y Marketing ESIC*, vol. 17, núm. 2, 2013, pp. 7 y ss.

BLASCO, B., "Unfair commercial practices, spam and fake online reviews. The Italian perspective and comparative profiles", *Comparative Law Review*, vol. 24, 2018, pp. 131 y ss.

BÖSCH, C., ERB, B., KARGL, F., KOPP, H. y PFATTHEICHER, S., "Tales from the Dark Side: Privacy Dark Strategies and Privacy Dark Patterns", *Proceedings on Privacy Enhancing Technologies,* vol. 4, 2016, pp. 237 y ss., disponible en https://doi.org/10.1515/popets-2016-0038 (consultado el 21 de diciembre de 2023).

BROSETA PONT, M., *La empresa, la unificación del Derecho de obligaciones y el Derecho mercantil,* Madrid, Tecnos, 1965.

BROSETA PONT, M. y MARTÍNEZ SANZ, F., *Manual de Derecho Mercantil,* vol. I, 15ª ed., Madrid, Tecnos, 2008.

BUESO GUILLÉN, P. J., "Mecanismos de aplicación del Reglamento de Mercados Digitales, su aplicación privada y responsabilidad civil de los guardines de acceso: una primera aproximación", en HERNÁNDEZ SÁINZ, E., MATE SATUÉ, L. C. y ALONSO PÉREZ, M. T. (Coords.), *La responsabilidad civil por servicios de intermediación prestados por plataformas digitales,* Madrid, Colex, 2023, pp. 81 y ss.

BUITRAGO RUBIRA, J. R., "Artículo 23. Prácticas engañosas sobre la naturaleza y propiedades de los bienes o servicios, su disponibilidad y los servicios posventa", en BERCOVITZ RODRÍGUEZ-CANO, A. (Dir.), *Comentarios a la Ley de competencia desleal,* Cizur Menor, Aranzadi, 2011, pp. 685 y ss.

BURKE, R., "Hybrid Recommender Systema: Survey and Experiments", *User Modelling and User-Adapted Interaction,* vol. 12, 2002, pp. 331 y ss.

BUSCH, C. y MAK, V., "Putting the Digital Services Act into Context: Bridging the Gap between EU Consumer Law and Platform Regulation", *European Legal Studies Institute Osnabrück Research Paper Series,* Núm. 21-03, 2021, disponible en https://ssrn.com/abstract=3933675 (consultado el 27 de febrero de 2024).

CALO, R, "Digital market manipulation", *The George Washington Law Review,* vol. 82, 2013, pp. 995 y ss.

CAMPILLOS GONZÁLEZ, G. M., "La ley de Servicios de la Sociedad de la Información, marco jurídico de las actividades económicas a través de internet", *Economía Industrial,* núm. 338, 2001, pp. 51 y ss.

CAMPOS CARVALHO, J., "Online platforms: concept, role in the conclusion of contracts and current legal framework in Europe", *Cuadernos de Derecho Transnacional,* vol. 12, núm. 1, 2020, pp. 863 y ss.

CAMPUZANO, A. B., "Capítulo 6. La competencia desleal", en CAMPUZANO, A. B.; PALOMAR OLMEDA, A. y CALDERÓN, C., *Derecho de la competencia,* Valencia, Tirant Lo Blanch, 2019 (hemos consultado la versión en línea disponible en el portal jurídico Tirant Prime).

CARBAJO CASCÓN, F., "Artículo 15. Violación de normas", en BERCOVITZ RODRÍGUEZ-CANO, A. (Dir.), *Comentario a la Ley de Competencia Desleal*, Cizur Menor, Aranzadi, 2011, pp. 405 y ss.

CARBAJO CASCÓN, F., "Artículo 31. Otras prácticas agresivas", en BERCOVITZ RODRÍGUEZ-CANO, A. (Dir.), *Comentarios a la Ley de competencia desleal*, Cizur Menor, Aranzadi, 2011, pp. 817 y ss.

– "Las plataformas digitales ante la distribución de mercancías y el suministro de contenidos digitales ilícitos", *Revista de Derecho de la Competencia y la Distribución*, núm. 30, 2022 (hemos consultado la versión en línea disponible en el portal electrónico laleydigital).

CARO CASTAÑO, L., "Microcelebridades y comunicación encubierta online en España. El caso de #Pentatrillones", *adComunica. Revista Científica de Estrategias, Tendencias e Innovación en Comunicación*, núm. 11, 2016, pp. 121 y ss.

CARTWRIGHT, P., "The consumer image within EU law", en TWIGG-FLESNER, C. (Ed.), *Research Handbook on EU Consumer and Contract Law*, Cheltenham, Edward Elgar, 2016, pp. 199 y ss.

CASADO NAVARRO, A., "El controvertido asunto de la función normativa del falseamiento de la competencia por actos desleales (Art. 3 LDC)", *Revista de Derecho de la Competencia y la Distribución*, núm. 22, 2018.

– *Consecuencias negociales de las prácticas desleales contra los consumidores. Relación entre el Derecho contractual de consumo y el Derecho de la competencia desleal*, Madrid, Marcial Pons, 2022.

– "Consideraciones críticas sobre la opción del Real Decreto-ley 24/2021 de no incorporar medidas correctoras individuales frente a prácticas desleales con consumidores", *La Ley Mercantil*, núm. 88, 2022.

– "Publicidad encubierta a través de *influencers*: Normativa aplicable y régimen de responsabilidad", *Revista de Derecho de la Competencia y la Distribución*, núm. 31, 2022.

CASTÁN PÉREZ-GÓMEZ, A., "Artículo 34. Legitimación pasiva", en LEMA DEVESA, C. (Dir.), *Prácticas comerciales desleales de las empresas en sus relaciones con los competidores y consumidores: régimen legal tras la reforma introducida por la Ley 29-2009*, L'Hospitalet de Llobregat, Bosch, 2012, pp. 545 y ss.

CASTELLÓ MARTÍNEZ, A. y DEL PINO ROMERO, C., "La comunicación publicitaria con influencers", *Redmarka*, núm. 14, 2015, pp. 35 y ss.

CASTELLÓ PASTOR, J. J., "El ranquin de los resultados ofrecidos por buscadores, asistentes digitales y altavoces inteligentes. Un problema no resuelto", *Actas de Derecho Industrial*, t. 40, 2019-2020, pp. 283 y ss.

CAUFFMAN, C. y GOANTA, C., "A New Order: The Digital Services Act and Consumer Protection", *European Joruna1 of Risk Regulation*, vol. 12, 2021, pp. 758 y ss.

CHASE SOLÁN, C., GARCÍA-VERDUGO SALES, J. y LÓPEZ VALLÉS, J., "Principios de análisis económico de los mercados digitales", *Revista de Economía ICE*, núm. 925, 2022, pp. 11 y ss.

CLAICI, A., "Big data y política de competencia", *Papeles de Economía Española*, núm. 157, 2018, pp. 262 y ss.

CONEJERO BELTRÁN, M. y LOSADA CAVESTANY, I., "Directrices sobre la transparencia de la clasificación: nueva herramienta para las plataformas B2C", *Revista Jurídica Aranzadi*, núm. 970, 2021 (hemos consultado la versión en línea disponible en la base de datos de Aranzadi Instituciones).

CONTI, G. y SOBIESK, E., "Malicious Interface Design: Exploiting the User", *Proceedings of the 19th International Conference on World Wide Web*, 26-30 de abril de 2010, Raleigh, North Carolina, pp. 271 y ss., disponible en https://www.researchgate.net/ (consultado el 15 de diciembre de 2023).

COSTAS COMESAÑA, J., "El concepto de acto de competencia desleal", *Actas de Derecho Industrial*, t. 19, 1998 (hemos consultado la versión en línea disponible en el portal jurídico V-Lex).

– "Prohibición de falseamiento de la competencia por actos de competencia desleal", en BELLO MARTÍN-CRESPO, M. P. y HERNÁNDEZ RODRÍGUEZ, F. (Coords.), *Derecho de la Libre Competencia Comunitario y Español*, Cizur Menor, Aranzadi, 2009, pp. 213 y ss.

CREMADES, J., "Artículo 1. Objeto", en CREMADES, J. y GONZÁLEZ MONTES, J. L. (Coords.), *La nueva Ley de Internet (Comentario a la Ley 34/2002, de 11 de julio, de Servicios de la Sociedad de la Información y de Comercio Electrónico)*, Madrid, La Ley, 2003, pp. 75 y ss.

CRUZ ÁNGELES, J., "Las obligaciones jurídico-comunitarias de las grandes plataformas proveedoras de servicios digitales en la era del metaverso", *Cuadernos de Derecho Transnacional*, vol. 14, núm. 2, 2022, pp. 294 y ss.

CRUZ GONZÁLEZ, M., "Directiva (UE) 2023/2673, del Parlamento Europeo y del Consejo, de 22 de noviembre de 2023, por la que se modifica la Directiva 2011/83/UE en lo relativo a los contratos de servicios financieros celebrados a distancia y se deroga la Directiva 2002/65/CE [DOUE L 2023/2673, de 28-xi-2023]", *Ars Iuris Salmanticensis*, vol. 12, 2024, pp. 293 y ss.

– "La nueva Ley de Mercados Digitales ¿Un instrumento de competencia desleal de dimensión *antitrust*? Posibles implicaciones para el Derecho nacional", en TATO PLAZA, A., COSTAS COMESAÑA, J., FERNÁNDEZ CARBALLO-CALERO, P., TORRES PÉREZ, F. J. y LOUREDO CASADO,

S., *Nuevas tendencias en el Derecho de la Competencia y de la Propiedad Industrial IV*, 2024, Valencia, Tirant lo Blanch, pp. 361 y ss.

CUENA CASAS, M., "La contratación a través de plataformas intermediarias en línea", *Cuadernos De Derecho Transnacional*, vol. 12, núm. 2, 2020, pp. 283 y ss.

CUENCA GARCÍA, A., "Prácticas comerciales engañosas específicas para consumidores", en RUIZ PERIS, J. I. (Dir.), *La Reforma de la Ley de Competencia Desleal (Estudios sobre la Ley 29/2009, de 30 de diciembre, por la que se modifica el régimen legal de la competencia desleal y de la publicidad para mejora de la protección de los consumidores y usuarios)*, Valencia, Tirant lo Blanch, 2010 (hemos consultado la versión en línea disponible en la biblioteca virtual Tirant online).

CURTO POLO, M. M., "Artículo 25. Prácticas engañosas por confusión", en BERCOVITZ RODRÍGUEZ-CANO, A. (Dir.), *Comentarios a la Ley de competencia desleal*, Cizur Menor, Aranzadi, 2011, pp. 721 y ss.

DAVOLA, A., "The Digital Services Act, Published: A Good Start And – Yet – Just A Start", en *Kluwer competition Law Blog*, 19 de octubre de 2022, disponible en https://competitionlawblog.kluwercompetitionlaw.com/2022/10/19/the-digital-services-act-published-a-good-start-and-yet-just-a-start/ (consultado el 25 de abril de 2024).

DAY, G. y STEMLER, A., "Are dark patterns anticompetitive?", *Alabama Law Review*, vol. 72, núm. 1, 2020, pp. 1 y ss., disponible en https://www.law.ua.edu/lawreview/ (consultado el 2 de diciembre de 2023).

DE LAS HERAS BALLELL, T., "Las plataformas: nuevos actores (y reguladores) de la actividad económica", *Anuario de la Facultad de Derecho de la Universidad Autónoma de Madrid*, núm. Extra 2, 2021, pp. 403 y ss.

DE MIGUEL ASENSIO, P. A., "Nuevo Reglamento sobre servicios de intermediación en línea", *La Ley Unión Europea*, núm. 74, 2019.

– "Servicios y mercados digitales: modernización del régimen de responsabilidad y nuevas obligaciones de los intermediarios", *La Ley Unión Europea*, núm. 88, 2021, pp. 1 y ss.

– "Modernización de las normas sobre propiedad intelectual y protección de los consumidores en el entorno digital mediante el Real Decreto-ley 24/2021", *La Ley Unión Europea*, núm. 98, 2021, pp. 1 y ss.

– "El Reglamento (UE) de Mercados Digitales: Fundamentos, obligaciones de las plataformas y ejecución", *La Ley Unión Europea*, núm. 108, 2022, pp. 1 y ss.

– "Obligaciones y responsabilidad de los intermediarios: El Reglamento (UE) de Servicios Digitales", *La Ley Unión Europea,* núm. 109, 2022, pp. 1 y ss.

– "Novedades en la regulación de los contratos en línea en la Directiva (UE) 2023/2673", *La Ley Unión Europea,* núm. 120, 2023, pp. 1 y ss.

DE SALAS NESTARES, M. I., "La publicidad en las Redes Sociales: De lo invasivo a lo consentido" *Icono 14,* vol. 8, núm. 1, 2010, pp. 75 y ss.

DE STREEL, A. y LAROUCHE, P., "The European Digital Markets Act: A Revolution GroundIVed on Traditions", *Journal of European Competition Law & Practice,* vol. 12, núm. 7, 2021, pp. 542 y ss., disponible en https://ssrn.com/abstract=3911361 (consultado el 8 de febrero de 2024).

DI GERONIMO, L., BRASZ, L., FREGNAN, E., PALOMBA, F. y BACCHELLO, A., "UI Dark Patterns and Where to Find Them: A Study on Mobile Applications and User Perception", *Proceedings of the 2020 CHI Conference on Human Factors in Computing Systems,* 25-30 de abril de 2020, Honolulu, pp. 1 y ss., disponible en https://dl.acm.org/doi/fullHtml/10.1145/3313831.3376600 (consultado el 20 de diciembre de 2020).

DÍEZ BAJO, A., "Artículo 8 LCD. Prácticas agresivas", en LEMA DEVESA, C. (Dir.), *Prácticas comerciales desleales de las empresas en sus relaciones con los competidores y consumidores: régimen legal tras la reforma introducida por la Ley 29-2009,* L'Hospitalet de Llobregat, Bosch, 2012, pp. 205 y ss.

DÍEZ ESTELLA, F., "Las complicadas relaciones entre la Ley de Defensa de la Competencia y la Ley de Competencia Desleal", *Gaceta Jurídica de la Unión Europea,* núm. 213, 2001, pp. 11 y ss.

– "Plataformas digitales y Derecho de la competencia", en *Almacén de Derecho,* 26 de agosto de 2020, disponible en https://almacendederecho.org/ (consultado el 10 de octubre de 2024).

– "La DMA: ¿Un nuevo Reglamento para –o contra- los mercados digitales en la UE?", en HERNÁNDEZ SÁINZ, E., MATE SATUÉ, L. C. y ALONSO PÉREZ, M. T. (Coords.), *La responsabilidad civil por servicios de intermediación prestados por plataformas digitales,* Madrid, Colex, 2023, pp. 51 y ss.

DOMÍNGUEZ PÉREZ, E., "Competencia desleal", en BERCOVITZ RODRÍGUEZ-CANO, A. (Dir.), *Derecho de la Competencia y Propiedad Industrial en la Unión Europea,* Cizur Menor, Thomson-Aranzadi, 2007, pp. 177 y ss.

DOMURATH, I., "Platforms as Contract Partners: *Uber* and beyond", *Maastricht Journal of European and Comparative Law,* 2018, pp. 1 y ss.

DUIVENVOORDE, B., "The Upcoming Changes in the Unfair Commercial Practices Directive: A Better Deal for Consumers?", *Journal of European Consumer and Market Law*, vol. 8, Iss. 6, 2019, pp. 219 y ss.

– "The Liability of Online Marketplaces under the Unfair Commercial Practices Directive, the E-commerce Directive and the Digital Services Act", *Journal of European Consumer and Market Law*, Vol. 11, Iss. 2, 2022, pp. 43 y ss.

DUROVIC, M., "The Subtle Europeanization of Contract Law: The Case of Directive 2005/29/EC on Unfair Commercial Practices", *European Review of Private Law*, núm. 5, 2015, pp. 715 y ss.

ECHEBARRÍA SÁENZ, J. A., "Competencia desleal (cuestiones generales)", en VELASCO SAN PEDRO, L. A. (Coord.), *Diccionario de Derecho de la Competencia*, Madrid, Iustel, 2006, pp. 210 y ss.

– "Competencia desleal (Derecho europeo)", en VELASCO SAN PEDRO, L. A. (Coord.), *Diccionario de Derecho de la Competencia*, Madrid, Iustel, 2006, pp. 219 y ss.

– "Restricciones de acceso al mercado y plataformas digitales: el caso Amazon como ejemplo", *Revista de Estudios Europeos*, núm. 78, 2021, pp. 154 y ss.

EMPARANZA SOBEJANO, A., "Artículo 2. Ámbito objetivo", en MARTÍNEZ SANZ, F. (Dir.), *Comentario práctico a la Ley de Competencia Desleal*, Madrid, 2009, pp. 29 y ss.

– "Régimen jurídico de las prácticas comerciales con los consumidores y usuarios", *Revista de la Competencia y la Distribución*, núm. 7, 2010, pp. 71 y ss.

– "Competencia desleal y protección de los consumidores", en MIRANDA SERRANO, L. M. y COSTAS COMESAÑA, J. (Dirs.), *Derecho de la competencia. Desafíos y cuestiones de actualidad*, Madrid, Marcial Pons, 2018, pp. 95 y ss.

ESTEVAN DE QUESADA, C., "La doble regulación del abuso de una situación de dependencia económica", *Revista de Derecho Mercantil*, núm. 257, 2005, pp. 1079 y ss.

– *Explotación de la dependencia económica en las redes de distribución*, Cizur Menor, Aranzadi, 2017.

– "Desequilibrios de poder en los mercados digitales: Plataformas y dependencia", *Actas de Derecho Industrial*, t. 42, 2022, pp. 57 y ss.

FAJARDO LÓPEZ, L., "LSSI: Aportaciones desde el derecho Privado", *Revista de Derecho Informático*, núm. 35, 2001, pp. 1 y ss.

FASSIAUX, S., "Preserving Consumer Autonomy through European Union Regulation of Artificial Intelligence: A Long-Term Approach", *European Journal of Risk Regulation,* 2023, pp. 1 y ss., disponible en https://www.cambridge.org/core/journals/ (consultado el 5 de diciembre de 2023).

FEDERAL TRADE COMMISSION, *STAFF REPORT: Bringing Dark Patterns to Light*, septiembre 2022, disponible en https://www.ftc.gov/reports/bringing-dark-patterns-light (consultado el 1 de diciembre de 2023).

FERNÁNDEZ CARBALLO-CALERO, P., "Publicidad encubierta e influencers (A propósito de la Ley 13/2022, de 7 de julio, General de Comunicación Audiovisual)", en *Revista de Derecho Mercantil*, núm. 327, 2022 (hemos consultado la versión en línea disponible en la base de datos de Aranzadi Instituciones).

FERNÁNDEZ CARBALLO-CALERO, P. y SALGADO ANDRÉ, E., "Actos de engaño y omisiones engañosas en la Ley de Competencia Desleal (análisis de los arts. 5 y 7 LCD)", *Actas de Derecho Industrial*, t. 30, 2009-2010, pp. 226 y ss.

FERNÁNDEZ GARCÍA DE LA YEDRA, A., "Ley de Servicios Digitales: Nuevas obligaciones en torno a la responsabilidad de las plataformas electrónicas de intermediación", en MIRANDA SERRANO, L. M. y PAGADOR LÓPEZ, J. (Dirs.), *Desafíos del regulador mercantil en materia de contratación y competencia empresarial*, Madrid, Marcial Pons, 2021, pp. 213 y ss.

FERNÁNDEZ NÓVOA, C., "La publicidad encubierta", *Actas de Derecho Industrial*, t. 3, 1976, pp. 371 y ss.

FLAQUER RIUTORT, J., "Plataformas de intercambio de opinión: libertad de expresión y derecho a la información «versus» derecho de salida del empresario titular del negocio", *Revista de Derecho Mercantil*, núm. 315, 2020 (hemos consultado la versión en línea disponible en la base de datos de Aranzadi Instituciones).

– "Los retos legales de las «*fake reviews*» en el ordenamiento jurídico español", *Revista Aranzadi de derecho y nuevas tecnologías*, núm. 56, 2021 (hemos consultado la versión en línea disponible en la base de datos de Aranzadi Instituciones).

– "Cláusulas de paridad tarifaria y criterios de clasificación de búsqueda online en el marco del derecho comunitario vigente y proyectado", *La Ley Mercantil*, núm. 88, 2022 (hemos consultado la versión en línea disponible en el portal electrónico laleydigital).

FOGG, B. J., *Persuasive technology: using computers to change what we think and do,* San Francisco, Morgan Kaufmann Publishers, 2003.

– "A behavior model for persuasive design", *Proceedings of the 4th international Conference on Persuasive Technology*, 2009, pp. 1 y ss.

FONT GALÁN, J. I., *Constitución Económica y Derecho de la Competencia,* Madrid, 1987.

– "Competencia desleal y prácticas prohibidas en el marco de la Ley de prácticas restrictivas de la competencia", *Revista de Derecho Mercantil,* núm. 146, 1977, pp. 550 y ss.

FONT GALÁN, J. I. y MIRANDA SERRANO, L. M., *Competencia desleal y antitrust. Sistema de ilícitos,* Madrid, Marcial Pons, 2005.

FRANCH FLUXÁ, J., "El Reglamento de Servicios Digitales y el mercado digital turístico", en RUIZ PERIS, J. I., GONZÁLEZ CASTILLA, F. y ESTEVAN DE QUESADA, C. (Dirs.), *Mercados digitales y competencia,* Valencia, Tirant lo Blanch, 2023, pp. 95 y ss.

GANUZA, J. J. y LLOBET, G., "Precios personalizados en la economía digital", *Papeles de Economía Española,* núm. 157, 2018, pp. 70 y ss.

GARCÍA ABURUZA, M. P., "Prácticas comerciales desleales: ¿una sólida protección del consumidor?", *Revista Aranzadi Doctrinal,* núm. 6, 2009 (hemos consultado la versión en línea disponible en la base de datos Aranzadi Instituciones).

GARCÍA MARTÍNEZ, R., "La explotación abusiva de la situación de dependencia económica como nuevo ilícito antitrust en la Ley Española de Defensa de la Competencia", *Revista del Poder Judicial,* núm. 64, 2001, pp. 309 y ss.

GARCÍA PÉREZ, R., "Consideraciones preliminares sobre la incidencia en la Ley de Competencia Desleal del Anteproyecto de Ley que incorpora la Directiva sobre las prácticas comerciales desleales", *Diario La Ley,* núm. 7051, 2008, pp. 4 y ss.

– "La diligencia profesional: un concepto clave del nuevo Derecho contra la competencia desleal", *Anuario de la Facultad de Derecho de la Universidad de Coruña,* núm. 14, 2010, pp. 23 y ss.

– "La reforma contra el Derecho de la competencia desleal: ¿hacia el Derecho de la lealtad?", en GÓMEZ SEGADE, J. A. y GARCÍA VIDAL, A. (Dirs.), *El Derecho mercantil en el umbral del siglo XXI, Libro homenaje a Fernández-Nóvoa,* Madrid, Marcial Pons, 2010, pp. 323 y ss.

– "Falseamiento de la libre competencia por actos desleales e infracción de normas que tienen por objeto la regulación de la actividad concurrencial (a propósito de la Resolución del Consejo de la CNC de 24 de febrero de 2012, Iberdrola Sur), *Revista de Derecho de la Competencia y la Distribución,* núm. 11, 2012 (hemos consultado la versión en línea disponible en el portal electrónico laleydigital).

– "La violación de normas como acto de competencia desleal: contraposición de dos modelos de Derecho comparado y lecciones para el caso español", en CARRIL VÁZQUEZ, X. M., GARCÍA PÉREZ, R. y LÓPEZ SUÁREZ, M. A. (Dirs.), *Economía colaborativa y Derecho: aspectos civiles, mercantiles y laborales*, Cizur Menor, Aranzadi, 2019, pp. 145 y ss.

GARCÍA UCEDA, M., *Las claves de la publicidad*, 7ª ed., Madrid, ESIC.

GARCÍA VIDAL, A., "Los actos de competencia desleal por infracción de normas y las aplicaciones de transporte colaborativo", en SEBASTIÁN QUETGLAS, R. (Coord.), *Práctica Mercantil para abogados 2016*, Madrid, La Ley, 2016 (hemos consultado la versión en línea disponible en el portal de revistas de Wolters Kluwer).

– "Nuevas prácticas comerciales prohibidas", en *CESCO*, noviembre de 2021, disponible en http://centrodeestudiosdeconsumo.com/ (consultado el 26 mayo de 2024).

– "Big data e internet de las cosas. Su impacto en el Derecho de la competencia y de la propiedad industrial e intelectual", en GARCÍA VIDAL, A. (Dir.), *Big data e internet de las cosas: nuevos retos para el derecho de la competencia y de los bienes inmateriales*, Valencia, Tirant lo Blanch, 2021, pp. 23 y ss.

GARCÍA-CRUCES GONZÁLEZ, J. A., "Artículo 5. Actos de engaño", en BERCOVITZ RODRÍGUEZ-CANO, A. (Dir.), *Comentarios a la Ley de competencia desleal*, Cizur Menor, Aranzadi, 2011, pp. 119 y ss.

– "Finalidad y ámbito de aplicación de la Ley de competencia desleal. La cláusula general de deslealtad competitiva", en GARCÍA-CRUCES GONZÁLEZ, J. A. (Dir.), *Tratado de Derecho de la competencia y de la publicidad*, Valencia, Tirant lo Blanch, 2014, pp. 1091 y ss.

GARCÍA-VARELA IGLESIAS, R., "El proceso de transición hacia la era digital en la UE: el mercado único digital", *Actualidad Civil*, núm. 7-8, 2022 (hemos consultado la versión en línea disponible en el portal electrónico laleydigital).

GARRIGUES, J., *Tratado de Derecho mercantil*, t. I, vol. 1, Madrid, Revista de Derecho Mercantil, 1947.

GERMANO ALVES, F., VELÁZQUEZ GARDETA, J. M. y DA MATA RODRIGUES SOUSA, P. H., "Astroturfing como una estrategia publicitaria engañosa y abusiva en las plataformas de mercado", *Cadernos De Comunicação*, Vol. 25, núm. 2, 2021, pp. 1 y ss.

GHIDINI, G., *Aspectos actuales del Derecho Industrial, Propiedad Intelectual y competencia*, traducción a cargo de MARTÍ MOYA, V., Granada, Comares, 2002.

GIL, E., Big data, *privacidad y protección de datos*, Madrid, Agencia Española de Protección de Datos, 2016.

GIL VALLEJO, C. e HINOJO GONZÁLEZ, P., "El sector de la publicidad *online*", en GANUZA FERNÁNDEZ, J. J. y LÓPEZ VALLÉS, J. (Eds.), *Reformas para impulsar la competencia en España*, Madrid, Funcas, 2023, pp. 23 y ss.

GIMENO-BAYÓN COBOS, R., "La publicidad en la Ley de Servicios de la Sociedad de la Información", *Cuadernos de Derecho Judicial*, núm. 5, 2006 (Ejemplar dedicado a La Ley de Servicios de la Sociedad de la Información y el Comercio Electrónico), pp. 265 y ss.

GÓMEZ BARROSO, J. L. y FEIJÓO GONZÁLEZ, C., "Información personal: la nueva moneda de la economía digital", *El profesional de la información*, vol. 22, núm. 4, 2013, pp. 290 y ss.

GÓMEZ NIETO, B., "El influencer: herramienta clave en el contexto digital de la publicidad engañosa", *Methaodos. revista de ciencias sociales*, vol. 6, núm. 1, 2018, pp. 149 y ss.

GÓMEZ SEGADE, J. A., "La nueva cláusula general en la LCD", en GÓMEZ SEGADE, J. A. y GARCÍA VIDAL, A. (Dirs.), *El Derecho mercantil en el umbral del siglo XXI, Libro homenaje a Fernández-Nóvoa*, Madrid, Marcial Pons, 2010, pp. 331 y ss.

GONZÁLEZ FERNÁNDEZ-VILLAVICENCIO, N., "Qué entendemos por usuario como centro del servicio. Estrategia y táctica en marketing.", *El profesional de la información*, vol. 24, núm. 1, pp. 5 y ss.

GONZÁLEZ JIMÉNEZ, P. M., "La Directiva 2023/2673/UE: nuevas normas para los contratos de servicios financieros a distancia (y algo más)", *Revista de Derecho del Sistema Financiero*, núm. 7, 2024, pp. 1 y ss.

GONZÁLEZ PONS, E., *Prácticas agresivas y tutela del consumidor*, Madrid, AEBOE, 2019.

– "Prácticas comerciales desleales e *influencers*. Un nuevo reto para el Derecho de la competencia desleal", en TATO PLAZA, A., COSTAS COMESAÑA, J., FERNÁNDEZ CARBALLO-CALERO, P. I. y TORRES PÉREZ, F. J. (Dirs.), *Nuevas tendencias en el Derecho de la competencia y de la propiedad industrial II*, Granada, Comares, 2019, pp. 51 y ss.

– "Actos concretos de competencia desleal (III): prácticas agresivas, discriminación, dependencia económica y venta a pérdida", en BENEYTO PALLÁS, K. y ARMENGOT VILAPLANA, A. (Dirs.), *Actos de competencia desleal y su tratamiento procesal*, Valencia, Tirant lo Blanch, 2020, pp. 127 y ss.

– "Marketing digital, reseñas falsas de consumidores y competencia desleal", en MADRID PARRA, A. y ALVARADO HERRERA, L. (Dirs.), *Derecho digital y nuevas tecnologías*, Cizur Menor, Aranzadi, 2022, pp. 541 y ss.

GÓRRIZ LÓPEZ, C., "El caso TripAdvisor: competencia desleal, honor y consentimiento", en *Actualidad de Derecho Mercantil,* 30 de diciembre de 2019, disponible en http://blogs.uab.cat/dretmercantil/ (consultado el 31 de mayo de 2023).

GOUNDAR, S., BHARDWAJ, A., SINGH, S., SINGH, M. y GURURAJ, H. L., "Big Data and Big Data Analytics: A review of tools and its application", en GOUNDAR, S. y RAYANI, P. K. (Eds.), *Applications of Big Data in Large -and small- Scale Systems,* IGI Global, 2021, pp. 1 y ss.

GRAEF, I., "Differentiated Treatment in Platform-to-Business Relations: EU Competition Law and Economic Dependence", *Yearbook of European Law,* vol. 38, 2019, pp. 448 y ss.

GRAY, C. M., KOU, Y., BATTLES, B., HOGGATT, J. y TOOMBS, A. J., "The dark (patterns) side of UX design", *Proceedings of the 2018 CHI Conference on Human Factors in Computing Systems,* 21-26 de abril de 2018, Montreal, pp. 1 y ss., disponible en https://doi.org/10.1145/3173574.3174108 (consultado el 13 de diciembre de 2023).

GREENBERG, S., BORING, S., VERMEULEN, J. y DOSTAL, J., "Dark patterns in proxemic interactions: a critical perspective", *Proceedings of the 2014 conference on Designing Interactive System,* 21-25 de junio de 2014, Vancouver, pp. 523 y ss., disponible en https://doi.org/10.1145/2598510.2598541 (consultado del 18 de diciembre de 2023).

GUFFANTI PESENTI, L., "Note in tema di piattaforme digitali e pratiche commerciali scorrette", *Jus,* núm. 6, 2021, pp. 17 y ss.

GUTIÉRREZ GARCÍA, E., "La publicidad encubierta a través de influencers: la urgencia de una regulación", *Revista de Derecho de la Competencia y la Distribución,* núm. 29, 2021 (hemos consultado la versión en línea disponible en el portal electrónico laleydigital).

HIWATASHI DOS SANTOS, G., "A 'New Deal for Consumers'? The European Regulatory Framework for Online Search Queries and Rankings under the Omnibus Directive (Directive (EU) 2019/2161)", *Yearbook of the NOVA Consumer Lab,* Vol. 2, 2020, pp. 65 y ss.

HOLIDAY, R, *Growth Hacker Marketing. El futuro del social media y la publicidad,* Madrid, Anaya, 2014.

HORCAJUELO, V. y RIVAS, E., "La nueva regulación de las comunicaciones comerciales de las actividades de juego", *Actualidad Jurídica Aranzadi,* núm. 968, 2020 (hemos consultado la versión en línea disponible en la base de datos de Aranzadi Instituciones).

HOWELLS, G., TWIGG-FLESNER, C. y WILHELMSSON, T., *Rethinking EU consumer law*, New York, Routledge, 2018.

HUSOVEC, M. y ROCHE LAGUNA, I., "Digital Services Act: A Short Primer", *SSRN*, 18 de julio de 2022, disponible en https://papers.ssrn.com/sol3/papers.cfm?abstract_id=4153796 (consultado el 6 de marzo de 2024).

IAMICELI, P., "Online Platforms and the Digital Turn in EU Contract Law: Unfair Practices, Transparency and the (pierced) Veil of Digital Immunity", *European Review of Contract Law*, vol. 15, núm. 4, 2019, pp. 392 y ss.

IBÁÑEZ COLOMO, P., "The Draft Digital Markets Act: A Legal and Institutional Analysis", *SSRN*, 22 de febrero de 2021 disponible en https://ssrn.com/abstract=3790276 (consultado el 25 de febrero de 2024).

IBÁÑEZ GARCÍA, I., "La transposición de Directivas europeas mediante Decreto-Ley (Severo rapapolvo del Consejo de Estado)", *Diario La Ley*, núm. 9977, 2021 (hemos consultado la versión en línea disponible en la base de datos laleydigital).

IRÁCULIS ARREGUI, N., "Prácticas comerciales encubiertas", *Revista Aranzadi Civil-Mercantil*, núm. 8, 2011, pp. 133 y ss.

– "El emplazamiento de producto ilícito en televisión como una modalidad de publicidad encubierta", *Revista de Derecho de la Competencia y la Distribución*, núm 9, 2011 (hemos consultado la versión en línea disponible en el portal electrónico laleydigital).

JANNACH, D. y JUGOVAC, M., "Measuring the Business Value of Recommender Systems", *ACM Transactions on Management Information Systems*, vol. 10, núm. 4, pp. 1 y ss.

JIMÉNEZ HORWITZ, M., "Las responsabilidades de las plataformas en línea en el ámbito del Derecho de los contratos: desde la protección de los consumidores hasta la protección de los profesionales y empresarios", *CESCO*, enero de 2020, disponible en https://centrodeestudiosdeconsumo.com (consultado el 10 de marzo de 2024).

KEMP, K., "Concealed data practices and competition law: why privacy matters", *European Competition Journal*, vol. 16, núms. 2-3, 2020, pp. 628 y ss.

KOMNINOS, A., "The Digital Markets Act: How Does it Compare with Competition Law?", *SSRN*, 14 de junio de 2022, disponible en https://ssrn.com/abstract=4136146 (consultado el 7 de febrero de 2024).

LANGLE, E., *Manual de Derecho mercantil*, t. I, Barcelona, Bosch, 1950.

LAVIOS VILLAHOZ, J. J., DEL OLMO MARTÍNEZ, R., MARISCAL SALDAÑA, M. A. y GARCÍA HERRERO, S., "Mercados virtuales. Sistema actual y retos para el futuro", *IX Congreso de Ingeniería de Organización*, Gijón, 2005, disponible en http://www.adingor.es (consultado el 10 de julio de 2024).

LEISER, M., “Illuminating Manipulative Design: From ‘Dark Patterns’ to Information Asymmetry and the Repression of Free Choice Under the Unfair Commercial Practices Directive”, *Loyola Consumer Law* review, vol. 34, 2023, pp. 484 y ss., disponible en https://lawecommons.luc.edu/lclr/vol34/iss3/6 (consultado el 27 de diciembre de 2023).

LEMA DEVESA, C., “La publicidad desleal: modalidades y problemas”, *Revista General de Derecho,* núm. 562 y 563, 1991, pp. 6135 y ss.

– *Problemas jurídicos de la publicidad. Estudios jurídicos del Prof. Dr. Carlos Lema Devesa recopilados con ocasión de la conmemoración de los XXV años de cátedra,* Madrid, Marcial Pons, 2007, pp. 191 y ss.

– “Los actos de engaño en la Ley de Competencia Desleal”, en GÓMEZ SEGADE, J. A. y GARCÍA VIDAL, A. (Dirs.), *El Derecho mercantil en el umbral del siglo XXI, Libro homenaje a Fernández-Nóvoa,* Madrid, Marcial Pons, 2010, pp. 355 y ss.

– “El concepto jurídico de anunciante”, *Revista de Derecho Mercantil,* núm. 317, 2020 (hemos consultado la versión en línea disponible en la base de datos de Aranzadi Instituciones).

LLOPIS BLANQUE, A., “Algunas cuestiones de interés en la nueva Circular 1/2022 de publicidad sobre criptoactivos”, *Revista de Derecho del Sistema Financiero,* núm. 4, 2022, pp. 219 y ss.

LOBATO GARCÍA-MIJÁN, M., “Artículo 1 LCD. Finalidad”, en LEMA DEVESA, C. (Dir.), *Prácticas comerciales desleales de las empresas en sus relaciones con los competidores y consumidores: régimen legal tras la reforma introducida por la Ley 29-2009,* L’Hospitalet de Llobregat, Bosch, 2012, pp. 41 y ss.

– “Artículo 3 LCD. Ámbito subjetivo”, en LEMA DEVESA, C. (Dir.), *Prácticas comerciales desleales de las empresas en sus relaciones con los competidores y consumidores: régimen legal tras la reforma introducida por la Ley 29-2009,* L’Hospitalet de Llobregat, Bosch, 2012, pp. 54 y ss.

LOODER, A. R. y MORAIS CARVALHO, J., “Online Platforms: Towards an Information Tsunami with New Requirements on Moderation, Ranking, and Traceability”, *European Business Law,* vol. 33, núm. 4, 2022, pp. 537 y ss.

LOUREDO CASADO, S., “El posible carácter desleal e injusto de los precios personalizados en internet”, *Derecho Digital e Innovación,* núm. 7, 2020 (hemos consultado la versión en línea disponible en el portal electrónico laleydigital).

LUGURI, J., y STRAHILEVITZ, L. J., “Shining a light on dark patterns”, *13 Journal of Legal Analysis 43,* Working Paper, núm. 719, 2021, disponible en https://academic.oup.com/jla/article/13/1/43/6180579 (consultado el 12 de diciembre de 2023).

LUNAS DÍAZ, M. J., "Artículo 27 LCD. Otras prácticas engañosas", en AA.VV. (dir. LEMA DEVESA), *Prácticas comerciales desleales de las empresas en sus relaciones con los competidores y consumidores: régimen legal tras la reforma introducida por la Ley 29-2009*, [Bosch], L'Hospitalet de Llobregat, 2012, pp. 402 y ss.

– "Artículo 28 LCD. Prácticas agresivas por coacción", en LEMA DEVESA, C. (Dir.), *Prácticas comerciales desleales de las empresas en sus relaciones con los competidores y consumidores: régimen legal tras la reforma introducida por la Ley 29-2009*, L'Hospitalet de Llobregat, Bosch, 2012, pp. 415 y ss.

LUPIÁÑEZ-VILLANUEVA, F., BOLUDA, A., BOGLIACINO, F., LIVA, G., LECHARDOY, L. y RODRÍGUEZ DE LAS HERAS BALLELL, T., *Behavioural study on unfair commercial practices in the digital environment: dark patterns and manipulative personalisation*, Brussels, European Commission, 2022.

MACKINNON, E. y KING, J., "Do the DSA and DMA Have What It Takes to Take on Dark Patterns?", *TechPolicy.Press*, junio 2022, disponible en https://www.techpolicy.press/do-the-dsa-and-dma-have-what-it-takes-to-take-on-dark-patterns/ (consultado el 14 de diciembre de 2023).

MADRID PARRA, A., "Aproximación inicial a los Reglamentos Europeos sobre servicios y mercados digitales", *La Ley Unión Europea*, núm. 110, 2023 (hemos consultado la versión en línea disponible en el portal electrónico laleydigital).

MAESTRE BENAVENTE, R., "El abuso de situación de dependencia económica: grupos de casos", *Derecho de los negocios*, núm. 231, 2009, pp. 29 y ss.

MALDONADO MOLINA, F. J., "El marco legal de los sitios de reseñas y de las reseñas en línea de consumidores", *Revista Lex Mercatoria*, vol. 22. 2022, pp. 60 y ss.

MAMBRILLA RIBERA, V., "Prácticas comerciales y competencia desleal: estudio del Derecho comunitario, europeo y español. La incorporación de la Directiva 2005/29/CE a nuestro Derecho interno (incidencia en los presupuestos generales y en la cláusula general prohibitiva del ilícito desleal) (primera parte)", *Revista de Derecho de la Competencia y la Distribución*, núm. 4, 2008 (hemos consultado la versión en línea disponible en la base de datos laleydigital).

– "Prácticas comerciales y competencia desleal: estudio del Derecho comunitario, europeo y español. La incorporación de la Directiva 2005/29/CE a nuestro Derecho interno (incidencia en los presupuestos generales y en la cláusula general prohibitiva del ilícito desleal) (y tercera parte)", *Revista de Derecho de la Competencia y la Distribución*, núm. 6, 2010 (hemos manejado la versión en línea disponible en la base de datos laleydigital).

MARCO ARCALÁ, L. A., "La contratación publicitaria (I): los contratos de publicidad y de difusión publicitaria", en GARCÍA-CRUCES, J. A. (Dir.), *Tratado de Derecho de la competencia y de la publicidad*, t. II, Valencia, Tirant lo Blanch, 2014 (hemos consultado la versión en línea disponible en la biblioteca virtual Tirant online).

MARCO COS, J. M., "Artículo 3. Ámbito subjetivo", en MARTÍNEZ SANZ, F. (Dir.), *Comentario práctico a la Ley de Competencia Desleal*, Madrid, 2009, pp. 39 y ss.

MARIMÓN DURÁ, R., "Prácticas comerciales desleales con los consumidores", en GARCÍA-CRUCES, J. A. (Dir.), *Tratado de derecho de la competencia y de la publicidad*, Valencia, Tirant lo Blanch, 2014, pp. 1645 y ss.

– "Información engañosa o deficiente en el mercado bancario y protección del cliente a través de la Ley de Competencia Desleal", en PACIELLO, A. y GUIZZI, G. (Eds.), *Crisi dell'Impresa e Ruolo dell'informazione*, Torino, Giuffrè, 2016, pp. 311 y ss.

MARINO, G., "Scorrettezza della pratica ed abusività della clausola nella disciplina del contratto del consumatore", *Contratto e Impresa/Europa*, núm. 1, 2014, pp. 135 y ss.

MAROÑO GARGALLO, M. M., "La publicidad comportamental en línea", en GARCÍA VIDAL, A. (Dir.), *Big data e internet de las cosas: nuevos retos para el derecho de la competencia y de los bienes inmateriales*, Valencia, Tirant lo Blanch, 2021, pp. 197 y ss.

MÁRQUEZ LOBILLO, P., "Prestadores de servicios de intermediación: algunas especialidades de su estatuto jurídico", *Revista de la Contratación Electrónica*, núm. 88, 2007, pp. 3 y ss.

MARTÍ MOYA, V., "Consecuencias del principio de armonización plena de la Directiva 2005/29 sobre prácticas comerciales desleales, a la luz de la reciente jurisprudencia del TJUE", *Revista de Derecho Mercantil*, núm. 283, 2012, pp. 325 y ss.

MARTÍN ARESTI, P., "Artículo 27. Otras prácticas engañosas", en BERCOVITZ RODRÍGUEZ-CANO, A. (Dir.), *Comentarios a la Ley de competencia desleal*, Cizur Menor, Aranzadi, 2011, pp. 741 y ss.

MARTÍN MORAL, M. F., "La difusa frontera entre el emplazamiento de productos ilícito y la publicidad encubierta: a propósito de la STS de 13 de diciembre de 2021", *Revista de Derecho de la Competencia y la Distribución*, núm. 30, 2022 (hemos consultado la versión en línea disponible en el portal electrónico laleydigital).

MARTÍNEZ CALVO, J., "El derecho de rectificación ante informaciones falsas o inexactas, con especial mención a las publicadas en internet", *Revista de Derecho Civil*, núm. 4, 2020, pp. 137 y ss.

MARTÍNEZ NADAL, A., "Reputación online de las empresas de alojamiento turístico y publicación por terceros de informaciones negativas (*reviews*)", en MORILLAS JARILLO, M. J., PERALES VISCASILLAS, M. P. y PORFIRIO CARPIO, L. J. (Dirs.), *Estudios sobre el futuro Código Mercantil: libro homenaje al profesor Rafael Illescas Ortiz*, Madrid, Universidad Carlos III de Madrid, 2015, pp. 455 y ss.

– "Publicación en páginas web de valoraciones falsas con incidencia en la reputación digital de los empresarios de alojamiento: ¿una práctica desleal?", *Revista de Derecho Mercantil*, núm. 297, 2015 (hemos consultado la versión en línea disponible en la base de datos de Aranzadi Instituciones).

– "Capítulo 2. Naturaleza (y responsabilidad) de las plataformas digitales: de la Directiva de comercio electrónico a la propuesta de Reglamento de Servicios Digitales", en MADRID PARRA, A. y ALVARADO HERRERA, L. (Dirs.), *Derecho digital y nuevas tecnologías*, Cizur Menor, Aranzadi, 2022, pp. 387 y ss.

MARTÍNEZ OTERO, J., "Nuevas formas de publicidad encubierta en las plataformas digitales de internet", en *Revista de Derecho Mercantil*, 2019, núm. 314 (hemos consultado la versión en línea disponible en el portal electrónico ThomsonReuters ProView).

– "Un nuevo marco regulador para el sector audiovisual en Europa: La Directiva 2018/1808 en el contexto de la convergencia mediática y el mercado único digital", *Revista de Derecho Comunitario Europeo*, núm. 63, 2019, pp. 537 y ss.

MARTÍNEZ-RODRIGO, E. y SÁNCHEZ-MARTÍN, L., "Publicidad en Internet: nuevas vinculaciones en las redes sociales", *Vivat Academia*, núm. 117, 2011, pp. 469 y ss.

MARTÍNEZ SANZ, F., "Artículo 1. Finalidad", en MARTÍNEZ SANZ, F. (Dir.), *Comentario práctico a la Ley de Competencia Desleal*, Madrid, 2009, pp. 19 y ss.

– "Artículo 5. Cláusula general", en MARTÍNEZ SANZ, F. (Dir.), *Comentario práctico a la Ley de Competencia Desleal*, Madrid, 2009, pp. 61 y ss.

MARTÍNEZ SANZ, F. y PUETZ, A., "Ámbito de aplicación y cláusulas general de competencia desleal", *Revista de Derecho de la Competencia y la Distribución*, núm. 7, 2010 (hemos manejado la versión en línea disponible en la base de datos laleydigital).

MARTORELL ZULUETA, P., "Actos y omisiones engañosas", en RUIZ PERIS, J. I. (Dir.), *La Reforma de la Ley de Competencia Desleal (Estudios sobre la Ley 29/2009, de 30 de diciembre, por la que se modifica el régimen legal de la competencia desleal y de la publicidad para mejora de la protección de los consumidores y usuarios)*, Valencia, Tirant lo Blanch, 2010, pp. 77 y ss.

MASSAGUER FUENTES, J., "La explotación de una situación de dependencia económica como acto de competencia desleal", en *Estudios de Derecho Mercantil en homenaje al profesor Manuel Broseta Pont,* Vol. 2, Valencia, Tirant Lo Blanch, 1995, pp. 2203 y ss.

– "La acción de competencia desleal en el Derecho español", *THEMIS: Revista de Derecho,* núm. 36, 1997, pp. 103 y ss.

– *Comentario a la Ley de Competencia Desleal,* Madrid, Civitas, 1999.

– *El nuevo Derecho contra la competencia desleal. La Directiva 2005/29/CE sobre las prácticas comerciales desleales,* Madrid, Thomson Civitas, 2006.

– "Las prácticas agresivas como acto de competencia desleal", *Actualidad Jurídica Uría Menéndez,* núm. 27, 2011, pp. 17 y ss.

– "Artículo 3. Falseamiento de la competencia por actos desleales", en MASSAGUER FUENTES, J., FOLGUERA, J., SALA ARQUER, J. M. y GUTIÉRREZ, A. (Dirs.), *Comentario a la Ley de defensa de la competencia,* 4ª ed., Cizur Menor, Aranzadi, 2012, pp. 267 y ss.

– "Treinta años de Ley de Competencia Desleal", en *Actualidad Jurídica Uría Menéndez,* núm. 55, 2021, pp. 64 y ss.

– "La reforma de la Ley de Competencia Desleal de 2021: Una reforma menor, coyuntural y continuista del tratamiento de las prácticas comerciales desleales con los consumidores", *Revista de Derecho Mercantil,* núm. 324, 2022 (hemos consultado la versión en línea disponible en la base de datos de Aranzadi Instituciones).

MASSAGUER, J., MARCOS, F. y SUÑOL, A., "La transposición al Derecho español de la Directiva 2005/29/CE sobre prácticas comerciales desleales", *Boletín de Información del Ministerio de Justicia,* núm. 2013, 2006, pp. 1925 y ss.

MATE SATUÉ, L. C., "La responsabilidad de las plataformas de intermediación contractual en línea: de la Directiva de Comercio Electrónico al Reglamento de Servicios Digitales", en HERNÁNDEZ SÁINZ, E., MATE SATUÉ, L. C. y ALONSO PÉREZ, M. T. (Coords.), *La responsabilidad civil por servicios de intermediación prestados por plataformas digitales,* Madrid, Colex, 2023, pp. 111 y ss.

MATERA, D. M., "Prácticas comerciales desleales, acciones individuales y armonización plena", *Cuadernos Europeos de Deusto,* núm. 61, 2019, pp. 101 y ss.

MATHUR, A., ACAR, G., FRIEDMAN, M., LUCHERINI, E., MAYER, J., CHETTY M. Y NARAYANAN, A., "Dark Patterns at Scale: Findings from a Crawl of 11K Shopping Websites", *Proceedings of the ACM on Human-Computer Interaction 3, CSCW,* art. 81, noviembre de 2019, pp. 1 y ss., disponible en https://arxiv.org/pdf/1907.07032.pdf (consultado el 16 de diciembre de 2023).

MATHUR, A., KSHIRSAGAR, M. y MAYER, J., "What makes a dark pattern... dark? design attributes, normative considerations, and measurement methods", *Proceedings of the 2021 CHI Conference on Human Factors in Computing System,* 8-13 de mayo de 2021, Yokohama, pp. 1 y ss., disponible en https://arxiv.org/abs/2101.04843 (consultado el 16 de diciembre de 2023).

MATO PACÍN, M. N., "Información, consentimiento y patrones oscuros en la contratación electrónica", en MIRANDA SERRANO, L. M. y PAGADOR LÓPEZ, J. (Dirs.), *Contratación mercantil: digitalización y protección del cliente/consumidor,* Madrid, Marcial Pons, 2023, pp. 235 y ss.

MELLINAS, J. P., MARTÍNEZ MARÍA-DOLORES, S. y BERNAL, J. J., "El control de irregularidades y Tripadvisor", *Revista Turismo y Desarrollo,* núm 18, 2015, disponible en http://www.eumed.net/rev/turydes/18/tripadvisor.html (consultado el 31 de mayo de 2024).

MENÉNDEZ, A., *La competencia desleal,* Madrid, Civitas, 1988.

– "El Derecho mercantil en el siglo XXI", *La Ley,* núm. 4, 1990, pp. 1197 y ss.

MESA TORRES, M. P., "El nuevo marco jurídico para los «influencers» tras la aprobación del Real Decreto 444/2024, de 30 de abril", *Diario La Ley,* núm. 10544, 2024 (hemos consultado la versión en línea disponible en el portal electrónico laleydigital).

MIRANDA SERRANO, L. M., "La protección del consumidor en la etapa anterior a la celebración del contrato: aspectos concurrenciales y negociales", *Estudios sobre Consumo,* núm. 77, 2006, pp. 71 y ss.

– "Contratos celebrados a distancia", en REBOLLO PUIG, M. e IZQUIERDO CARRASCO, M. (Dirs.), *La defensa de los consumidores y usuarios. Comentario sistemático del TRDCU,* Madrid, Iustel, 2011, pp. 1466 y ss.

– "La Directiva 2011/83/UE sobre los derechos de los consumidores: una nueva regulación para Europa de los contratos celebrados a distancia y extramuros de los establecimientos mercantiles", *Revista de Derecho de la Competencia y la Distribución,* núm. 11, 2012, pp. 77 y ss.

– "Retos y tendencias en materia de disposiciones generales sobre obligaciones y contratos mercantiles. Aportaciones del Derecho mercantil a una regulación unitaria de la teoría general del Derecho de obligaciones y contratos (I)", en MIRANDA SERRANO, L. M. y PAGADOR LÓPEZ, J. (Dirs.), *Retos y tendencias del Derecho de la contratación mercantil,* Madrid, Marcial Pons, 2017, pp. 41 y ss.

– “Economía colaborativa y competencia desleal ¿Deslealtad por violación de normas a través de la prestación de servicios facilitados por plataformas digitales?”, *Revista de Estudios Europeos,* núm. 70, 2017, pp. 197 y ss.

– “La determinación de la naturaleza jurídica de los servicios que prestan las plataformas digitales en la economía colaborativa”, *La Ley Mercantil,* núm. 50, 2018 (hemos consultado la versión en línea disponible en el portal de revistas de Wolters Kluwer).

– “Transporte colaborativo: sobre la naturaleza jurídica de los servicios prestados por Uber”, en PETIT LAVALL, M.V. y PUETZ, A. (Dirs.), *El transporte como motor del desarrollo socioeconómico,* Ed. Marcial Pons, Madrid-Barcelona-Buenos Aires–Sao Paulo, 2018, pp. 695 y ss.

– “La economía colaborativa desde la competencia desleal”, *Cuadernos de Derecho para Ingenieros,* núm. 46 (dedicado a la economía colaborativa), noviembre de 2018, pp. 114 y ss.

– “El derecho de desistimiento en los contratos de consumo sobre contenidos digitales”, *La Ley Mercantil,* núm. 76, 2021, pp. 1 y ss.

– “Prácticas desleales sobre reseñas online de bienes y servicios”, *InDret,* núm. 2, 2023, pp. 155 y ss.

– “Algunas cuestiones controvertidas de las relaciones entre la normativa contractual de consumo y la reguladora de las prácticas desleales contra los consumidores”, *La Ley Mercantil,* n. 110, 2024, pp. 1 y ss.

– “Nuevas reglas de la UE relativas al desistimiento del consumidor en los contratos a distancia sobre servicios financieros y a través de interfaces en línea”, en *Cuadernos de Derecho Transpacional,* vol. 17, núm. 1, 2025, *passim.*

MIRANDA SERRANO, L. M. y PANIAGUA ZURERA, M., “La protección de los consumidores y usuarios en la fase previa a la contratación: la tutela de la libertad negocial”, en MIRANDA SERRANO, L. M. y PAGADOR LÓPEZ, J. (Coords.), *Derecho (privado) de los consumidores,* Madrid, Marcial Pons, 2012, pp. 63 y ss.

MIRANDA SERRANO, L. M. y PAGADOR LÓPEZ, J., “La necesidad de establecer conexiones normativas entre el Derecho de la competencia desleal y el Derecho de contratos”, *Diario La Ley,* núm. 8464, 2015, pp. 8 y ss.

MONGE GIL, A. L., “Artículo 28. Prácticas agresivas por coacción”, en BERCOVITZ RODRÍGUEZ-CANO, A. (Dir.), *Comentarios a la Ley de competencia desleal,* Cizur Menor, Aranzadi, 2011, pp. 781 y ss.

MONTAGNANI, M. L. y TRAPOVA, A., “New Obligations for Internet Intermediaries in the Digital Single Market — Safe Harbors in Turmoil?”, *Journal of Internet Law,* Vol. 22 Iss. 7, 2019, pp. 3 y ss.

MONTERO GARCÍA-NOBLEJAS, P., "El reto regulatorio de una economía basada en plataformas digitales", *La Ley Mercantil*, núm. 99, 2023 (hemos consultado la versión en línea disponible en el portal electrónico laleydigital).

MONTERO PASCUAL, J. J., *El Reglamento de los Mercados Digitales. La regulación de las grandes plataformas*, Valencia, Tirant lo Blanch, 2024 (hemos consultado la versión en línea disponible en el portal electrónico Tirant Prime).

MONTI, G., "The Digital Markets Act – Institutional Design and Suggestions for Improvement", *TILEC Discussion Paper DP. 2021-04*, 2021 disponible en https://ssrn.com/abstract=3797730 (consultado el 8 de febrero de 2024).

MORA ASTABURUAGA, A. y PRADO SEOANE, J. A., "Sistemas de reputación online (*Reputational Feedback Systems*), opiniones falsas y competencia desleal", *Revista Electrónica del Departamento de Derecho de la Universidad de La Rioja*, núm. 16, 2018, pp. 157 y ss.

MORALEJO MENÉNDEZ, I., "Artículo 7. Omisiones engañosas", en BERCOVITZ RODRÍGUEZ-CANO, A. (Dir.), *Comentarios a la Ley de competencia desleal*, Cizur Menor, Aranzadi, 2011, pp. 159 y ss.

MORALES BARCELÓ, J., "Equidad y Transparencia para los Usuarios Profesionales de las Plataformas de Intermediación en Línea; el Reglamento (UE) 2019/1150", *Revista Internacional Consinter de Direito*, vol. 7, núm. 12, 2021, disponible en https://revistaconsinter.com/index.php/ojs/1213 (consultado el 30 de enero de 2024).

MOSER, C., SCHOENEBECK, S. y RESNICK, P., "Impulse buying: Design practices and consumer needs", *Proceedings of the 2019 CHI Conference on Human Factors in Computing Systems*, 4-9 de mayo de 2019, Glasgow, pp. 1 y ss., disponible en https://doi.org/10.1145/3290605.3300472 (consultado el 20 de diciembre de 2023).

MOSKAL, A., "Digital Markets Act (DMA): A consumer protection perspective", *European Papers*, vol. 7, núm. 3, 2022, pp. 1113 y ss.

MUÑOZ PAREDES, M. L., "El 'big data' y la transformación del contrato de seguro", en VEIGA COPO, A. (Dir.) *Dimensiones y desafíos del seguro de responsabilidad civil*, Madrid, Civitas, Madrid, 2021, pp. 1017 y ss.

ODRIOZOLA ALÉN, M. y BARRANTES DÍAZ, B., "La vinculación de productos. Referencia al asunto Microsoft", en MARTÍNEZ LAGE, S. y PETITBÒ JUAN, A. (Dirs.), *El abuso de la posición de dominio*, Madrid, Fundación Rafael del Pino-Marcial Pons, 2006, pp. 367 y ss.

OECD, "Dark Commercial Patterns", *OECD Digital Economy Papers*, núm. 336, 2022, disponible en https://www.oecd-ilibrary.org/ (consultado el 1 de diciembre de 2023).

OLIVENCIA, M., "Prólogo" a FONT GALÁN, J. I., *Constitución Económica y Derecho de la Competencia*, Madrid, Tecnos, 1987, pp. 15 y ss.

OLMEDO PERALTA, E., "Las plataformas de economía colaborativa ante la propuesta de Ley de Mercados Digitales: ¿son suficientemente disputables los mercados colaborativos?, en MIRANDA SERRANO, L.M. y PAGADOR LÓPEZ, J. (Dirs.), *Desafíos del regulador mercantil en materia de contratación y competencia*, Madrid, Marcial Pons, 2021, pp. 359 y ss.

– "Comercialización de servicios hoteleros a través de plataformas digitales de reserva de habitaciones: el controvertido uso de las cláusulas de nación más favorecida (most favoured nation)", *Revista General de Derecho del Turismo RGDT*, núm. 4, 2021, pp. 1 y ss.

– "Explotación de la situación de dependencia económica en la cadena alimentaria", en JIMÉNEZ SERRANÍA, V. y CARBAJO CASCÓN, F. (Dirs.), *Competencia, propiedad intelectual y tutela de consumidores en el sector agroalimentario*, Valencia, Tirant lo Blanch, 2022, pp. 1181 y ss.

– "La construcción de un régimen jurídico para el sector digital más allá del Reglamento de Mercados Digitales", en RUIZ PERIS, J.I., GONZÁLEZ CASTILLA, F. y ESTEVAN DE QUESADA, C. (Dirs.), *Mercados digitales y competencia*, Valencia, Tirant lo Blanch, 2023, pp. 153 y ss.

ORLANDO, S., "The Use of Unfair Contractual Terms as an Unfair Commercial Practice", *European Review of Contract Law*, vol. 7, Iss. 1, 2011, pp. 25 y ss.

ORTEGA SÁNCHEZ DE LERÍN, P., "La actividad publicitaria de los influidores: una perspectiva regulatoria", en ORTEGA BURGOS, E. y PASTOR RUIZ, F., *Mercados regulados 2023*, Valencia, Tirant lo Blanch, 2023 (hemos consultado la versión en línea disponible en el portal jurídico Tirant Prime).

ORTIZ LÓPEZ, P., "Dictamen del GT29 sobre la toma de decisiones individuales automatizadas y la elaboración de perfiles (WP 251)", *Diario La Ley*, Sección Ciberderecho, núm. 11, 2017 (hemos consultado la versión en línea disponible en el portal electrónico laleydigital).

OTERO COBOS, M. T., El patrocinio publicitario con influencers, ¿publicidad encubierta?, en MADRID PARRA, A. (Dir.), *Derecho Mercantil y Tecnología*, Cizur Menor, Aranzadi, 2018, pp. 809 y ss.

– "El «influencer» como medio de comunicación audiovisual", en *Actas de Derecho Industrial*, t. 41, 2020-2021, pp. 303 y ss.

OTERO LASTRES, J. M., "La protección de los consumidores cuarenta años después", *Actas de Derecho Industrial*, t. 40, 2019-2020, pp. 189 y ss.

PAGADOR LÓPEZ, J., "El difícil emplazamiento del derecho de emplazamiento de producto: panorama legal y jurisprudencial", *Diario La Ley*, núm. 8446, 2014 (hemos consultado la versión en línea disponible en el portal electrónico laleydigital).

– "El llamado «emplazamiento» o «presentación» de producto: entre la legislación audiovisual y la normativa contra la competencia desleal", en MIRANDA SERRANO, L. M. y COSTAS COMESAÑA, J. (Dirs.), *Derecho de la competencia. Desafíos y cuestiones de actualidad*, Madrid, Marcial Pons, 2018, pp. 181 y ss.

PALAU RAMÍREZ, F., "Actos concretos de competencia desleal (I): por contrariar las exigencias de la buena fe; por explotación de la reputación ajena; por inducción a la infracción contractual; por violación de normas (arts. 4, 12, 14 y 15 LCD)", en BENEYTO, K. (Dir.), *Actos de competencia desleal y su tratamiento procesal*, Valencia, Tirant lo Blanch, 2020, pp. 17 y ss.

PASTRANA ESPÁRRAGA, M., "Los precios personalizados como práctica anticompetitiva de discriminación mediante uso de algoritmos", en PANIAGUA ZURERA, M. (Dir.), *El sistema jurídico ante la digitalización. Estudios de Derecho Privado*, Valencia, Tirant lo Blanch, 2021, pp. 361 y ss.

PAZ-ARES, C., "El ilícito concurrencial: de la dogmática monopolista a la política antitrust (Un ensayo sobre el Derecho alemán de la competencia desleal)", *Revista de Derecho Mercantil*, núm. 159, 1981, pp. 7 y ss.

PEGUERA POCH, M., "Publicidad 'online' basada en comportamiento y protección de la privacidad", en RALLO LOMBARTE, A. y MARTINEZ MARTÍNEZ, R. (Coords.), *Derecho y Redes Sociales*, Madrid, Civitas, 2010, pp. 355 y ss.

– *Servicios de la sociedad de la información y comercio electrónico*, Barcelona, FUOC, 2019.

– "La exención de responsabilidad civil por contenidos ajenos en internet", en MORALES PRATS, F. (Coord.), *Contenidos ilícitos y responsabilidad de los prestadores de servicios de Internet*, Cizur Menor, Aranzadi, 2022, pp. 25 y ss.

– "The Platform Neutrality Conundrum and the Digital Services Act", *IIC – International Review of Intellectual Property and Competition Law*, vol. 53, 2022, pp. 681 y ss.

PEÑA LÓPEZ, F. y COLLADO-RODRÍGUEZ, N., "Técnicas especiales de distribución o venta al consumidor de bienes y servicios", en BUSTO LAGO, J. M., ÁLVAREZ LATA, N. y PEÑA LÓPEZ, F., *Reclamaciones de consumo*, Cizur Menor, Aranzadi, 4ª ed., 2020, pp. 689 y ss.

PEÑAS MOYANO, B., "La «violación de normas» concurrenciales y no concurrenciales como actos de competencia desleal. SAP Zamora, núm. 223/2007, de 25 de octubre", *Revista de Derecho de la Competencia y la Distribución,* núm. 3, 2008 (hemos consultado la versión en línea disponible en el portal electrónico laleydigital).

PERALES ALBERT, A., "La regulación legal de los *influencers* en España: una normativa dispersa e insuficiente", *Intracom. Revista Internacional de Investigación y Transferencia en Comunicación y Ciencias Sociales,* vol. 3, núm. 1, 2024, pp. 32 y ss.

PÉREZ BES, F., *La publicidad Comportamental Online,* Barcelona, Editorial UOC, 2012.

PÉREZ PÉREZ, R. M., "El 'dataísmo' como fundamento de la publicidad digital personalizada", *Ciencia y Sociedad,* vol. 45, núm. 4, 2020, pp. 107 y ss.

PÉREZ-BUSTAMANTE KÖSTER, J., "La explotación abusiva de la situación de dependencia económica en la Ley de Defensa de la Competencia: examen crítico del nuevo precepto", *Gaceta Jurídica de la Unión Europea y de la Competencia,* núm. 205, 2000, pp. 33 y ss.

PÉREZ DE LA CRUZ BLANCO, A., *Derecho de la propiedad industrial, intelectual y de la competencia,* Madrid, Marcial Pons, 2008.

PERTÍÑEZ VILCHEZ, F., "Información precontractual obligatoria, error, prácticas comerciales desleales", en CARRASCO PERERA, A. (Dir.), *Tratado de la compraventa. Homenaje a Rodrigo Bercovitz,* t. I, Cizur Menor, Aranzadi, 2013, pp. 379 y ss.

PETIT, N., "The Proposed Digital Markets Act (DMA): A Legal and Policy Review", *SSRN,* 11de mayo de 2021, disponible en https://ssrn.com/abstract=3843497 (consultado el 1 de febrero de 2024).

PIGOU, A. C., *The Economics of Welfare,* 4ª ed., London, Macmillan, 1932.

PLAZA PENADÉS, J., "Transparencia y patrones oscuros en los servicios de intermediación online", en COBAS COBIELLA, M. E. y GUILLÉN CATALÁN, R. (Dirs.), *Equidad y transparencia en la prestación de servicios,* Madrid, Dykinson, 2023, pp. 97 y ss.

PORFIRIO CARPIO, L. J., *La discriminación de consumidores como acto de competencia desleal,* Madrid, Marcial Pons, 2002.

PORXAS ROIG, N. y SANZ ALCOVERRO, C., "Leal competencia en la nueva economía de plataformas", *Actualidad jurídica Uría Menéndez,* núm. 52, 2019, pp. 13 y ss.

RAMÍREZ MORALES, C. A., "Algoritmo SVD aplicado a los sistemas de recomendación en el comercio", *Tecnología, Investigación y Academia,* vol. 6, núm. 1, 2018, pp. 18 y ss.

RAMOS HERRANZ, I., *Influencers y publicidad*, Cizur Menor, Aranzadi, 2024.

RECIO GAYO, M., "Los nuevos y los renovados Derechos de Protección de Datos en RGPD, así como sus limitaciones", *Actualidad Civil*, núm. 5, 2018 (hemos consultado la versión en línea disponible en el portal electrónico laleydigital).

REDSTRÖM, J., "Persuasive Design: Fringes and Foundations", en IJSSELSTEIJN, W., KORT, Y., MIDDEN, C., EGGEN, B. y HOVEN, E. (Eds.), *Persuasive Technology*, Eindhoven, Springer, 2006, pp. 112 y ss.

RISTESKA, L., "Benefits of digital marketing", *Vizione*, Iss. 41, 2023, pp. 209 y ss.

ROBLES MARTÍN-LABORDA, A., *Libre competencia y competencia desleal*, Madrid, La Ley, 2001.

– "El modelo de conducta en la nueva cláusula general de la Ley de Competencia Desleal. Una crítica breve", *Derecho de los Negocios*, núm. 240, 2010 (hemos consultado la versión en línea disponible en el portal de revistas Wolters Kluwer).

– "Inteligencia artificial y personalización de precios", en CUENA CASAS, M. e IBÁÑEZ JIMÉNEZ, J. W. (Dirs.), *Perspectiva legal y económica del fenómeno FinTech*, Madrid, Wolters Kluwer, 2021 (hemos manejado la versión en línea disponible en la base de datos laleydigital).

ROCHE LAGUNA, I., "Reglamento de Servicios Digitales: Las nuevas reglas del juego en Internet", en RUIZ PERIS, J.I., GONZÁLEZ CASTILLA, F. y ESTEVAN DE QUESADA, C. (Dirs.), *Mercados digitales y competencia*, Valencia, Tirant lo Blanch, 2023, pp. 34 y ss.

RODRÍGUEZ AYUSO, J. F., "Marco obligacional de los prestadores de servicios básicos de intermediación", *InDret*, núm. 3, 2023, pp. 297 y ss.

RODRÍGUEZ MATAS, M. J. y VEGA PENICHET, L., "Las situaciones de dependencia económica en las leyes reguladoras de la competencia. Requisitos de aplicación y acciones posibles", *Gaceta Jurídica de la Unión Europea y de la Competencia*, núm. 243, junio 2006, pp. 77 y ss.

RODRÍGUEZ RODRIGO, J., "La publicidad de l@s influencers", *Cuadernos de Derecho Transnacional*, vol. 15, núm. 2, pp. 833 y ss.

ROMERO ESPINOSA, M. A., "La novedosa concepción del derecho de la competencia por la unión europea (II): El Reglamento de Servicios Digitales", *Diario La Ley*, núm. 10380, 2023.

ROMERO RODRÍGUEZ, L. M. y RODRÍGUEZ HIDALGO, C., "Desinformación y posverdad en los medios digitales: del *astroturfing* al *click-baiting*", en ROMERO RODRÍGUEZ, L. M. y RIVERA ROGEL, D. E. (Coords.),

La comunicación en el escenario digital, Naucalpan de Juárez, Pearson, 2019, pp. 379 y ss.

ROSSELLÓ RUBERT, F. M., "El influencer que publica vídeos online (*vlogger*) y las plataformas de intercambio de vídeos como nuevos operadores en el mercado del sector audiovisual: análisis y efectos de las recientes reformas normativas y consideraciones de la CNMC al respecto", *Revista de Derecho de la Competencia y la Distribución*, núm. 29, 2021 (hemos consultado la versión en línea disponible en el portal electrónico laleydigital).

RUBÍ PUIG, A., "Elaboración de perfiles y personalización de ofertas y precios en la contratación con consumidores", *Revista de Educación y Derecho*, núm. 24, 2021, pp. 1 y ss.

RUBIO GIL, A., JIMÉNEZ BARANDILLA, I. y MERCADO, C., "Reputación corporativa online en la hotelería: el caso Tripadvisor", *Esic Market Economics and Business Journal*, vol. 48, núm. 3, 2017, pp. 595 y ss.

RUIZ PERIS, J. I., "Una reforma consumerista de la ley de competencia desleal o reforma no siempre significa mejora", en RUIZ PERIS, J. I. (Dir.), *La Reforma de la Ley de Competencia Desleal (Estudios sobre la Ley 29/2009, de 30 de diciembre, por la que se modifica el régimen legal de la competencia desleal y de la publicidad para mejora de la protección de los consumidores y usuarios)*, Valencia, Tirant lo Blanch, 2010, pp. 13 y ss.

– "La reforma de la cláusula general de la ley de competencia desleal", en RUIZ PERIS, J. I. (Dir.), *La Reforma de la Ley de Competencia Desleal (Estudios sobre la Ley 29/2009, de 30 de diciembre, por la que se modifica el régimen legal de la competencia desleal y de la publicidad para mejora de la protección de los consumidores y usuarios)*, Valencia, Tirant lo Blanch, 2010, pp. 37 y ss.

– "La nueva digital markets act, una respuesta híbrida de la Unión Europea a los 'gatekeepers' GAFA", *Revista Aranzadi de Derecho y Nuevas Tecnologías*, núm. 57, 2021 (hemos consultado la versión en línea disponible en el portal electrónico ThomsonReuters ProView).

– "Gatekeepers, discriminación autopreferente exclusionaria y reforzamiento de la posición de dominio: La nueva propuesta europea de Digital Market Act", en MARTÍ MIRAVALLS, J. (Dir.), *Competencia en mercados digitales y sectores regulados*, Valencia, Tirant lo Blanch, 2021, pp. 29 y ss.

SÁENZ DE JUBERA HIGUERO, B., "Retos jurídicos de la inteligencia artificial en el ámbito del consentimiento contractual: una aproximación general", *Revista de Derecho Civil*, vol. X, núm. 2, 2023, pp. 41 y ss.

SALLELES CLIMENT, J. R., "La incidencia de la deslealtad de los actos de engaño, las omisiones engañosas y las prácticas agresivas sobre la formación de la voluntad negocial", en CARRASCO PERERA, A. (Dir.), *Tratado de la compraventa. Homenaje a Rodrigo Bercovitz,* t. I, Cizur Menor, Aranzadi, 2013, pp. 407 y ss.

SÁNCHEZ BARRIOS, J. L., "Artículo 22. Prácticas señuelo y prácticas promocionales engañosas", en BERCOVITZ RODRÍGUEZ-CANO, A. (Dir.), *Comentarios a la Ley de competencia desleal,* Cizur Menor, Aranzadi, 2011, pp. 611 y ss.

SÁNCHEZ CALERO, F., "Reflexión general sobre el proceso descodificador y perspectivas del Derecho mercantil al finalizar el siglo XX", en SÁNCHEZ CALERO, F., (Coord.), *Perspectivas actuales del Derecho mercantil,* Pamplona, Aranzadi, 1995, pp. 15 y ss.

– *Instituciones de Derecho Mercantil,* t. I, 19ª ed., Madrid, Editoriales de Derecho Reunidas, 1996.

SÁNCHEZ FRÍAS, I., "Prácticas comerciales desleales en las plataformas de búsqueda y comparación de vuelos: el desafío de la transparencia y la protección del consumidor", *Revista de Derecho del Transporte,* núm. 30, 2022, pp. 209 y ss.

SÁNCHEZ RUIZ, M., "Publicidad desleal (ii). Engaño y encubrimiento publicitarios", en LÁZARO SÁNCHEZ, E. J. (Coord.), *Derecho de la publicidad,* Cizur Menor, Aranzadi, 2012, pp. 155 y ss.

– "Los presupuestos y límites del emplazamiento publicitario", *Revista de Derecho Mercantil,* núm. 296, 2015 (hemos consultado la versión en línea disponible en la base de datos de Aranzadi Instituciones).

– "La regulación europea actual sobre emplazamiento de producto y la comunicación comercial encubierta", *Cuadernos de Derecho Transnacional,* Vol. 9, núm. 2, 2017, pp. 506 y ss.

SÁNCHEZ-CALERO GUILARTE, J., "La ampliación del concepto de competencia desleal", en GÓMEZ SEGADE, J. A. y GARCÍA VIDAL, A. (Dirs.), *El Derecho mercantil en el umbral del siglo XXI, Libro homenaje a Fernández-Nóvoa,* Madrid, Marcial Pons, 2010, pp. 391 y ss.

SAS, M., "The Digital Service Act (DSA): A new hope against the dark side of online interfaces?", en *KU Leuven,* septiembre de 2022, disponible en https://www.law.kuleuven.be/citip/blog/the-digital-service-act-dsa-a-new-hope-against-the-dark-side-of-online-interfaces/ (consultado el 14 de diciembre de 2023).

SCHAFER, J. B., KONSTAN, J. y RIEDL, J., "Recommender Systems in E-Commerce", *EC '99: Proceedings of the 1st ACM conference on electronic commerce,* Denver, 1999, pp. 158 y ss.

SCHWEITZER, H., "The Art to Make Gatekeeper Positions Contestable and the Challenge to Know What is Fair: A Discussion of the Digital Markets

Act Proposal", *SSRN,* 30 de abril de 2021, disponible en https://ssrn.com/abstract=3837341 (consultado el 2 de febrero de 2024).

SERRANO ACITORES, A. y GARCÍA MARTÍN, L., "*Influencers* y prácticas de competencia desleal a través de Instagram", *La Ley Mercantil,* núm. 63, 2019 (hemos consultado la versión en línea disponible en el portal electrónico laleydigital).

SERRANO CAÑAS, J. M., "La protección de los consumidores en el Derecho privado: Balance de lo conseguido y nuevos desafíos", en HERNÁNDEZ PLASENCIA, J. U. (Dir.), *La intervención penal en la protección de los intereses económicos de los consumidores,* Madrid, Marcial Pons, 2020, pp. 167 y ss.

– "Contrato de seguro, big data y actos de discriminación de precios", en MIRANDA, L. M. y PAGADOR, J. (Dirs.), *Desafíos del regulador mercantil en materia de contratación y competencia empresarial,* Madrid, Marcial Pons, 2021, pp. 537 y ss.

SOCCOL, M., "Pratiche commerciali scorrette, big tech e intelligenza artificiale", en *meliusform,* 2021, disponible en https://www.meliusform.it (consultado el 27 de junio de 2024)

SUÑOL LUCEA, A., "Los elementos estructurales que definen la conducta sometida a la Ley de Competencia Desleal", *Revista de Derecho Mercantil,* núm. 284, 2012 (hemos consultado la versión en línea disponible en la base de datos Aranzadi Instituciones).

SUSSER, D., ROESSLER, B. y NISSENBAUM, H., "Online Manipulation: Hidden Influences in a Digital World", *Georgetown Law Technology Review,* vol. 4, núm. 1, 2019, pp. 1 y ss.

TAPIA HERMIDA, A. J., "El Real Decreto-ley 24/2021 (1): Aspectos generales", en *El Blog de Alberto J. Tapia Hermida,* 10 de noviembre de 2021, disponible en *ajtapia.com* (consultado el 27 de diciembre de 2021).

– "Digitalización mercantil europea: las leyes europeas de mercados y servicios digitales", *La Ley Mercantil,* núm. 100, 2023 (hemos consultado la versión en línea disponible en el portal electrónico laleydigital).

TATO PLAZA, A., *La publicidad comparativa,* Madrid, Marcial Pons, 1996.

– "La reforma del Derecho español contra la competencia desleal: rasgos generales", *Actas de Derecho Industrial,* t. 30, 2009-2010, pp. 455 y ss.

– "Aspectos jurídicos de la publicidad a través de líderes de opinión en redes sociales ("influencers")", *Revista de Derecho Mercantil,* núm. 311, 2019 (hemos consultado la versión en línea disponible en la base de datos de Aranzadi Instituciones).

– "Régimen jurídico de la publicidad de criptoactivos presentados como objeto de inversión", *Revista de Derecho Mercantil,* núm. 324, 2022 (hemos consultado la versión en línea disponible en la base de datos de Aranzadi Instituciones).

TATO PLAZA, A., FERNÁNDEZ CARBALLO-CALERO, P. y HERRERA PETRUS, C., *La reforma de la Ley de Competencia Desleal*, 1ª ed., Madrid, La Ley, 2010.

TOBÍO RIVAS, A. M., "La actual regulación de la publicidad encubierta en España y la práctica publicitaria", *Revista de Derecho Mercantil*, núm. 237, 2000, pp. 1155 y ss.

– "Competencia desleal y publicidad encubierta: recientes desarrollos en la regulación española y de la Unión Europea", en MIRANDA SERRANO, L. M. y COSTAS COMESAÑA, J. (Dirs.), *Derecho de la competencia. Desafíos y cuestiones de actualidad*, Madrid, Marcial Pons, 2018, pp. 63 y ss.

TURILLAZZI, A., CASOLARI, F., TADDEO, M. y FLORIDI, L., "The Digital Services Act: An Analysis of Its Ethical, Legal, and Social Implications", *SSRN*, 12 de enero de 2022, disponible en https://papers.ssrn.com/sol3/papers.cfm?abstract_id=4007389 (consultado el 8 de febrero de 2024).

TWIGG-FLESNER, C., "The EU's Proposals for Regulating B2B Relationships on online platforms – Transparency, Fairness and Beyond", *Journal of European Consumer and Market Law*, vol. 7, 2018, pp. 222 y ss.

UNZUÉ ROSSI, J., "Publicidad nativa mediante influencers" en TATO PLAZA, A., COSTAS COMESAÑA, J., FERNÁNDEZ CARBALLOCALERO, P. Y TORRES PÉREZ, F. (Dir.), *Nuevas tendencias en el derecho de la competencia y de la propiedad industrial*, Granada, Comares, 2017, pp. 203 y ss.

VALANT, J., "Online consumer reviews. The case of misleading or fake reviews", *European Parliamentary Research Service*, 2015, disponible en https://www.europarl.europa.eu/RegData/etudes/BRIE/2015/571301/EPRS_BRI(2015)571301_EN.pdf (consultado el 1 de junio de 2024).

VÁZQUEZ-PASTOR JIMÉNEZ, L., "Un nuevo desafío normativo: las plataformas digitales ¿de intermediación?", *Actualidad Civil*, núm. 6, 2021, pp. 1 y ss.

VEGA VEGA, J. A., "Artículo 34. Legitimación pasiva", en BERCOVITZ RODRÍGUEZ-CANO, A (Dir.), *Comentarios a la Ley de competencia desleal*, Cizur Menor, Aranzadi, 2011, pp. 929 y ss.

– "La contratación publicitaria: normas generales", en GARCÍA-CRUCES, J. A. (Dir.), *Tratado de Derecho de la competencia y de la publicidad*, t. II, Valencia, Tirant lo Blanch, 2014 (hemos consultado la versión en línea disponible en la biblioteca virtual Tirant online).

VELASCO SAN PEDRO, L., "El transporte colaborativo *hic et nunc*", *Revista de Estudios Europeos*, núm. 70, 2017, pp. 398 y ss.

– "El papel del Derecho de la competencia en la era digital", *Revista de Estudios Europeos,* núm. 78, 2021, pp. 93 y ss.

VERSACI, G., "Le tutele a favore del consumatore digitale nella «Direttiva *omnibus*»", *Persona e mercato,* núm. 3, 2021, pp. 583 y ss.

VICENT CHULIÁ, F., *Introducción al Derecho Mercantil,* vol. I, 24ª ed., Valencia, Tirant lo blanch, 2022.

VIDA FERNÁNDEZ, J., "Una panorámica del puzle de la regulación digital en la Unión Europea: telecomunicaciones, audiovisual, mercados y servicios digitales, datos, inteligencia artificial, ciberseguridad y derechos digitales", *Revista General de Derecho de los Sectores Regulados,* núm. 10, 2022, pp. 345 y ss.

VIDAL MONFERRER, R. M., "Discriminación y dependencia económica", en MARTÍNEZ SANZ, F. (coord.), *Comentario práctico a la Ley de competencia desleal,* Madrid, Tecnos, 2009, pp. 273 y ss.

VILLANUEVA LUPIÓN, C., "Condiciones generales de la contratación entre proveedores de servicios de intermediación y usuarios profesionales en las plataformas digitales: Reglamento UE 2019/1150", en CERVILLA GARZÓN, M. D. y BLANDINO GARRIDO, M. A. (Dirs.), *Declaración de voluntad en un entorno virtual,* Cizur Menor, Aranzadi, 2021, pp. 475 y ss.

WILMAN, F., "The Digital Services Act (DSA)-An Overview", *SSRN,* 16 de diciembre de 2022, disponible en https://ssrn.com/abstract=4304586 (consultado el 6 de febrero de 2024).

WINNER, M., "La regulación jurídica de los contratos celebrados a través de plataformas", en *Almacén de Derecho,* 26 de febrero de 2020, disponible en https://almacendederecho.org/ (consultado el 13 de junio de 2024).

YEUNG, K., "'Hypernudge': Big Data as a mode of regulation by design", *Information, communication & Society,* vol. 20, núm. 1, 2017, pp. 118 y ss.

ZABALETA DÍAZ, M., *La explotación de una situación de dependencia económica como supuesto de competencia desleal,* Madrid, Marcial Pons, 2002.

– "El abuso de una situación de dependencia económica, ¿ilícito antitrust o ilícito desleal?", *Actas de Derecho Industrial,* t. 26, 2005-2006, pp. 339 y ss.

– "La dependencia económica del proveedor de la gran distribución", en CACHAFEIRO GARCÍA, F., GARCÍA PÉREZ, R. y LÓPEZ SUÁREZ, M.A., *Derecho de la competencia y gran distribución,* Aranzadi, Cizur Menor, 2016, pp. 57 y ss.

ZAGAL, J. P., BJORK, S. y LEWIS, C., "Dark Patterns in the Design of Games", *Foundations of Digital Games Conference (FDG),* 14-17 de mayo de 2013, Chania, Grecia, pp. 1 y ss., disponible en http://www.fdg2013.org/

program/papers/paper06_zagal_etal.pdf (consultado el 16 de diciembre de 2023).

ZAKIR, J., SEYMOUR, T. y BERG, K., "Big data Analytics", *Issues in Information Systems,* vol. 16, 2015, pp. 81 y ss.

ZUBIRI DE SALINAS, M., "Artículo 29. Prácticas agresivas por acoso", en BERCOVITZ RODRÍGUEZ-CANO, A. (Dir.), *Comentarios a la Ley de competencia desleal,* Cizur Menor, Aranzadi, 2011, pp. 785 y ss.

– "Las prácticas agresivas", en GARCÍA-CRUCES, J. A. (Dir.), *Tratado de Derecho de la competencia y de la publicidad,* Valencia, Tirant lo Blanch, 2014, pp. 1427 y ss.